A FOCUS ON THE KAIDAS OF TABLA

THE COMPLETE REFERENCE FOR TABLA
VOLUME 4

A FOCUS ON
THE KAIDAS OF TABLA

Fifth Edition

By

David R. Courtney

Sur Sangeet Services

Houston, TX

2022

Fifth Edition

© 2003, 2014, 2022 David R. Courtney

11130 Cedarhurst Dr
Houston, TX 77096

Perfect bound
isbn 978-1-893644-18-2

The author can be reached at:

david@chandrakantha.com

https://chandrakantha.com

TABLE OF CONTENTS

PREFACE	vii
1. INTRODUCTION	1
2. KAIDA-RELAS	29
3. PESHKAR-KAIDAS	39
4. LAGGI-KAIDAS	47
5. GAT KAIDAS	53
6. GHARANAS	59
7. DELHI (DILLI) KAIDAS	67
8. AJRADA KAIDAS	75
9. LUCKNOW KAIDAS	85
10. FARUKHABAD KAIDAS	93
11. BENARES KAIDAS	99
12. PUNJABI KAIDAS	111
13. CONCLUSION	117
APPENDIX 1. SEVEN AND FOURTEEN MATRA KAIDAS	119
APPENDIX 2. NINE AND EIGHTEEN MATRA KAIDAS	145
APPENDIX 3. FIVE, TEN, AND TWENTY MATRA KAIDAS	149
APPENDIX 4. ELEVEN AND TWENTY-TWO MATRA KAIDAS	175
APPENDIX 5. SIX, TWELVE, AND TWENTY-FOUR MATRA KAIDAS	181
APPENDIX 6. THIRTEEN MATRA KAIDAS	211
APPENDIX 7. FIFTEEN MATRA KAIDAS	217
APPENDIX 8. EIGHT AND SIXTEEN MATRA KAIDAS	225
APPENDIX 9. SEVENTEEN MATRA KAIDAS	277
APPENDIX 10. KAIDA FINDER	283
INDEX	307

PREFACE

This volume deals with the *kaida*. The *kaida* is probably second only to *theka* in importance to north Indian *tabla* players. It is so important that we are devoting an entire volume to it.

This book is divided into three sections. First, there is a section that deals with the *kaidas* and their various forms; this is basically an overview of topics such as *kaida-rela, peshkar-kaidas,* etc. There is a second section: this deals with the *gharanas* and their respective styles. Finally, there are the appendices. The appendices are a corpus of *kaidas* that the practising musician and teacher can use. These are generally presented without any explanation.

The *kaida* was discussed in great length in volume two of this series (*Advanced Theory of Tabla*). Although we go over the material again in this volume, it is advisable that the reader go over volume-two once more to maintain a proper perspective.

OVERALL PHILOSOPHY
A few words are in order concerning my approach to this topic.

Do not expect that all the material will be consistent with your own views on the subject, or even what is "proper". I am striving to document as thoroughly as possible the actual practices that are used by musicians. Naturally there are going to be many different approaches, often contradictory. The consequence is that you will inevitably run across material in this book that you disagree with. This is fine. There are many things that I document in this book that I would NEVER do! I am documenting as many different viewpoints as possible and it is very important that this series be as broad, objective, and as all encompassing as possible. I will leave it to your own discretion to determine the appropriateness or inappropriateness of the material for your purposes.

This book is designed to be used by both musicians and academics. This makes things a little difficult. Musicians simply want the compositions. They want something that they can use as soon as possible and something that sounds nice. Citations, analysis, and similar academic forms are considered a nuisance to the typical musician. On the other hand, academics are very much concerned with elements of academic form and intellectual rigour. Methodology, analysis, and the entire academic process are very important. Unfortunately, academics often forget that we are dealing with a living art form. In the final analysis, if it does not sound good, it is useless!

It is not possible to write a book and address these totally different audiences well. Academics may look at this book and decry the excessive editorialising of the material. Academics may feel there is not enough reference to prevailing theoretical forms. Musicians on the other hand may be annoyed by the excessive verbiage. Musicians may be turned off by the unnecessary analysis and tedious detail, much of which has no practical benefit.

Both parties are correct and I apologise right here. I have tried to steer a central path between the academic and practical. Consequently this work must turn out to be neither a very good academic book nor a very good practical guide. I wish it could be otherwise, but I see no other way. The realities make it impossible for me to write two separate books on the subject. However, I have tried to give both readers a way to get what they want. Here is my approach.

FOR THE ACADEMIC

There are a number of concessions for the academic. All works are cited. The compositions in this book may be compared to the original, and any editorial changes may be assessed in this process. I believe very much in the peer process and encourage readers to review the material at their will and pleasure.

I think I should say a few words about the citations. Academics are very familiar with the "running citation", but for the benefit of the practising musician I will explain it here. Periodically in this work one will run across a parentheses with something like (Smith 1967). If one looks in the back of the chapter there will be a work cited such as "Smith, John, 1967, *Something Something*; etc. etc. etc.). This running citation refers the reader to the source of the material. This provides a paper trail for interested readers to backtrack for further information.

But, there is one word of warning about the works cited in this series. It is the norm within academia to only cite well recognised works. Unfortunately, the intellectually rigorous study of *tabla* is in its extreme infancy. If I were only to cite the rigorous studies of *kaida*, all of the works could be counted on one hand. Furthermore, there would be a lot of fingers left over.

A very large number of my cited works come from small inexpensive manuals on *tabla* written by musicians in India. These are modest affairs that are primarily designed to help the *tabla* student pass the certificate and diploma exams. They are almost always written in Hindi or some regional language. These works are certainly not rigorous, and are invariably loaded with printing errors. Furthermore there are large amounts of myths and misinformation. They usually represent the ideas of only a single musician who is the author of the book, since the academic tradition of "peer process" is generally unknown among Indian musicians. In short, they are often full of rubbish.

The idiosyncratic quality of these works is not entirely bad. If one wades through a large number of works one may find a wealth of concepts and obtain a very wide view on the subject. This view is certainly much broader than the over-homogenised academic pabulum that one tends to find in the West.

Mixed in with the large amount of rubbish are a large number of real jewels. One often finds that these authors present some wonderful compositions, even if the theoretical background is somewhat weak. It has been my intention to go through this material and separate the jewels from the rubbish and present it before you with minimal distortion.

This process has interesting ramifications for the "works cited" section at the end of the chapters. There is a blurring between the concept of investigator and informant. The works cited in this book usually represent merely the source of the raw data and not necessarily a rigorous work as one would normally find in an academic publication. This is a paper trail that interested scholars can use to back track, and perhaps come to totally different conclusions than the ones I have presented before you. Remember, this field is still in its infancy, and there is wide scope for reinterpretation.

There is one consequence of the infancy of this field of study. There are many details that are not possible to corroborate. Although the inability to corroborate a point does not make it false, it is certainly cause for doubt. Therefore, this book is replete with guarded statements such as "It has been said that ... " or "It is commonly believed that ...". Whenever the reader encounters such a statement, it should be read with the same degree of scepticism with which it was written.

FOR THE MUSICIAN

There are a number of concessions to the performing musician. Numerous *kaidas* from a broad variety of sources have been taken. I have merely edited all of the material so that the presentation is consistent. The differences between numerous notational styles, nomenclature, and presentations have all been ironed out so that there should be as little confusion as possible.

Another concession for the practising musician is that the majority of the material is placed in the appendices so that one does not have to go through pages of text to get to them. I have also included a "*kaida* finder". This finder is a specialised index that is laid out so that musicians may find an appropriate composition as fast as possible.

GETTING PERSONAL

Let me get personal for a moment. This is a reasonable place to "let our hair down" a bit. I already know a bit about you. After all, wading through three volumes and nearly 1000 pages of dense tedious text says a lot about you. By the same token, you know a little bit about me. You know this from the style of the work that is before you. There has been a considerable investment in time and energy that I have made for you. In a similar way, you have invested a substantial amount of time in me. Therefore, in a peculiar sort of way we have established a relationship between us.

Since we have established this relationship, it is not inappropriate for me to fill you in on a little background. Research for this book goes back as far as the 1970s. Portions of this book were written as far back as 1990; however the major portion has been written around the time of our performance tour in the summer of 2002. This has been an interesting period, and writing this book has been a great pleasure. I have my laptop (a Mac, of course) that I take everywhere that I go. Whenever I have an hour, I will sit down and write. This has often been in fast-food restaurants, airports, at home, at friend's homes, and at long Indian weddings when I sneak off to some secluded place to peck out some text (usually after a few drinks). A nice portion of this book has been written in a deck chair on the pier at Brighton. Sections of this book have been written in India, in whatever time is sandwiched between social obligations, recording sessions, and what not. All in all, this book has been put together in quite pleasant surroundings and circumstances.

The pleasant circumstances under which I have written this book are in sharp contrast to the circumstances under which I wrote the last book (*Manufacture and Repair of Tabla*). The major portion of my last book was written in hospitals, and at home while caring for my mother in her terminal illness. In a sense my last book was an escape. I suppose that would account for the tedious detail of the last book, especially on a subject that almost nobody cares about.

The only problem is that if escapism accounts for the tedium of the last book, then what accounts for the tedium of this book? I suppose that is where the whole thing falls apart.

Naturally this book could not have been written without the support of many people. First of all there is my wife Chandrakantha. Her encouragement and inspiration have kept me going throughout this whole series. There are also the numerous people who have helped with the proof-reading. I would specifically like to thank Gary Salamone, Minal Varadharajan, Siraj Parmer, Kavi Prabhakar, Ashok Manikonda, Partha Mukherji, Akhtar Siraj, Masood Raoofi, and Shawn Mativetsky.

David Courtney - October 16, 2002.

ADDENDUM TO THE 2ND EDITION
This is the second edition of this book. It is 2014, and 12 years have elapsed since the first edition. In this period the book has fallen out of publication for nearly two years. Now I am revising it and releasing the new edition.

There are few significant changes. Most of the reason for the new edition merely reflects changes in technology. The old word processing files were difficult to work with. I was just barely able to import the old file to work with it. I have altered some common transliterations to make them more intuitive (e.g. *Dhaa* instead of *Dha*.) Also a few sections that I felt should be clearer were rewritten. But there is no major change.

David Courtney - March 23, 2014

ADDENDUM TO THE 5TH EDITION
Welcome to the 5th edition of *Focus on the Kaidas of Tabla*. As was the case with *Advanced Theory of Tabla*, there was no 3rd or 4th edition. I have skipped these numbers to bring the numbering of editions in line with *Fundamentals of Tabla*. Why is there a new edition? One will notice that there are insignificant changes between the 2nd edition and this one (unless you count my re-embrace of the oxford comma as being significant.) The major changes are behind the scenes. There were major changes in the printing and distribution. This forced me to go back to the original files and make technical changes.

David Courtney - January 2, 2023

CHAPTER 1

INTRODUCTION

INTRODUCTION
Kaida (कायदा) is one of the most important compositional forms for *tabla* (तबला). It is a basic process of theme and variation and is used extensively for both solos and pedagogic purposes. Furthermore, it serves as a repertoire from which one may pull smaller pieces for use in improvisation. It is learned and performed throughout India, and is the cornerstone of modern *tabla* pedagogy.

Tabla is one of the most common drums in India. It originated in the north about 200-300 years ago, but today it has spread throughout India. In the last few decades it has started to spread beyond the shores of India, so that it is beginning to be found in North America, Europe, and elsewhere around Asia.

Tabla training has been based upon the transmission of knowledge and compositions through a system of apprenticeship. Over the years, political, economic, and social factors created a system known as *gharana* (घराना). The *gharanas* may be thought of as particular schools of *tabla*. The *gharana* system was perpetuated by a system of royal patronage, while the unique stylistic characteristics were maintained due to geographic isolation. The obliteration of royal patronage after independence removed the political and economic foundation for this system, while improvements in communication have reduced the stylistic differences. Consequently the *gharana* system is today but a vestige of the old system.

The performance, education, and propagation of the art of *tabla,* is dependent upon a series of mnemonic syllables. These is known as the *bols* (बोल). They are used to represent the various techniques used in the performance.

The *bols* have a further advantage in that they form the conceptual foundation for a system of notation. Indian music is always described as an oral tradition, but there have been systems of musical notation dating all the way back to the Vedic period. In the last few centuries, the writing of the *bols* was primarily reserved for a musician's own use, and played an extremely small part in the pedagogic process. However, with the advent of modern music colleges, certificate, and diploma exams, and a more Western approach to the educational process, musical notation has become more widespread.

COMPOSITIONAL FORMS
There are a number of compositional forms within classical *tabla*. A complete overview is to be found in Volume 2 of this series (*Advanced Theory of Tabla*). However, here is a list of some of the forms that are significant for the *kaida*.

<u>Kaida (कायदा)</u> - *Kaida* is a form of theme and variation. It is one of the most tightly structured approaches in Indian music. Although *kaidas* may be improvised, the structure is so rigid that one tends to find them being precomposed. The rules behind the structure and performance will occupy the major portion of this volume.

Kaidas do not have to exist alone in pure forms; it is common to mix them with other forms. Here are some of the other forms that *kaida* may be mixed with:

Laggi (लग्गी) - *Laggi* is a form which is used in the lighter styles of playing. This usually is found in *tals* such as *Kaherava* and *Dadra*. It is a light and vibrant form. Almost any technique or *bol* may be used, but there is a strong tendency to use *bols* such as *Dhaa Tu Naa Naa* (धा तु ना ना) or *Dhaa Ti Dhaa Tu Naa* (धा ती धा तु ना). *Laggi* is occasional used to mix with *kaida* to form a *laggi-kaida*.

Rela (रेला) - *Rela* is an extremely fast form of playing. It is defined by the use of *bols* and techniques which may be played at the highest possible speeds. *Rela* is generally played in a free-form fashion. However, it may be mixed with *kaida* to form a very structured form known as *kaida-rela*.

Peshkar (पेशकार) - *Peshkar* is a form of theme and variation that is surprisingly similar to the *kaida*. It is used as an introduction to *tabla* solos by most of the *gharanas*. It tends to use *bols* such as *Dhee - - Kra Dhin - Naa* (धी - - क्र धिं - ना) or *Dhaa - - Kra Dhaa - Tee - Dhaa - Ti Ra Ki Ta* (धा - - क्र धा - ती - धा - ति र कि ट). When mixed with *kaida,* it produces a compositional form known as *peshkar-kaida* (पेशकार - कायदा).

Gat (गत)- A *Gat* is a fixed composition within the *Purbi* (पुर्बी) tradition. *Gats* tend to use *bols* and techniques which reflect the *purbi gharanas* (i.e., Lucknow, Farukhabad, and Benares). *Bols* such as *Dhaa Ge Ti Ta* (धा गे ति ट) and *Ti Ra Ki Ta Dhet* (ति र कि ट धेत्) are extremely common. A *gat-kaida* is produced when the *bols* of a *gat* are developed along the lines of a *kaida*.

This is only the briefest introduction to some of the forms. Let us now look much more closely at the *kaida*.

ORIGIN OF KAIDA
It is appropriate for us to discuss the origin of the *kaida*. This will involve both the origin of the word as well as the origin of the musical form.

The word "*kaida*" is an Arabic word that literally means "jurisprudence", or "a system of rules". The word has various usage throughout India. It variously means, jurisprudence, grammar, etc. The musical significance of the term is simple; the *kaida* is a system of rules by which theme and variations may be generated.

The pronunciation of the term *kaida* has undergone some change. The actual word should be "qaida" (क़ायदा), but the "q" (क़) sound is unpronounceable for the average Indian. Therefore, the term has almost universally been converted to the more easily pronounced "*kaida*" (कायदा).

Let us see how this word relates to the *tabla*. The fact that the word *kaida* means "rule" is very significant. The rules by which *kaida* function may be seen on two levels; one concerning performance and the other concerning structure. The performance rules govern the method of presentation while the structural rules govern the permutations for the theme and variation. This will be discussed later.

So the next question to come to mind deals with the origin of the musical form. Where did the *kaida* come from, who invented it, and when was it invented?

We know that *kaida* was developed in Delhi by members of the *Dilli gharana* (दिल्ली घराना). Among scholars and knowledgeable musicians this is almost universally accepted. The structure, style of *bols*, and presentation all seem to support this widely held view. We really have no need to question it.

Unfortunately, we do not know when it was developed. Estimates place the invention anywhere between the second quarter of the 19th century to the early part of the 20th century. For so recent a period in history, this seems like an amazingly wide discrepancy.

Rebecca Marie Stewart states unequivocally in her 1974 doctoral dissertation that the *kaida* is a product of the 20th century (Stewart 1974:162). In her own words she says:

> "....only recently has this very young instrument reached the stage of maturity where it can afford stylistically and socially to develop its own distinctive solo repertory. As late as the 19th century it was still frantically appropriating both its players and its ideas from practices prevalent in areas in which it was establishing its home."

Dr. Stewart's opinion that the *kaida* is a 20th century form is generally discounted. More than a decade after Stewart's dissertation, another investigator presented some interesting evidence. James Kippen in his book, *The Tabla of Lucknow* (Kippen 1988), states that the earliest written example is to be found in the *Qanun-e-Mausiqi*, which he dates at 1895. This clearly shows that the *kaida* existed by the end of the 19th century.

Even earlier estimates for the invention of the *kaida* are to be found. For instance, Dr. Aban E. Mistry, in her book "*Pakhawaj & Tabla : History, Schools and Traditions*" (Mistry 1999:185), staunchly maintains that the *kaida* was prevalent by the middle of the 19th century. To back her claim she refers to a book entitled *Sarmaay Ishrat* where she says:

> "....authored by Saadique Ali Sitaab Khan. Written sometime around 1850 A.D. This book offers widely discussed topic for the Delhi *Gharana* on its page 143, there is a *Lipi-Bandh-Kayada* (notation-bound *Kayada*) of Delhi *Gharana*. This itself proves that during that period, Delhi *Gharana* had already paved its way into the heart of pure music and flourished sufficiently."

It would appear from Mistry's work that the matter is settled; alas this is not the case. On the same page, Dr. Mistry states that she did not actually see the book in question, but received the information on hearsay from another individual. Additionally, the author states that the date of the work is "...somewhere around 1850 ... " This clearly indicates that the age of the work is not really known. Furthermore, throughout her work, Mistry shows the common Indian tendency to greatly inflate the antiquity of everything. Although in other respects the book is an excellent resource, on the question of age and antiquity, this work is suspect.

The evidence presented by these various scholars points to the later part of the 19th century as the earliest period that we can confidently say that *kaida* existed. However, even if we take the 1895 publication of the *Qanun-e-Mausiqi* as the earliest documented example of a *kaida* (Kippen 1988), it still does not say when it was invented.

It is my opinion that the scenario behind the development of the *kaida* went something like this. An archetypical theme and variation style of playing existed around the middle, or possibly early part of the 19th century. This proto-*kaida* then proceeded to mature and differentiate into the modern *peshkar, bant,* and *kaida*. By the turn of the 20th century, this differentiation was complete. The present form of *kaida* probably crystallised under the influence of some famous musician of the Delhi *gharana*, possibly Nathu Khansahib at the turn of the 20th century.

History is certainly interesting, but this is not the place to go into it any further. The history of *tabla* will be covered in a later volume.

Focus on the Kaidas of Tabla

EXAMPLE OF KAIDA

Let us start with a simple example to illustrate the rules. Although the variations differ from teacher to teacher, the basic form of this *kaida* is the most well known among North Indian *tabla* players. Throughout the rest of this chapter we will refer back to this example.

Example Kaida #1 (Dawood Khan 1976)

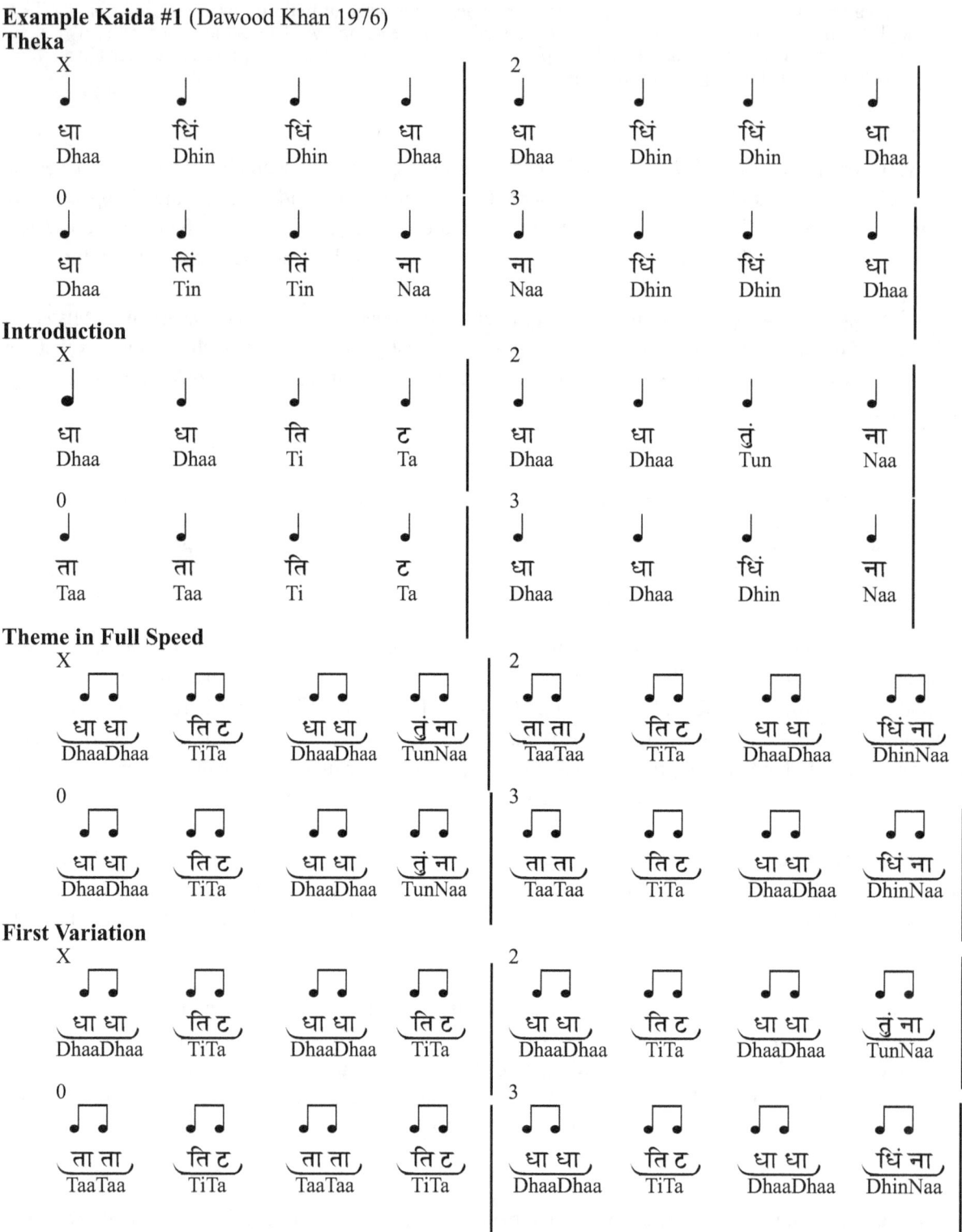

4

Second Variation

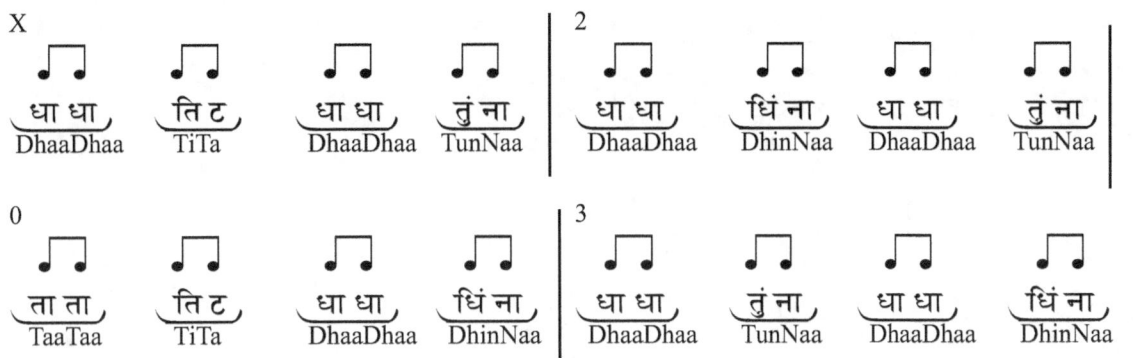

Third Variation

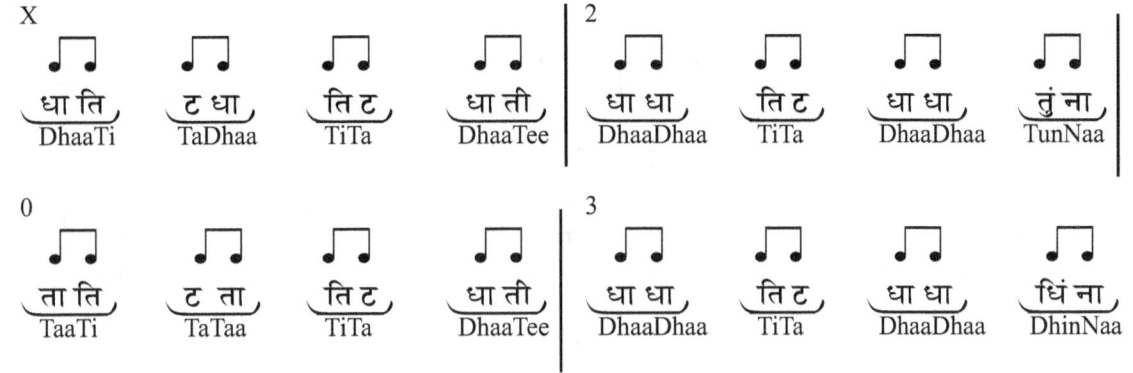

Fourth Variation

Ending (Tihai)

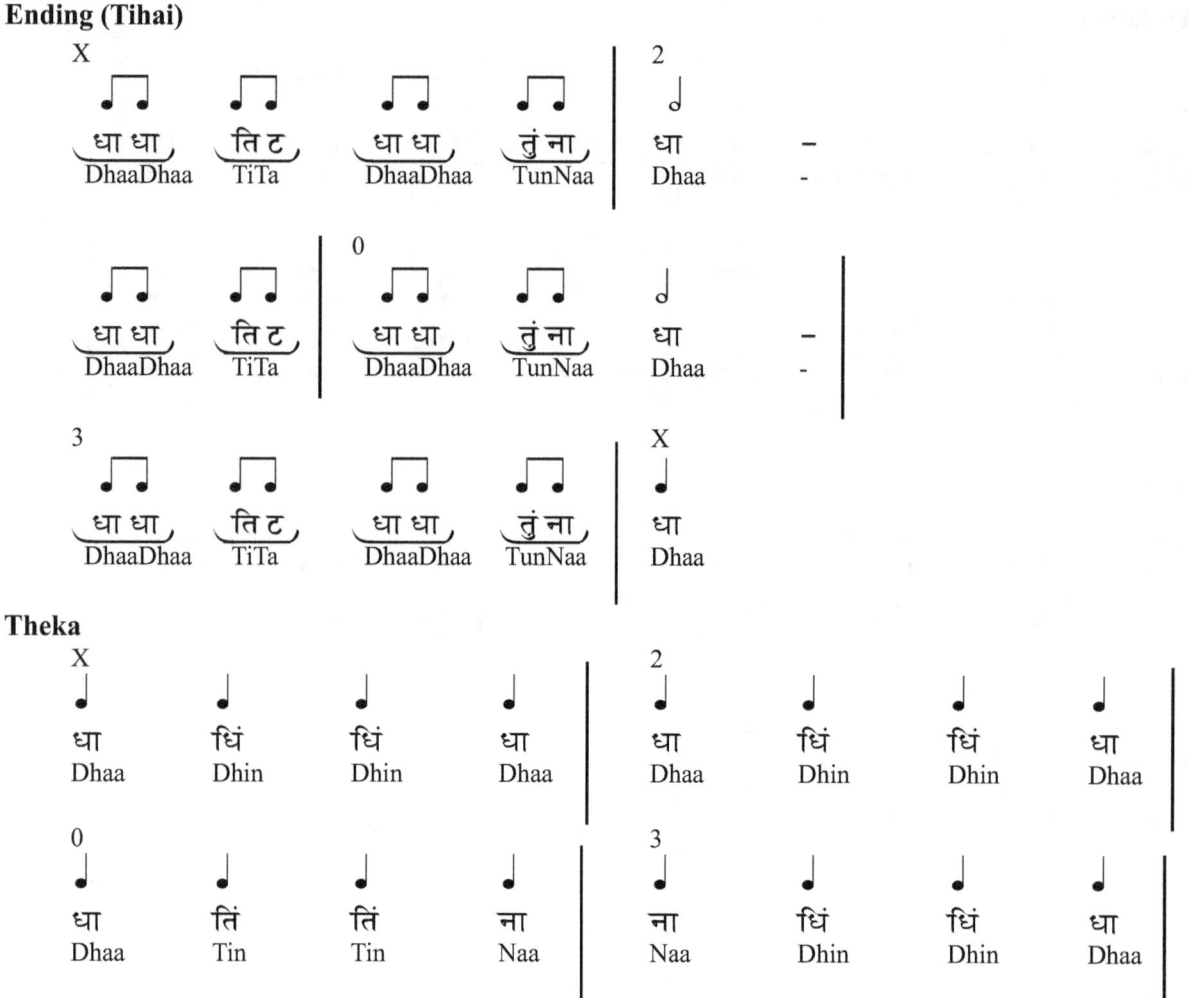

Theka

With this example in mind we can discuss the various rules of *kaida*. Let us begin with the performance rules.

PERFORMANCE RULES

Performance rules are a broad set of rules governing the way that the material is to be presented. These rules are tricky for the beginner because they are seldom spelled out in the literature. Once we have introduced them, we too will not specify them for the *kaidas* unless there is something very unusual.

Establish a Musical Reference - The *kaida* should not be performed until a point of reference is established. In almost all cases this means that one uses the *theka* (ठेका) to establish a frame of reference, then one may play the *kaida*. The reason for establishing a frame of reference is clear. The *kaida* is not inherently tied to any particular tempo. One commonly hears *kaidas* performed in double, quadruple, or octuple time. Playing the *theka* first gives a very clear picture to the audience as to what the *tal* (ताल) and *tempo* are. The information concerning *tal* and *lay* (लय)(i.e., tempo) is further reinforced with the repetitive melody known as *lahara* (लहरा) (see Volume 2, *Advanced Theory of Tabla*).

Let us create an abstraction for this process. It is diagrammatically illustrated in Figure 1.1. We see that the example started with *theka*, proceeded through the introduction, theme, variations, and ending. Then it returns to the *theka*. If one uses this approach then one will never go wrong.

There are cases where we may take some liberties with our rhythmic point of reference. This is usually seen when we string a number of *kaidas,* or other compositional forms together to make a *tabla* solo. In such cases, if we have not changed the tempo in any way, it may be redundant to keep restating the *theka*. Two common forms that one may use as alternative frames of reference are the *chalan* (चलन) and the *rela*. We introduced these forms in Volume 2 of this series (*Advanced Theory of Tabla*). However, a more detailed discussion will come in a later volume.

I must stress that this procedure, although rising in popularity, is often considered a violation of the basic rules of *kaida*. If you attempt this, you should realise that many knowledgeable listeners will not accept it.

A typical procedure for using a *chalan* as a point of reference is illustrated in figure 1.2. In this case we start off with the *theka*, play the first *kaida*, then return, not to the *theka*, but to a *chalan*; we then move to *kaida* #2, then return again to the *chalan*, and then move on to our third *kaida*. This procedure may be continued as long as artistically feasible.

The procedure for using a *rela* as a point of reference is exactly the same as with the *chalan*. Therefore, we do not need to elaborate on it here.

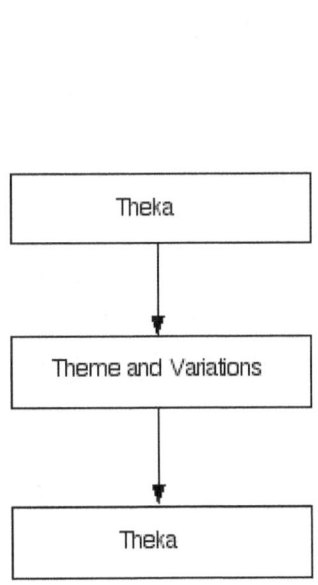

Figure 1.1 Theka is the musical point of reference

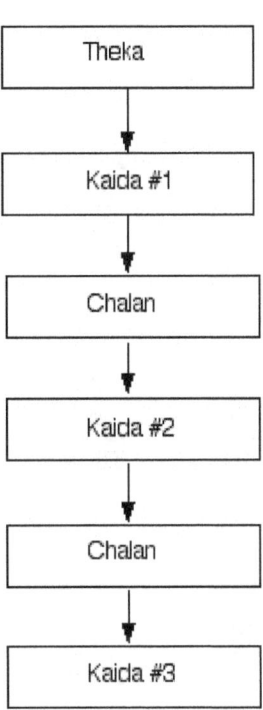

Figure 1.2. Use of chalan as a point of reference

There is one important thing to keep in mind about this procedure. It is advisable only after we have established a *theka* at least once. The performance of *theka* can never be totally eliminated, because only the *theka* can illustrate the rhythmic framework without any ambiguity. It will not always be immediately clear from a *chalan* or a *rela*.

Performance of the Introduction - Another broad rule concerning the performance of the *kaida* is in the use of an introduction. We have to let the audience know what we are going to be doing.

There are various approaches to the introduction, but the simplest and most widely performed is to play the basic theme at half the tempo of the one in which we will perform the rest of the *kaida*. This was the procedure shown in our example #1. Notice that the theme *(Dhaa Dhaa Ti Ta Dhaa Dhaa Tu Naa* ...etc.) was first played at single speed before moving into the full, double speed.

The situation would have been a little different had we decided to play the *kaida* at quadruple speed instead of double speed. If this had been the case it would have been introduced in the following manner:

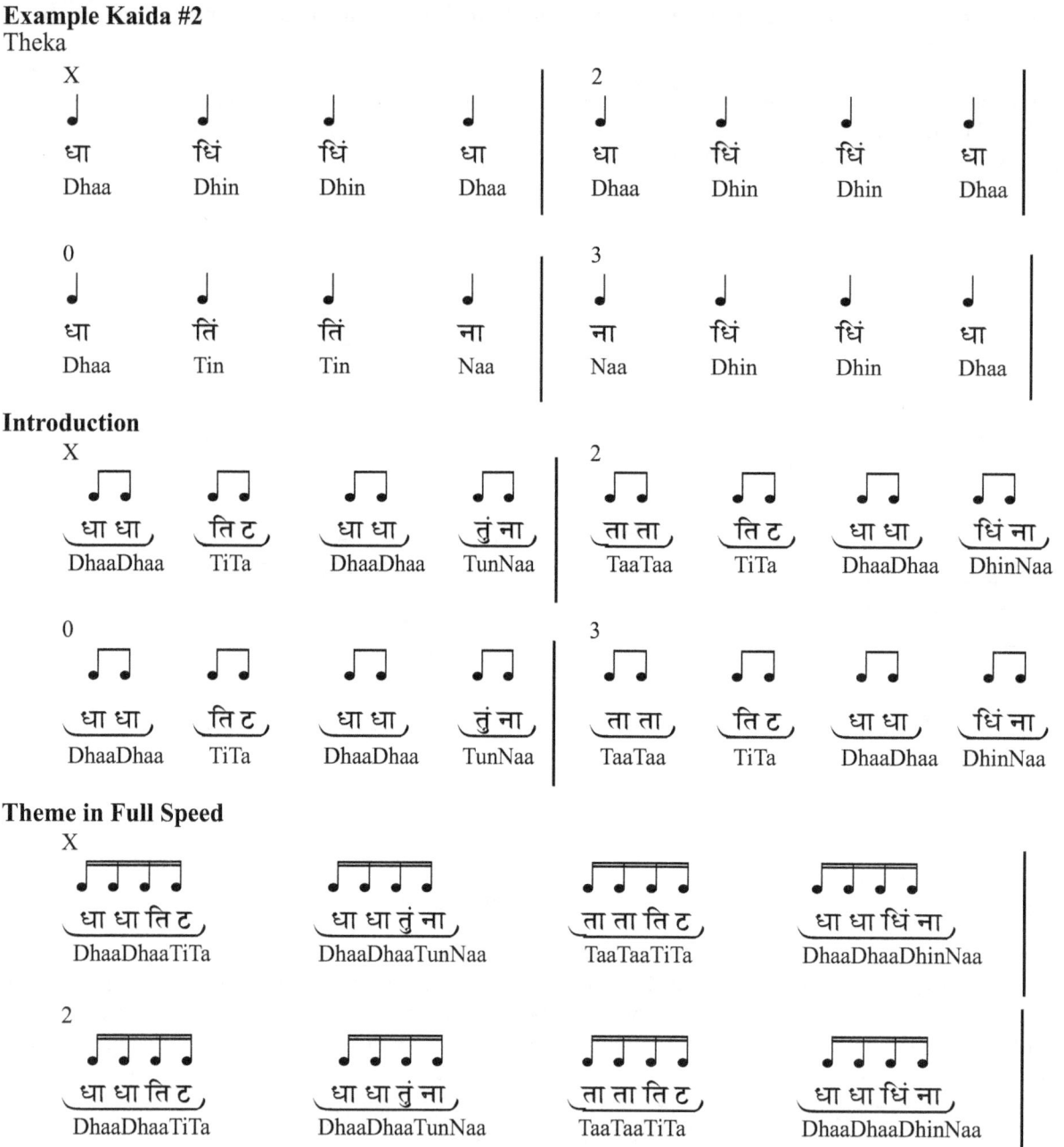

(Continue playing variations at quadruple speed)

Let us make a few observations concerning this way of introducing the *kaida*. Notice that, unlike the first example, the introduction played our basic theme (i.e., *Dhaa Dhaa Ti Ta* . . .) twice instead of once. This second iteration is not of any real importance as far as the rules of *kaida* are concerned. This was done merely to maintain the 16 beat structure of the *tal*. In the same way, when we moved into the full speed, we had to play our basic theme four times. Again this is merely a reflection of the necessity of maintaining the 16 beat structure. Whenever we have these multiple iterations, it is often referred to as a *bharan*. The word *bharan* means "filler" and reflects the fact that this is not really a theoretical concern for the *kaida* but is done merely to maintain the *tal*.

Let us move to a different way to introduce the *kaida*; we can have our introduction in two parts, each with a different rhythmic relationship. Let us say that we wish to perform the *kaida* in quadruple time. It is possible to play the theme at half this tempo (i.e., double time), then move to triple time, where it should be played three times. Then we play the theme and variations at full tempo (i.e., quadruple time). This style of introduction is shown below in example #3:

Example Kaida #3 (Shepherd 1976)
Theka

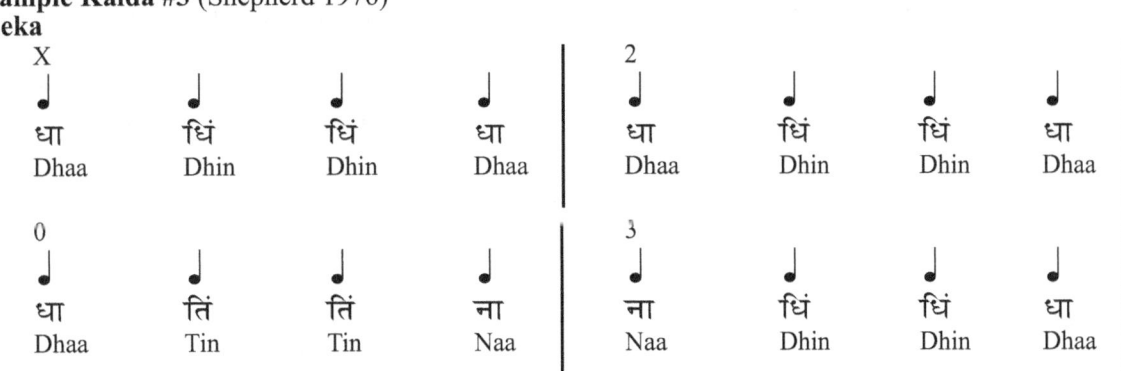

Focus on the Kaidas of Tabla

Introduction

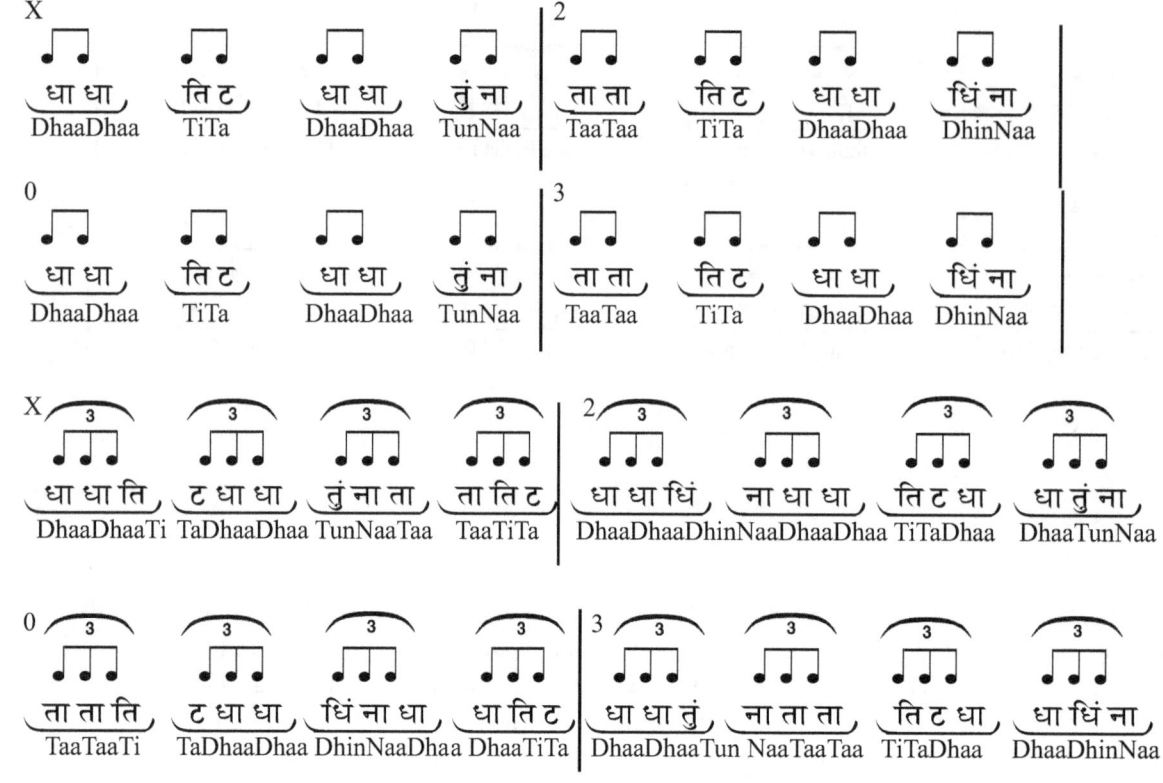

Theme in Full Speed

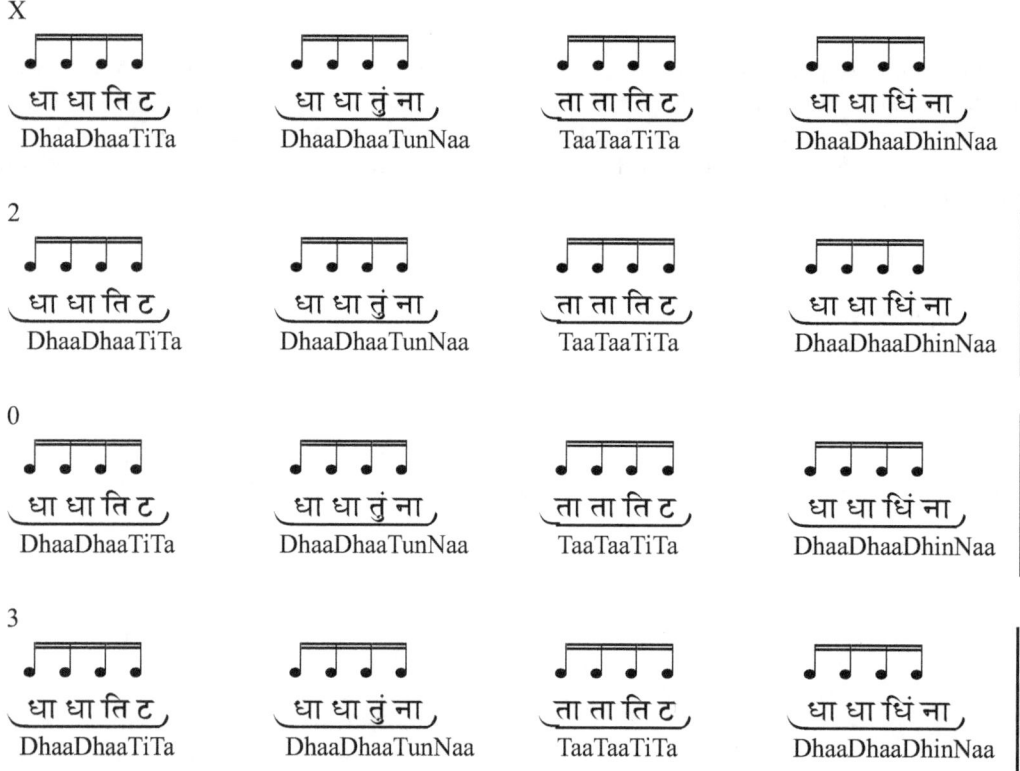

(Continue playing variations at quadruple speed)

There is a very important twist to this previous way of introducing the *kaida*. Instead of moving from double-time, to triple-time, to quadruple-time as shown in example #3, we instead may move from single to $1\frac{1}{2}$ time then to double time. Any experienced *tabla* player will instantly recognise this as an obvious option. However, what is not so obvious is the way that we are restructuring the theme in order to facilitate this type of introduction. An example is shown below:

Example Kaida #4
Theka

X				2			
धा	धिं	धिं	धा	धा	धिं	धिं	धा
Dhaa	Dhin	Dhin	Dhaa	Dhaa	Dhin	Dhin	Dhaa

0				3			
धा	तिं	तिं	ना	ना	धिं	धिं	धा
Dhaa	Tin	Tin	Naa	Naa	Dhin	Dhin	Dhaa

Introduction (normal theme followed by restructured theme in $1\frac{1}{2}$ tempo)

X				2			
धा	धा	ति	ट	धा	धा	तुं	ना
Dhaa	Dhaa	Ti	Ta	Dhaa	Dhaa	Tun	Naa

0				3			
ता	ता	ति	ट	धा	धा	धिं	ना
Taa	Taa	Ti	Ta	Dhaa	Dhaa	Dhin	Naa

X				2			
धा - धा	- ति -	ट - धा	- धा -	ति - ट	- धा -	धा - तुं	- ना -
Dhaa - Dhaa	- Ti -	Ta - Dhaa	- Dhaa -	Ti - Ta	- Dhaa -	Dhaa - Tun	- Naa -

0				3			
ता - ता	- ति -	ट - धा	- धा -	ति - ट	- धा -	धा - धिं	- ना -
Taa - Taa	- Ti -	Ta - Dhaa	- Dhaa -	Ti - Ta	- Dhaa -	Dhaa - Dhin	- Naa -

Theme in Full Speed

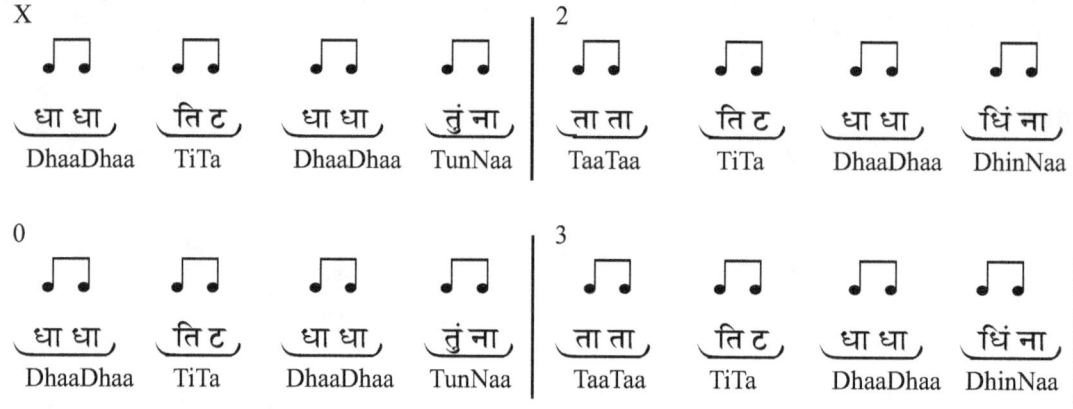

(continue with variations)

One may note that the previous 1½ tempo section was rewritten in such a way that the phrases were kept intact. However, this is not the only way that they may be rewritten. It has been noted by previous scholars (e.g., Shepherd 1976) that they may also be rewritten in such a way that the phrases themselves are altered. For instance:

Triplet introduction (Shepherd 1976)

Rewriting the *kaida* to accommodate the different *layakari* has advantages and disadvantages. On the positive side, it is easy and amazingly beautiful. On the negative side, one may question the appropriateness of restructuring the theme so early in the presentation. Considering the latitude that present artists have in the performance of the *kaida,* this last disadvantage appears to be insignificant.

There is yet another way to introduce the *kaida*. This method is to play the theme roughly at half-tempo. However one may introduce some interesting small *layakari* or *rubato*. These rhythmic variations present a very pleasant departure from the simple half-tempo introduction. It is almost impossible for me to note such rhythmic variations; they really have to be felt. Therefore, no example for this will be shown here.

Performance of the Main Body of Kaida - The main body of the *kaida* must be performed. Although there are numerous structural issues that need to be dealt with, there are really no major performance issues. The only thing which must be decided is the tempo in which it must be performed. As has already been indicated, double-time and quadruple-time are the most common. However, in extremely slow tempos, octuple-time may be played. Other timings such as *dedh* (1½ times), *tigun* (triple-time), etc., are dictated by structural matters and are usually not under the discretion of the artist unless they are prepared to rewrite the *kaida* (i.e., a normal quadruple-time *Tintal kaida* may not be played easily in triple-time unless the internal structure is altered by the addition or subtraction of phrases.).

Resolution - It is obvious that at some point we have to bring the *kaida* to a close. This will require some device to resolve the piece. This is invariably a *tihai*. Although the actual form of the resolution may vary in specifics (e.g., *chakradar*, *tukada*, etc.), it must involve a *tihai* at some level. The *tihai* is a phrase repeated three times and usually resolves on the *sam* (the first beat of the cycle).

The topic of the *tihai* and various ways to resolve are very important. However, this is a separate subject from the *kaida*. Please look into Volume 2 (*Advanced Theory of Tabla*) for more information. A more detailed look into the subject will be found in a later volume.

Inclusion of Other Forms within the Performance - Contemporary practice allows the introduction of other forms within the body of the *kaida*. One commonly hears *gats* and *relas* enfolded within the body of the *kaida*. Strictly speaking, this is a violation of the basic rules of *kaida*. However, it has become such a common practice among contemporary performers that it deserves some mention. We may say that the insertion of these forms is acceptable as long as they are based upon the same style of *bols*. However, if we really wish to be strict in these matters, it is better to simply not make these insertions. Again the topic of *gat, rela*, etc. is a different subject and is discussed elsewhere. These performance rules are significant in that they are usually not spelled out precisely in most Indian literature. We will generally adopt a similar approach for this book. To write the *theka* and introductions to all of the *kaidas* in this book would be redundant and push the size and cost of this book up unnecessarily. Therefore, **although these broad rules may not always be written out, they should be understood and followed.** With these performance rules well understood, we move into the topic of the structural rules.

STRUCTURAL RULES

Structure is what defines *kaida*. *Kaida* is not defined by technique, speed, *bols*, or any of the criteria that may define other compositional forms. It is defined clearly and cleanly by the structure of the composition. Therefore, the rules governing the structure of the *kaida* are the most important rules of all. These rules concern the form of the individual theme and variations *(bhari / khali)* and the structure of our entire performance (i.e., how the variations proceed from one to another). Let us look into these in greater detail.

Analogy of the Poem - Many of the rules governing the structure are more easily understood if we refer to a simple analogy. The *kaida* may be thought of as a poem on *tabla*. It has an internal rhyming structure and rhythmic flow.

Let us look at an analogy in poetry to get a clearer understanding of rhyming patterns. Let us look at the limerick.

The limerick is wisdom poetical	A
In a form which is quite economical	A
But the good ones I've seen	B
Seldom are clean	B
And the clean ones seldom are comical	A

Focus on the Kaidas of Tabla

Bols				Rhyming Structure
धा Dhaa	धा Dhaa	ति Ti	ट Ta	A
धा Dhaa	धा Dhaa	तुं Tun	ना Naa	B
ता Taa	ता Taa	ति Ti	ट Ta	A
धा Dhaa	धा Dhaa	धिं Dhin	ना Naa	B

Table 1.1. Rhyming structure of our example kaida

The *kaida* also has a rhyming structure. For instance the theme of the example *kaida* that we are using has a rhyming structure of ABAB as is shown in table 1.1.

There is a point which is important to both poetry as well as the structure of *kaida*. A rhyming pattern does not mean total equivalence; it means similarity. Just as the rhyming lines of a poem are not identical in a word-for-word fashion, in the same way the rhyming phrases of the *kaida* are not totally the same. This is a very important point that will recur throughout the discussion of the *kaida*.

With the analogy of the poem in mind we can now turn our attention to the various rules concerning the rhyming structure of the *kaida*.

Bhari Khali Structure - A major rule of *kaida* dictates that any rhyming pattern must be played twice. The first iteration is variously referred to as the *khuli* or *bhari* section. The second section is referred to as the *khali* or the *mundi* section. These sections are denoted by the types of *bols* used. (Gottlieb 1977)

The *bhari* is the first iteration of the rhyming pattern. It is denoted by the presence of resonant open left hand stokes (e.g., *Ga* ग, *Dhaa* धा, *Dhin* धिं, etc.). In our example that we have been using, the first line is the *bhari* as it is denoted by the opening *Dhaa Dhaa Ti Ta* (धा धा ति ट).

The *khali* section is denoted by the use of *bols* that show an absence of resonant left hand strokes. Common examples are *Ka* (क), *Naa* (ना), *Taa* (ता), and *Tin* (तिं)[1]. In our example the second section is denoted by the opening line *Taa Taa Ti Ta* (ता ता ति ट).

Let us return to our example to illustrate the *khali / bhari* structure.

धा Dhaa	धा Dhaa	ति Ti	ट Ta	धा Dhaa	धा Dhaa	तुं Tun	ना Naa	**Bhari**
ता Taa	ता Taa	ति Ti	ट Ta	धा Dhaa	धा Dhaa	धिं Dhin	ना Naa	**Khali**

It is important to note that the two sections are merely denoted by the presence of *bhari* and *khali bols*. It does not mean that these are the only *bols* that may be used. For instance, the *bhari* section does contain a few *khali bols* (i.e., *Tun*). By the same token, there are a number of *bhari bols* in the *khali* (e.g., *Dhin* धिं and *Dhaa* धा).

It is important that the reciprocal nature of these *bols* be understood. This was discussed in great detail in Volume One of this series (*Fundamentals of Tabla*). However, a partial list of reciprocal *bols* is shown in table 1.2.

---

[1] It is interesting to note that Ajrada *kaidas* occasionally depart from the repetition of *bols* in the *khali*. This will be discussed in greater detail in the chapter on Ajrada *kaidas*.

There is a characteristic manner in which the change in nature of the *bols* signal the *khali* and the *bhari*. It was shown in our example *kaida* that the resonate left hand actually dropped out before the onset of the *khali*. In a similar manner, the resumption of the resonant left hand occurs at a surprisingly early time in our *khali* portion. This process may be thought of as a form of foreshadowing. Just as the onset of the scary music foreshadows the arrival of the monster in the B-grade science fiction movies, so too does the dropping of the *bhari bols* and the resumption of the same foreshadow the coming of the *khali* and the *bhari* sections of the *kaida*.

There is no way to tell precisely when the resonant left hand will drop out and when it will resume. Numerous factors such as the *bol*-expressions used, the length of the composition, *gharana* and mood of the artist, all contribute to the decision. The same artist may even play it differently on each occasion.

The final tally is simple; the rules of *kaida* merely specify that the *khali* and *bhari* sections be indicated. The exact manner of this indication is left to the artistic discretion of the artist.

Bhari Bols	Khali Bols
धा Dhaa	ता ना Taa or Naa
धिं Dhin	तिं तुं Tin or Tun
धा धा ति ट Dhaa Dhaa Ti Ta	ता ता ति ट Taa Taa Ti Ta
धा - धा - ति र कि ट Dhaa - Dhaa - Ti Ra Ki Ta	ता - ता - ति र कि ट Taa - Taa - Ti Ra Ki Ta
धा - ति ट गि ड न ग Dhaa - Ti Ta Gi Da Na Ga	ता - ति ट कि ड न क Ta - Ti Ta Ki Da Na Ka
धिं न गिं न Dhin Na Gin Na	तिं न किं न Tin Na Kin Na
धि र धि र Dhi Ra Dhi Ra	ति र ति र Ti Ra Ti Ra
धि न त ग Dhi Na Ta Ga	तिं न त क Tin Na Ta Ka
धे टे धे टे Dhe Te Dhe Te	ते टे ते टे Te Te Te Te

Table 1.2. Partial list of reciprocal bols

Relationship Between the Kaida and the Tal - It is immediately apparent that the relationship between the *khali / bhari* structure of the *kaida* has a close resemblance to the *vibhag* structure of *Tintal*. This has no practical significance.

This similarity has been noted numerous times by many scholars and has been the source of some speculation. For instance it was noted some years earlier (Shepherd 1976) that a few performers have structured their performance such that the *khali* portion of the *kaida* always followed the *khali vibhags* of the *theka*. But even in Shepherd's early work, it was noted that this was not a requirement.

If we look at the situation from a modern standpoint, the situation is clear. *Kaidas* may be performed in any *tal* and in any tempo without any obligatory correlation between the *vibhag* structure of the *theka* and the *khali / bhari* structure of the *kaida*. Modern musicians are clearly under no pressure to make such a correspondence. If it happens, it is either chance or an idiosyncratic characteristic of the performer.

However, when we take a historical look at the subject, this is not so clear. In the old days *kaidas* were only played in *Tintal*. It is quite possible that musicians always performed the *kaida* such that the *khali* of the *kaida* corresponded to the *khali vibhag* of the *theka*. However, this is mere conjecture. We can neither prove nor disprove this hypothesis.

Maintenance of the Micro-theme - Another rule of *kaida* governs the maintenance of the micro-theme. The micro-theme is a small phrase that comes at the end of each section. In our example *kaida,* the expression *Dhaa*

Dhaa Dhin Naa (धा धा धिं ना), or *Dhaa Dhaa Tun Naa* (धा धा तुं ना) is the micro-theme. In our example, it did not matter how many variations we came up with, each section would always end with the micro-theme. The placement of the micro-theme is shown in Figure 1.3. There is no agreement as to how long the micro-theme should be. Sometimes it is only a few strokes; sometimes it corresponds to a major section of the theme. This may vary from artist to artist and *gharana* to *gharana*.

Although any set of *bols* may function as a micro-theme there is one phrase which is the most popular. Even a very casual glance at the *kaidas* played today shows us that the most common one is some form of *Dhi Naa Gin Naa* (धि न गिं न) or *Tin Naa Ki Naa* (तिं न कि न).

It has been noted that the manner in which one moves from variations back to the micro-theme is very similar to the structure of vocal music. In the style of singing known as *kheyal*, the vocalist moves back and forth between elaboration and a small theme. This is very similar to the alternation between the modified section of the *kaida* and the micro-theme (Gottlieb 1977).

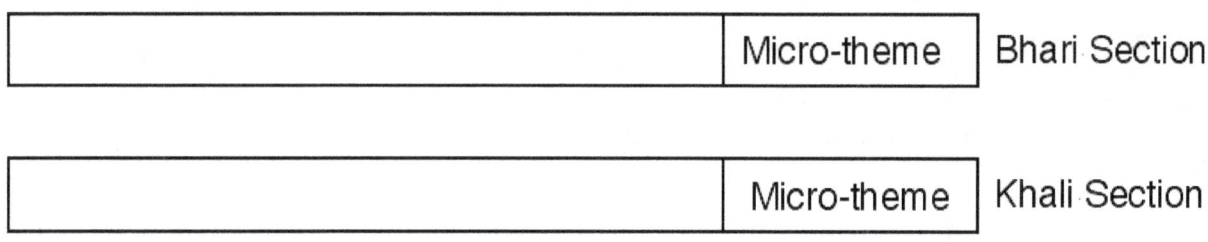

Figure 1.3. The micro-theme must be maintained.

<u>Maintenance of the Original Bols</u> - This is one of the most important rules of the *kaida*; as we progress through the various permutations, we can only use *bols* which are similar to those found in the theme. For instance in our example *kaida,* we would not suddenly introduce *Te Te Ka Ta Ga Di Ge Naa* (ते टे क त ग दी गे न) into a variation, for this was not in the original theme. Only *bols* which are *similar* to the *bols* used in the theme are acceptable. My good friend Shawn Mativetsky likes to say that it is a matter of maintaining the identity of the *kaida*; an introduction of dissimilar *bols* causes the *kaida* to lose its identity.

It is the concept of similarity which opens up a lot of debate. As we move around India and survey the various *kaidas,* we see that the concept of similarity is very subjective. What is similar for one musician may seem to be dissimilar to another. Still, there are some observations that we can make.

Changes in the vowel sound are insignificant. This is one rule governing similarity that we can make without reservation. For instance, in our third variation of our example *kaida* we see that the *bol Ti* (ती) appeared to come out of nowhere. However, if we look closely at the *bol Ti* (ती) we find that it is really a small transformation of the *bol Ti* (ति) from *TiTa* (ति ट)². This is therefore universally accepted as similar. One must also remember that the change from *Dhi* (धि) to *Dhin* (धिं) or *Ti* (ती) to *Tin* (तिं) involve mere changes in the vowels.

---

2   Throughout this series I have urged you to pay attention to the *Dev Nagri* and ignore the Roman script. If you have been ignoring these warnings and are still looking only at the Roman transliterations, then you are in big trouble! Go back now to *Fundamentals of Tabla* and acquaint yourself with the *Dev Nagri*.

It is very difficult to determine similarity when dealing with *bol*-expressions. For instance, in many *kaidas* one often finds *Ti Ta* (ति ट) in the theme suddenly becoming replaced with *Ti Ra Ki Ta* (ति र कि ट) in the variations. Opinions are sharply divided as to the acceptability of such substitutions. Some consider the two to be similar enough to be acceptable for permutations, while most consider this to be a totally different *bol*, one which is unacceptable for inclusion in *Ti Ta* (ति ट) based themes (e.g., Kippen 1988)[3].

<u>Variations Must Proceed in a Logical Fashion</u> - The performance of the *kaida* is based upon a number of variations. These variations are variously known as *bal, palta, vistar,* or *prastar*. Whatever they may be called, it is important that the variations proceed in a logical order.

There is a general rule for the order of these permutations. One first starts with major blocks and performs the permutations of the theme. These are the first level of permutations. In the second level of permutations, one breaks these block into smaller blocks; one then performs permutations upon these . One may continue to break the blocks into ever smaller blocks to facilitate the process of generating variations. This process may be further facilitated by the addition of pauses. The process of generating permutations can proceed indefinitely.

We must remember that there are different philosophies to the construction of the theme. The approach used will have very important ramifications for the development of the subsequent variations. In general, themes may be quadratic or non-quadratic. This will be discussed in greater detail shortly.

Let us look at the process of generating permutations in greater detail.

<u>First Level Variations</u> - The first level of permutations deal with the major blocks. The major blocks for our typical *Tintal kaida* were shown in table 1.1. In this section we saw that the theme has a simple quadratic structure. The rhyming pattern for a *Tintal kaida* is usually AB-AB[4]. These A and B blocks then form the basic units for our first level of permutations. A very typical first variation might be AAAB-AAAB. This AAAB-AAAB variation is sometimes called the *dohra* or *pench*, and is the mandatory first variation within some traditions (Emam -no date-). A reasonable second variation might be ABBB-ABBB. These variations are graphically illustrated in Figure 1.4. We need not stop here. We could also create a variation ABAB-ABAB, although this might sound too similar to our theme in played in *duggan*. Furthermore, the variation BAAB-BAAB would probably be workable.

One point which immediately comes to mind is whether we can increase the length of our variations. For instance can we play AABAABAB-AABAABAB? The answer is that we can, and such variations tend to pop up periodically. However, there is a tendency to stay away from variations which increase the size of the permutations. The tendency to avoid such variations seems to be more an artistic consideration rather than any rule of *kaida*. After all, a variation such as AABAABAABAABABAB-AABAABAABAABABAB, might be theoretically possible and technically correct. However, it is so long that it would not be practical nor aesthetically pleasing.

---

3 I try to make it my job to merely document the things that go on in the field of *tabla* and not to pontificate or pass judgement. However, I think that I may be forgiven if I express my opinion on the inclusion of these different *bols* within the variations. Such inclusions are a violation of the basic rules of *kaida*. If you are on stage, and you have a pressing artistic need to make such an inclusion, go ahead and do so, but with the full knowledge that it is incorrect. However, when teaching, one has a responsibility to impress upon the student what the rules are. If one is introducing such new *bol*-expressions within the pedagogic process, it will be very difficult for the student to acquire a clear knowledge of the rules of *kaida*

4 Punjabi *kaidas* sometimes do not show a quadratic form. They exhibit a clear binary structure but occasionally no quadratic character. This has a major impact on the progression of the variations.

Focus on the Kaidas of Tabla

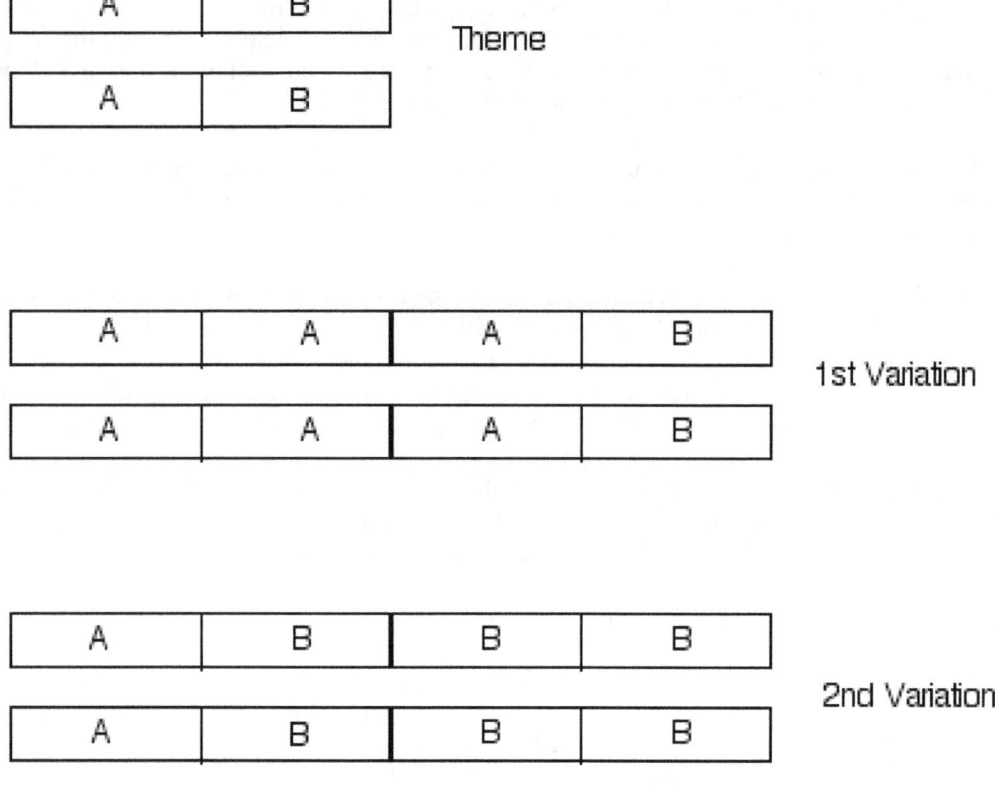

Figure. 1.4. Variations generated by the first level of permutations.

One will notice that each section ended in a B phrase. What is wrong with a variation such as BBBA-BBBA? It turns out that this is not at all an acceptable variation because the A block does not contain the micro-theme, and our variations should end with the micro-theme[5].

This brings up the question of what the relationship between the B section and our micro-theme actually is. In some cases B corresponds exactly to our micro-theme. This was certainly the case with our example *kaida*. However, in many cases the B section merely contains the micro-theme as a smaller section within it. This is especially true of long *kaidas*, such as those from Punjab (*Punjabi kaidas* will be discussed in greater detail in Chapter 12.).

---

5 I must admit that there are *kaidas* that do not maintain the micro-theme. There are a number shown in this book. They are usually mixed forms (e.g. *laggi-kaida*). In such cases it is easy to attribute this non-maintenance to the inheritance of structural characteristics, or perhaps structural laxity, from the non-*kaida* parent form.

Introduction

<u>First Level Variations in Other Tals</u> - There are a few observations we can make concerning this first level of variations for *tals* other than *Tintal*. It appears that there are two viable philosophies as to how the *kaida* should be structured. Let us take *Ektal* for example.

Some musicians insist that the only acceptable structure for any *kaida* including *Ektal, Rupak,* and other *tals*, is a quadratic one. They claim that *kaidas* have always been quadratic and to create a non-quadratic *kaida* is a violation of the rules. An example of a quadratic *kaida* in *Ektal* would be something like the example in figure 1.5.

धा	धा	ति	ट	ति	ट	धा	ती	धा	धा	तुं	ना
Dhaa	Dhaa	Ti	Ta	Ti	Ta	Dhaa	Ti	Dhaa	Dhaa	Tun	Naa
ता	ता	ति	ट	ति	ट	धा	ती	धा	धा	धिं	ना
Taa	Taa	Ti	Ta	Ti	Ta	Dhaa	Ti	Dhaa	Dhaa	Dhin	Naa

Figure 1.5. Quadratic Kaida in Ektal.

However, there are also musicians who argue just as forcefully that the quadratic structure is not a requirement of *kaida,* but was done in the past only because *kaidas* were traditionally only played in *Tintal*. They argue that since *Tintal* is inherently quadratic in nature, the *kaidas* merely inherited this quality. They further state that when a *kaida* is played in other *tals,* it is more appropriate to use a structure which more closely approximates the *tal*. For instance an *Ektal kaida* might be better implemented in the form of two triads. An example of this approach is shown in figure 1.6:

धा	धा	ति	ट	धा	धा	ति	ट	धा	धा	तुं	ना
Dhaa	Dhaa	Ti	Ta	Dhaa	Dhaa	Ti	Ta	Dhaa	Dhaa	Tun	Naa
ता	ता	ति	ट	धा	धा	ति	ट	धा	धा	धिं	ना
Taa	Taa	Ti	Ta	Dhaa	Dhaa	Ti	Ta	Dhaa	Dhaa	Dhin	Naa

Figure 1.6. Ektal kaida based upon two triads

It is very easy for us to ignore such trivial debates as mere academic squabbling. We can pass off any emotional attachments to these arguments as being a question of professional politics. (Indeed this is often the case.)

However, we must not forget that these fundamental structural differences will have a profound influence on the nature, style, and progression of our first-level variations. For instance an *Ektal* theme that is conceptualised as being AB-AB, is going to produce very different variations from an *Ektal* theme that is conceptualised as AAB-AAB. Therefore, these apparently minor academic debates may have very profound practical implications.

There is one other approach to the *kaida* which must be mentioned, that is the binary *kaida*. This form has a *khali* and a *bhari* structure but has either irregular or poorly defined substructures. Therefore, the first level permutations treat these structures as being undifferentiated. An undifferentiated theme might have an A-A structure. These may be found in any *tal*. The variations would not have symmetrical blocks to manipulate, so one may conceive of these *kaidas* as completely skipping the first level variations and moving to the second level. Alternatively, one could conceive of their variations as consisting of a structure such as BA-BA, CA-CA, DA-DA, etc. Such binary *kaidas*, although rare, do tend to show up occasionally.

Regardless of what approach we take to the form of the themes, it is clear that our first round of variations will very quickly exhaust all usable permutations. It is then necessary to proceed to the second level of variations.

Second-Level Variations - There are two techniques for the generation of second-level variations. One approach is to break down the major blocks into smaller blocks, while the second approach is the introduction of pauses into these smaller blocks. In practice, both approaches are generally used together. Let us look at these in greater detail.

The creation of second level variations by breaking major blocks into smaller blocks is well illustrated by the example *kaida* in variation #3. The structure of this variation is as follows:

C			C			D			A				B				
धा	ति	ट	धा	ति	ट	धा	ती		धा	धा	ति	ट	धा	धा	तुं	ना	CCDAB
Dhaa	Ti	Ta	Dhaa	Ti	Ta	Dhaa	Tee		Dhaa	Dhaa	Ti	Ta	Dha	Dha	Tun	Naa	
ता	ति	ट	ता	ति	ट	धा	ती		धा	धा	ति	ट	धा	धा	धिं	ना	CCDAB
Taa	Ti	Ta	Taa	Ti	Ta	Dhaa	Tee		Dhaa	Dhaa	Ti	Ta	Dha	Dha	Dhin	Naa	

Figure 1.7. Second level permutations in the example kaida

In this last variation we see that we have derived two new structures.

धा ति ट
Dhaa Ti Ta = C

धा ती
Dhaa Ti = D

These structures have been added to the original:

धा धा ति ट
Dhaa Dhaa Ti Ta = A

धा धा धिं ना
Dhaa Dhaa Dhin Naa = B

The two new structures C and D are derived by fragmenting the original structure A. Therefore, the new variation has the form CCDAB-CCDAB.

There are a number of variations that can be created using these new structures. DCCAB-DCCAB, CDCAB-CDCAB, ACCDB-ACCDB, etc. are just a few. At this point you should very clearly grasp the process, so it is pointless to continue showing examples.

The potential for this second round of variations is further expanded by the introduction of pauses. This is illustrated by our fourth variation in our example *kaida*. There are two ways to look at these pauses. One way is to consider the addition of pauses within an alternative structure. The second way is to consider pauses to be separate elements. Let us examine the first approach by generating a new structure that we may call E:

धा -
Dhaa - = E

This new structure E is also derived from our original blocks. If we wished to examine our fourth variation in this manner, we come up with something like this:

A	D	E	D	E	B	
धा धा ति ट Dhaa Dhaa Ti Ta	धा ती Dhaa Tee	धा - Dhaa -	धा ती Dha Tee	धा - Dhaa -	धा धा तुं ना Dhaa Dhaa Tun Naa	ADEDEB
ता ता ति ट Taa Taa Ti Ta	ता ती Taa Tee	ता - Taa -	धा ती Dha Tee	धा - Dhaa -	धा धा धिं ना Dhaa Dhaa Dhin Naa	ADEDEB

Figure 1.8. Variations based upon structures with pauses.

Focus on the Kaidas of Tabla

But there is a second way to visuise pauses, one which treats the pauses as completely separate entities. In this approach we could visuallise our new structure E as being:

$$\underset{\text{Dhaa Tee Dhaa}}{\text{धा ती धा}} = E$$

If we take this approach, then:

A			E			-	E			-	B			
धा	धा	ति ट	धा	ती	धा	-	धा	ती	धा	-	धा	धा	तुं ना	AE - E - B
Dhaa	Dhaa	Ti Ta	Dhaa	Tee	Dhaa	-	Dhaa	Tee	Dhaa	-	Dhaa	Dhaa	Tun Naa	
ता	ता	ति ट	ता	ती	ता	-	धा	ती	धा	-	धा	धा	धिं ना	AE - E - B
Taa	Taa	Ti Ta	Taa	Tee	Taa	-	Dhaa	Tee	Dhaa	-	Dhaa	Dhaa	Dhin Naa	

Figure 1.8. Variations based upon structures with pauses

Neither of these approaches is right or wrong. However, the second approach is closer to the way that most artists conceptualise the process. Our analysis of these new structures is highly flexible, and one can take the previous example and redefine it in a totally different fashions. Therefore, this previous example must be seen as a mere exercise in the processes which go into generating these structures rather than an exhaustive and definitive approach.

We have gone into tremendous detail concerning the structure, but there is one thing that should be made clear. The models and structures put forth will describe almost all *kaidas*, but not actually all. There are *kaidas*, some of which are in this book, that have a form that does not entirely fit these models. It is important to realise that if the flow of the variations has a logical and clear structure and does not violate any of the other rules of *kaida*, then it is acceptable.

Let us now move on to a new topic. We will deal with the mixed form.

MIXED KAIDAS
It is common to mix the *kaida* with other forms. Typically *kaidas* may be mixed with *gats, laggis, peshkars,* and *relas*.

A very simple model can be used to describe the mixed form. It describes what the parent forms are, and what characteristics are inherited. This model is graphically illustrated in figure 1.9.

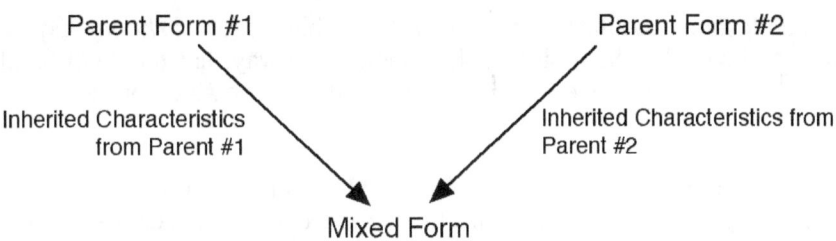

Figure 1.10. Inheritance model

The nomenclature for such mixed forms is simple though not always consistent. Mixing a *kaida* and a *peshkar* produces a *peshkar-kaida*. Mixing a *rela* and a *kaida* produces a *kaida-rela* etc. However, the order is not always consistent; for instance a *gat-kaida* may also be called a *kaida-gat*.

One important concern is what characteristics are inherited from the parent forms. The inheritable characteristics that we deal with are: structure, *bol*, function, and technique. Let us look at these characteristics in greater detail.

Structure - The structure is the way that the material is put together. *Kaida,* by its very definition, deals with the structure of the theme and variation. Therefore, it is desirable that the structure of the mixed-form be inherited from the *kaida*.Bol - The *bol* literally means the "word" or "syllable", however the concept of *bol* has universally been broadened so that it impinges upon technique and compositional form. Therefore, *rela* is defined by the use of *bols* (i.e., technique) which can be played at extremely high speed. *Peshkar* is partially defined by certain characteristic phrases of *bols*. *Laggis* are occasionally defined by a set of *bols* which are used in the lighter forms of playing such as *Kaherava*.

Function - Function deals with the way that things are used. A *laggi* for example is usually defined by its use in the lighter forms of music; *farmaishi* compositions are partially defined by their use in a *"farmaish"* or a good natured challenge; *peshkar* is partially defined by its function of introducing a *tabla* solo.

Technique - Technique is simply the fingering used to execute the composition. For example *do hatthu* compositions are defined by the use of two hands on a single drum, *ek hatthu* compositions are defined by the use of only a single hand to execute the composition, etc.

Characteristics such as structure, *bol*, function, and technique are important because they may be inherited to different degrees by the daughter compositions. These daughter compositions are the mixed forms, some of which will occupy a significant portion of the book

The mixed forms may or may not have similarities. For instance, most *gat-kaidas* are similar, most *laggi-kaidas* are similar, etc. However, this will not always be the case. Differing inheritance of qualities may yield *kaidas* with very different qualities. In such cases one *kaida-rela* may turn out to be very different from another *kaida-rela*.

The nature of inheritance and the practical ramifications are probably not very clear now. However, they will be taken up in greater detail in later chapters.

TECHNIQUE

Today there are two overall philosophies to the technique of *tabla*. There is the *purbi baj* and the *dilli baj*. The term *baj* means "technique of playing". These philosophies dictate the way that *bols* will be played, and to a great extent what *bols* may be used. The concept of *baj* is not limited to the *kaida* but is found in most of the compositional forms.

The *baj* is derived from the old *gharana* system. In the 19th century each *gharana* had its own *baj*. As there were improvements in transportation and communications, the technical boundaries between the *gharanas* began to erode. In the process, the Delhi and the Ajrada techniques merged together to become what is today known as the *dilli baj* or the *Paschami baj*. In a similar way, the Lucknow, Farukhabad, and Benares techniques merged together to become the *purbi baj*. Even as late as the 1970s it was suggested that there were three approaches to *tabla* technique (Gottlieb 1977a). It is probable that within 25-50 years, these two remaining *bajs* themselves will merge into one common corpus of *tabla* techniques.

Today it is an economic imperative that a professional musician be competent in both *bajs*. However, there is still a tendency for most people to show a preference to one *baj* or another. This is very much analogous to the way that people show a left-handedness or right-handedness.

The *baj* will show up periodically. Therefore it is advisable that the reader refer back to volume one (*Fundamentals of Tabla*) to get a clear idea of the technical characteristics of the *bajs*.

USES OF KAIDA

Kaida is useful in three ways: It is used in pedagogy, it is a repertoire of basic technique, and it is used for solos. We will look at this in greater detail.

Pedagogy - *Kaida* is the backbone of *tabla* instruction. Like other classical arts, *tabla* has a body of material which must be mastered before one is considered "*taiyar*" or "ready". Although the actual corpus of material varies from one teacher to another, the *kaidas* usually form the bulk of this material.

Kaidas are normally given as soon as the basic strokes are learned. They typically span the spectrum from being extremely elementary to being extremely sophisticated. This naturally depends upon where the student is in his or her training. One of the functions of the *kaida* is to train the musician in proper technique. It has been related that the great Afaq Husain of the Lucknow *gharana* once said (Kippen 1988):

> "We give qaidas for the hand . . . they build the hand bit by bit, by concentrating on small aspects (i.e. the details) of playing."

The *kaidas* have emerged as the mark which separates a formally trained *tabla* player from one who has no formal training. For instance there are many *tabla* players, especially within the film genres, who have little or no formal training. This is usually reflected in their inability to perform sophisticated *kaidas*. Just as the usage of certain words or expressions is enough to mark a person as being "low class", the inability to perform *kaidas* is one of the marks of poor training.

Technique - The *kaida* forms a reservoir of technique. This reservoir may be dipped into whenever one is improvising. Let us return to the example *kaida* to see how this fixed composition may yield material for improvisation.

Here are a few examples:

Mukhada #1

Mukhada #2

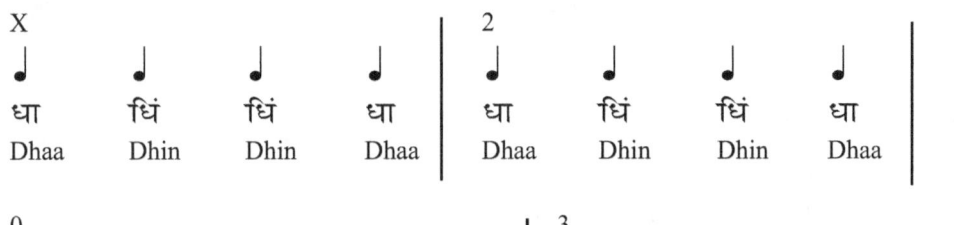
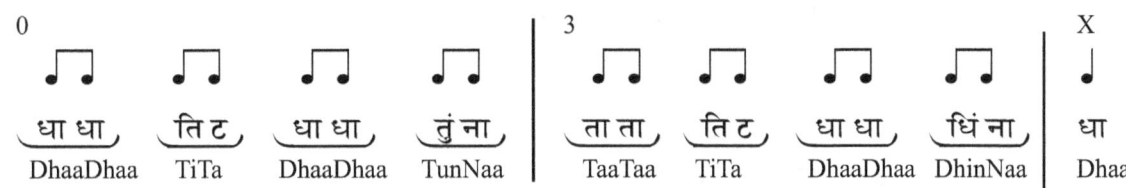

Mukhada #3

Tukada

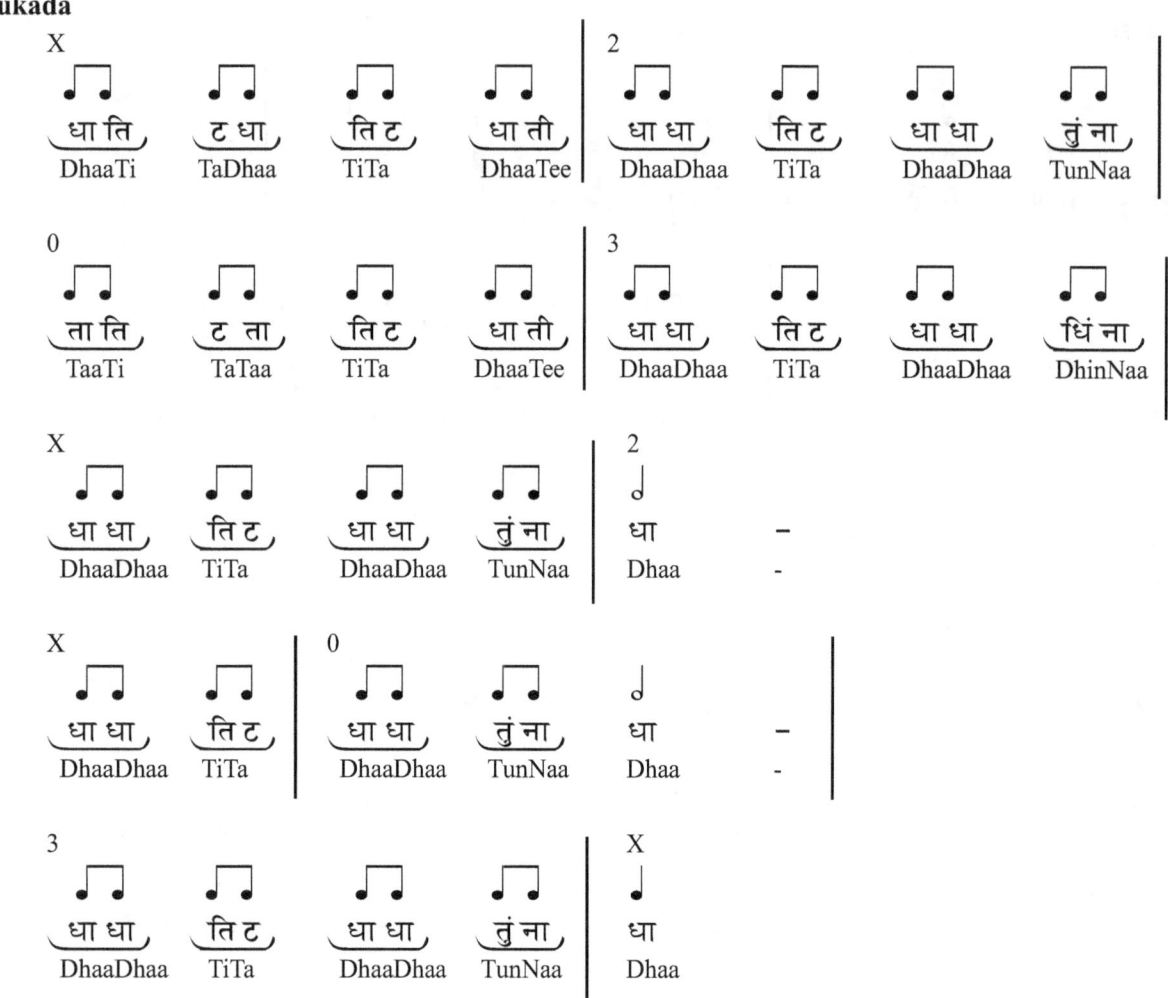

    The previous examples are certainly easy, almost trivial; however they clearly illustrate important processes. If these same processes are carried out with more advanced *kaidas*, the possibilities are staggering.

Solo - The bulk of the *tabla* solo is based upon *kaidas*. *Kaidas* are very long and it does not take too many to form an extensive performance. I have heard solos where a single *kaida* can go on for more than half-an-hour. One may show one's skill, training, and artistry easily by such a performance.

    However there has been a tendency in the last few generations to downgrade the importance of the *kaida* in the solo. This is in part a reflection of the democratisation of north Indian music.

    The decline of the *kaida* with the democratisation of Indian music is easily explained. Prior to Independence, North Indian classical music was exclusively for the rich and powerful upper classes and their courtiers. The rarified social environment in which the music was produced and consumed made it possible to produce artforms that were esoteric and required a considerable amount of knowledge to appreciate. *Kaida* certainly fell into this category. With the coming of Independence and the dissolution of traditional sources of patronage, the musicians then began to take their music to the larger public. This forced the musicians to make changes in their music to make it more accessible. With the *kaida* this meant taking liberties with the execution and structure in order to broaden the popular appeal. To be very blunt, musicians began to resort to gimmickry.

Certainly many people decry such activities. The process of taking artistic liberties to make the music more accessible is frequently seen as a "dumbing down" of the music and a dilution of the original value. Although this is certainly a reasonable position and one with great validity, we also must not forget that music is continually undergoing changes. These changes that are so decried are very consistent with the other changes that have continued throughout the long history of Indian music. These are the same social and artistic forces that have been driving the evolution of North Indian music for many centuries.

AUTHORSHIP AND OWNERSHIP OF KAIDAS

Throughout this work the reader may continually ask who composed these *kaidas*. Although in a few cases a *kaida* is attributed to a particular musician, in practice no one person can be given credit for being the composer.

Let us examine the rare situations where a *kaida* is attributed to a particular musician. If we look closely, it is only the theme that is attributable. The bulk of the performance lies in the variations; a significant number of which are composed or improvised by the musician giving the performance. Another significant number of variations were probably composed by the performer's teacher, etc. If such a small percentage of the performance is traceable to the acknowledged "author", then how can it be said that any particular musician is the author?

This situation is very much analogous to jazz musician who improvises around a well known "head". Out of respect for the composer of the "head", the authorship is acknowledged, although the limits of such authorship are generally understood.

One must naturally wonder why there is an attempt to assign the *kaidas* to particular masters when there are such obvious elements that have been added. Ultimately such questions lead us into traditional Indian concepts of age and value.

There is a very strong propensity in India to automatically equate age with value. Taking a composition and crediting it to a master of old automatically enhances its value. Conversely, when a contemporary musician makes changes it is automatically presumed to be a corruption of the material. Few Indians will look upon it as an enhancement. This is in stark contrast to the Western tradition where the concept of "new and improved" is the dominant, although questionable rule.

The situation concerning the authorship and ownership is actually simple. Although *kaida* is part of the classical tradition of India, it really has much in common with the various folk traditions from around the world. The material has no owner; it has no composer. It is an amorphous repertoire that is continually changing as successive generations of musicians add to it, and at the same time reject other aspects of it. Its social functions, its style of performance, all undergo continual changes according to the prevailing social and artistic environment.

CONCLUSION

We worked very hard to give a good overview of the *kaida*. This chapter took a very well known example and twisted it virtually every way imaginable. It was dissected and transformed in ways that illustrate important musical processes. At this point these musical processes are probably well understood. It is this proper understanding that will allow us to move forward. In the following chapters we will look at the mixed-forms as well as the ways that the various *gharanas* have adopted slightly different approaches to the subject.

WORKS CITED

Das, Ram Shankar (Pagaldas)
1967	*Tabla Kaumudi* (Vol. 2). Gwalior, India: Ramchandra Sangeetalaya.

Courtney, David
1994	"The Cadenza in North Indian Indian Tabla". *Percussive Notes*,. Lawton, OK; August 1994: Vol. 32, N0 4 pp 54-64.
1998	*Fundamentals of Tabla*. Houston: Sur Sangeet Services.
2000	*Advanced Theory of Tabla*. Houston: Sur Sangeet Services.

Emam
-no date - *Delhi Gharana of Tabla: A Compositional Documentation* -no publishers info available.

Feldman, Jeffrey M & Alla Rakha Khan.
1978	*Learning Tabla with Alla Rakha*. Los Angeles: Ravi Shankar Music Circle.

Ganguly, Shikha
1981	*Introduction to Tabla*. Delhi: Avon Book.

Gottlieb, Robert S.
1977a	*The Major Traditions of North Indian Tabla Drumming (Vol. 1)*. Munich -Salzburg: Musikverlag Emil Katzbichler.
1977b	*The Major Traditions of North Indian Tabla Drumming (Vol. 2)*. Munich -Salzburg: Musikverlag Emil Katzbichler.

Khan, Shaik Dawood
1978-1980 Personal study.

Kennedy, Michael
1994	*The Oxford Dictionary of Music*. Oxford: Oxford University Press.

Kippen, James
1988	*The Tabla of Lucknow: A Cultural Analysis of a Musical Tradition*. Cambridge: Cambridge University Press.

Mistry, Aban (translated by Yasmin E. Tarapore)
1999	*Pakhawaj and Tabla: History Schools and Traditions*. Mumbai, India: Pt Keki S. Jijina, Swar Sadhna Samiti.

Randel, Don M.
1978	*Harvard Concise Dictionary of Music*. Cambridge MA: Belknap Press of Harvard Press.

Shepherd, Francis Ann
1976	*Tabla and the Benares Gharana*. Doctoral Dissertation: Wesleyan University.

Shrivastava, Girish Chandra
1978	*Tal Parichay* (Vol. 2). Allahabad, India: Sangeet Press.
1979	*Tal Parichay* (Vol. 1). Allahabad, India: Sangeet Press.

Stewart, Rebecca Marie
1974	*The Tabla in Perspective*. Doctoral Dissertation. UCLA.

Vashishtha, Satyanarayan
1977	*Tal Martand*. Hathras. Sangit Karyalaya Press.

CHAPTER 2
KAIDA-RELAS

INTRODUCTION
A *kaida-rela,* also known as the *rela-kaida* or the *relan* style of *kaida* (Emam - no date), is one of the most popular forms of *kaida* around. It is so popular that very often when people say that they are playing *kaida*, it is really a *kaida-rela* that they are playing. By the same token, many of the *relas* that musicians play are actually *kaida-relas*. The reason that these compositions may be declared to be either *relas* or *kaidas* will be explained later. First let us look at the *rela* and what defines it.

RELA
The *rela* may be examined from several standpoints. We may look at the origin of the term, the various types of *relas,* and some examples.

The origin of the term *rela* is fairly clear. The word *rela* is a *Hindi* word that means "torrent" or "rush". This is a very apt description of the artistic impact of the *rela* (Gottlieb 1977). One sometimes hears that the term is derived from the sound of the railroad train. This is an amusing story that offers up numerous entertaining possibilities in a stage performance; yet this amusing etymology is universally rejected in academic circles.

A *rela* is defined as a compositional or improvisational form that is defined by *bols* that can, and are, played at extremely high speeds. Naturally, not every *bol* lends itself to this sort of thing. Table 2.1 is a list of common *bols* found in *rela*.

The structure of the *rela* is not defined. In practise, *relas* fall along a continuum. At one end of the continuum are *relas* which are extremely free-form; such *relas* are referred to as *swatantra relas*. At the opposite end are those which are highly structured; these *relas* are the *kaida-relas*. This continuum is easily visualised as seen in figure 2.1. It is important to realise that *relas* may lie at any part of this continuum.

Table 2.1. Common bols for rela

धा - ति ट गि ड ना ग   Dhaa - Ti Ta Gi Da Naa Ga
धि र धि र गि ड ना ग   Dhi Ra Dhi Ra Gi Da Naa Ga
धा - धा - ति र कि ट   Dhaa - Dhaa - Ti Ra Ki Ta
धा - धा - ति र कि ट त क   Dhaa - Dhaa - Ti Ra Ki Ta Ta Ka
धा - ति र कि ट त क   Dhaa - Ti Ra Ki Ta Ta Ka
धा - ति र कि ट त क ति र कि ट   Dhaa - Ti Ra Ki Ta Ta Ka Ti Ra Ki Ta
न ग धि न धि न गि न   Na Ga Dhi Na Dhi Na Gi Na
ति र कि ट त क   Ti Ra Ki Ta Ta Ka
ता - ति ट कि ड ना ग   Taa - Ti Ta Ki Da Naa Ga
धि र धि र धि र कि ट   Dhi Ra Dhi Ra Dhi Ra Ki Ta

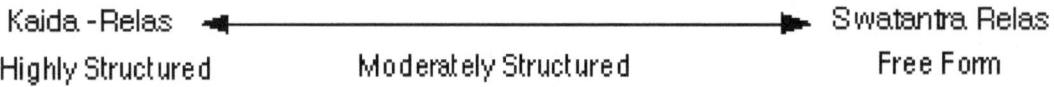

Figure 2.1. Relas may have any degree of structure

Some examples will help give a clearer picture. Let us start by looking at a *swatantra rela*.

Swatantra Rela - The *swatantra rela* is a simple, free-form *rela*. It is generally improvised on stage and not precomposed. It has almost no place in traditional Indian pedagogy because it lacks structure. Since it lacks structure, it imparts very little useful information to the student (I am sure that there are numerous teachers who will take exception with me for even bringing the *swatantra rela* up here.). Here is an example:

Swatantra Rela
Variation #1

धा – ति ट गि ड ना ग धि र धि र गि ड ना ग धा – ति ट गि ड ना ग धि र धि र गि ड ना ग
Dhaa - Ti Ta Gi Da Naa Ga Dhi Ra Dhi Ra Gi Da Naa Ga Dhaa - Ti Ta Gi Da Naa Ga Dhi Ra Dhi Ra Gi Da Naa Ga

धा – ति ट गि ड ना ग धि र धि र गि ड ना ग धा – ति ट गि ड ना ग धि र धि र गि ड ना ग
Dhaa - Ti Ta Gi Da Naa Ga Dhi Ra Dhi Ra Gi Da Naa Ga Dhaa - Ti Ta Gi Da Naa Ga Dhi Ra Dhi Ra Gi Da Naa Ga

Variation #2

धा – ति ट गि ड ना ग धा – ति ट गि ड ना ग धि र धि र गि ड ना ग धा – ति ट गि ड ना ग
Dhaa - Ti Ta Gi Da Naa Ga Dhaa - Ti Ta Gi Da Naa Ga Dhi Ra Dhi Ra Gi Da Naa Ga Dhaa - Ti Ta Gi Da Naa Ga

धा – ति ट गि ड ना ग धि र धि र गि ड ना ग धा – ति ट गि ड ना ग धि र धि र गि ड ना ग
Dhaa - Ti Ta Gi Da Naa Ga Dhi Ra Dhi Ra Gi Da Naa Ga Dhaa - Ti Ta Gi Da Naa Ga Dhi Ra Dhi Ra Gi Da Naa Ga

Variation #3

धा – धा – ति र कि ट धा – धा – ति र कि ट धा – ति ट गि ड ना ग धि र धि र गि ड ना ग
Dhaa - Dhaa - Ti Ra Ki Ta Dhaa - Dhaa - Ti Ra Ki Ta Dhaa - Ti Ta Gi Da Naa Ga Dhi Ra Dhi Ra Gi Da Naa Ga

धा – धा – ति र कि ट धा – ति ट गि ड ना ग धि र धि र गि ड ना ग धा – धा – ति र कि ट
Dhaa - Dhaa - Ti Ra Ki Ta Dhaa - Ti Ta Gi Da Naa Ga Dhi Ra Dhi Ra Gi Da Naa Ga Dhaa - Dhaa - Ti Ra Ki Ta

Ending
(bharan)

धा – धा – ति र कि ट धा – धा – ति र कि ट धा – ति ट गि ड ना ग धि र धि र गि ड ना ग
Dhaa - Dhaa - Ti Ra Ki Ta Dhaa - Dhaa - Ti Ra Ki Ta Dhaa - Ti Ta Gi Da Naa Ga Dhi Ra Dhi Ra Gi Da Naa Ga

(Tihai)

ति	र	कि	ट	धा –	धा –	धा
Ti	Ra	Ki	Ta	Dhaa -	Dhaa -	Dhaa

- - -
- - -

ति	र	कि	ट	धा –	धा –	धा
Ti	Ra	Ki	Ta	Dhaa -	Dhaa -	Dhaa

- - -
- - -

						X
ति	र	कि	ट	धा –	धा –	धा
Ti	Ra	Ki	Ta	Dhaa -	Dhaa -	Dhaa

<u>Analysis of Previous Example</u> - This is a good example of a *rela* that is NOT a *kaida-rela*. Let us see how many rules have been violated in this example.

1) Notice that there is no structure behind the variations. These are not even variations in any traditional sense; one could start almost anywhere and the overall effect would be the same.

2) Notice too, that there is no binary structure behind the variations. There is nothing to indicate *khali* or *bhari* in any way.

3) There is no micro-theme to be maintained. The expression *Gi Da Naa Ga* (गि ड ना ग) comes close to being a micro-theme, but on closer examination we find that it is merely a commonly used expression and nothing more.

4) There is nothing to indicate an adherence to any of the performance rules of *kaida*. Although we could have played the first variation at half-tempo to create an introduction, let us for the sake of argument, say that we simply jumped right into the *rela* at full speed.

5) New *bols* are introduced at random. The expression *Dhaa - Dhaa - TiRa KiTa* (धा – धा – ति र कि ट) was introduced well after the onset of the *rela*.

It is useful to point out that *relas* like this are not just an artificial construct. *Relas* are commonly improvised along these very same lines. Such *swatantra relas* may be very effective and very beautiful on stage. However they are not *kaida-relas*.

We have gone over this example *swatantra rela*. It is useful here to turn our attention to the opposite extreme of our *rela* spectrum and look at a *kaida-rela*.

Focus on the Kaidas of Tabla

<u>Kaida-Rela</u> - The *kaida-rela* is simple to comprehend. It is merely the *bols* of a *rela* that are developed along a strictly structured line. Simply put, all the rules of *kaida* which were discussed in chapter one may be demonstrated, and will be applied to the *bols* of the *rela*. Here is a typical example:

Kaida-Rela in Tintal (S. Dawood Khan 1977 personal interview)
Theme

धा – ति ट गि ड ना ग धि र धि र गि ड ना ग धा – ति ट गि ड ना ग तू – ना – कि ड ना क
Dhaa - Ti Ta Gi Da Naa Ga Dhi Ra Dhi Ra Gi Da Naa Ga Dhaa - Ti Ta Gi Da Naa Ga Too - Naa - Ki Da Naa Ka

ता – ति ट कि ड ना ग धि र धि र गि ड ना ग धा – ति ट गि ड ना ग धी – ना – गि ड ना ग
Taa - Ti Ta Ki Da Naa Ga Dhi Ra Dhi Ra Gi Da Naa Ga Dhaa - Ti Ta Gi Da Naa Ga Dhee - Naa - Gi Da Naa Ga

Variation #1

धा – ति ट गि ड ना ग धि र धि र गि ड ना ग धा – ति ट गि ड ना ग धि र धि र गि ड ना ग
Dhaa - Ti Ta Gi Da Naa Ga Dhi Ra Dhi Ra Gi Da Naa Ga Dhaa - Ti Ta Gi Da Naa Ga Dhi Ra Dhi Ra Gi Da Naa Ga

धा – ति ट गि ड ना ग धि र धि र गि ड ना ग धा – ति ट गि ड ना ग तू – ना – कि ड ना क
Dhaa - Ti Ta Gi Da Naa Ga Dhi Ra Dhi Ra Gi Da Naa Ga Dhaa - Ti Ta Gi Da Naa Ga Too - Naa - Ki Da Naa Ka

ता – ति ट कि ड ना क ति र ति र कि ड ना क ता – ति ट कि ड ना ग धि र धि र गि ड ना ग
Taa - Ti Ta Ki Da Naa Ka Ti Ra Ti Ra Ki Da Naa Ka Taa - Ti Ta Ki Da Naa Ga Dhi Ra Dhi Ra Gi Da Naa Ga

धा – ति ट गि ड ना ग धि र धि र गि ड ना ग धा – ति ट गि ड ना ग धी – ना – गि ड ना ग
Dhaa - Ti Ta Gi Da Naa Ga Dhi Ra Dhi Ra Gi Da Naa Ga Dhaa - Ti Ta Gi Da Naa Ga Dhee - Naa - Gi Da Naa Ga

Variation #2

धा – ति ट गि ड ना ग धि र धि र गि ड ना ग धा – ति ट गि ड ना ग तू – ना – कि ड ना क
Dhaa - Ti Ta Gi Da Naa Ga Dhi Ra Dhi Ra Gi Da Naa Ga Dhaa - Ti Ta Gi Da Naa Ga Too - Naa - Ki Da Naa Ka

धा – ति ट गि ड ना ग धी – ना – गि ड ना ग धा – ति ट गि ड ना ग तू – ना – कि ड ना क
Dhaa - Ti Ta Gi Da Naa Ga Dhee - Naa - Gi Da Naa Ga Dhaa - Ti Ta Gi Da Naa Ga Too - Naa - Ki Da Naa Ka

ता – ति ट कि ड ना क ति र ति र कि ड ना क धा – ति ट गि ड ना ग धी – ना – गि ड ना ग
Taa - Ti Ta Ki Da Naa Ka Ti Ra Ti Ra Ki Da Naa Ka Dhaa - Ti Ta Gi Da Naa Ga Dhee - Naa - Gi Da Naa Ga

धा – ति ट गि ड ना ग तू – ना – कि ड ना क धा – ति ट गि ड ना ग धी – ना – गि ड ना ग
Dhaa - Ti Ta Gi Da Naa Ga Too - Naa - Ki Da Naa Ka Dhaa - Ti Ta Gi Da Naa Ga Dhee - Naa - Gi Da Naa Ga

Variation #3

धा – ति ट गि ड ना ग धि र धि र गि ड ना ग धि र धि र गि ड ना ग धि र धि र गि ड ना ग
Dhaa - Ti Ta Gi Da Naa Ga Dhi Ra Dhi Ra Gi Da Naa Ga Dhi Ra Dhi Ra Gi Da Naa Ga Dhi Ra Dhi Ra Gi Da Naa Ga

धा – ति ट गि ड ना ग धि र धि र गि ड ना ग धा – ति ट गि ड ना ग तू – ना – कि ड ना क
Dhaa - Ti Ta Gi Da Naa Ga Dhi Ra Dhi Ra Gi Da Naa Ga Dhaa - Ti Ta Gi Da Naa Ga Too - Naa - Ki Da Naa Ka

ता – ति ट कि ड ना क ति र ति र कि ड ना क ति र ति र कि ड ना क ति र ति र कि ड ना ग
Taa - Ti Ta Ki Da Naa Ka Ti Ra Ti Ra Ki Da Naa Ka Ti Ra Ti Ra Ki Da Naa Ka Ti Ra Ti Ra Ki Da Naa Ga

धा – ति ट गि ड ना ग धि र धि र गि ड ना ग धा – ति ट गि ड ना ग धी – ना – गि ड ना ग
Dhaa - Ti Ta Gi Da Naa Ga Dhi Ra Dhi Ra Gi Da Naa Ga Dhaa - Ti Ta Gi Da Naa Ga Dhee - Naa - Gi Da Naa Ga

Variation #4

धा - ति ट गि ड ना ग धि र धि र गि ड ना ग धा - ति ट गि ड ना ग धि र धि र कत् - - -
Dhaa - Ti Ta Gi Da Naa Ga Dhi Ra Dhi Ra Gi Da Naa Ga Dhaa - Ti Ta Gi Da Naa Ga Dhi Ra Dhi Ra Kat - - -

धा - ति ट गि ड ना ग धि र धि र गि ड ना ग धा - ति ट गि ड ना ग तू - ना - कि ड ना क
Dhaa - Ti Ta Gi Da Naa Ga Dhi Ra Dhi Ra Gi Da Naa Ga Dhaa - Ti Ta Gi Da Naa Ga Too - Naa - Ki Da Naa Ka

ता - ति ट कि ड ना क ति र ति र कि ड ना ग धा - ति ट गि ड ना ग धि र ध र कत् - - -
Taa - Ti Ta Ki Da Naa Ka Ti Ra Ti Ra Ki Da Naa Ga Dhaa - Ti Ta Gi Da Naa Ga Dhi Ra Dhi Ra Kat - - -

धा - ति ट गि ड ना ग धि र धि र गि ड ना ग धा - ति ट गि ड ना ग धी - ना - गि ड ना ग
Dhaa - Ti Ta Gi Da Naa Ga Dhi Ra Dhi Ra Gi Da Naa Ga Dhaa - Ti Ta Gi Da Naa Ga Dhee - Naa - Gi Da Naa Ga

Variation #5

धा - ति ट गि ड ना ग धि र धि र गि ड ना ग धि र धि र कत् - - - धि र धि र कत् - - -
Dhaa - Ti Ta Gi Da Naa Ga Dhi Ra Dhi Ra Gi Da Naa Ga Dhi Ra Dhi Ra Kat - - - Dhi Ra Dhi Ra Kat - - -

धा - ति ट गि ड ना ग धि र धि र गि ड ना ग धा - ति ट गि ड ना ग तू - ना - कि ड ना क
Dhaa - Ti Ta Gi Da Naa Ga Dhi Ra Dhi Ra Gi Da Naa Ga Dhaa - Ti Ta Gi Da Naa Ga Too - Naa - Ki Da Naa Ka

ता - ति ट कि ड ना क ति र ति र कि ड ना ग धि र धि र कत् - - - धि र धि र कत् - - -
Taa - Ti Ta Ki Da Naa Ka Ti Ra Ti Ra Ki Da Naa Ga Dhi Ra Dhi Ra Kat - - - Dhi Ra Dhi Ra Kat - - -

धा - ति ट गि ड ना ग धि र धि र गि ड ना ग धा - ति ट गि ड ना ग धी - ना - गि ड ना ग
Dhaa - Ti Ta Gi Da Naa Ga Dhi Ra Dhi Ra Gi Da Naa Ga Dhaa - Ti Ta Gi Da Naa Ga Dhee - Naa - Gi Da Naa Ga

Variation #6

धि र धि र कत् - - - आ - - - धि र धि र कत् - - - आ - - - धि र धि र कत् - - -
Dhi Ra Dhi Ra Kat - - - Aa - - - Dhi Ra Dhi Ra Kat - - - Aa - - - Dhi Ra Dhi Ra Kat - - -

धा - ति ट गि ड ना ग धि र धि र गि ड ना ग धा - ति ट गि ड ना ग तू - ना - कि ड ना क
Dhaa - Ti Ta Gi Da Naa Ga Dhi Ra Dhi Ra Gi Da Naa Ga Dhaa - Ti Ta Gi Da Naa Ga Too - Naa - Ki Da Naa Ka

ति र ति र कत् - - - आ - - - ति र ति र कत् - - - आ - - - ति र ति र कत् - - -
Ti Ra Ti Ra Kat - - - Aa - - - Ti Ra Ti Ra Kat - - - Aa - - - Ti Ra Ti Ra Kat - - -

धा - ति ट गि ड ना ग धि र धि र गि ड ना ग धा - ति ट गि ड ना ग धी - ना - गि ड ना ग
Dhaa - Ti Ta Gi Da Naa Ga Dhi Ra Dhi Ra Gi Da Naa Ga Dhaa - Ti Ta Gi Da Naa Ga Dhee - Naa - Gi Da Naa Ga

Focus on the Kaidas of Tabla

Variation #7

Dhi Ra Dhi Ra Kat - - -   Dhi Ra Dhi Ra Kat - - -   Dhi Ra Dhi Ra Kat - - -   Dhi Ra Dhi Ra Kat - - -

Dhaa - Ti Ta Gi Da Naa Ga Dhi Ra Dhi Ra Gi Da Naa Ga Dhaa - Ti Ta Gi Da Naa Ga Too - Naa - Ki Da Naa Ka

Ti Ra Ti Ra Kat - - -   Ti Ra Ti Ra Kat - - -   Ti Ra Ti Ra Kat - - -   Ti Ra Ti Ra Kat - - -

Dhaa - Ti Ta Gi Da Naa Ga Dhi Ra Dhi Ra Gi Da Naa Ga Dhaa - Ti Ta Gi Da Naa Ga Dhee - Naa - Gi Da Naa Ga

Ending (Tihai)

Dhaa - Ti Ta Gi Da Naa Ga Dhi Ra Dhi Ra Ki Da Naa Ka Taa

- - - Kat - - -

Dhaa - Ti Ta Gi Da Naa Ga Dhi Ra Dhi Ra Ki Da Naa Ka Taa

- - - Kat - - -

Dhaa - Ti Ta Gi Da Naa Ga Dhi Ra Dhi Ra Ki Da Naa Ka | X Taa

   This previous example really needs no explanation. It clearly displays the form and adherence to the rules of *kaida*. At the same time, it clearly represents the *bols* and speed that characterises the *rela*. This last example is a perfect example of a composition that can be called *rela* by some musicians and a *kaida* by others.

Semi-Kaida-Rela - So far we have discussed examples that represent the two extremes in our *rela* continuum. We have shown a *swatantra rela* and a *kaida-rela*. However, there are many *relas* which fall in between these two extremes. Let us look at one example:

Semi Kaida-Rela
Theme

Dhaa - Ti Ta Gi Da Naa Ga Dhi Ra Dhi Ra Gi Da Naa Ga Dhaa - Ti Ta Gi Da Naa Ga Too - Naa - Ki Da Naa Ka

Taa - Ti Ta Ki Da Naa Ga Dhi Ra Dhi Ra Gi Da Naa Ga Dhaa - Ti Ta Gi Da Naa Ga Dhee - Naa - Gi Da Naa Ga

Kaida-Relas

Variation #1

धा – ति र कि ट त क ति र कि ट धा – ति र कि ट त क ति र कि ट धा – ति र कि ट त क
Dhaa - Ti Ra Ki Ta Ta Ka Ti Ra Ki Ta Dhaa - Ti Ra Ki Ta Ta Ka Ti Ra Ki Ta Dhaa - Ti Ra Ki Ta Ta Ka

धा – ति ट गि ड ना ग धि र धि र गि ड ना ग धा – ति ट गि ड ना ग तू – ना – कि ड ना क
Dhaa - Ti Ta Gi Da Naa Ga Dhi Ra Dhi Ra Gi Da Naa Ga Dhaa - Ti Ta Gi Da Naa Ga Too - Naa - Ki Da Naa Ka

ता – ति र कि ट त क ति र कि ट ता – ति र कि ट त क ति र कि ट धा – ति र कि ट त क
Taa - Ti Ra Ki Ta Ta Ka Ti Ra Ki Ta Taa - Ti Ra Ki Ta Ta Ka Ti Ra Ki Ta Dhaa - Ti Ra Ki Ta Ta Ka

धा – ति ट गि ड ना ग धि र धि र गि ड ना ग धा – ति ट गि ड ना ग धी – ना – गि ड ना ग
Dhaa - Ti Ta Gi Da Naa Ga Dhi Ra Dhi Ra Gi Da Naa Ga Dhaa - Ti Ta Gi Da Naa Ga Dhee - Naa - Gi Da Naa Ga

Ending (tihai)

धा – ति र कि ट त क ति र कि ट धा – ति र कि ट त क ति र कि ट धा – ति र कि ट त क धा
Dhaa - Ti Ra Ki Ta Ta Ka Ti Ra Ki Ta Dhaa - Ti Ra Ki Ta Ta Ka Ti Ra Ki Ta Dhaa - Ti Ra Ki Ta Ta Ka Dhaa

– – – – – – – धि र धि र गि ड ना ग
- - - - - - - Dhi Ra Dhi Ra Gi Da Naa Ga

धा – ति र कि ट त क ति र कि ट धा – ति र कि ट त क ति र कि ट धा – ति र कि ट त क धा
Dhaa - Ti Ra Ki Ta Ta Ka Ti Ra Ki Ta Dhaa - Ti Ra Ki Ta Ta Ka Ti Ra Ki Ta Dhaa - Ti Ra Ki Ta Ta Ka Dhaa

– – – – – – – धि र धि र गि ड ना ग
- - - - - - - Dhi Ra Dhi Ra Gi Da Naa Ga

धा – ति र कि ट त क ति र कि ट धा – ति र कि ट त क ति र कि ट धा – ति र कि ट त क | X धा
Dhaa - Ti Ra Ki Ta Ta Ka Ti Ra Ki Ta Dhaa - Ti Ra Ki Ta Ta Ka Ti Ra Ki Ta Dhaa - Ti Ra Ki Ta Ta Ka | Dhaa

The classification of this *rela* presents some challenges. Although there is no doubt that it is a *rela*, can we call it a *kaida-rela*? A survey of the literature and querying practising musicians will produce very mixed results.

Some are willing to consider this a *kaida-rela*. After all, it has a well defined binary structure (*bhari / khali*), the variations are well defined, it has a micro-theme, and its overall form is easily performed according to our performance rules.

On the other hand, many are unwilling to consider this a *kaida-rela*. They note that the *bols* are changing in an arbitrary fashion, and the variations are not proceeding according to the normal process of mathematical permutations. This situation is very much like the glass which is half-full of water. Everyone is clear on how much water is in the glass, but no one can agree on whether it is half-full or half-empty.

In the final analysis, it is not important whether there is a consensus as to whether this form is to be considered a *kaida-rela*. The difficulty is only for musicologists wishing to engage in taxonomy. Taxonomic considerations aside, this is a legitimate *rela* that works very well on stage. It is not important what kind of *rela* we wish to call it.

VIEWING THE KAIDA-RELA AS A KAIDA

So far we have used the *rela* to serve as a conceptual model for these various examples. The model of the *rela* continuum places these various forms within the two extremes (i.e., *kaida / swatantra*) in a very clean and clear fashion. However, we can invoke a different model that looks at the situation from the standpoint of the *kaida*. This is our inheritance model that we introduced in the last chapter.

The *kaida-rela* is most unambiguous when the inheritance follows the form shown in figure 2.2. In this model, the structure is entirely inherited from the *kaida* while the *bols* are inherited from the *rela*. This is a good way to conceptualise the *kaida-rela* that we introduced earlier in this chapter.

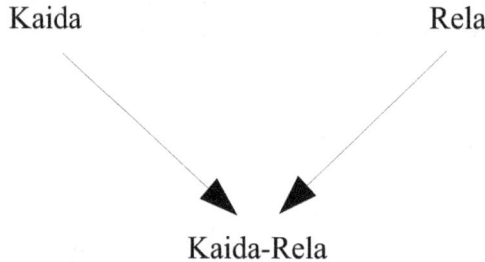

Figure 2.2. Normally inherited characteristics of kaida-rela

We have seen that our example *kaida-rela* followed this inheritance model quite clearly. It inherited the structure from the *kaida* while the *bols* were inherited from the *rela*.

Let us now look at the semi-*kaida-rela* that was also introduced earlier and see the inheritance model for this form. Its inheritance model would run something like the diagram in figure 2.3.

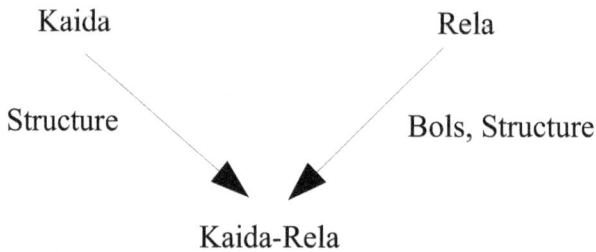

Figure 2.3. Inherited characteristics of semi-kaida-rela

It is necessary to engage in a little intellectual juggling for this model to make sense. Earlier we stated that *rela* was not defined by any structure. Now we are saying that the *rela's* lack of structure is in itself a structure. This is very much like considering atheism to be a religion or considering anarchy to be a philosophy of government.

The taxonomic difficulties of the *semi-kaida-rela* in our previous example are now seen in a slightly different light. Now the problem is seen as the inheritance of conflicting structural philosophies from the parent forms. The inheritance of conflicting structural characteristics from the parent forms is not confined to the *kaida-rela*. It is a taxonomic challenge that will repeatedly arise with the various mixed *kaidas* that we discuss in this volume.

CONCLUSION

This chapter acquainted us with the mixed form known as the *kaida-rela*. The *kaida-rela* is curious because it is possible for the same composition to be classed as either a *kaida* or a *rela* without any difficulty. Not every mixed form has this ability.

The ideal *kaida-rela* is one that inherits the structure from the *kaida* and the *bols* from the *rela*. However, in the real world one often encounters forms that inherit the structural laxity from the *rela*. Although such forms present taxonomic difficulties, they in no way compromise the utility of such *relas*.

WORKS CITED

Courtney, David
1998   *Fundamentals of Tabla*. Houston: Sur Sangeet Services.
2000   *Advanced Theory of Tabla*. Houston: Sur Sangeet Services.

Emam
-no date - *Delhi Gharana of Tabla: A Compositional Documentation* - no publisher's info available.

Gottlieb, Robert S.
1977   *The Major Traditions of North Indian Tabla Drumming (Vol. 1)*. Munich, Salzburg: Musikverlag Emil Katzbichler.

Khan, Shaik Dawood
1978-1980 Personal study.

Kippen, James
1988   *The Tabla of Lucknow: A Cultural Analysis of a Musical Tradition*. Cambridge: Cambridge University Press.

Vashishtha, Satyanarayan
1977   *Tal Martand*. Hathras: Sangit Karyalaya Press.

CHAPTER 3
PESHKAR-KAIDAS

INTRODUCTION
The *peshkar-kaida,* also known as *kaida-peshkar* (e.g., Sharma 2002 or Vashishth 1977), is a very distinctive form. It is immediately recognisable by the use of the characteristic *bols* of *peshkar* and the structured form of the *kaida*.

PESHKAR
The word *peshkar* is derived from the expression *pesh-karna* (पेश करना) which means "to introduce"; as such it has two widely used musical meanings. On one hand, it is often used to describe the loose improvised introduction to pieces, especially an introduction to *masitkhani gats* (slow *gats*) of *sitar, sarod,* and similar stringed instruments. However, its more formal meaning refers to a special type of theme-and-variation that is used to introduce most *tabla* solos. It is this latter definition which is important to understanding the *kaida-peshkar*. Let us look at a typical *peshkar*, specifically one that is not a *kaida-peshkar*.

Peshkar in Tintal (Zakir Hussain, personal interview 1988)

धा -कृ धा ती धा तिर किट धा ती धा धा ती धा धा धिं ना
Dhaa - Kra Dhaa Tee Dhaa TiRa KiTa Dhaa Tee Dhaa Dhaa Tee Dhaa Dhaa Dhin Naa

- -कृ धा ती धा तिर किट धा ती धा धा ती धा धा तिं ना
- - Kra Dhaa Tee Dhaa TiRa KiTa Dhaa Tee Dhaa Dhaa Tee Dhaa Dhaa Tin Naa

- ना तिं ना किड नाक तिं ना तिं ना ना ती ना ना तिं ना
- Naa Tin Naa KiDa NaaKa Tin Naa Tin Naa Naa Tee Naa Naa Tin Naa

- धा गे ना धिं ना धा धा धिं ना - धा - धा धिं ना
- Dhaa Ge Naa Dhin Naa Dhaa Dhaa Dhin Naa - Dhaa - Dhaa Dhin Naa

Variation #1

धा -कृ धा ती धा तिर किट धा ती धा धा ती धा धा धिं ना
Dhaa - Kra Dhaa Tee Dhaa TiRa KiTa Dhaa Tee Dhaa Dhaa Tee Dhaa Dhaa Dhin Naa

- -कृ धा ती धा तिर किट धा ती धा धा ती धा धा तिं ना
- - Kra Dhaa Tee Dhaa TiRa KiTa Dhaa Tee Dhaa Dhaa Tee Dhaa Dhaa Tin Naa

- ना तिं ना किड नाक तिं ना तिं ना ना ती ना ना तिं ना
- Naa Tin Naa KiDa NaaKa Tin Naa Tin Naa Naa Tee Naa Naa Tin Naa

- धा गे ना धिं ना धा गे ना धिं ना धा गे ना धिं ना
- Dhaa Ge Naa Dhin Naa Dhaa Ge Naa Dhin Naa Dhaa Ge Naa Dhin Naa

Focus on the Kaidas of Tabla

Variation #2

धा	-कृ	धा	ती	धा	तिर	किट	धा	ती	धा	धा	ती	धा	धा	तिं	ना
Dhaa	-Kra	Dhaa	Tee	Dhaa	TiRa	KiTa	Dhaa	Tee	Dhaa	Dhaa	Tee	Dhaa	Dhaa	Tin	Naa

-	कृधा	तीधा	गेना	धाती	धागे	तिंना	केना	-	धा	धा	ती	धा	धा	तिं	ना
-	KraDhaa	TeeDha	GeNaa	DhaaTee	DhaaGe	TinNa	KeNa	-	Dhaa	Dhaa	Tee	Dhaa	Dhaa	Tin	Naa

-	ना	तिं	ना	किड	नाक	तिं	ना	तिं	ना	ना	ती	ना	ना	तिं	ना
-	Naa	Tin	Naa	KiDa	NaaKa	Tin	Naa	Tin	Naa	Naa	Tee	Naa	Naa	Tin	Naa

-	धा	गे	ना	धिं	ना	धा	गे	ना	धिं	ना	धा	गे	ना	धिं	ना
-	Dhaa	Ge	Naa	Dhin	Naa	Dhaa	Ge	Naa	Dhin	Naa	Dhaa	Ge	Naa	Dhin	Naa

Ending (bharan)

धा	-कृ	धा	ती	धा	तिर	किट	धा	ती	धा	धा	ती	धा	धा	तिं	ना
Dhaa	-Kra	Dhaa	Tee	Dhaa	TiRa	KiTa	Dhaa	Tee	Dhaa	Dhaa	Tee	Dhaa	Dhaa	Tin	Naa

-	कृधा	तीधा	गेना	धाती	धागे	तिंना	केना	-	धा	धा	ती	धा	धा	तिं	ना
-	KraDhaa	TeeDhaa	GeNaa	DhaaTee	DhaaGe	TinNaa	KeNaa	-	Dhaa	Dhaa	Tee	Dhaa	Dhaa	Tin	Naa

-	ना	तिं	ना	किड	नाक	तिं	ना	-	कृता	तीता	केना	ताती	ताके	तिंना	केना
-	Naa	Tin	Naa	KiDa	NaaKa	Tin	Naa	-	KraTaa	TeeTaa	KeNaa	TaaTee	TaaKe	TinNaa	KeNaa

-	कृधा	तीधा	गेना	धाती	धागे	धिंना	गेना
-	KraDhaa	TeeDhaa	GeNaa	DhaaTee	DhaaGe	DhinNaa	GeNaa

Tihai

-धा	धाती	धा-	-धा	धाती	धा-	-धा	धाती	X धा
-Dhaa	DhaaTee	Dhaa-	-Dhaa	DhaaTee	Dhaa-	-Dhaa	DhaaTee	Dhaa

The previous example is an excellent example of a *peshkar*. We see that it has some similarities to the *kaida*, but it also has significant differences. The similarities are interesting. It is a well defined theme-and-variation, and it progresses in a logical fashion. It also possesses a fairly well defined binary and often a quadratic structure. However, there are some very significant differences. There is no introduction. The rhyming structure is haphazard. Perhaps most importantly, the variations proceed using a process of substitution of *bols* rather than a process of permutation. The result is that new *bols* are introduced continually in the *peshkar* while such introductions are greatly discouraged in the *kaida*.

One of the most striking characteristics of the *peshkar* is the very characteristic *bols*. *Bols* such as *Dhaa - -Kra Dhaa Tee Dhaa TiRa KiTa* (धा - - कृ धा ती धा ति र कि ट), or *Dhin - - Kra Dhin Naa Dhaa Tee* (धिं - - कृ धिं ना धा ती) are the signature of the *peshkar*. The existence of these strongly characteristic *bols* presents an ideal situation for mixing with the *kaida*.

PESHKAR-KAIDA

The basic concept of the *peshkar-kaida* is remarkably simple; it is the use of the *bols* of *peshkar*, but with a form and progression that adheres to the rules of *kaida*. Here is a *kaida-peshkar* based upon the previous example:

Peshkar-Kaida

Dhaa - Kra Dhaa Tee Dhaa TiRa KiTa Dhaa Tee Dhaa Dhaa Tee Dhaa Dhaa Dhin Naa

- - Kra Dhaa Tee Dhaa TiRa KiTa Dhaa Tee Dhaa Dhaa Ge Tin Naa Ki Naa

Taa - Kra Taa Tee Taa TiRa KiTa Taa Tee Taa Taa Tee Taa Taa Tin Naa

- - Kra Dhaa Tee Dhaa TiRa KiTa Dhaa Tee Dhaa Dhaa Ge Dhin Naa Gi Naa

Variation #1

Dhaa - Kra Dhaa Tee Dhaa TiRa KiTa Dhaa Tee Dhaa Dhaa Tee Dhaa Dhaa Dhin Naa

Dhaa - Kra Dhaa Tee Dhaa TiRa KiTa Dhaa Tee Dhaa Dhaa Tee Dhaa Dhaa Dhin Naa

Dhaa - Kra Dhaa Tee Dhaa TiRa KiTa Dhaa Tee Dhaa Dhaa Tee Dhaa Dhaa Dhin Naa

- - Kra Dhaa Tee Dhaa TiRa KiTa Dhaa Tee Dhaa Dhaa Ge Tin Naa Ki Naa

Ta - Kra Taa Tee Taa TiRa KiTa Taa Tee Taa Taa Tee Taa Taa Tin Naa

Taa - Kra Taa Tee Taa TiRa KiTa Taa Tee Taa Taa Tee Taa Taa Tin Naa

Dhaa - Kra Dhaa Tee Dhaa TiRa KiTa Dhaa Tee Dhaa Dhaa Tee Dhaa Dhaa Dhin Naa

- - Kra Dhaa Tee Dhaa TiRa KiTa Dhaa Tee Dhaa Dhaa Ge Dhin Naa Gi Naa

Focus on the Kaidas of Tabla

Variation #2

Dhaa -Kra Dhaa Tee Dhaa TiRa KiTa Dhaa Tee Dhaa Dhaa Tee Dhaa Dhaa Dhin Naa

- -Kra Dhaa Tee Dhaa TiRa KiTa Dhaa Tee Dhaa Dhaa Ge Tin Naa Ki Naa

- -Kra Dhaa Tee Dhaa TiRa KiTa Dhaa Tee Dhaa Dhaa Ge Dhin Naa Gi Naa

- -Kra Dhaa Tee Dhaa TiRa KiTa Dhaa Tee Dhaa Dhaa Ge Tin Naa Ki Naa

Taa -Kra Taa Tee Taa TiRa KiTa Taa Tee Taa Taa Tee Taa Taa Tin Naa

- -Kra Dhaa Tee Dhaa TiRa KiTa Dhaa Tee Dhaa Dhaa Ge Dhin Naa Gi Naa

- -Kra Dhaa Tee Dhaa TiRa KiTa Dhaa Tee Dhaa Dhaa Ge Tin Naa Ki Naa

- -Kra Dhaa Tee Dhaa TiRa KiTa Dhaa Tee Dhaa Dhaa Ge Dhin Naa Gi Naa

Variation #3

Dhaa -Kra Dhaa Tee Dhaa TiRa KiTa Dhaa Dhaa -Kra Dhaa Tee Dhaa TiRa KiTa Dhaa

Dhaa -Kra Dhaa Tee Dhaa TiRa KiTa Dhaa Tee Dhaa Dhaa Tee Dhaa Dhaa Dhin Naa

Dhaa -Kra Dhaa Tee Dhaa TiRa KiTa Dhaa Tee Dhaa Dhaa Tee Dhaa Dhaa Dhin Naa

- -Kra Dhaa Tee Dhaa TiRa KiTa Dhaa Tee Dhaa Dhaa Ge Tin Naa Ki Naa

Taa -Kra Taa Tee Taa TiRa KiTa Taa Taa -Kra Taa Tee Taa TiRa KiTa Taa

Taa -Kra Taa Tee Taa TiRa KiTa Taa Tee Taa Taa Tee Taa Taa Tin Naa

Dhaa -Kra Dhaa Tee Dhaa TiRa KiTa Dhaa Tee Dhaa Dhaa Tee Dhaa Dhaa Dhin Naa

- -Kra Dhaa Tee Dhaa TiRa KiTa Dhaa Tee Dhaa Dhaa Ge Dhin Naa Gi Naa

Variation #4

धा	-कृ	धा	ती	धा	तिर	किट	धा	ती	धा	धा	ती	धा	-कृ	धा	ती
Dhaa	-Kra	Dhaa	Tee	Dhaa	TiRa	KiTa	Dhaa	Tee	Dhaa	Dhaa	Tee	Dhaa	-Kra	Dhaa	Tee

धा	तिर	किट	धा	ती	धा	धा	ती	धा	-कृ	धा	ती	धा	तिर	किट	धा
Dhaa	TiRa	KiTa	Dhaa	Tee	Dhaa	Dhaa	Tee	Dhaa	-Kra	Dhaa	Tee	Dhaa	TiRa	KiTa	Dhaa

धा	-कृ	धा	ती	धा	तिर	किट	धा	ती	धा	धा	ती	धा	धा	धिं	ना
Dhaa	-Kra	Dhaa	Tee	Dhaa	TiRa	KiTa	Dhaa	Tee	Dhaa	Dhaa	Tee	Dhaa	Dhaa	Dhin	Naa

-	-कृ	धा	ती	धा	तिर	किट	धा	ती	धा	धा	गे	तिं	ना	कि	ना
-	-Kra	Dhaa	Tee	Dhaa	TiRa	KiTa	Dhaa	Tee	Dhaa	Dhaa	Ge	Tin	Naa	Ki	Naa

ता	-कृ	ता	ती	ता	तिर	किट	ता	ती	ता	ता	ती	धा	-कृ	धा	ती
Taa	-Kra	Taa	Tee	Taa	TiRa	KiTa	Taa	Tee	Taa	Taa	Tee	Dhaa	-Kra	Dhaa	Tee

धा	तिर	किट	धा	ती	धा	धा	ती	धा	-कृ	धा	ती	धा	तिर	किट	धा
Dhaa	TiRa	KiTa	Dhaa	Tee	Dhaa	Dhaa	Tee	Dhaa	-Kra	Dhaa	Tee	Dhaa	TiRa	KiTa	Dhaa

धा	-कृ	धा	ती	धा	तिर	किट	धा	ती	धा	धा	ती	धा	धा	धिं	ना
Dhaa	-Kra	Dhaa	Tee	Dhaa	TiRa	KiTa	Dhaa	Tee	Dhaa	Dhaa	Tee	Dhaa	Dhaa	Dhin	Naa

-	-कृ	धा	ती	धा	तिर	किट	धा	ती	धा	धा	गे	धिं	ना	गि	ना
-	-Kra	Dhaa	Tee	Dhaa	TiRa	KiTa	Dhaa	Tee	Dhaa	Dhaa	Ge	Dhin	Naa	Gi	Naa

Variation #5

धा	तिर	किट	धा	तिर	किट	धा	तिर	किट	धा	तिर	किट	धा	धा	तिर	किट
Dhaa	TiRa	KiTa	Dhaa	TiRa	KiTa	Dhaa	TiRa	KiTa	Dhaa	TiRa	KiTa	Dhaa	Dhaa	TiRa	KiTa

धा	-कृ	धा	ती	धा	तिर	किट	धा	ती	धा	धा	ती	धा	धा	धिं	ना
Dhaa	-Kra	Dhaa	Tee	Dhaa	TiRa	KiTa	Dhaa	Tee	Dhaa	Dhaa	Tee	Dhaa	Dhaa	Dhin	Naa

धा	-कृ	धा	ती	धा	तिर	किट	धा	ती	धा	धा	ती	धा	धा	धिं	ना
Dhaa	-Kra	Dhaa	Tee	Dhaa	TiRa	KiTa	Dhaa	Tee	Dhaa	Dhaa	Tee	Dhaa	Dhaa	Dhin	Naa

-	-कृ	धा	ती	धा	तिर	किट	धा	ती	धा	धा	गे	तिं	ना	कि	ना
-	-Kra	Dhaa	Tee	Dhaa	TiRa	KiTa	Dhaa	Tee	Dhaa	Dhaa	Ge	Tin	Naa	Ki	Naa

ता	तिर	किट	ता	तिर	किट	ता	तिर	किट	ता	तिर	किट	ता	ता	तिर	किट
Taa	TiRa	KiTa	Taa	TiRa	KiTa	Taa	TiRa	KiTa	Taa	TiRa	KiTa	Taa	Taa	TiRa	KiTa

धा	-कृ	धा	ती	धा	तिर	किट	धा	ती	धा	धा	ती	धा	धा	धिं	ना
Dhaa	-Kra	Dhaa	Tee	Dhaa	TiRa	KiTa	Dhaa	Tee	Dhaa	Dhaa	Tee	Dhaa	Dhaa	Dhin	Naa

धा	-कृ	धा	ती	धा	तिर	किट	धा	ती	धा	धा	ती	धा	धा	धिं	ना
Dhaa	-Kra	Dhaa	Tee	Dhaa	TiRa	KiTa	Dhaa	Tee	Dhaa	Dhaa	Tee	Dhaa	Dhaa	Dhin	Naa

-	-कृ	धा	ती	धा	तिर	किट	धा	ती	धा	धा	गे	धिं	ना	गि	ना
-	-Kra	Dhaa	Tee	Dhaa	TiRa	KiTa	Dhaa	Tee	Dhaa	Dhaa	Ge	Dhin	Naa	Gi	Naa

Ending
Bharan

धा - कृ धा ती धा तिर किट धा ती धा धा ती धा धा धिं ना
Dhaa - Kra Dhaa Tee Dhaa TiRa KiTa Dhaa Tee Dhaa Dhaa Tee Dhaa Dhaa Dhin Naa

- - कृ धा ती धा तिर किट धा ती धा धा गे तिं ना कि ना
- - Kra Dhaa Tee Dhaa TiRa KiTa Dhaa Tee Dhaa Dhaa Ge Tin Naa Ki Naa

धा - कृ धा ती धा तिर किट धा
Dhaa - Kra Dhaa Tee Dhaa TiRa KiTa Dhaa

Tihai

धा - कृ धा ती धा तिर किट धा ती धा धा ती धा धा धिं ना
Dhaa - Kra Dhaa Tee Dhaa TiRa KiTa Dhaa Tee Dhaa Dhaa Tee Dhaa Dhaa Dhin Naa

धा तिर किट धा तिर किट धा ती धा
Dhaa TiRa KiTa Dhaa TiRa KiTa Dhaa Tee Dhaa

- - - तिर किट
- - - Ti Ra Ki Ta

धा - कृ धा ती धा तिर किट धा ती धा धा ती धा धा धिं ना
Dhaa - Kra Dhaa Tee Dhaa TiRa KiTa Dhaa Tee Dhaa Dhaa Tee Dhaa Dhaa Dhin Naa

धा तिर किट धा तिर किट धा ती धा
Dhaa TiRa KiTa Dhaa TiRa KiTa Dhaa Tee Dhaa

- - - तिर किट
- - - Ti Ra Ki Ta

धा - कृ धा ती धा तिर किट धा ती धा धा ती धा धा धिं ना
Dhaa - Kra Dhaa Tee Dhaa TiRa KiTa Dhaa Tee Dhaa Dhaa Tee Dhaa Dhaa Dhin Naa

							X
धा तिर किट धा तिर किट धा ती	धा
Dhaa TiRa KiTa Dhaa TiRa KiTa Dhaa Tee	Dhaa

CONCLUSION

There is really no need to elaborate on the structure of the previous example. It takes the *bols* of the *peshkar* and develops them along the lines of the *kaida*. This process is very similar to the way that *rela bols* were developed along a structured form to create the *kaida-rela*.

However, there is one interesting observation. Unlike the situation with the *kaida-rela*, where we may simply call it a *rela* without hesitation, we cannot really take a *kaida-peshkar* and simply declare it to be a *peshkar*. The *peshkar* itself implies a structure and a certain progression of its variations. The structural elements implied by the *peshkar* often run contrary to the structural form of the *kaida*. Therefore, the *kaida-peshkar* truly is a mixed form with its own identity.

WORKS CITED

Courtney, David
1998   *Fundamentals of Tabla*. Houston, Sur Sangeet Services.
2000   *Advanced Theory of Tabla*. Houston. Sur Sangeet Services.

Hussain, Zakir
1988   Personal study.

Sharma, Bhagavat Sharan
2002   *Tal Prakash*. Hathras India: Sangeet Karyalaya.

Vashishtha, Satyanarayan
1977   *Tal Martand*. Hathras. Sangit Karyalaya Press.

CHAPTER 4

LAGGI-KAIDAS

INTRODUCTION
The *laggi-kaida* also sometimes referred to as a *kaida-laggi,* is a very uncommon form of *kaida*. As the name implies, it is a *laggi* that is played in a *kaida* form. The reason for its rarity is tied to the ambiguity of the term *laggi*.

LAGGI
There are two definitions of the word *laggi*. The most common definition implies a fast, free-form improvisation in lighter *tals,* such as *Dadra* or *Kaherava*. There is a less common definition of the term *laggi* that is based upon some characteristic *bols*.

The most common definition of the term *laggi* actually precludes the existence of a *laggi-kaida*. After all, when it is defined as an unstructured free-form elaboration, there is no way that this can coexist within the structured *kaida* format. This would be an oxymoron.

The *laggi-kaida* is based upon a considerably less common definition of the word *laggi*. This definition states that the *laggi* is a lighter form based upon *bols* such as *Dhaa Tu Naa Naa* (धा तु ना ना) or *Dhaa Tee Dhaa Tu Naa* (धा ती धा तु ना). Although this is a considerably less common definition, it does give us inheritable characteristics from which we may have a mixed form. Let us first look at a simple *laggi* based upon these *bols*.

Here is an example of a *laggi*. It does not require any variations. It may be replaced at will with completely unrelated *bols*. Virtually anything is possible.

Laggi

धा ती धा ना धा तुं ना ना
Dhaa Tee Dhaa Naa Dhaa Toon Naa Naa

ता ती धा ना धा तुं धा ना
Taa Tee Dhaa Naa Dhaa Toon Dhaa Naa

Focus on the Kaidas of Tabla

LAGGI-KAIDA

This last *laggi* may be developed to become a *laggi-kaida*. If it is allowed to develop along our structured lines, it might develop something like this:

Laggi-kaida in Tintal (Dutta 1984:33)
Theme

धा ती धा ना धा तूं ना ना
Dhaa Tee Dhaa Naa Dhaa Toon Naa Naa

ता ती धा ना धा तूं धा ना
Taa Tee Dhaa Naa Dhaa Toon Dhaa Naa

Variation #1

धा तू ना ना धा तू ना ना धा तू ना ना धा तू ना ना
Dhaa Too Naa Naa Dhaa Too Naa Naa Dhaa Too Naa Naa Dhaa Too Naa Naa

धा ती धा ना धा तू ना ना ता ती धा ना धा तू धा ना
Dhaa Tee Dhaa Naa Dhaa Too Naa Naa Taa Tee Dhaa Naa Dhaa Too Dhaa Naa

ता तू ना ना ता तू ना ना ता तू ना ना ता तू ना ना
Taa Too Naa Naa Taa Too Naa Naa Taa Too Naa Naa Taa Too Naa Naa

धा ती धा ना धा तू ना ना ता ती धा ना धा तू धा ना
Dhaa Tee Dhaa Naa Dhaa Too Naa Naa Taa Tee Dhaa Naa Dhaa Too Dhaa Naa

Variation #2

धा तू ना धा तू ना धा तू ना धा तू ना धा ना तू ना
Dhaa Too Naa Dhaa Too Naa Dhaa Too Naa Dhaa Too Naa Dhaa Naa Too Naa

धा ती धा ना धा तू ना ना ता ती धा ना धा तू धा ना
Dhaa Tee Dhaa Naa Dhaa Too Naa Naa Taa Tee Dhaa Naa Dhaa Too Dhaa Naa

ता तू ना ता तू ना ता तू ना ता तू ना ता ना तू ना
Taa Too Naa Taa Too Naa Taa Too Naa Taa Too Naa Taa Naa Too Naa

धा ती धा ना धा तू ना ना ता ती धा ना धा तू धा ना
Dhaa Tee Dhaa Naa Dhaa Too Naa Naa Taa Tee Dhaa Naa Dhaa Too Dhaa Naa

Variation #3

धा तू ना धा तू ना धा ना तू ना धा तू ना धा तू ना
Dhaa Too Naa Dhaa Too Naa Dhaa Naa Too Naa Dhaa Too Naa Dhaa Too Naa

धा ती धा ना धा तू ना ना ता ती धा ना धा तू धा ना
Dhaa Tee Dhaa Naa Dhaa Too Naa Naa Taa Tee Dhaa Naa Dhaa Too Dhaa Naa

ता तू ना ता तू ना ता ना तू ना ता तू ना ता तू ना
Taa Too Naa Taa Too Naa Taa Naa Too Naa Taa Too Naa Taa Too Naa

धा ती धा ना धा तू ना ना ता ती धा ना धा तू धा ना
Dhaa Tee Dhaa Naa Dhaa Too Naa Naa Taa Tee Dhaa Naa Dhaa Too Dhaa Naa

Peshkar-Kaidas

Variation #4

धा	तु	धा	ना	तु	ना	धा	तु	ना	धा	तु	ना	धा	तु	ना	धा	तु	ना
Dhaa	Too	Naa	Dhaa	Too	Naa	Dhaa	Too	Naa	Dhaa	Too	Naa	Dhaa	Too	Naa	Dhaa	Too	Naa

धा	ती	धा	ना	धा	तु	ना	ना	ता	ती	धा	ना	धा	तु	धा	ना
Dhaa	Tee	Dhaa	Naa	Dhaa	Too	Naa	Naa	Taa	Tee	Dhaa	Naa	Dhaa	Too	Dhaa	Naa

ता	तु	ना	ता	ना	तु	ना	ता	तु	ना	ता	तु	ना	ता	तु	ना
Taa	Too	Naa	Taa	Naa	Too	Naa	Taa	Too	Naa	Taa	Too	Naa	Taa	Too	Naa

धा	ती	धा	ना	धा	तु	ना	ना	ता	ती	धा	ना	धा	तु	धा	ना
Dhaa	Tee	Dhaa	Naa	Dhaa	Too	Naa	Naa	Taa	Tee	Dhaa	Naa	Dhaa	Too	Dhaa	Naa

Variation #5

धा	ती	धा	तु	ना	धा	ती	धा	तु	ना	धा	ती	धा	ना	तु	ना
Dhaa	Tee	Dhaa	Too	Naa	Dhaa	Tee	Dhaa	Too	Naa	Dhaa	Tee	Dhaa	Naa	Too	Naa

धा	ती	धा	ना	धा	तु	ना	ना	ता	ती	धा	ना	धा	तु	धा	ना
Dhaa	Tee	Dhaa	Naa	Dhaa	Too	Naa	Naa	Taa	Tee	Dhaa	Naa	Dhaa	Too	Dhaa	Naa

ता	ती	ता	तु	ना	ता	ती	ता	तु	ना	ता	ती	ता	ना	तु	ना
Taa	Tee	Taa	Too	Naa	Taa	Tee	Taa	Too	Naa	Taa	Tee	Taa	Naa	Too	Naa

धा	ती	धा	ना	धा	तु	ना	ना	ता	ती	धा	ना	धा	तु	धा	ना
Dhaa	Tee	Dhaa	Naa	Dhaa	Too	Naa	Naa	Taa	Tee	Dhaa	Naa	Dhaa	Too	Dhaa	Naa

Variation #6

धा	ती	धा	तु	ना	धा	ती	धा	ना	तु	ना	धा	ती	धा	तु	ना
Dhaa	Tee	Dhaa	Too	Naa	Dhaa	Tee	Dhaa	Naa	Too	Naa	Dhaa	Tee	Dhaa	Too	Naa

धा	ती	धा	ना	धा	तु	ना	ना	ता	ती	धा	ना	धा	तु	धा	ना
Dhaa	Tee	Dhaa	Naa	Dhaa	Too	Naa	Naa	Taa	Tee	Dhaa	Naa	Dhaa	Too	Dhaa	Naa

ता	ती	ता	तु	ना	ता	ती	ता	ना	तु	ना	ता	ती	ता	तु	ना
Taa	Tee	Taa	Too	Naa	Taa	Tee	Taa	Naa	Too	Naa	Taa	Tee	Taa	Too	Naa

धा	ती	धा	ना	धा	तु	ना	ना	ता	ती	धा	ना	धा	तु	धा	ना
Dhaa	Tee	Dhaa	Naa	Dhaa	Too	Naa	Naa	Taa	Tee	Dhaa	Naa	Dhaa	Too	Dhaa	Naa

Variation #7

धा	ती	धा	ना	तु	ना	धा	ती	धा	तु	ना	धा	ती	धा	तु	ना
Dhaa	Tee	Dhaa	Naa	Too	Naa	Dhaa	Tee	Dhaa	Too	Naa	Dhaa	Tee	Dhaa	Too	Naa

धा	ती	धा	ना	धा	तु	ना	ना	ता	ती	धा	ना	धा	तु	धा	ना
Dhaa	Tee	Dhaa	Naa	Dhaa	Too	Naa	Naa	Taa	Tee	Dhaa	Naa	Dhaa	Too	Dhaa	Naa

ता	ती	ता	ना	तु	ना	ता	ती	ता	तु	ना	ता	ती	ता	तु	ना
Taa	Tee	Taa	Naa	Too	Naa	Taa	Tee	Taa	Too	Naa	Taa	Tee	Taa	Too	Naa

धा	ती	धा	ना	धा	तु	ना	ना	ता	ती	धा	ना	धा	तु	धा	ना
Dhaa	Tee	Dhaa	Naa	Dhaa	Too	Naa	Naa	Taa	Tee	Dhaa	Naa	Dhaa	Too	Dhaa	Naa

Focus on the Kaidas of Tabla

Variation #8

धा	ती	धा	ना	तू	ना	धा	ती	धा	ना	तू	ना	धा	ना	तू	ना
Dhaa	Tee	Dhaa	Naa	Too	Naa	Dhaa	Tee	Dhaa	Naa	Too	Naa	Dhaa	Naa	Too	Naa

धा	ती	धा	ना	धा	तू	ना	ना	ता	ती	धा	ना	धा	तू	धा	ना
Dhaa	Tee	Dhaa	Naa	Dhaa	Too	Naa	Naa	Taa	Tee	Dhaa	Naa	Dhaa	Too	Dhaa	Naa

ता	ती	ता	ना	तू	ना	ता	ती	ता	ना	तू	ना	ता	ना	तू	ना
Taa	Tee	Taa	Naa	Too	Naa	Taa	Tee	Taa	Naa	Too	Naa	Taa	Naa	Too	Naa

धा	ती	धा	ना	धा	तू	ना	ना	ता	ती	धा	ना	धा	तू	धा	ना
Dhaa	Tee	Dhaa	Naa	Dhaa	Too	Naa	Naa	Taa	Tee	Dhaa	Naa	Dhaa	Too	Dhaa	Naa

Variation #9

धा	ती	धा	ना	तू	ना	धा	ती	धा	ती	धा	ती	धा	ना	तू	ना
Dhaa	Tee	Dhaa	Naa	Too	Naa	Dhaa	Tee	Dhaa	Tee	Dhaa	Tee	Dhaa	Naa	Too	Naa

धा	ती	धा	ना	धा	तू	ना	ना	ता	ती	धा	ना	धा	तू	धा	ना
Dhaa	Tee	Dhaa	Naa	Dhaa	Too	Naa	Naa	Taa	Tee	Dhaa	Naa	Dhaa	Too	Dhaa	Naa

ता	ती	ता	ना	तू	ना	ता	ती	ता	ती	ता	ती	ता	ना	तू	ना
Taa	Tee	Taa	Naa	Too	Naa	Taa	Tee	Taa	Tee	Taa	Tee	Taa	Naa	Too	Naa

धा	ती	धा	ना	धा	तू	ना	ना	ता	ती	धा	ना	धा	तू	धा	ना
Dhaa	Tee	Dhaa	Naa	Dhaa	Too	Naa	Naa	Taa	Tee	Dhaa	Naa	Dhaa	Too	Dhaa	Naa

Variation #10

धा	ती	धा	ती	धा	ना	तू	ना	ती	धा	ना	ती	धा	ना	तू	ना
Dhaa	Tee	Dhaa	Tee	Dhaa	Naa	Too	Naa	Tee	Dhaa	Naa	Tee	Dhaa	Naa	Too	Naa

धा	ती	धा	तू	ना	धा	ती	धा	तू	ना	धा	ती	धा	ना	तू	ना
Dhaa	Tee	Dhaa	Too	Naa	Dhaa	Tee	Dhaa	Too	Naa	Dhaa	Tee	Dhaa	Naa	Too	Naa

ता	ती	ता	ती	ता	ना	तू	ना	ती	ता	ना	ती	ता	ना	तू	ना
Taa	Tee	Taa	Tee	Taa	Naa	Too	Naa	Tee	Taa	Naa	Tee	Taa	Naa	Too	Naa

धा	ती	धा	तू	ना	धा	ती	धा	तू	ना	धा	ती	धा	ना	तू	ना
Dhaa	Tee	Dhaa	Too	Naa	Dhaa	Tee	Dhaa	Too	Naa	Dhaa	Tee	Dhaa	Naa	Too	Naa

Variation #11

ती	धा	ना	ती	धा	ना	तू	ना	ती	धा	ना	ती	धा	ना	तू	ना
Tee	Dhaa	Naa	Tee	Dhaa	Naa	Too	Naa	Tee	Dhaa	Naa	Tee	Dhaa	Naa	Too	Naa

धा	ती	धा	तू	ना	धा	ती	धा	तू	ना	धा	ती	धा	ना	तू	ना
Dhaa	Tee	Dhaa	Too	Naa	Dhaa	Tee	Dhaa	Too	Naa	Dhaa	Tee	Dhaa	Naa	Too	Naa

ती	ता	ना	ती	ता	ना	तू	ना	ती	ता	ना	ती	ता	ना	तू	ना
Tee	Taa	Naa	Tee	Taa	Naa	Too	Naa	Tee	Taa	Naa	Tee	Taa	Naa	Too	Naa

धा	ती	धा	तू	ना	धा	ती	धा	तू	ना	धा	ती	धा	ना	तू	ना
Dhaa	Tee	Dhaa	Too	Naa	Dhaa	Tee	Dhaa	Too	Naa	Dhaa	Tee	Dhaa	Naa	Too	Naa

Variation #12

| ती | धा | ना | ती | ना | ती | ना | ती | ना | ती | ना | ती | धा | ना | तू | ना |
| Tee | Dhaa | Naa | Tee | Naa | Tee | Naa | Tee | Naa | Tee | Naa | Tee | Dhaa | Naa | Too | Naa |

| धा | ती | धा | तू | ना | धा | ती | धा | तू | ना | धा | ती | धा | ना | तू | ना |
| Dhaa | Tee | Dhaa | Too | Naa | Dhaa | Tee | Dhaa | Too | Naa | Dhaa | Tee | Dhaa | Naa | Too | Naa |

| ती | ता | ना | ती | ना | ती | ना | ती | ना | ती | ना | ती | ता | ना | तू | ना |
| Tee | Taa | Naa | Tee | Naa | Tee | Naa | Tee | Naa | Tee | Naa | Tee | Taa | Naa | Too | Naa |

| धा | ती | धा | तू | ना | धा | ती | धा | तू | ना | धा | ती | धा | ना | तू | ना |
| Dhaa | Tee | Dhaa | Too | Naa | Dhaa | Tee | Dhaa | Too | Naa | Dhaa | Tee | Dhaa | Naa | Too | Naa |

Ending (Tihai)

| ती | धा | ना | ती | धा | तू | ना | धा | तू | ना | धा | तू | ना | धा | तू | ना | धा |
| Tee | Dhaa | Naa | Tee | Dhaa | Too | Naa | Dhaa | Too | Naa | Dhaa | Too | Naa | Dhaa | Too | Naa | Dhaa |

```
-  १  -  २  -  ३  -
-  1  -  2  -  3  -
```

| ती | धा | ना | ती | धा | तू | ना | धा | तू | ना | धा | तू | ना | धा | तू | ना | धा |
| Tee | Dhaa | Naa | Tee | Dhaa | Too | Naa | Dhaa | Too | Naa | Dhaa | Too | Naa | Dhaa | Too | Naa | Dhaa |

```
-  १  -  २  -  ३  -
-  1  -  2  -  3  -
```

ती	धा	ना	ती	धा	तू	ना	धा	तू	ना	धा	तू	ना	धा	तू	ना		X
Tee	Dhaa	Naa	Tee	Dhaa	Too	Naa	Dhaa	Too	Naa	Dhaa	Too	Naa	Dhaa	Too	Naa		धा
																	Dhaa

CONCLUSION

This previous piece is an excellent example of the *laggi-kaida*. It adheres to all the rules of the *kaida* with remarkable consistency. There is just one place where there is a lapse. We see that the micro-theme abruptly changes in the tenth variation. With the exception of this small lapse, it is a perfect example of a *laggi-kaida*.

    I should mention that the source of this composition (Dutta:1984), did not actually declare this to be a *laggi-kaida*, but merely declared it to be a *laggi*. As such, any musician would be totally justified in taking considerably more liberties than were actually taken.

WORKS CITED

Courtney, David
1998   *Fundamentals of Tabla*. Houston: Sur Sangeet Services.
2000   *Advanced Theory of Tabla*. Houston: Sur Sangeet Services.

Dutta, Aloke
1984   *Tabla: Lessons and Practice*. Calcutta: Janabani Printers and Publishers.

Emam
-no date - *Delhi Gharana of Tabla: A Compositional Documentation* - no publishers info available.

Vashishth, Satyanarayan
1977   *Tal Martand*. Hathras. Sangeet Karyalaya Press.

CHAPTER 5
GAT-KAIDAS

INTRODUCTION
The *gat kaida* is a *kaida* within the *purbi* traditions (Farukhabad, Lucknow, Benares). It may be visualised as a *kaida* that is based upon *purbi bols*. *Gat-kaidas* are extremely common, although they are seldom declared as such. As is true with many other forms, the *gat-kaida* is quite often simply referred to as *kaida*. In contrast to the *kaida-rela*, the *gat-kaida* is almost never referred to as a *gat*.

The origin of the term *gat-kaida* is fairly intuitive. However as with the other mixed forms, there are different opinions as to what it is called. Some call it *gat-kaida* (e.g., Dutta 1984), yet others prefer *gatang-kaida* (e.g., Emam -no date) or *kaida-gat* (e.g., Vashishtha 1977).

GAT
Gat is sometimes difficult to define. Curiously enough almost any *tabla* player will say that it is easy to define *gat*. They will then proceed to rattle off criteria and descriptions. Too often these descriptions are at great odds with what other *tabla* players say. This leads to heated discussions and pontifications as to the true meaning of *gat* (e.g., Mistry 1999).

If we step back from these sometimes acrimonious debates, we find that the "best fit" definition is extremely broad. We find that the only common thread is that a *gat* is a precomposed composition within the *purbi* traditions. It is not a *tihai*, although it may on occasion contain a *tihai*. The pure *gat* generally has few or even no variations. The structure may be unitary (e.g., *fard*), binary (e.g., simple gat), triadic (e.g., *tipalli gats*) or quadratic (e.g., *choupalli*). If we attempt to define the *gat* any more narrowly, then we inevitably find ourselves involved in these heated debates.

Let us look at a simple *gat*. We will intentionally use a *gat* which has none of the characteristics of a *kaida* to start our discussion:

Gat

धा	गे	ति	ट	कृ	धा	ति	ट	धा	तिर	किट	धी	न	क	धि	न
Dhaa	Ge	Ti	Ta	Kra	Dhaa	Ti	Ta	Dhaa	TiRa	KiTa	Dhee	Na	Ka	Dhi	Na

क	ट	क	धी	न	क	त	क	धिर	धिर	किट	तक	ता	तिर	किट	तक
Ka	Ta	Ka	Dhee	Na	Ka	Ta	Ka	DhiRa	DhiRa	KiTa	TaKa	Taa	TiRa	KiTa	TaKa

We can make a few observations about this *gat*. This particular one had a single structure, although sometimes *gats* are binary (i.e., *bhari / khali*). This one had no variations, although one sometimes finds a variation or two. This one had no concluding *tihai*, although in common usage it is usual to tack on a concluding *tihai*. Let us now see how this can be developed into a full *gat-kaida*.

GAT - KAIDA

The *gat-kaida* is basically the *bols* of the *gat* that are performed in the structured format of the *kaida*. The inheritance model is shown in figure 5.1.

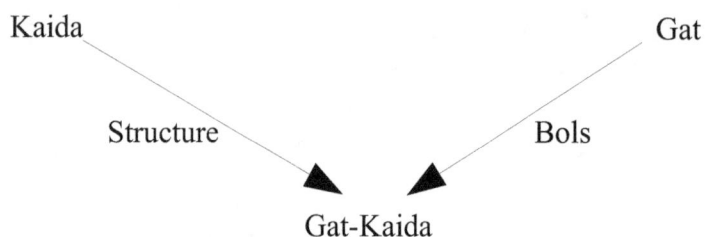

5.1. Normally inherited characteristics of Gat-Kaida

The inheritance characteristics of the *gat-kaida* actually simplify many things. We would normally be distressed by the overly-broad definition of *gat*. Most of the debates concerning the *gat* deal with the lack of agreement concerning structural matters. Since the *gat-kaida* tends to adopt the structure of the *kaida* then the structure is clearly defined.

Here is a *gat-kaida* based upon the previous *bols* of our *gat*:

Gat Kaida in Tintal (Stewart 1974)
Theme

धा गे ति ट कृ धा ति ट धा तिर किट धी न क धि न
Dhaa Ge Ti Ta Kra Dhaa Ti Ta Dhaa TiRa KiTa Dhee Na Ka Dhi Na

क ट क धी न क त क धिर धिर किट तक ता तिर किट तक
Ka Ta Ka Dhee Na Ka Ta Ka DhiRa DhiRa KiTa TaKa Taa TiRa KiTa TaKa

ता के ति ट कृ ता ति ट ता तिर किट धी न क धि न
Taa Ke Ti Ta Kra Taa Ti Ta Taa TiRa KiTa Dhee Na Ka Dhi Na

क ट क धी न क त क धिर धिर किट तक ता तिर किट तक
Ka Ta Ka Dhee Na Ka Ta Ka DhiRa DhiRa KiTa TaKa Taa TiRa KiTa TaKa

Variation #1

धा गे ति ट कृ धा ति ट धा गे ति ट कृ धा ति ट
Dhaa Ge Ti Ta Kra Dhaa Ti Ta Dhaa Ge Ti Ta Kra Dhaa Ti Ta

धा तिर किट धी न क धि न धिर धिर किट तक ता तिर किट तक
Dhaa TiRa KiTa Dhee Na Ka Dhi Na DhiRa DhiRa KiTa TaKa Taa TiRa KiTa TaKa

ता के ति ट कृ ता ति ट ता के ति ट कृ ता ति ट
Taa Ke Ti Ta Kra Taa Ti Ta Taa Ke Ti Ta Kra Taa Ti Ta

धा तिर किट धी न क धि न धिर धिर किट तक ता तिर किट तक
Dhaa TiRa KiTa Dhee Na Ka Dhi Naa DhiRa DhiRa KiTa TaKa Taa TiRa KiTa TaKa

Gat-Kaidas

Variation #2

धा तिर किट धी न क धि न धा – – – धा गे ति ट
Dhaa TiRa KiTa Dhee Na Ka Dhi Na Dhaa – – – Dhaa Ge Ti Ta

धा तिर किट धी न क धि न धिर धिर किट तक ता तिर किट तक
Dhaa TiRa KiTa Dhee Na Ka Dhi Na DhiRa DhiRa KiTa TaKa Taa TiRa KiTa TaKa

ता तिर किट ती न क ति न ता – – – धा गे ति ट
Taa TiRa KiTa Tee Na Ka Ti Na Taa – – – Dhaa Ge Ti Ta

धा तिर किट धी न क धि न धिर धिर किट तक ता तिर किट तक
Dhaa TiRa KiTa Dhee Na Ka Dhi Na DhiRa DhiRa KiTa TaKa Taa TiRa KiTa TaKa

Variation #3

क ट क धी न क त क धा गे न धी न क धि न
Ka Ta Ka Dhee Na Ka Ta Ka Dhaa Ge Na Dhee Na Ka Dhi Naa

धा – – धी न क धि न धिर धिर किट तक ता तिर किट तक
Dhaa – – Dhee Na Ka Dhi Na DhiRa DhiRa KiTa TaKa Taa TiRa KiTa TaKa

क ट क ती न क त क ता के न ती न क धि न
Ka Ta Ka Tee Na Ka Ta Ka Taa Ke Na Tee Na Ka Dhi Na

धा – – धी न क धि न धिर धिर किट तक ता तिर किट तक
Dhaa – – Dhee Na Ka Dhi Na DhiRa DhiRa KiTa TaKa Taa TiRa KiTa TaKa

Variation #4

धा तिर किट तक तिर किट तक धी न क त क धा – त क
Dhaa TiRa KiTa TaKa TiRa KiTa TaKa Dhee Na Ka Ta Ka Dhaa – Ta Ka

धा – – धी न क धि न धिर धिर किट तक ता तिर किट तक
Dhaa – – Dhee Na Ka Dhi Na DhiRa DhiRa KiTa TaKa Taa TiRa KiTa TaKa

ता तिर किट तक तिर किट तक ती न क त क ता – त क
Taa TiRa KiTa TaKa TiRa KiTa TaKa Tee Na Ka Ta Ka Taa – Ta Ka

धा – – धी न क धि न धिर धिर किट तक ता तिर किट तक
Dhaa – – Dhee Na Ka Dhi Na DhiRa DhiRa KiTa TaKa Taa TiRa KiTa TaKa

Variation #5

ति	ट	कृ	धा	-	कृ	धा	गे	ति	ट	कृ	धा	तिर	किट	धा	गे
Ti	Ta	Kra	Dhaa	-	Kra	Dhaa	Ge	Ti	Ta	Kra	Dhaa	TiRa	KiTa	Dhaa	Ge

ति	ट	कृ	धा	धिर	धिर	किट	तक	धा	-	कृ	ता	-	तिर	किट	तक
Ti	Ta	Kra	Dhaa	DhiRa	DhiRa	KiTa	TaKa	Dhaa	-	Kra	Taa	-	TiRa	KiTa	TaKa

ति	ट	कृ	ता	-	कृ	ता	के	ति	ट	कृ	ता	तिर	किट	धा	गे
Ti	Ta	Kra	Taa	-	Kra	Taa	Ke	Ti	Ta	Kra	Taa	TiRa	KiTa	Dhaa	Ge

ति	ट	कृ	धा	धिर	धिर	किट	तक	धा	-	कृ	ता	-	तिर	किट	तक
Ti	Ta	Kra	Dhaa	DhiRa	DhiRa	KiTa	TaKa	Dhaa	-	Kra	Taa	-	TiRa	KiTa	TaKa

Variation #6

धिं	-	धि	न	क	धा	तिर	किट	धी	न	क	धि	न	धा	तिर	किट
Dhin	-	Dhi	Na	Ka	Dhaa	TiRa	KiTa	Dhee	Na	Ka	Dhi	Na	Dhaa	TiRa	KiTa

धि न	धा	तिर	किट	तक	धिर	धिर	किट	तक	धि न	ता	तिर	किट	तक
Dhi Na	Dhaa	TiRa	KiTa	TaKa	DhiRa	DhiRa	KiTa	TaKa	Dhi Na	Taa	TiRa	KiTa	TaKa

तिं	-	ति	न	क	धा	तिर	किट	ती	न	क	ति	न	धा	तिर	किट
Tin	-	Ti	Na	Ka	Dhaa	TiRa	KiTa	Tee	Na	Ka	Ti	Na	Dhaa	TiRa	KiTa

धि न	धा	तिर	किट	तक	धिर	धिर	किट	तक	धि न ता	तिर	किट	तक
Dhi Na	Dhaa	TiRa	KiTa	TaKa	DhiRa	DhiRa	KiTa	TaKa	Dhi Naa Taa	TiRa	KiTa	TaKa

Variation #7

-	तिर	किट	तक	ता	-	-	गे	धिर	धिर	किट	तक	तक	ता	-	तित्
-	TiRa	KiTa	TaKa	Taa	-	-	Ge	DhiRa	DhiRa	KiTa	TaKa	TaKa	Taa	-	Tit

-	कृ	धा	गे	ति	ट	तक	ता	गे	ति	ट	तक	ता	-	कृ	धा
-	Kra	Dhaa	Ge	Ti	Ta	TaKa	Taa	Ge	Ti	Ta	TaKa	Taa	-	Kra	Dhaa

-	तिर	किट	तक	ता	-	-	के	तिर	तिर	किट	तक	तक	ता	-	तित्
-	TiRa	KiTa	TaKa	Taa	-	-	Ke	TiRa	TiRa	KiTa	TaKa	TaKa	Taa	-	Tit

-	कृ	धा	गे	ति	ट	तक	ता	गे	ति	ट	तक	ता	-	कृ	धा
-	Kra	Dhaa	Ge	Ti	Ta	TaKa	Taa	Ge	Ti	Ta	TaKa	Taa	-	Kra	Dhaa

Ending (Tihai)

Dhaa TiRa KiTa Dhee Na Ka Dhi Na DhiRa DhiRa KiTa TaKa TaKa Taa TiRa KiTa Dhaa

- - - Kra Dhaa Ti Ta

Dhaa TiRa KiTa Dhee Na Ka Dhi Na DhiRa DhiRa KiTa TaKa TaKa Taa TiRa KiTa Dhaa

- - - Kra Dhaa Ti Ta

Dhaa TiRa KiTa Dhee Na Ka Dhi Na DhiRa DhiRa KiTa TaKa TaKa Taa TiRa KiTa | X Dhaa

CONCLUSION

The *gat-kaida* has become so common that it is easy to take it for granted, however it is really quite remarkable. We are taking p*urbi bols* and structuring them according to the *kaida* of the Delhi / Ajrada traditions. This is very much like writing *haiku* in English. Within the cultural environment of the early 21st century this sort of mixing can be taken for granted, but this must have been revolutionary when the *gat-kaidas* were first introduced.

WORKS CITED

Courtney, David
1998   *Fundamentals of Tabla*. Houston: Sur Sangeet Services.
2000   *Advanced Theory of Tabla*. Houston: Sur Sangeet Services.

Dutta, Aloke
1984   *Tabla: Lessons and Practice*. Calcutta: Janabani Printers and Publishers.

Emam
-no date - *Delhi Gharana of Tabla: A Compositional Documentation* - no publisher's info available.

Mistry, Aban E.
1999   *Pakhawaj & Tabla: History, Schools and Traditions*. Mumbai, India: Swar Sadhana Samiti.

Stewart, Rebecca Marie
1974   *The Tabla in Perspective*. Doctoral Dissertation. UCLA.

Vashishtha, Satyanarayan
1977   *Tal Martand*. Hathras: Sangit Karyalay Press.

CHAPTER 6

GHARANAS

INTRODUCTION
This chapter will provide a basic overview of the *gharanas*. The word *gharana* is derived from the word *ghar* (घर) which means "house". This implies the "house of the teacher". It implies both a stylistic school, as well as a political entity that existed around such schools in the 19th and early 20th century. This brief discussion is necessary because the different *gharanas* have treated the *kaida* in slightly different ways. This is a very important consideration as we continue our survey of the various *kaidas*. One thing to remember is that today the *gharanas* are mere vestige of what they were in the past. Therefore, there is a major difference between the *gharanas* as they exist today and the way *gharanas* were during the the height of their influence. This will be explained in due course.

WHAT WAS A GHARANA?
Let us take a quick look at what a *gharana* was. Although it is a gross oversimplification, the *gharanas* can be viewed as being similar to medieval guilds. They were complex, social structures that regulated the economics of the professional musicians, influenced the politics of the classical music business, and were pivotal to the educational process. They also provided a sense of artistic self-identity by defining a musical style.

It is also appropriate to say what the *gharana* was not. *Gharana* was not the general system of apprenticeship whereby the student learns from the teacher. This apprenticeship system, known as *guru-shishya-parampara*, has been in existence from the earliest period of India's history, and is still in existence today. Although the *gharana* system is based upon this system, it was a much more complex extension of this entity. Let us look at the various components of this complex system, starting with the politics.

The *gharanas* dictated the professional politics of the music business. Classical Indian music has always been extremely political. It was so a hundred years ago and it is so today. This shows itself in numerous ways, usually in terms of petty professional issues, but sometimes in extremely fundamental ways with far reaching implications. In the past, the petty politics revolved around what king was going to patronise what musician, what accompanist would accompany which main performer, who is going to perform first and who last, etc. During the days of princely India, the *gharanas* played a part in such decisions.

The *gharanas* influenced the economics by functioning as guilds. This worked in two ways. First it worked to influence princely assignments, secondly it served to restrict the number of students passing through the system, thus improving the financial security of the existing musicians.

The *gharanas* determined the educational procedures and were responsible for maintaining a high level of musicianship. In the traditional system, a student would be bound to one particular teacher. The student would be taught in exchange for service and occasional gifts.

The *gharanas* maintained a sense of artistic identity. Each *gharana* had its own approach to the subject. This artistic identity really had very little to do with the institution itself; it was primarily a function of geographic isolation.

The Parampara - The *gharanas* were not always homogenous but usually contained identifiable subtraditions. These are known as *parampara* (परम्परा). The word *parampara* literally means a "lineage". For instance the expression "*vamsa-parampara*" means a "family tree", or "*guru-shishya-parampara*" means the "tradition of guru - disciple".

The *parampara* was crucial to the development of the *gharanas*. Most *gharanas* started as a *parampara* of an existing *gharana* and then attained sufficient stature where it could be considered to be a *gharana*. For instance, the Ajrada and Lucknow *gharanas* were originally *paramparas* of the Delhi *gharana*.

The relationship between the *gharana* and the *parampara* is sometimes unclear. Although the concept is very simple, there is no objective benchmark to determine what is a *gharana* and what is a *parampara*. For instance there are many that believe the Benares *gharana* is not distinctive enough from its parent *gharana* (i.e., Lucknow *gharana*) to be considered a separate *gharana*. In a similar manner, there is a subtradition of the Farukhabad *gharana* from the area of Laliyana, that many feel should be considered to be a separate *gharana*.

These are interesting debates, but they are peripheral to the topic of the *kaida*. Therefore we acknowledge the existence of these debates but will not deal with them here. We will fall back upon the conventionally accepted six-*gharana* model for the rest of this volume. Our use of the conventional model should not be construed as taking a side in these debates, rather it should be understood as a way to avoid the topic entirely (at least in this volume).

THE RISE OF THE GHARANA

Most of the *gharanas* developed in the 19th century with a few as early as the 18th centuries. They developed in places where there was substantial interest in the *tabla* and substantial princely patronage for the artists. There were several factors that led to the establishment of *gharanas*. These were primarily royal patronage, poor transportation / communication, and finally the need to have an educational system. Let us look at these points in greater detail.

Royal Patronage - The financial support from a system of royal patronage was one of the key reasons why the *gharanas* developed. The various *gharanas* developed in certain areas only because there was adequate financial resources to support them.

The financial commitment involved in royal patronage was extremely high. In the old days when a king would decide to patronise a musician, it was not simply a question of sponsoring a program. It was a question of bringing the musician into the king's retinue. This implied feeding, clothing, and housing not only the musician, but his wife, children, and disciples. This obviously entailed a substantial financial commitment. The *gharanas* influenced the allocation of these princely assignments. In this manner, the royalty were inextricably linked to the professional politics within the *gharanas*.

Poor Communication and Transportation - In the 19th century, it was very difficult for one *tabla* player to hear another. Travel in India was extremely difficult. The road system was unreliable; the rail system was just being established; there were bandits and other obstacles. Lack of communication also had its influence. There were no radios, there were no TVs or CDs. Furthermore, the institution of the music conference had not yet been established.

When the *gharanas* were coming into being, there was a fair amount of artistic inbreeding. This artistic inbreeding had the effect of creating different artistic schools for each geographical area. Although this had the undesirable effect of limiting one's technical and artistic possibilities, it did have the positive effect of establishing a clear sense of artistic identity.

It was this clear sense of artistic identity that helped maintain the *gharanas*. Just as each region had its own dialect and style of food, dress, etc., the *gharanas* were an integral part of the artistic environment of the region.

Education - Any system as formalised as classical Indian music must have a well developed system for the training of young musicians. The *gharanas* built themselves upon the cornerstone of a very ancient system of apprenticeship. This system is often referred to as the *guru-shishya-parampara*.

The idealised system of training worked in the following manner. The financial needs of the musician were taken care of by the king, therefore there was no need for fees to be exchanged between the student and teacher. There were however, modest offerings known as *guru-dakshana*. Such offerings were made to the teacher according to the ability of the student. The major advantage the teacher received from this relationship was in the form of servitude. This servitude, often referred to as *guru-seva*, usually involved menial chores. In exchange for this servitude and occasional gifts, the student would receive training. After a period of several years the student would begin to embark upon his / her own career.

The Six Gharanas - It came to pass that six *gharanas* of *tabla* developed. These were the Delhi, Lucknow, Farukhabad, Benares, Ajrada, and Punjab *gharanas*. They are so named because of the geographical areas in which they developed. These *gharanas* are show in the map in figure 6.1.

These *gharanas* flourished and were very important to the development of North Indian music in the 19th century. But it is the way of all things that decay must ultimately set in.

PROBLEMS OF THE GHARANA SYSTEM

When the *gharana* system worked, it worked well; unfortunately the system was frequently abused. These abuses were sometimes tragic for the hapless music student who happened to get involved. Such abuses would ultimately contribute to the downgrading of the system.

One of the problems of this system was due to a fundamental conflict of purposes. The goal of teaching *tabla* was in sharp conflict with the goal of maintaining the economic well being of the musicians. The goal of teaching required that students be taken in some abundance and taught everything that was within the student's ability to grasp. However, the goal of maintaining financial security for the established artists dictated that the supply of qualified musicians should be restricted as much as possible. In short, the financial responsibilities dictated that students should NOT be taught. This later goal was often carried out with unfortunate consequences for the students involved. Here are some common examples:

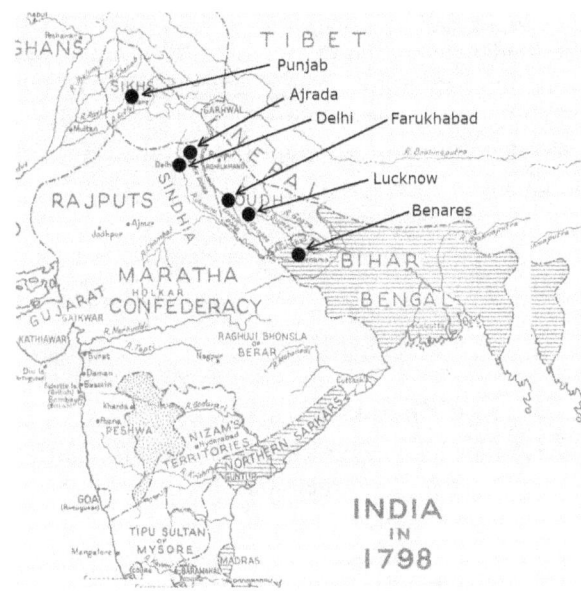

Figure 6.1. Map of the tabla gharanas

Here is a trick that was sometimes used to the detriment of the student. Sometimes a teacher would observe a promising lad and feel the he, or one of his sons, would someday feel professional competition from the lad. A senior musician might take the lad as a student, but never ever teach him anything. Since the bondage between the student and the teacher was lifelong, this would preclude the student from ever obtaining training anywhere. The lad's musical career would be nipped in the bud and he would never become competition to either the senior musician or his son.

One nearly universal abuse of the system was for senior musicians to intentionally withhold critical bits of training from all except his own son. The purpose was to give the son a professional advantage. This ubiquitous practice was one of the most common pedagogic abuses of the *gharana* system. A consequence of this familial bias was that it was often necessary to marry into a musical family to ensure proper training. Such marriages were common until relatively recent times (Gottlieb 1977).

The system was amazingly sexist; women were seldom taught. If they were taught and attained a level of proficiency, the system precluded their ever becoming teachers. They could never become the head of a *gharana* (Gottlieb 1977). Although a survey of the history of *tabla* turns up numerous examples where women were well qualified musicians and scholars, their names have generally been purged from the history, and references are merely made to their fathers, husbands, or sons.

There is another problem associated with female students within the *gharana* system. Female students were occasionally pressured into performing sexual favours as a part of their *guru-seva* (Kippen 1988). This has contributed to the poor reputation that many *gharanadhar* musicians suffer from even today.

So far we have discussed the deficiencies of the *gharana* system from the standpoint of the personal failings of the artists / teachers, but the kings also played a part in the abuses. Sometimes it was the musicians who were the unwilling pawns in the game. One example is the institution of the music competition.

In days of old, they used to have music competitions, know as *muqabala*. These were not like the ones we find today where the winner gets a nice cup or plaque and goes home happy. In those days the stakes were often very high; often it was their very patronage that was at stake. If a musician lost the competition, then they could lose their royal patronage (Kippen 1988). This might reduce the musician and his family to abject poverty. It is said that the populous used to take great interest in such musical cockfights in the same way that the public today takes interest in championship boxing.

The cumulative effect of such abuses was very predictable. It would ultimately lead to the downfall of the *gharana* system.

THE FALL OF THE GHARANAS

The original *gharana* system essentially came to a close in the 20th century. Changing social conditions, changing economic conditions, loss of artistic identity, and educational inadequacies all contributed to reducing this system to a mere vestige.

One reason for the decline in the *gharana* system was reduction in technical and artistic differences. In the past 50 years all of the *tabla* players have come under the same artistic pressures. They listen to the same radios, perform on the same TVs, and have moulded their repertoire and performance styles along very similar patterns. Among the modern generation of *tabla* players, there is very little difference. This has all been a matter of economic necessity, and as a natural response to the effects of mass media. When the artistic foundations of the *gharanas* became so similar, it was very hard to maintain a sense of identity.

This mixing of the *gharanas*, with the predictable loss of artistic identity, is was well documented. A generation ago, Robert Gottlieb observed in his *Major Traditions of North Indian Tabla*:

> ... the wide dissemination of musical information through radio, public concerts, and increased mobility has exposed each performer ... to the styles of the various gharanas. As a result, what is played today is stylistically not as pure as the performances of preceding generations (Gottlieb 1977:68).

These words were certainly true in Gottlieb's time. However no one, including professor Gottlieb, could have foreseen how fast this mixing would occur. Since the time of his publication, artistic and technical differences have continued to decline to the point where only the most informed listeners or musicians can even tell a difference.

There are other factors that have contributed to the downfall of the *gharanas*. Although the loss of artistic identity is a visible reason, one other reason is the loss of political relevance.

The present political situation no longer supports the *gharanas*. This is not to say that there are no longer politics in the music profession, for there are. But the influence of *gharanas* has been overshadowed by other concerns. For example, when a sitarist is choosing an accompanist, there will be many personal and professional considerations, yet the *gharana* of the *tabla* player is not likely to be a factor. Politics still plays a part in decisions such as what musicians will be taken on which tour, who is going to receive an "A grade" in All India Radio (AIR) and who else will just be given "B-High", etc. Yet through all of these political issues, the *gharana* is considered irrelevant.

At the national and international level the politics are more profound. During the Independence movement, India used classical music as a means to help forge a national identity. In the last 100 years there has been an explosion of music colleges for traditional music. This reflects a massive effort on the part of governmental and private organisations to make music accessible to the middle class.

Right from the beginning of the movement to democratise Indian music, it was apparent that there would be no place for *gharanas*. If one reads the published works of some of the early pioneers in (e.g., Paluskar, Bhatkhande) one cannot help but feel a sense of derision of the traditional *gharanadhar* musicians. They were derided as being ignorant, arrogant, intractable, and viewed as a roadblock to India's efforts to democratise music and culture. The famous musicologist V.N. Bhatkhande, went as far as to brand the traditional musicians of the time as "ignorant and narrow minded professionals" (Bhatkhande 1934).

The educational institutions have also dealt a serious blow to the *gharana* system. Although the *guru-shishya* relationship is still considered vital to the process of education, the influence of the *gharanas* has been eliminated. The workings of the music colleges deserve some elucidation for this to be clearly understood; key to this is the necessity of establishing professional *bona fides*.

A certificate or diploma is an absolute necessity for any professional musician in India today. It does not matter how good of a performer one may be; without these credentials one cannot get a post in AIR, Doordarshan (TV), or in any government music school. Since professional musicians depend upon these regular sources of income to support themselves and their families, such credentials are considered a must.

Attendance in these institutions is generally not mandatory. One is free to study privately under almost any teacher and come in and sit for the examinations. However, these examinations follow a syllabus that is approved by the government of India and is not tied to any particular *gharana*. By the very nature of the system, the student must have a broad level of proficiency in all forms from every *gharana*. This has become a major force for erasing the artistic differences between the *gharanas*.

The final and most serious blow to the *gharana* system was economic. Before independence, the patronage was handled by the independent princes. After independence, these independent principalities were eliminated. The patronage then shifted to governmental and semi-governmental bodies such as AIR, Doordarshan, Sangeet Natak Akadami, etc. It has also shifted to the public in the form of publicly attended performances and cd / cassette purchases. In today's world, the attitude of these various entities toward *gharanas* range from apathy to hostility.

THE GHARANAS TODAY
The *gharanas* exist today as mere vestiges of their past power and influence. It is appropriate for us to survey the present situation.

Aged Artists - There are many artist still out there who are 70 years of age or above. They were trained during a period when the *gharanas* were still viable entities. Their style of playing, teaching, and technique still reflects many of the traditional approaches of their *gharana*. With each passing year more of them are dying.

The Gharana as Establishing ones Bona Fides - Where the diplomas and certificates are necessary to establish the credentials of a professional musician in official circles, among connoisseurs of Indian music, one's credentials are still established by saying that one is of such-and-such *gharana*. Curiously enough few people seem to care what the *gharana* is. It is somewhat analogous to a university education. Just as one may say that he / she has graduated from a university to establish credentials, in practice, few people seem to care which university it actually is.

This last vestige is the most curious. There is still a pride that many musicians have when saying that they belong to such-and-such *gharana*. Their personal and professional self-identity is very often tied to their ancestry as determined by the *gharana*. The fact that their style of playing and repertoire has little connection to the founders of the *gharana* is conveniently ignored.

Technique - It is a difficult matter to say to what extent the *gharana* is present in contemporary technique. The old days where every *gharana* had a distinctive style of playing are gone. This disappeared by the early part of the 20th century. However, the techniques of the Farukhabad, Lucknow, and to a great extent Benares, merged together into a common technique commonly called *purbi baj*. In a similar manner the Ajrada and Delhi techniques merged together; this technique is sometimes called *dilli baj* or *paschami baj*. The Punjab *gharana* has an overall philosophy which has the characteristics of all the styles. In this fashion, the techniques of the *gharanas* are only indirectly maintained.

Even these differences are quickly merging into one. This has become a professional necessity. One occasionally finds musicians who are only competent in one technique. Such limitations invariably relegate these musicians to obscurity.

Today there is but a slight tendency for modern musicians to show a propensity for particular techniques and repertoire. However, with each passing decade the propensity for this sort of thing becomes less.

<u>Redefinition of Gharana</u> - The concept off the *gharana* has tremendous psychological appeal for the average Indian musician. The downgrading of the system is not a comfortable idea, so there is a strong tendency to redefine the term so that a pretence of its continued power may be maintained. In practice, when a modern musician is talking about *gharana*, what they are really talking about is the guru / disciple relationship. We must not forget that this system, known as *guru-shishya-parampara*, is as healthy today as it has always been.

This situation has an interesting analogy. It is as though one has a pet dog which dies, so one sends it to a taxidermist to have it stuffed. One then places the stuffed dog in the corner and staunchly maintains that one still has a pet. If this is how one wishes to define "pet" then everything is fine. However, I feel that most would consider this redefinition to be unacceptable.

In a similar manner, redefining *gharana* to be synonymous with *guru-shishya-parampara* may allow one to argue that the system is alive and well,but such a redefinition is academically indefensible. Where the *gharana* was basically a 19th century phenomenon, the *guru-shishya* system is a broad social relationship that has been around for thousands of years. I think that most people would find this redefinition to be unacceptable.

CONCLUSION

We have seen that the *gharanas* are today but a vestige of what they were in the 19th century. Today there are only slight differences in technique and preferences in repertoire. Yet these slight differences may be seen in the approach to the *kaida*. These will be examined at in the following chapters.

WORKS CITED

Bhatkhande, V.N.
1934   *A Short Historical Survey of the Music of the Upper India*. Bombay: B.S. Sukhthankar.

Courtney, David
1998   *Fundamentals of Tabla*. Houston: Sur Sangeet Services.
2000   *Advanced Theory of Tabla*. Houston: Sur Sangeet Services.

Gottlieb, Robert S.
1977a   *The Major Traditions of North Indian Tabla Drumming (Vol. 1)*. Munich, Salzburg: Musikverlag Emil Katzbichler.

Kippen, James
1988   *The Tabla of Lucknow: A Cultural Analysis of a Musical Tradition*. Cambridge: Cambridge University Press.

Kulkarni, V.B.
1985   *Princely India and Lapse of British Paramountcy*. Bombay, Jaico: Publishing House.

Mistry, Aban E.
1999   *Pakhawaj & Tabla: History, Schools and Traditions*. Mumbai, India: Swar Sadhana Samiti.

Neuman, Daniel
1980   *The Life of Music in North India: The Organization of an Artistic Tradition*. Detroit: Wayne University Press.

Vashishtha, Satyanarayan
1977   *Tal Martand*. Hathras: Sangit Karyalaya Press.

CHAPTER 7
DELHI (DILLI) KAIDAS

INTRODUCTION
Delhi is one of the major *gharanas* of *tabla*. It is generally regarded as the first *tabla gharana*. We will look briefly at Delhi, the Delhi *(dilli) gharana*, the *dilli baj,* as well as typical *dilli baj* compositions.

Delhi, also known in India as *Dilli*, has been a major centre for hundreds of years. It is strategically located, therefore it has been the object of the attention of countless kings and conquerors from the earliest times. This position has also made it an important hub for transportation and travel. Handicrafts, and small manufacturing endeavours in this area, are an important part of the economy.

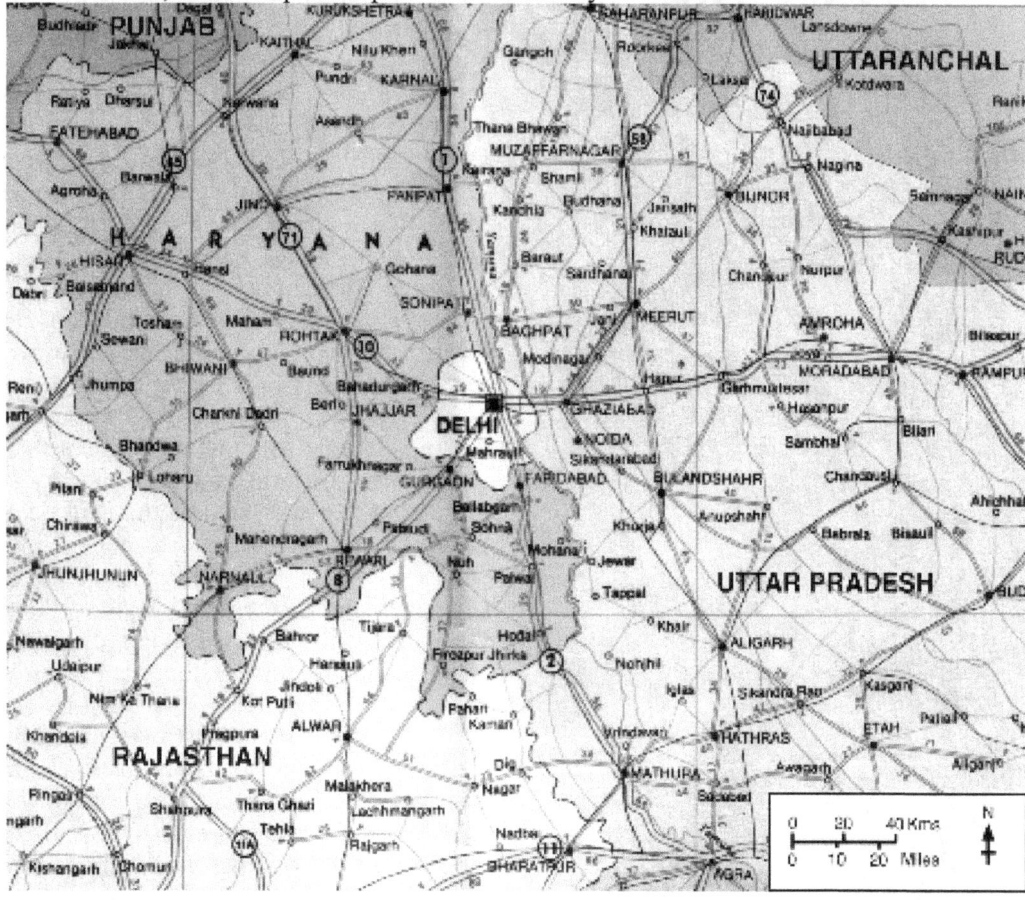

Figure 7.1. Delhi and the surrounding area.

Delhi is located in the middle of the Great North Indian plain. It is located about 239 metres above sea level. It is an area that is noted for its extremes in climate; the summers are extremely hot and the winters are very cold.

Delhi is the capitol of the Republic of India. It technically does not belong to any state, but it is a Union Territory. This arrangement appears to have been modelled after the District of Columbia in which the US capitol resides.

Today, there are two major parts. There is "Old Delhi", which is the old Mogul city; adjacent to this is New Delhi. New Delhi was laid out by the British and consequently shows many European influences (Britannica 1997).

There are a number of points of interest in Delhi. The *Qutb Minar* (fig. 7.2) (a giant stone *minar)*, *Lal Kila* (the Red Fort), and *Jama Masjid* are some of the most famous. *Chandni Chouk* is the centre of old Delhi's commerce. It is a maze of narrow streets, and interesting bazaars. This is in stark contrast to Cannaught Circus which is the centre of new Delhi's economic activity.

Figure 7.2. Qutb Minar

The royalty residing in Delhi had considerable financial wherewithal, this allowed for a substantial patronage for musicians. This patronage lead to the founding of the Delhi *gharana*. All the other *gharanas*, with the exception of the Punjab *gharana*, can trace their lineage to this tradition (Gottlieb 1977a).

The progenitor of the Delhi *gharana* was a great musician by the name of Ustad Siddhar Khan Dhadhi. It is said that all of the members of this *gharana* trace their lineage to him in some manner; often by way of his son, Ustad Bura Khan, or from his brother, Ustad Chand Khan (Mistry 1999). There are a number of famous artists of this *gharana*. The late Latif Ahmed Khan, Habibuddin Khan, and Fayaz Khan are but a few well known representatives (Gottlieb 1977b).

The history of the Dilli *gharana* is very interesting. Unfortunately, we must postpone the discussion to a later volume that will be devoted to the history of *tabla*.

Characteristics of the Delhi Style of Playing - The Delhi style of playing is very distinctive. It is characterised by several important features.

The preponderance of strokes on the edge of the *tabla-dayan* is one of its strongest characteristics. The *Naa* (ना) and *Taa* (ता) are both played sharply on the rim. That is why this style is also known as the *kinnara ka baj* which is literally translated to "rim style of playing". The common concept of equating *Naa* (ना) and *Taa* (ता) is derived from the Delhi style of playing.

There is also a tendency to stay in constant contact with the drums. The ring finger and the little finger are used to mute the *dayan*, while the wrist is in nearly constant contact with the *bayan*.

These characteristics were carried to the extreme. It is said that in the old days, a Delhi *tabla*-player might play the entire performance without ever lifting the hands from the drum. Therefore, the right hand would play the entire performance using only the middle and the index finger. The last two fingers remained in constant contact with the drum and never actually moved. Over the years this was found to be a technical limitation. Furthermore, the constant contact with the drum limited both dynamics as well as tonal possibilities.

What is referred to as *dilli baj* today is really a mixture. Although there is still a tendency to keep close contact with the drums, there is a universal tendency to use the ring/little fingers to strike the drum. This is a major technical innovation that was adopted from musicians of the Ajrada *gharana*. This will be discussed in greater detail in the next chapter.

There is a characteristic repertoire of the Delhi *gharana*. It makes an extensive use of *peshkar, kaida, rela, mukhada, mohara,* and short *tukadas*. Conspicuously absent are *parans, gats,* powerful *chakradars,* etc. *Bols* such as single finger *Ti Ta* (ति ट), *Ti Ra Ki Ta* (ति र कि ट), *Deen Ga* (दीं ग), *Di Na Gi Naa* (दि न गि ना), *Dhi Na Gi Na* (धि न गि न), *Di Ga Na Ga* (दि ग न ग), etc., are especially popular in compositions from this *gharana* (Godbole 1983:206). *Bols* such as *Dhi Ra Dhi Ra* (धि र धि र), are curiously enough played with the fingers instead of the palm of the hand (Mistry 1999); however this style seems to be falling out of fashion.

The *kaida* is central to the *talim* (instruction) in the Delhi *gharana*. This is not surprising when one considers that Delhi is considered to be the birthplace of the *kaida*.

EXAMPLE AND ANALYSIS

The following *kaida* is a perfect example of a *Dilli kaida*. This *kaida* is attributed to Nathu Khan who lived at the turn of the 20th century (Kippen 1988, 99).

Dilli Baj Kaida in Tintal (S. Dawood 1978, personal interview)
Theme

धा	ति	ट	धा	ति	ट	धा	धा	ति	ट	धा	गे	तिं	ना	किं	ना
Dhaa	Ti	Ta	Dhaa	Ti	Ta	Dhaa	Dhaa	Ti	Ta	Dhaa	Ge	Tin	Naa	Kin	Naa

ता	ति	ट	ता	ति	ट	ता	ता	ति	ट	धा	गे	धिं	ना	गिं	ना
Taa	Ti	Ta	Taa	Ti	Ta	Taa	Taa	Ti	Ta	Dhaa	Ge	Dhin	Naa	Gin	Naa

Variation #1

धा	ति	ट	धा	ति	ट	धा	धा	धा	ति	ट	धा	ति	ट	धा	धा
Dhaa	Ti	Ta	Dhaa	Ti	Ta	Dhaa	Dhaa	Dhaa	Ti	Ta	Dhaa	Ti	Ta	Dhaa	Dhaa

धा	ति	ट	धा	ति	ट	धा	धा	ति	ट	धा	गे	तिं	ना	किं	ना
Dhaa	Ti	Ta	Dhaa	Ti	Ta	Dhaa	Dhaa	Ti	Ta	Dhaa	Ge	Tin	Naa	Kin	Naa

ता	ति	ट	ता	ति	ट	ता	ता	ता	ति	ट	ता	ति	ट	धा	धा
Taa	Ti	Ta	Taa	Ti	Ta	Taa	Taa	Taa	Ti	Ta	Taa	Ti	Ta	Dhaa	Dhaa

धा	ति	ट	धा	ति	ट	धा	धा	ति	ट	धा	गे	धिं	ना	गिं	ना
Dhaa	Ti	Ta	Dhaa	Ti	Ta	Dhaa	Dhaa	Ti	Ta	Dhaa	Ge	Dhin	Naa	Gin	Naa

Variation #2

धा	ति	ट	धा	ति	ट	धा	धा	ति	ट	धा	गे	तिं	ना	किं	ना
Dhaa	Ti	Ta	Dhaa	Ti	Ta	Dhaa	Dhaa	Ti	Ta	Dhaa	Ge	Tin	Naa	Kin	Naa

ति	ट	धा	गे	धिं	ना	गिं	ना	ति	ट	धा	गे	तिं	ना	किं	ना
Ti	Ta	Dhaa	Ge	Dhin	Naa	Gin	Naa	Ti	Ta	Dhaa	Ge	Tin	Naa	Kin	Naa

ता	ति	ट	ता	ति	ट	ता	ता	ति	ट	धा	गे	धिं	ना	गिं	ना
Taa	Ti	Ta	Taa	Ti	Ta	Taa	Taa	Ti	Ta	Dhaa	Ge	Dhin	Naa	Gin	Naa

ति	ट	धा	गे	तिं	ना	किं	ना	ति	ट	धा	गे	धिं	ना	गिं	ना
Ti	Ta	Dhaa	Ge	Tin	Naa	Kin	Naa	Ti	Ta	Dhaa	Ge	Dhin	Naa	Gin	Naa

Variation #3

धा	ति	ट	धा	ति	ट	धा	धा	ति	ट	धा	ति	ट	धा	ति	ट
Dhaa	Ti	Ta	Dhaa	Ti	Ta	Dhaa	Dhaa	Ti	Ta	Dhaa	Ti	Ta	Dhaa	Ti	Ta

धा	ति	ट	धा	ति	ट	धा	धा	ति	ट	धा	गे	तिं	ना	किं	ना
Dhaa	Ti	Ta	Dhaa	Ti	Ta	Dhaa	Dhaa	Ti	Ta	Dhaa	Ge	Tin	Naa	Kin	Naa

ता	ति	ट	ता	ति	ट	ता	ता	ति	ट	धा	ति	ट	धा	ति	ट
Taa	Ti	Ta	Taa	Ti	Ta	Taa	Taa	Ti	Ta	Dhaa	Ti	Ta	Dhaa	Ti	Ta

धा	ति	ट	धा	ति	ट	धा	धा	ति	ट	धा	गे	धिं	ना	गिं	ना
Dhaa	Ti	Ta	Dhaa	Ti	Ta	Dhaa	Dhaa	Ti	Ta	Dhaa	Ge	Dhin	Naa	Gin	Naa

Variation #4

धा	ति	ट	धा	ति	ट	धा	धा	ति	ट	–	धा	ति	ट	धा	धा
Dhaa	Ti	Ta	Dhaa	Ti	Ta	Dhaa	Dhaa	Ti	Ta	-	Dhaa	Ti	Ta	Dhaa	Dhaa

ति	ट	–	धा	ति	ट	धा	धा	ति	ट	धा	गे	तिं	ना	किं	ना
Ti	Ta	-	Dhaa	Ti	Ta	Dhaa	Dhaa	Ti	Ta	Dhaa	Ge	Tin	Naa	Kin	Naa

ता	ति	ट	ता	ति	ट	ता	ता	ति	ट	–	धा	ति	ट	धा	धा
Taa	Ti	Ta	Taa	Ti	Ta	Taa	Taa	Ti	Ta	-	Dhaa	Ti	Ta	Dhaa	Dhaa

ति	ट	–	धा	ति	ट	धा	धा	ति	ट	धा	गे	धिं	ना	गिं	ना
Ti	Ta	-	Dhaa	Ti	Ta	Dhaa	Dhaa	Ti	Ta	Dhaa	Ge	Dhin	Naa	Gin	Naa

Ending
Bharan

धा	ति	ट	धा	ति	ट	धा	धा	ति	ट	धा	गे	तिं	ना	किं	ना
Dhaa	Ti	Ta	Dhaa	Ti	Ta	Dhaa	Dhaa	Ti	Ta	Dhaa	Ge	Tin	Naa	Kin	Naa

ता	ति	ट	ता	ति	ट	ता	ता	ति	ट	धा	गे	धिं	ना	गिं	ना
Taa	Ti	Ta	Taa	Ti	Ta	Taa	Taa	Ti	Ta	Dhaa	Ge	Dhin	Naa	Gin	Naa

(Tihai)

तिं	ट	धा	गे	तिं	ना	किं	ना	धा
Ti	Ta	Dhaa	Ge	Tin	Naa	Kin	Naa	Dhaa

-	गिं	ना
-	Gin	Naa

तिं	ट	धा	गे	तिं	ना	किं	ना	धा
Ti	Ta	Dhaa	Ge	Tin	Naa	Kin	Naa	Dhaa

-	गिं	ना
-	Gin	Naa

तिं	ट	धा	गे	तिं	ना	किं	ना	धा
Ti	Ta	Dhaa	Ge	Tin	Naa	Kin	Naa	Dhaa

The *bols* of this *kaida* perfectly reflect the classic Delhi style. Notice that at no time is there a necessity to raise the last two fingers of the right hand. The left hand too, does not require the wrist to be raised.

<u>Modern vs Traditional Delhi Technique</u> - We must remember that the contemporary *Dilli baj* is very different from the old style of playing. This difference is easily demonstrated with the *bol Ti Ra Ki Ta* (तिर किट). The present approach is to play it by: middle-finger of right hand, index-finger of right hand, left hand flat, ring-finger or ring-finger and little-finger of right hand. Although this is really an Ajrada innovation, it is commonly said to be Delhi style. The original Delhi style of playing *Ti Ra Ki Ta* (तिर किट) was: middle-finger of right hand, index-finger of right hand, left hand flat, middle-finger of right hand. You can try both styles and see how they feel

Here is a *kaida* which one may use to try both the original technique as well as the modern.

Dilli Baj Kaida in Tintal (S. Dawood 1978, personal interview)
Theme

धा	ति	धा	गे	ना	धा	तिर	किट	धा	ति	धा	गे	तिं	ना	किं	ना
Dhaa	Ti	Dhaa	Ge	Naa	Dhaa	TiRa	KiTa	Dhaa	Ti	Dhaa	Ge	Tin	Naa	Kin	Naa

ता	ति	ता	के	ना	धा	तिर	किट	धा	ति	धा	गे	धिं	ना	गिं	ना
Taa	Ti	Taa	Ke	Naa	Dhaa	TiRa	KiTa	Dhaa	Ti	Dhaa	Ge	Dhin	Naa	Gin	Naa

Focus on the Kaidas of Tabla

Variation #1

धा	ति	धा	गे	ना	धा	तिर	किट	धा	ति	धा	गे	ना	धा	तिर	किट
Dhaa	Ti	Dhaa	Ge	Naa	Dhaa	TiRa	KiTa	Dhaa	Ti	Dhaa	Ge	Naa	Dhaa	TiRa	KiTa

धा	ति	धा	गे	ना	धा	तिर	किट	धा	ति	धा	गे	तिं	ना	किं	ना
Dhaa	Ti	Dhaa	Ge	Naa	Dhaa	TiRa	KiTa	Dhaa	Ti	Dhaa	Ge	Tin	Naa	Kin	Naa

ता	ति	ता	के	ना	ता	तिर	किट	ता	ति	ता	के	ना	ता	तिर	किट
Taa	Ti	Taa	Ke	Naa	Taa	TiRa	KiTa	Taa	Ti	Taa	Ke	Naa	Taa	TiRa	KiTa

धा	ति	धा	गे	ना	धा	तिर	किट	धा	ति	धा	गे	धिं	ना	गिं	ना
Dhaa	Ti	Dhaa	Ge	Naa	Dhaa	TiRa	KiTa	Dhaa	Ti	Dhaa	Ge	Dhin	Naa	Gin	Naa

Variation #2

धा	ति	धा	गे	ना	धा	तिर	किट	धा	ति	धा	गे	तिं	ना	किं	ना
Dhaa	Ti	Dhaa	Ge	Naa	Dhaa	TiRa	KiTa	Dhaa	Ti	Dhaa	Ge	Tin	Naa	Kin	Naa

धा	ति	धा	गे	धिं	ना	गिं	ना	धा	ति	धा	गे	तिं	ना	किं	ना
Dhaa	Ti	Dhaa	Ge	Dhin	Naa	Gin	Naa	Dhaa	Ti	Dhaa	Ge	Tin	Naa	Kin	Naa

ता	ति	ता	के	ना	ता	तिर	किट	धा	ति	धा	गे	धिं	ना	गिं	ना
Taa	Ti	Taa	Ke	Naa	Taa	TiRa	KiTa	Dhaa	Ti	Dhaa	Ge	Dhin	Naa	Gin	Naa

धा	ति	धा	गे	तिं	ना	किं	ना	धा	ति	धा	गे	धिं	ना	गिं	ना
Dhaa	Ti	Dhaa	Ge	Tin	Naa	Kin	Naa	Dhaa	Ti	Dhaa	Ge	Dhin	Naa	Gin	Naa

Variation #3

धा	ति	धा	गे	धा	ति	धा	गे	धा	ति	धा	गे	धिं	ना	गिं	ना
Dhaa	Ti	Dhaa	Ge	Dhaa	Ti	Dhaa	Ge	Dhaa	Ti	Dhaa	Ge	Dhin	Naa	Gin	Naa

धा	ति	धा	गे	ना	धा	तिर	किट	धा	ति	धा	गे	तिं	ना	किं	ना
Dhaa	Ti	Dhaa	Ge	Naa	Dhaa	TiRa	KiTa	Dhaa	Ti	Dhaa	Ge	Tin	Naa	Kin	Naa

ता	ति	ता	के	ता	ति	ता	के	ता	ति	ता	के	तिं	ना	किं	ना
Taa	Ti	Taa	Ke	Taa	Ti	Taa	Ke	Taa	Ti	Taa	Ke	Tin	Naa	Kin	Naa

धा	ति	धा	गे	ना	धा	तिर	किट	धा	ति	धा	गे	धिं	ना	गिं	ना
Dhaa	Ti	Dhaa	Ge	Naa	Dhaa	TiRa	KiTa	Dhaa	Ti	Dhaa	Ge	Dhin	Naa	Gin	Naa

Variation #4

धा	ति	धा	-	आ	-	धा	ति	धा	-	आ	-	धा	ति	धा	-
Dhaa	Ti	Dhaa	-	Aa	-	Dhaa	Ti	Dhaa	-	Aa	-	Dhaa	Ti	Dhaa	-

धा	ति	धा	गे	ना	धा	तिर	किट	धा	ति	धा	गे	तिं	ना	किं	ना
Dhaa	Ti	Dhaa	Ge	Naa	Dhaa	TiRa	KiTa	Dhaa	Ti	Dhaa	Ge	Tin	Naa	Kin	Naa

ता	ति	ता	-	आ	-	ता	ति	ता	-	आ	-	ता	ति	ता	-
Taa	Ti	Taa	-	Aa	-	Taa	Ti	Taa	-	Aa	-	Taa	Ti	Taa	-

धा	ति	धा	गे	ना	धा	तिर	किट	धा	ति	धा	गे	धिं	ना	गिं	ना
Dhaa	Ti	Dhaa	Ge	Naa	Dhaa	TiRa	KiTa	Dhaa	Ti	Dhaa	Ge	Dhin	Naa	Gin	Naa

Ending (Tihai)

धा	ति	धा	गे	ना	धा	तिर	किट	धा	ति	धा	गे	तिं	ना	किं	ना	धा
Dhaa	Ti	Dhaa	Ge	Naa	Dhaa	TiRa	KiTa	Dhaa	Ti	Dhaa	Ge	Tin	Naa	Kin	Naa	Dhaa

– – – – – – – –
– – – – – – – –

धा	ति	धा	गे	ना	धा	तिर	किट	धा	ति	धा	गे	तिं	ना	किं	ना	धा
Dhaa	Ti	Dhaa	Ge	Naa	Dhaa	TiRa	KiTa	Dhaa	Ti	Dhaa	Ge	Tin	Naa	Kin	Naa	Dhaa

– – – – – – – –
– – – – – – – –

                                                                                                               X

धा	ति	धा	गे	ना	धा	तिर	किट	धा	ति	धा	गे	तिं	ना	किं	ना	धा
Dhaa	Ti	Dhaa	Ge	Naa	Dhaa	TiRa	KiTa	Dhaa	Ti	Dhaa	Ge	Tin	Naa	Kin	Naa	Dhaa

<u>Analysis of Previous Example</u> - The previous example shows the impact of Ajrada musicians on the Delhi *gharana*. The *Ti Ra Ki Ta* (ति र कि ट) is somewhat awkward if one attempts to execute it in the old form (i.e., middle, index, left hand, middle). However, it is effortless when one utilises the Ajrada technique (i.e., middle, index left hand, ring/little). Furthermore, it is extremely common for the last *Naa* (ना) in the concluding phrase (*Tin Naa Kin Naa* तिं ना किं ना or *Dhin Naa Gin Naa* (धिं ना गिं ना)) to be executed with just the ring finger and the little finger.

CONCLUSION

The Delhi *gharana* is inextricably linked with the *kaida*. It is generally acknowledged that Delhi is the birthplace of the *kaida*. Therefore, Delhi *kaidas* are usually considered the benchmark against which other *kaidas* are judged.

We have also seen that the *kaidas* of the Delhi style have always had a particular fingering. These fingerings make extensive use of the middle and index finger. Later, the Ajrada practice of using the ring finger / little finger was a major technical step forward. This Ajrada technique has been an integral part of the Delhi approach to *tabla* for a long time.

WORKS CITED

Courtney, David
1998   *Fundamentals of Tabla*. Houston, Sur Sangeet Services.
2000   *Advanced Theory of Tabla*. Houston. Sur Sangeet Services.

Dawood, Sheikh
1976 - 1990 Personal interviews and training in Hyderabad, India.

Encyclopaedia Britannica
1997   "Delhi" *Encyclopaedia Britannica*. Volume 3, page 973 Encyclopaedia Britannica Inc. Chicago, London, Toronto.

Godbole, Madhukar Ganesh
1967   *Tal Dipika*. Allahabad, India, Ashok Prakashan Mandir.
1983   "Table Ke Vibhinna Baj", *Tal Ank*. Hathras: India. Sangeet Karyalaya. 10th edition, edited by P. L. Garg. pg 206-211.

Gottlieb, Robert S.
1977a   *The Major Traditions of North Indian Tabla Drumming (Vol 1)*. Munich -Salzburg: Musikverlag Emil Katzbichler.
1977b   *The Major Traditions of North Indian Tabla Drumming (Vol 2)*. Munich -Salzburg: Musikverlag Emil Katzbichler.

Mistry, Aban E.
1999   *Pakhawaj & Tabla: History, Schools and Traditions*. Mumbai, India: Swar Sadhana Samiti.

Srinivasan, P.
2000   *A Road Guide to Delhi*. Chenai, India: TTK Healthcare ltd., Printing Division.
2001   *A Road Guide to North India*. Chenai, India: TTK Healthcare ltd., Printing Division.
2001   *A Road Guide to Uttar Pradesh*. Chenai, India: TTK Healthcare ltd., Printing Division.

CHAPTER 8

AJRADA KAIDAS

INTRODUCTION

Ajrada is one of the major *gharanas* of *tabla*. Ajrada, sometimes known as Azrada, is a small village just a few kilometres from Meerut in the North Indian state of Uttar Pradesh. Today it is an extremely ordinary place with hardly anything of note. The existence of the Ajrada *gharana* is probably its most important claim to fame.

History of the Ajrada Gharana - This *gharana* is said to have been started by two brothers who inhabited Ajrada somewhere around 1800. These two brothers were Kallu Khan and Miru Khan. It is said that they went to Delhi to study under Sitab Khan, the grandson of Siddhar Khan. Later they returned and propagated the art in their village. A further discussion of the history of the Ajrada *gharana* must be postponed to a later volume.

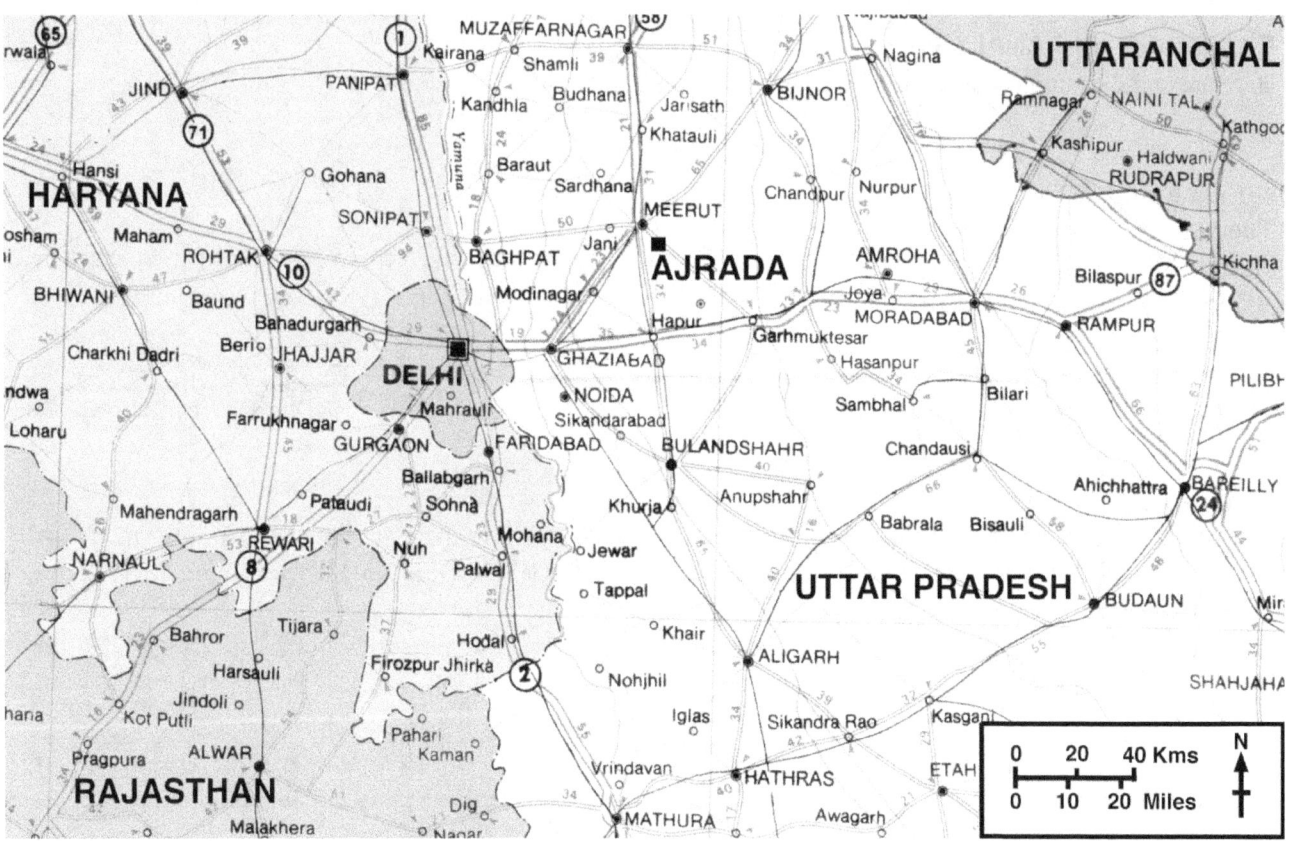

Figure 8.1. Map of Ajrada and surrounding area.

Focus on the Kaidas of Tabla

There are a number of well known artists from this *gharana*. Ustad Shammu Khan, Amir Hussain Khan, Akram Khan, and Ustad Habibuddin Khan are a few well known exponents of the this *gharana*.

Characteristics of the Ajrada Style of Playing - The Ajrada style is distinctive from two standpoints; technique and compositional form. Let us first turn our attention to the technique.

The Ajrada approach to technique today is indistinguishable from the Delhi style. There is a very good reason for this. The Ajrada *gharana* is itself derived from the Delhi *gharana*. Additionally, the close proximity of Ajrada to Delhi provided ample scope for techniques to pass back and forth between the two *gharanas* over a very long period of time. One example of the Delhi *tabla* players absorbing the Ajrada use of the last two fingers has already been mentioned in the last chapter. Furthermore, the Ajrada innovation of occasionally using the last two fingers for playing *Naa* and *Na* (ना or न) has also been discussed.

There are a number of *bols* that are common in Ajrada *kaidas*. *Bols* such as *Dhaa - Ra Dhaa* (धा – ड़ धा), *Dhaa - Ghi Ra Naa Ga* (धा – घि ड़ ना ग), *Din Ga Di Na Gi Na* (दिं ग दि न गि न), *Dhaa Ta Ka* (धा त क), *Ghe Ta Ka* (घे त क), *Ghe Naa Ka* (घे न क), *Tin - Na* (तिं – न), etc., are especially popular in compositions from this *gharana* (Godbole 1983:207).

Ajrada Approach to Kaida - The Ajrada musicians may use an identical technique to the Delhi *tabla* players but their approach to the structure of the *kaida* is very distinctive. It is distinctive on two points. The first characteristic of the Ajrada *gharana* is the propensity to use *kaidas* in *tisra jati* (triplets) and the second interesting characteristic is a unique approach to structure. We will look at these points in greater detail. A very typical example is shown below:

EXAMPLES AND ANALYSIS
Here are some examples and a brief analysis of Ajrada *kaidas*.

Ajrada Kaida in Tisra Jati (Godbole 1967:62)
Theme

धा गे न धा त्र क धे ते ट धा गे न धा त्र क धि न क तिं ग ति न कि न
Dhaa Ge Na Dhaa Tra Ka Dhe Te Ta Dhaa Ge Na Dhaa Tra Ka Dhi Na Ka Tin Ga Ti Na Ki Na

ता गे न ता त्र क ते ते ट ता गे न धा त्र क धि न क दिं ग दि न गि न
Taa Ge Na Taa Tra Ka Te Te Ta Taa Ge Na Dhaa Tra Ka Dhi Na Ka Din Ga Di Na Gi Na

Variation #1

धा गे न धा त्र क धे ते ट धा गे न धा गे न धा त्र क धे ते ट धा गे न
Dhaa Ge Na Dhaa Tra Ka Dhe Te Ta Dhaa Ge Na Dhaa Ge Na Dhaa Tra Ka Dhe Te Ta Dhaa Ge Na

धा गे न धा त्र क धे ते ट धा गे न धा त्र क धि न क तिं ग ति न कि न
Dhaa Ge Na Dhaa Tra Ka Dhe Te Ta Dhaa Ge Na Dhaa Tra Ka Dhi Na Ka Tin Ga Ti Na Ki Na

ता गे न ता त्र क ते ते ट ता गे न ता गे न ता त्र क ते ते ट ता गे न
Taa Ge Na Taa Tra Ka Te Te Ta Taa Ge Na Taa Ge Na Taa Tra Ka Te Te Ta Taa Ge Na

धा गे न धा त्र क धे ते ट धा गे न धा त्र क धि न क दिं ग दि न गि न
Dhaa Ge Na Dhaa Tra Ka Dhe Te Ta Dhaa Ge Na Dhaa Tra Ka Dhi Na Ka Din Ga Di Na Gi Na

Ajrada Kaidas

Variation #2

धा गे न धा त्र क धे ते ट धा गे न धे ते ट धा गे ना धे ते ट धा गे न
Dhaa Ge Na Dhaa Tra Ka Dhe Te Ta Dhaa Ge Na Dhe Te Ta Dhaa Ge Naa Dhe Te Ta Dhaa Ge Na

धा गे न धा त्र क धे ते ट धा गे न धा त्र क धि न क तिं ग ति न कि न
Dhaa Ge Na Dhaa Tra Ka Dhe Te Ta Dhaa Ge Na Dhaa Tra Ka Dhi Na Ka Tin Ga Ti Na Ki Na

ता गे न ता त्र क ते ते ट ता गे न ते ते ट ता गे न ते ते ट ता गे न
Taa Ge Na Taa Tra Ka Te Te Ta Taa Ge Na Te Te Ta Taa Ge Na Te Te Ta Taa Ge Na

धा गे न धा त्र क धे ते ट धा गे न धा त्र क धि न क दिं ग दि न गि न
Dhaa Ge Na Dhaa Tra Ka Dhe Te Ta Dhaa Ge Na Dhaa Tra Ka Dhi Na Ka Din Ga Di Na Gi Na

Variation #3

धा गे न धा त्र क धे ते ट धा गे न धा त्र क धे ते ट धा त्र क धे ते ट
Dhaa Ge Na Dhaa Tra Ka Dhe Te Ta Dhaa Ge Na Dhaa Tra Ka Dhe Te Ta Dhaa Tra Ka Dhe Te Ta

धा गे न धा त्र क धे ते ट धा गे न धा त्र क धि न क तिं ग ति न कि न
Dhaa Ge Na Dhaa Tra Ka Dhe Te Ta Dhaa Ge Na Dhaa Tra Ka Dhi Na Ka Tin Ga Ti Na Ki Na

ता गे न ता त्र क ते ते ट ता गे न ता त्र क ते ते ट ता त्र क ते ते ट
Taa Ge Na Taa Tra Ka Te Te Ta Taa Ge Na Taa Tra Ka Te Te Ta Taa Tra Ka Te Te Ta

धा गे न धा त्र क धे ते ट धा गे न धा त्र क धि न क दिं ग दि न गि न
Dhaa Ge Na Dhaa Tra Ka Dhe Te Ta Dhaa Ge Na Dhaa Tra Ka Dhi Na Ka Din Ga Di Na Gi Na

Variation #4

धा गे न धा त्र क धे ते ट धा गे न धा - - - - धे ते ट धा गे न
Dhaa Ge Na Dhaa Tra Ka Dhe Te Ta Dhaa Ge Na Dhaa - - - - Dhe Te Ta Dhaa Ge Na

धा गे न धा त्र क धे ते ट धा गे न धा त्र क धि न क तिं ग ति न कि न
Dhaa Ge Na Dhaa Tra Ka Dhe Te Ta Dhaa Ge Na Dhaa Tra Ka Dhi Na Ka Tin Ga Ti Na Ki Na

ता गे न ता त्र क ते ते ट ता गे न ता - - - ते ते ट ता गे न
Taa Ge Naa Taa Tra Ka Te Te Ta Taa Ge Naa Taa - - - Te Te Ta Taa Ge Naa

धा गे न धा त्र क धे ते ट धा गे न धा त्र क धि न क दिं ग दि न गि न
Dhaa Ge Naa Dhaa Tra Ka Dhe Te Ta Dhaa Ge Na Dhaa Tra Ka Dhi Na Ka Din Ga Di Na Gi Na

Variation #5

धा गे न धा त्र क धा गे न धा त्र क धे ते ट धा गे न धा गे न धा त्र क
Dhaa Ge Na Dhaa Tra Ka Dhaa Ge Na Dhaa Tra Ka Dhe Te Ta Dhaa Ge Na Dhaa Ge Na Dhaa Tra Ka

धा गे न धा त्र क धे ते ट धा गे न धा त्र क धि न क तिं ग ति न कि न
Dhaa Ge Na Dhaa Tra Ka Dhe Te Ta Dhaa Ge Na Dhaa Tra Ka Dhi Na Ka Tin Ga Ti Na Ki Na

ता गे न ता त्र क ता गे न ता त्र क ते ते ट ता गे न धा गे न धा त्र क
Taa Ge Na Taa Tra Ka Taa Ge Na Taa Tra Ka Te Te Ta Taa Ge Na Dhaa Ge Na Dhaa Tra Ka

धा गे न धा त्र क धे ते ट धा गे न धा त्र क धि न क दिं ग दि न गि न
Dhaa Ge Na Dhaa Tra Ka Dhe Te Ta Dhaa Ge Na Dhaa Tra Ka Dhi Na Ka Din Ga Di Na Gi Na

Variation #6

धा त्र क धि न क दिं ग दि न गि न धा त्र क धि न क दिं ग दि न गि न
Dhaa Tra Ka Dhi Na Ka Din Ga Di Na Gi Na Dhaa Tra Ka Dhi Na Ka Din Ga Di Na Gi Na

धा गे न धा त्र क धे ते ट धा गे न धा त्र क धि न क तिं ग ति न कि न
Dhaa Ge Na Dhaa Tra Ka Dhe Te Ta Dhaa Ge Na Dhaa Tra Ka Dhi Na Ka Tin Ga Ti Na Ki Na

ता त्र क ति न क तिं ग ति न कि न ता त्र क ति न क तिं ग ति न कि न
Taa Tra Ka Ti Na Ka Tin Ga Ti Na Ki Na Taa Tra Ka Ti Na Ka Tin Ga Ti Na Ki Na

धा गे न धा त्र क धे ते ट धा गे न धा त्र क धि न क दिं ग दि न गि न
Dhaa Ge Na Dhaa Tra Ka Dhe Te Ta Dhaa Ge Na Dhaa Tra Ka Dhi Na Ka Din Ga Di Na Gi Na

Variation #7

धा त्र क धि न क दिं ग दि न गि न धा - - - - धा दिं ग दि न गि न
Dhaa Tra Ka Dhi Na Ka Din Ga Di Na Gi Na Dhaa - - - - Dhaa Din Ga Di Na Gi Na

धा गे न धा त्र क धे ते ट धा गे न धा त्र क धि न क तिं ग ति न कि न
Dhaa Ge Na Dhaa Tra Ka Dhe Te Ta Dhaa Ge Na Dhaa Tra Ka Dhi Na Ka Tin Ga Ti Na Ki Na

ता त्र क ति न क तिं ग ति न कि न ता - - - - ता तिं ग ति न कि न
Taa Tra Ka Ti Na Ka Tin Ga Ti Na Ki Na Taa - - - - Taa Tin Ga Ti Na Ki Na

धा गे न धा त्र क धे ते ट धा गे न धा त्र क धि न क दिं ग दि न गि न
Dhaa Ge Na Dhaa Tra Ka Dhe Te Ta Dhaa Ge Na Dhaa Tra Ka Dhi Na Ka Din Ga Di Na Gi Na

Tihai
(Bharan)

Dhaa Tra Ka Dhi Na Ka Din Ga Di Na Gi Na Dhaa - Dhaa - Dhaa - Din Ga Di Na Gi Na

Dhaa - Dhaa - Dhaa - Din Ga Din Na Gi Na Dhaa Tra Ka Dhi Na Ka Din Ga Di Na Gi Na

(Tihai)

Dhaa Tra Ka Dhi Na Ka Din Ga Di Na Gi Na Dhaa

- - - - Dhaa

Dhaa Tra Ka Dhi Na Ka Din Ga Di Na Gi Na Dhaa

- - - - Dhaa

Dhaa Tra Ka Dhi Na Ka Din Ga Di Na Gi Na | X Dhaa

Analysis of Previous Example - The previous example is very typical of Ajrada *kaidas*. It is in *tisra jati* and it displays the complex interaction between three sections of fingers (i.e., index, middle, ring/little finger) that is such a strong characteristic of the Ajrada technique. I would like to call your attention to the *bharan* which appears in the closing section of the *kaida*. Notice that the two structures are not the same. This *bharan* hints at a form that is allowable within Ajrada *kaidas* which is so remarkable that it deserves special attention.

Bhari / Khali Discrepancies - It is a fundamental rule of the *kaida* that the rhyming scheme of the *bhari* must be the same as the rhyming scheme in the *khali*. This was discussed at length in Volume 2 (*Advanced Theory of Tabla*) and it was again reviewed in chapter one of the present volume. Within the Ajrada tradition, this does not have to be the same! Let us look at an example, then analyse it later.

Focus on the Kaidas of Tabla

Ajrada Kaida in Tisra Jati (Godbole 1967:66)
Theme

Dhaa - Dhaa - Dhaa - Ghi Na Dhaa - Ghi Na Dhaa Tra Ka Dhe Ke Ta Ghi Na Ti Na Gi Na

Ghi Na Dhaa - Dhaa - Ghi Na Dhaa - Ghi Na Dhaa Tra Ka Dhe Ke Ta Ghi Na Ti Na Ki Na

Taa Ka Ti Ra Ki Ta Taa Ge Ti Na Gi Na Taa Ge Ti Ta Taa Ge Tra Ka Ti Na Gi Na

Ghi Na Dhaa - Dhaa - Ghi Na Dhaa - Ghi Na Dhaa Tra Ka Dhe Ke Ta Ghi Na Dhi Na Gi Na

Variation #1

Dhaa - Dhaa - Dhaa - Ghi Na Dhaa - Ghi Na Dhaa - Ghi Na Dhaa - Ghi Na Dhaa - Ghi Na

Ghi Na Dhaa - Dhaa - Ghi Na Dhaa - Ghi Na Dhaa Tra Ka Dhe Ke Ta Ghi Na Ti Na Ki Na

Taa Ka Ti Ra Ki Ta Taa Ge Ti Na Ki Na Taa Ge Ti Ta Taa Ge Tra Ka Ti Na Ki Na

Ghi Na Dhaa - Dhaa - Ghi Na Dhaa - Ghi Na Dhaa Tra Ka Dhe Ke Ta Ghi Na Dhi Na Gi Na

Variation #2

Dhaa - Dhaa - Dhaa - Ghi Na Dhaa - Ghi Na Dhaa - - - - Ghi Na Dhaa - Ghi Na

Ghi Na Dhaa - Dhaa - Ghi Na Dhaa - Ghi Na Dhaa Tra Ka Dhe Ke Ta Ghi Na Ti Na Ki Na

Taa Ka Ti Ra Ki Ta Taa Ge Ti Na Ki Na Taa Ge Ti Ta Taa Ge Tra Ka Ti Na Ki Na

Ghi Na Dhaa - Dhaa - Ghi Na Dhaa - Ghi Na Dhaa Tra Ka Dhe Ke Ta Ghi Na Dhi Na Gi Na

Ajrada Kaidas

Variation #3

घि न धा – धा – घि न धा – घि न धा – – – – घि न धा – घि न
Ghi Na Dhaa - Dhaa - Ghi Na Dhaa - Ghi Na Dhaa - - - - Ghi Na Dhaa - Ghi Na

घि न धा – धा – घि न धा – घि न धा त्र क धे के ट घि न ति न कि न
Ghi Na Dhaa - Dhaa - Ghi Na Dhaa - Ghi Na Dhaa Tra Ka Dhe Ke Ta Ghi Na Ti Na Ki Na

ता क ति र कि ट ता गे ति न कि न ता गे ति ता गे त्र क ति न कि न
Taa Ka Ti Ra Ki Ta Taa Ge Ti Na Ki Na Taa Ge Ti Ta Taa Ge Tra Ka Ti Na Ki Na

घि न धा – धा – घि न धा – घि न धा त्र क धे के ट घि न धि न गि न
Ghi Na Dhaa - Dhaa - Ghi Na Dhaa - Ghi Na Dhaa Tra Ka Dhe Ke Ta Ghi Na Dhi Na Gi Na

Variation #4

धा – धा – धा – घि न धा – घि न धा – धा – घि न धा – घि न
Dhaa - Dhaa - Dhaa - Ghi Na Dhaa - Ghi Na Dhaa - Dhaa - Ghi Na Dhaa - Ghi Na

धा – धा – धा – घि न धा – घि न धा त्र क धे के ट घि न ति न कि न
Dhaa - Dhaa - Dhaa - Ghi Na Dhaa - Ghi Na Dhaa Tra Ka Dhe Ke Ta Ghi Na Ti Na Ki Na

ता क ति र कि ट ता गे ति न कि न ता गे ति ता गे त्र क ति न कि न
Taa Ka Ti Ra Ki Ta Taa Ge Ti Na Ki Na Taa Ge Ti Ta Taa Ge Tra Ka Ti Na Ki Na

घि न धा – धा – घि न धा – घि न धा त्र क धे के ट घि न धि न गि न
Ghi Na Dhaa - Dhaa - Ghi Na Dhaa - Ghi Na Dhaa Tra Ka Dhe Ke Ta Ghi Na Dhi Na Gi Na

Variation #5

धा त्र क धे के ट घि न धि न गि न धा त्र क धे के ट घि न धि न गि न
Dhaa Tra Ka Dhe Ke Ta Ghi Na Dhi Na Gi Na Dhaa Tra Ka Dhe Ke Ta Ghi Na Dhi Na Gi Na

घि न धा – धा – घि न धा – घि न धा त्र क धे के ट घि न ति न कि न
Ghi Na Dhaa - Dhaa - Ghi Na Dhaa - Ghi Na Dhaa Tra Ka Dhe Ke Ta Ghi Na Ti Na Ki Na

त क ति र कि ट ता गे ति न कि न ता गे ति ट ता गे त्र क ति न कि न
Ta Ka Ti Ra Ki Ta Taa Ge Ti Na Ki Na Taa Ge Ti Ta Taa Ge Tra Ka Ti Na Ki Na

घि न धा – धा – घि न धा – घि न धा त्र क धे के ट घि न धि न गि न
Ghi Na Dhaa - Dhaa - Ghi Na Dhaa - Ghi Na Dhaa Tra Ka Dhe Ke Ta Ghi Na Dhi Na Gi Na

Focus on the Kaidas of Tabla

Variation #6

धा	त्र	क	धे	के	ट	घि	न	धा	ति	गि	न	धा	–	धा	–	धा	–	घि	न	धा	ति	गि	न
Dhaa	Tra	Ka	Dhe	Ke	Ta	Ghi	Na	Dhaa	Ti	Gi	Na	Dhaa	-	Dhaa	-	Dhaa	-	Ghi	Na	Dhaa	Ti	Gi	Na

घि	न	धा	–	धा	–	घि	न	धा	–	घि	न	धा	त्र	क	धे	के	ट	घि	न	ति	न	कि	न
Ghi	Na	Dhaa	-	Dhaa	-	Ghi	Na	Dhaa	-	Ghi	Na	Dhaa	Tra	Ka	Dhe	Ke	Ta	Ghi	Na	Ti	Na	Ki	Na

ता	क	ति	र	कि	ट	ता	गे	ति	न	कि	न	ता	गे	ति	ट	ता	गे	त्र	क	ति	न	कि	न
Taa	Ka	Ti	Ra	Ki	Ta	Taa	Ge	Ti	Na	Ki	Na	Taa	Ge	Ti	Ta	Taa	Ge	Tra	Ka	Ti	Na	Ki	Na

घि	न	धा	–	धा	–	घि	न	धा	–	घि	न	धा	त्र	क	धे	के	ट	घि	न	धि	न	गि	न
Ghi	Na	Dhaa	-	Dhaa	-	Ghi	Na	Dhaa	-	Ghi	Na	Dhaa	Tra	Ka	Dhe	Ke	Ta	Ghi	Na	Ghi	Na	Gi	Na

Variation #7

ता	क	ति	र	कि	ट	ता	गे	ति	न	गि	न	ता	क	ति	र	कि	ट	ता	गे	ति	न	गि	न
Taa	Ka	Ti	Ra	Ki	Ta	Taa	Ge	Ti	Na	Gi	Na	Taa	Ka	Ti	Ra	Ki	Ta	Taa	Ge	Ti	Na	Gi	Na

ता	क	ति	र	कि	ट	धि	ना	–	धा	गे	न	ता	गे	ति	ट	ता	गे	त्र	क	ति	न	कि	न
Taa	Ka	Ti	Ra	Ki	Ta	Dhi	Naa	-	Dhaa	Ge	Na	Taa	Ge	Ti	Ta	Taa	Ge	Tra	Ka	Ti	Na	Ki	Na

ता	क	ति	र	कि	ट	ता	गे	ति	न	गि	न	ता	क	ति	र	कि	ट	ता	गे	ति	न	गि	न
Taa	Ka	Ti	Ra	Ki	Ta	Taa	Ge	Ti	Na	Gi	Na	Taa	Ka	Ti	Ra	Ki	Ta	Taa	Ge	Ti	Na	Gi	Na

ता	क	ति	र	कि	ट	धि	ना	–	धा	गे	न	ता	गे	ति	ट	ता	गे	त्र	क	धि	न	गि	न
Taa	Ka	Ti	Ra	Ki	Ta	Dhi	Naa	-	Dhaa	Ge	Na	Taa	Ge	Ti	Ta	Taa	Ge	Tra	Ka	Dhi	Na	Gi	Na

Ending
(bharan)

धा	–	धा	–	धा	–	घि	न	धा	–	घि	न	धा	त्र	क	धे	के	ट	घि	न	ति	न	गि	न
Dhaa	-	Dhaa	-	Dhaa	-	Ghi	Na	Dhaa	-	Ghi	Na	Dhaa	Tra	Ka	Dhe	Ke	Ta	Ghi	Na	Ti	Na	Gi	Na

घि	न	धा	–	धा	–	घि	न	धा	–	घि	न	धा	त्र	क	धे	के	ट	घि	न	ति	न	गि	न
Ghi	Na	Dhaa	-	Dhaa	-	Ghi	Na	Dhaa	-	Ghi	Na	Dhaa	Tra	Ka	Dhe	Ke	Ta	Ghi	Na	Ti	Na	Gi	Na

(tihai)

धा	–	धा	–	धा	–	घि	न	धा	–	घि	न	धा
Dhaa	-	Dhaa	-	Dhaa	-	Ghi	Na	Dhaa	-	Ghi	Na	Dhaa

–	ती	–	न	–
-	Tee	-	Na	-

धा	–	धा	–	धा	–	घि	न	धा	–	घि	न	धा
Dhaa	-	Dhaa	-	Dhaa	-	Ghi	Na	Dhaa	-	Ghi	Na	Dhaa

–	ती	–	न	–
-	Tee	-	Na	-

धा	–	धा	–	धा	–	घि	न	धा	–	घि	न		X धा
Dhaa	-	Dhaa	-	Dhaa	-	Ghi	Na	Dhaa	-	Ghi	Na		Dhaa

Analysis of Previous Example - If we review what we have learned about the nature of *kaidas* we see that a typical variation for *Tintal* has a structure illustrated in figure 8.2. Virtually all the *gharanas* enforce this *bhari / khali* structure; specifically the rhyming pattern between the *bhari* and the *khali* must be the same. However as we have seen in the previous example, Ajrada *kaidas* need not have the same rhyming pattern. In the previous example the theme as well as many of the variations, have a form represented by figure 8.3.

It is interesting to note that the other rules of *kaida* are still followed. Even the *khali/ bhari* structure is implied to a certain extent. The presence of the open left handed *bols* (e.g. *Dhaa* धा, *Dhin* धिं) are still used to indicate *bhari* and the closed or absent left hand *bols*, (e.g. *Naa* ना, *Tin* तिं) are still used to indicate the *khali*.

It is clear that the structure and progression of these asymmetrical Ajrada compositions bears a surprising similarity to the progression of the variations in a traditional *peshkar*. This brings up fascinating questions. Is there a common ancestor between the *peshkar* and the *kaida*? Who were the musicians responsible for the present forms? How did the two forms evolve?

This unique approach to the *kaida* by *Ajrada* musicians brings up one other interesting possibility. It is possible that this approach is a musical "missing link". It may be a vestige of some early Proto-*kaida* form that later bifurcated and became the modern day *peshkars* and *kaidas*. Perhaps Ajrada may be considered the originator of the modern *kaida*. The proximal relationship between Delhi and Ajrada certainly make this a possibility.

This is but a mere hypothesis. Presently there is not enough evidence to either refute nor confirm this. In the absence of such evidence, we can continue with the generally held view that the Delhi *gharana* is the originator of the *kaida*.

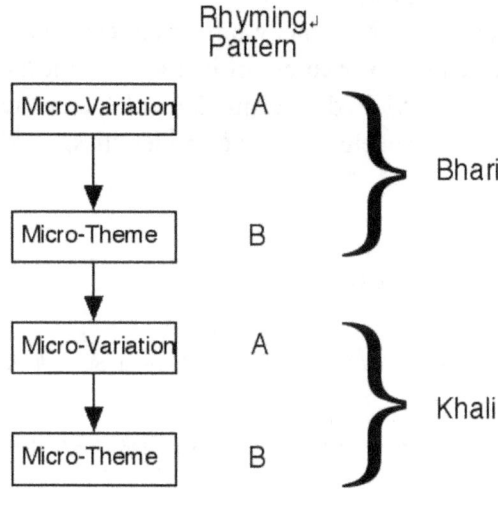

Figure 8.2. Normal structure of kaida

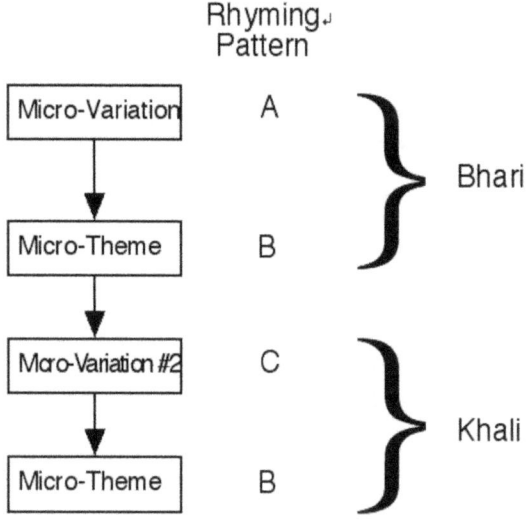

Figure 8.3. Acceptable Ajrada structure of kaida.

CONCLUSION

Ajrada *kaidas* have many interesting characteristics. On one hand, they may be seen as a *dilli* style which has advanced and broken out of its traditional technical fetters. On the other hand, they often retain characteristics that may be viewed as a "missing link", or an atavistic throwback to a period in which the *peshkar* and the *kaida* had not yet developed their own identities. All-in-all a very interesting approach.

WORKS CITED

Courtney, David
1998   *Fundamentals of Tabla*. Houston: Sur Sangeet Services.
2000   *Advanced Theory of Tabla*. Houston: Sur Sangeet Services.

Godbole, Madhukar Ganesh
1967   *Tal Dipika*. Allahabad, India: Ashok Prakashan Mandir.
1983   "Table Ke Vibhinna Baj", *Tal Ank*. Hathras: India: Sangeet Karyalaya. 10th edition, edited by P. L. Garg. pg 206-211.

Mistry, Aban E.
1999   *Pakhawaj & Tabla: History, Schools and Traditions*. Mumbai, India: Swar Sadhana Samiti.

Saxena, Sudhir Kumar
2000   "The Art of Tabla", Indian Dance: *The Ultimate Metaphor*. New Delhi: Bookwise Pvt. Ltd.

Vashishtha, Satyanarayan
1977   *Tal Martand*. Hathras: Sangit Karyalaya Press.

Wilkinson-Lathham, Christopher
1977   *The Indian Mutiny*. London: Osprey Publishing Ltd.

CHAPTER 9

LUCKNOW KAIDAS

INTRODUCTION
Lucknow is one of the major *gharanas* of *tabla*. Some of the finest musicians of our present era belong to this *gharana*. It is characterised by resonant strokes, and many open handed strokes from *pakhawaj*.

Lucknow is the capital of the Indian State of Uttar Pradesh. It is located on the Gomati river and is well connected by both roads and rail. It is an economic centre specialising in the distribution of agricultural items, handicrafts, clothing, and other commodities.(Britannica 1997:543).

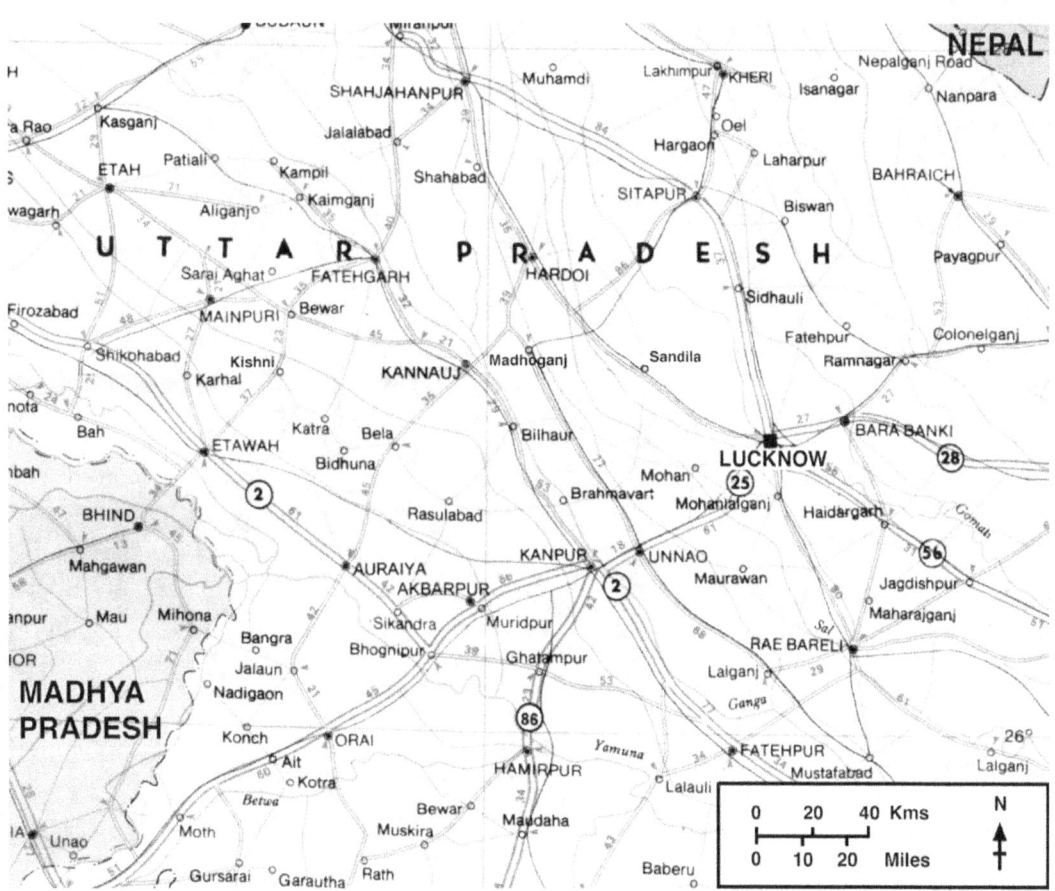

Figure 9.1. Map of Lucknow and surrounding area.

The name Lucknow is of uncertain origin. One hypothesis holds that the name is derived from Lakshman, the brother of Lord Ram. This hypothesis is supported by the presence of a large mound in the North-West part of the city. Another view holds that the name is derived from *Lakhna Qila*. This was a fort that was constructed by a famous architect named Lakhna.

There are a number of points of interest in Lucknow. One of the most notable is the *Bara Imambara*: this is a large building constructed in the 18th century by the Nawab Asif-ud-Daula. There is also the *Rumi Darwaza*, a large gate that is a replica of a gate in Istanbul, and is also a large mausoleum known as the *Chhota Imambara*. These are just a few of the notable attractions.

History - Lucknow began to rise in importance in 1528 when it was captured by Babur, the first Mogul ruler of India. Thereafter, in the reign of Akbar the Great, it was made part of the Awadh (Oudh) province. It was Asif-ud-Daula, who was the *Nawab* of Awadh, who transferred the capital from Faizabad to Lucknow in the later part of the 18th century. It rose in importance steadily since then.

The mid 19th century saw Lucknow assume a pivotal position in a series of political events. Such events permanently changed the political and economic face of India. In 1856 the British annexed Awadh (Oudh) and deposed the Wazid Ali Shah. This annexation added to resentment that had been building for a long time. Such resentment finally exploded during the uprising of 1857 (variously called the "Mutiny of 1857", "Indian Mutinee", "Sepoy Uprising", or the "First war of Independence", depending on your political viewpoint). Although the uprising reverberated throughout much of India, it was particularly violent in Lucknow. The uprising was suppressed, but it was a major embarrassment to the East India Company. The King stepped in and abolished the East India Company in 1858 and the British holdings in India then came directly under the Crown.

These political events had a tremendous affect upon the *tabla* players and other musicians in Lucknow. Their patronage disappeared in 1856. The disruption in living conditions in the city over the next few years made the city unlivable (Wilkinson-Latham 1977). During this period, many musicians left Lucknow and sought patronage elsewhere. In this way the Lucknow *gharana* was able to spread far and wide throughout northern India (Gottlieb 1977a).

The Lucknow *gharana* is amply represented. Such artists as the late Shaik Dawood, Wazid Hussain, Swapan Chaudhuri, and the late Jahangir Khan are well respected representatives of this school (Gottlieb 1977b).

Figure 9.2. Shaikh Dawood Khan

The history of the Lucknow *gharana* is very interesting. Unfortunately we must postpone the discussion to a later volume that will be devoted to the history of *tabla*.

Characteristics of the Lucknow Style of Playing - The Lucknow style of playing belongs to a class of techniques which is variously called *khula baj, purab ka baj*, or *purbi baj*. This is characterised by more resonant, open handed techniques. It is said that the *purbi* style of playing originated in Lucknow.

There is a historical reason for the use of open resonant techniques. When the first *tabla* players immigrated from Delhi, they found that their closed techniques were not appropriate for the accompaniment of *kathak* dance. These musicians then began to adopt many of the *pakhawaj* techniques in order to be more effective at this type accompaniment (Mistry 1999). Because this *gharana* has been greatly influenced by the need to accompany *kathak*, this style of playing is sometimes called *nautch-karan-baaj* (Saxena 2000).

The particulars of the Lucknow technique are interesting. For instance *Dhaa* (धा) tends to be played in the *maidan* (refered to as the *sur*) in the Lucknow *gharana*. This is in contrast to the use of the *chat* as in the case of the Delhi style. This style is also characterised by an extensive use of full hand techniques as one might find in *pakhawaj*; the use of all five fingers for many strokes is common. Furthemore, there is a characteristic manner in which the hand is lifted off the drum after striking (Kippen 1988). The left hand too has an interesting twist. There is a style of modulation which appears to be unique among the musicians of this *gharana*; it is produced by sliding the thumb across the *bayan* while playing.

There are a number of *bols* that are popular in the Lucknow style of playing. *Bols* such as *Dhi Ta Dhi Ta* (धि ट धि ट), *Dhaa Ge Ti Ta* (धा गे ति ट), *Taa Ge Ti Ta* (ता गे ति ट), *Kra Dhaa Ti Ta* (क्र धा ति ट), *Ga Di Ga Na* (ग दि ग न), *Ddan* (द्डां), *Kdan* (क्डां), etc., are especially common (Godbole 1983:209).

Place of Kaida within the Lucknow Talim - Although the Lucknow *gharana* is derived from the Delhi *gharana*, the separation occurred well before the invention of *kaida*. Therefore, the modern usage of *kaida* is something that has crossed over in the last century rather than being traditionally passed down. Consequently, the usage of *kaida*, though still very important, is not stressed as much as in the Delhi or the Ajrada *gharanas*. There tends to be more emphasis placed upon the *gats*. Still, the *kaida* has attained a very important position.

The importance that the Lucknow *gharana* has given to *gats* has had some interesting ramifications. It has allowed them to perform the *gat-kaidas* with very great skill and with a beautiful effect. These *gat-kaidas* are based upon traditional *purbi* techniques and *bols,* but are structured in the rigid form of the *kaida* (see chapter 5).

There are other interesting qualities of the Lucknow *kaidas*. Lucknow *kaidas* are usually somewhat lengthier than Delhi or Ajrada *kaidas*. One also tends to find Lucknow musicians playing *kaida* with a slightly different technique from the way that they perform *gats*. It has been noted that within this tradition there is a strong tendency to use rim based *Tas* (ता) (e.g., Naa ना), for *kaidas* while the *maidan* based *Tas* (ता) are used for compositions like *gats* (Kippen 1988). This is an obvious acknowledgment of the Delhi origin of the *kaida*.

Focus on the Kaidas of Tabla

EXAMPLE

Here is an example of a Lucknow *kaida*.

Lucknow Kaida in Tintal (Godbole 1967:30)

धा	त्र	क	धा	ति	ट	घि	न	धा	ति	गि	न	तू	ना	कत्	ता
Dhaa	Tra	Ka	Dhaa	Ti	Ta	Ghi	Na	Dhaa	Ti	Gi	Na	Too	Naa	Kat	Taa

ता	त्र	क	धा	ति	ट	घि	न	धा	ति	गि	न	धी	ना	कत्	ता
Taa	Tra	Ka	Dhaa	Ti	Ta	Ghi	Na	Dhaa	Ti	Gi	Na	Dhee	Naa	Kat	Taa

Variation #1

धा	त्र	क	धा	ति	ट	घि	न	धा	त्र	क	धा	ति	ट	घि	न
Dhaa	Tra	Ka	Dhaa	Ti	Ta	Ghi	Na	Dhaa	Tra	Ka	Dhaa	Ti	Ta	Ghi	Na

धा	त्र	क	धा	ति	ट	घि	न	धा	ति	गि	न	तू	ना	कत्	ता
Dhaa	Tra	Ka	Dhaa	Ti	Ta	Ghi	Na	Dhaa	Ti	Gi	Na	Too	Naa	Kat	Taa

ता	त्र	क	ता	ति	ट	कि	न	ता	त्र	क	ता	ति	ट	कि	न
Taa	Tra	Ka	Taa	Ti	Ta	Ki	Na	Taa	Tra	Ka	Taa	Ti	Ta	Ki	Na

धा	त्र	क	धा	ति	ट	घि	न	धा	ति	गि	न	धी	ना	कत्	ता
Dhaa	Tra	Ka	Dhaa	Ti	Ta	Ghi	Na	Dhaa	Ti	Gi	Na	Dhee	Naa	Kat	Taa

Variation #2

धा	त्र	क	धा	ति	ट	घि	न	ति	ट	घि	न	ति	ट	घि	न
Dhaa	Tra	Ka	Dhaa	Ti	Ta	Ghi	Na	Ti	Ta	Ghi	Na	Ti	Ta	Ghi	Na

धा	त्र	क	धा	ति	ट	घि	न	धा	ति	गि	न	तू	ना	कत्	ता
Dhaa	Tra	Ka	Dhaa	Ti	Ta	Ghi	Na	Dhaa	Ti	Gi	Na	Too	Naa	Kat	Taa

ता	त्र	क	ता	ति	ट	कि	न	ति	ट	कि	न	ति	ट	कि	न
Taa	Tra	Ka	Taa	Ti	Ta	Ki	Na	Ti	Ta	Ki	Na	Ti	Ta	Ki	Na

धा	त्र	क	धा	ति	ट	घि	न	धा	ति	गि	न	धी	ना	कत्	ता
Dhaa	Tra	Ka	Dhaa	Ti	Ta	Ghi	Na	Dhaa	Ti	Gi	Na	Dhee	Naa	Kat	Taa

Variation #3

धा	त्र	क	धा	ति	ट	घि	न	धा	–	–	धा	ति	ट	घि	न
Dhaa	Tra	Ka	Dhaa	Ti	Ta	Ghi	Na	Dhaa	–	–	Dhaa	Ti	Ta	Ghi	Na

धा	त्र	क	धा	ति	ट	घि	न	धा	ति	गि	न	तू	ना	कत्	ता
Dhaa	Tra	Ka	Dhaa	Ti	Ta	Ghi	Na	Dhaa	Ti	Gi	Na	Too	Naa	Kat	Taa

ता	त्र	क	ता	ति	ट	कि	न	ता	–	–	ता	ति	ट	कि	न
Taa	Tra	Ka	Taa	Ti	Ta	Ki	Na	Taa	–	–	Taa	Ti	Ta	Ki	Na

धा	त्र	क	धा	ति	ट	घि	न	धा	ति	गि	न	धी	ना	कत्	ता
Dhaa	Tra	Ka	Dhaa	Ti	Ta	Ghi	Na	Dhaa	Ti	Gi	Na	Dhee	Naa	Kat	Taa

Lucknow Kaidas

Variation #4

धा	त्र	क	धा	ति	ट	घि	न	धा	धा	घि	न	ति	ट	घि	न
Dhaa	Tra	Ka	Dhaa	Ti	Ta	Ghi	Na	Dhaa	Dhaa	Ghi	Na	Ti	Ta	Ghi	Na

धा	त्र	क	धा	ति	ट	घि	न	धा	ति	गि	न	तू	ना	कत्	ता
Dhaa	Tra	Ka	Dhaa	Ti	Ta	Ghi	Na	Dhaa	Ti	Gi	Na	Too	Naa	Kat	Taa

ता	त्र	क	ता	ति	ट	कि	न	ता	ता	कि	न	ति	ट	कि	न
Taa	Tra	Ka	Taa	Ti	Ta	Ki	Na	Taa	Taa	Ki	Na	Ti	Ta	Ki	Na

धा	त्र	क	धा	ति	ट	घि	न	धा	ति	गि	न	धी	ना	कत्	ता
Dhaa	Tra	Ka	Dhaa	Ti	Ta	Ghi	Na	Dhaa	Ti	Gi	Na	Dhee	Naa	Kat	Taa

Variation #5

धा	त्र	क	धा	ति	ट	घि	न	धा	–	–	धा	ति	ट	घि	न
Dhaa	Tra	Ka	Dhaa	Ti	Ta	Ghi	Na	Dhaa	-	-	Dhaa	Ti	Ta	Ghi	Na

धा	–	–	धा	ति	ट	घि	न	धा	ति	गि	न	तू	ना	कत्	ता
Dhaa	-	-	Dhaa	Ti	Ta	Ghi	Na	Dhaa	Ti	Gi	Na	Too	Naa	Kat	Taa

ता	त्र	क	ता	ति	ट	कि	न	ता	–	–	ता	ति	ट	कि	न
Taa	Tra	Ka	Taa	Ti	Ta	Ki	Na	Taa	-	-	Taa	Ti	Ta	Ki	Na

धा	–	–	धा	ति	ट	घि	न	धा	ति	गि	न	धी	ना	कत्	ता
Dhaa	-	-	Dhaa	Ti	Ta	Ghi	Na	Dhaa	Ti	Gi	Na	Dhee	Naa	Kat	Taa

Variation #6

धा	त्र	क	धा	ति	ट	घि	न	धा	ति	गि	न	धा	त्र	क	धा
Dhaa	Tra	Ka	Dhaa	Ti	Ta	Ghi	Na	Dhaa	Ti	Gi	Na	Dhaa	Tra	Ka	Dhaa

ति	ट	घि	न	धा	ति	गि	न	धा	ति	गि	न	तू	ना	कत्	ता
Ti	Ta	Ghi	Na	Dhaa	Ti	Gi	Na	Dhaa	Ti	Gi	Na	Too	Naa	Kat	Taa

ता	त्र	क	ता	ति	ट	कि	न	ता	ति	कि	न	धा	त्र	क	धा
Taa	Tra	Ka	Taa	Ti	Ta	Ki	Na	Taa	Ti	Ki	Na	Dhaa	Tra	Ka	Dhaa

ति	ट	घि	न	धा	ति	गि	न	धा	ति	गि	न	धी	ना	कत्	ता
Ti	Ta	Ghi	Na	Dhaa	Ti	Gi	Na	Dhaa	Ti	Gi	Na	Dhee	Naa	Kat	Taa

Focus on the Kaidas of Tabla

Variation #7

धा	ति	गि	न	ति	न	गि	न	धा	ति	गि	न	ति	न	गि	न
Dhaa	Ti	Gi	Na	Ti	Na	Gi	Na	Dhaa	Ti	Gi	Na	Ti	Na	Gi	Na

धा	त्र	क	धा	ति	ट	घि	न	धा	ति	गि	न	तू	ना	कत्	ता
Dhaa	Tra	Ka	Dhaa	Ti	Ta	Ghi	Na	Dhaa	Ti	Gi	Na	Too	Naa	Kat	Taa

ता	ति	कि	न	ति	न	कि	न	ता	ति	कि	न	ति	न	कि	न
Taa	Ti	Ki	Na	Ti	Na	Ki	Na	Taa	Ti	Ki	Na	Ti	Na	Ki	Na

धा	त्र	क	धा	ति	ट	घि	न	धा	ति	गि	न	धी	ना	कत्	ता
Dhaa	Tra	Ka	Dhaa	Ti	Ta	Ghi	Na	Dhaa	Ti	Gi	Na	Dhee	Naa	Kat	Taa

Variation #8

धा	ति	गि	न	ति	न	गि	न	धा	-	-	-	ति	न	गि	न
Dhaa	Ti	Gi	Na	Ti	Na	Gi	Na	Dhaa	-	-	-	Ti	Na	Gi	Na

धा	त्र	क	धा	ति	ट	घि	न	धा	ति	गि	न	तू	ना	कत्	ता
Dhaa	Tra	Ka	Dhaa	Ti	Ta	Ghi	Na	Dhaa	Ti	Gi	Na	Too	Naa	Kat	Taa

ता	ति	कि	न	ति	न	कि	न	ता	-	-	-	ति	न	गि	न
Taa	Ti	Ki	Na	Ti	Na	Ki	Na	Taa	-	-	-	Ti	Na	Gi	Na

धा	त्र	क	धा	ति	ट	घि	न	धा	ति	गि	न	धी	ना	कत्	ता
Dhaa	Tra	Ka	Dhaa	Ti	Ta	Ghi	Na	Dhaa	Ti	Gi	Na	Dhee	Naa	Kat	Taa

Ending (Tihai)

धा	त्र	क	धा	ति	ट	घि	न	धा	ति	गि	न	तू	ना	कत्	ता	धा
Dhaa	Tra	Ka	Dhaa	Ti	Ta	Ghi	Na	Dhaa	Ti	Gi	Na	Too	Naa	Kat	Taa	Dhaa

-	-	-	तू	ना	कत्	ता
-	-	-	Too	Naa	Kat	Taa

धा	त्र	क	धा	ति	ट	घि	न	धा	ति	गि	न	तू	ना	कत्	ता	धा
Dhaa	Tra	Ka	Dhaa	Ti	Ta	Ghi	Na	Dhaa	Ti	Gi	Na	Too	Naa	Kat	Taa	Dhaa

-	-	-	तू	ना	कत्	ता
-	-	-	Too	Naa	Kat	Taa

धा	त्र	क	धा	ति	ट	घि	न	धा	ति	गि	न	तू	ना	कत्	ता	X धा
Dhaa	Tra	Ka	Dhaa	Ti	Ta	Ghi	Na	Dhaa	Ti	Gi	Na	Too	Naa	Kat	Taa	Dhaa

CONCLUSION
Lucknow *kaidas* are structurally similar to the *kaidas* from the rest of India. However, the *bols* separate them from the *kaidas* of Delhi and Ajrada and place them within the *purbi* tradition. Therefore, the *kaidas* of Lucknow, like the *kaidas* of Farukhabad and Benares tend to be of the *gat-kaida* class.

WORKS CITED
Courtney, David
1998   *Fundamentals of Tabla*. Houston: Sur Sangeet Services.
2000   *Advanced Theory of Tabla*. Houston: Sur Sangeet Services.

Encyclopaedia Britannica
1997   "Lucknow" *Encyclopaedia Britannica*. Volume 7, page 543 Encyclopaedia Britannica Inc. Chicago: London, Toronto.

Godbole, Madhukar Ganesh
1967   *Tal Dipika*. Allahabad, India, Ashok Prakashan Mandir.
1983   "Table Ke Vibhinna Baj", *Tal Ank*. Hathras, India: Sangeet Karyalaya. 10th edition, edited by P. L. Garg. pg 206-211.

Gottlieb, Robert S.
1977a   *The Major Traditions of North Indian Tabla Drumming (Vol 1)*. Munich -Salzburg: Musikverlag Emil Katzbichler.
1977b   *The Major Traditions of North Indian Tabla Drumming (Vol 2)*. Munich -Salzburg: Musikverlag Emil Katzbichler.

Kippen, James
1988   *The Tabla of Lucknow: A Cultural Analysis of a Musical Tradition*. Cambridge: Cambridge University Press

Mistry, Aban E.
1999   *Pakhawaj & Tabla: History, Schools and Traditions*. Mumbai, India: Swar Sadhana Samiti.

Saxena, Sudhir Kumar
2000   "The Art of Tabla", Indian Dance: *The Ultimate Metaphor*. New Delhi: Bookwise Pvt Ltd

Shepherd, Francis Anne
1976   Tabla and the Benares Gharana. (unpublished) Doctoral Dissertation, Wesleyan University.

Srinivasan, P.
2001   *A Road Guide to North India*. Chenai, India: TTK Healthcare ltd., Printing Division.
2001   *A Road Guide to Uttar Pradesh*. Chenai, India: TTK Healthcare ltd., Printing Division.

TTK Pharma Ltd.
1999   *A Road Guide to Lucknow*. Chenai, India: TTK Pharma ltd., Printing Division.

Vashishtha, Satyanarayan
1977   *Tal Martand*. Hathras: Sangit Karyalay Press.

Wilkinson-Latham, Christopher
1977   *The Indian Mutiny*. London: Osprey Publishing Ltd..

CHAPTER 10

FARUKHABAD KAIDAS

INTRODUCTION

The Farukhabad *gharana* is named after a town which is adjacent to Fategarh in Uttar Pradesh. Farukhabad / Fategarh today are a common municipality that is in the Farukhabad district. It is said that Farukhabad was named after an erstwhile ruler by the name Farukhsair. Previously it was known as is Bishmanagar and is said to be mentioned in the Mahabharata.

Figure 10.1 Farukhabad and the surrounding area

Today, Farukhabad is known primarily for two things. It is a centre for block printed textiles; it is also famous for the Farukhabad *gharana* of *tabla*. Although the township is famous for textiles and the *tabla gharana*, the economy is based upon the usual mix of agriculture and small scale industries. The district's major crops are rice, wheat, barley, millets, *dal*, cotton, sugar cane, and potatoes.

Although Farukhabad is not particularly significant today, in the past it was a very important commercial and administrative centre. Its rise to prominence started in the 18th century during the time of Mohammed Khan. However, it passed to the British at the turn of the 19th century. Like Lucknow, Farukhabad was the scene of considerable violence during the uprising of 1857. These incidents, and the effects they had upon the Farukhabad *gharana* will be discussed in a later volume.

Figure 10.2. Ahmad Jan Thirakwa

Some well known *tabla* players from this *gharana* are Ahmed Jan Thirakwa, Karamattullah Khan, and Gnyan Prakash Ghosh (Gottlieb 1977a-b).

Laliyana Gharana / Parampara - There is very major subtradition within the Farukhabad *gharana* which is sometimes referred to as the *Laliyana gharana*. However, most are of the opinion that this tradition, although substantial, does not justify it being considered a separate *gharana*. Major exponents of this subtradition are Munir Khan, Nizamuddin Khan, and Ahmed Jan Thirakwa.

Although the arguments as to whether this is a separate *gharana* are interesting, it is pointless for us to take any stance in the matter. The emasculation of the *gharana* system ultimately renders these discussions meaningless.

Characteristics of the Farukhabad Style of Playing - The Farukhabad style of playing is very similar to the other *purbi gharanas*, with but a few small differences. Like the other purbi *gharanas* it is heavily influenced by *pakhawaj*. However, the Farukhabad style does not quite have as much of the *pakhawaj* influence as the Benares *gharana*. It also does not show the same influence of *kathak* dance as the other *purbi gharanas* (Saxena 2000).

There are a number of common *bols* used in the Farukhabad *gharana*. *Bols* such as *Kdan* (कड़ां), *Ghdan* (घ्ड़ां), *Dhi Ra Dhi Ra Ki Ta Ta Ka Ta Ka Ta Dhaa* (धि र धि र कि ट त क त क ट धा), *Dhi Na Ta Ka* (धि न त क), *Na Ga Na Ga* (न ग न ग), etc., are especially popular (Mistry 1999:235).

The *kaida* appears to have an important position within Farukhabad pedagogy. However this is certainly a recent phenomenon.

EXAMPLE
Here is an example of a Farukhabad *kaida*.

Kaida in Tintal (Leake 1993:102-103) (This *kaida* is reputed to be from Ustad Mazit Khan of the Farukhabad gharana)

Theme

धा	गे	ते	टे	धा	गे	तिर	किट	धी	ना	गि	ना	धा	गे	ते	टे
Dhaa	Ge	Te	Te	Dhaa	Ge	TiRa	KiTa	Dhee	Naa	Gi	Naa	Dhaa	Ge	Te	Te

धा	गे	ना	धा	तिर	किट	धे	टे	धा	गे	तिर	किट	तिं	ना	कि	ना
Dhaa	Ge	Naa	Dhaa	TiRa	KiTa	Dhe	Te	Dhaa	Ge	TiRa	KiTa	Tin	Naa	Ki	Naa

ता	के	ते	टे	ता	के	तिर	किट	तिं	ना	कि	ना	ता	के	ते	टे
Taa	Ke	Te	Te	Taa	Ke	TiRa	KiTa	Tin	Naa	Ki	Naa	Taa	Ke	Te	Te

धा	गे	ना	धा	तिर	किट	धे	टे	धा	गे	तिर	किट	धी	ना	गि	ना
Dhaa	Ge	Naa	Dhaa	TiRa	KiTa	Dhe	Te	Dhaa	Ge	TiRa	KiTa	Dhee	Naa	Gi	Naa

Variation #1

धा	गे	ते	टे	धा	गे	ना	धा	तिर	किट	धे	टे	धा	गे	ते	टे
Dhaa	Ge	Te	Te	Dhaa	Ge	Naa	Dhaa	TiRa	KiTa	Dhe	Te	Dhaa	Ge	Te	Te

धा	गे	ना	धा	तिर	किट	धे	टे	धा	गे	तिर	किट	तिं	ना	कि	ना
Dhaa	Ge	Naa	Dhaa	TiRa	KiTa	Dhe	Te	Dhaa	Ge	TiRa	KiTa	Tin	Naa	Ki	Naa

ता	के	ते	टे	ता	के	ना	ता	तिर	किट	ते	टे	ता	के	ते	टे
Taa	Ke	Te	Te	Taa	Ke	Naa	Taa	TiRa	KiTa	Te	Te	Taa	Ke	Te	Te

धा	गे	ना	धा	तिर	किट	धे	टे	धा	गे	तिर	किट	धी	ना	गि	ना
Dhaa	Ge	Naa	Dhaa	TiRa	KiTa	Dhe	Te	Dhaa	Ge	TiRa	KiTa	Dhee	Naa	Gi	Naa

Focus on the Kaidas of Tabla

Variation #2

धा	गे	ना	धा	गे	धे	टे	धा	गि	ना	धा	गे	धी	ना	गि	ना
Dhaa	Ge	Naa	Dhaa	Ge	Dhe	Te	Dhaa	Gi	Naa	Dhaa	Ge	Dhee	Naa	Gi	Naa

धा	गे	ना	धा	तिर	किट	धे	टे	धा	गे	तिर	किट	धी	ना	गि	ना
Dhaa	Ge	Naa	Dhaa	TiRa	KiTa	Dhe	Te	Dhaa	Ge	TiRa	KiTa	Dhee	Naa	Gi	Naa

धा	गे	ते	टे	धा	गे	ना	धा	तिर	किट	धे	टे	धा	गे	ते	टे
Dhaa	Ge	Te	Te	Dhaa	Ge	Naa	Dhaa	TiRa	KiTa	Dhe	Te	Dhaa	Ge	Te	Te

धा	गे	ना	धा	तिर	किट	धे	टे	धा	गे	तिर	किट	तिं	ना	कि	ना
Dhaa	Ge	Naa	Dhaa	TiRa	KiTa	Dhe	Te	Dhaa	Ge	TiRa	KiTa	Tin	Naa	Ki	Naa

ता	के	ना	ता	के	ते	टे	ता	कि	ना	ता	के	तिं	ना	कि	ना
Taa	Ke	Naa	Taa	Ke	Te	Te	Taa	Ki	Naa	Taa	Ke	Tin	Naa	Ki	Naa

ता	के	ना	ता	तिर	किट	ते	टे	ता	के	तिर	किट	तिं	ना	कि	ना
Taa	Ke	Naa	Taa	TiRa	KiTa	Te	Te	Taa	Ke	TiRa	KiTa	Tin	Naa	Ki	Naa

ता	के	ते	टे	ता	के	ना	ता	तिर	किट	ते	टे	ता	के	ते	टे
Taa	Ke	Te	Te	Taa	Ke	Naa	Taa	TiRa	KiTa	Te	Te	Taa	Ke	Te	Te

धा	गे	ना	धा	तिर	किट	धे	टे	धा	गे	तिर	किट	धी	ना	गि	ना
Dhaa	Ge	Naa	Dhaa	TiRa	KiTa	Dhe	Te	Dhaa	Ge	TiRa	KiTa	Dhee	Naa	Gi	Naa

Variation #3

धा	गे	ना	धा	–	धा	गे	ना	धा	–	–	धा	गे	ना	धा	गे
Dhaa	Ge	Naa	Dhaa	-	Dhaa	Ge	Naa	Dhaa	-	-	Dhaa	Ge	Naa	Dhaa	Ge

धी	ना	गि	ना	धा	तिर	किट	धा	गि	ना	धा	गे	तिं	ना	कि	ना
Dhee	Naa	Gi	Naa	Dhaa	TiRa	KiTa	Dhaa	Gi	Naa	Dhaa	Ge	Tin	Naa	Ki	Naa

धा	गे	ते	टे	धा	गे	ना	धा	तिर	किट	धे	टे	धा	गे	ते	टे
Dhaa	Ge	Te	Te	Dhaa	Ge	Naa	Dhaa	TiRa	KiTa	Dhe	Te	Dhaa	Ge	Te	Te

धा	गे	ना	धा	तिर	किट	धे	टे	धा	गे	तिर	किट	तिं	ना	कि	ना
Dhaa	Ge	Naa	Dhaa	TiRa	KiTa	Dhe	Te	Dhaa	Ge	TiRa	KiTa	Tin	Naa	Ki	Naa

ता	के	ना	ता	–	ता	के	ना	ता	–	–	ता	के	ना	ता	के
Taa	Ke	Naa	Taa	-	Taa	Ke	Naa	Taa	-	-	Taa	Ke	Naa	Taa	Ke

तिं	ना	कि	ना	ता	तिर	किट	ता	कि	ना	ता	के	तिं	ना	कि	ना
Tin	Naa	Ki	Naa	Taa	TiRa	KiTa	Taa	Ki	Naa	Taa	Ke	Tin	Naa	Ki	Naa

ता	के	ते	टे	ता	के	ना	ता	तिर	किट	ते	टे	ता	के	ते	टे
Taa	Ke	Te	Te	Taa	Ke	Naa	Taa	TiRa	KiTa	Te	Te	Taa	Ke	Te	Te

धा	गे	ना	धा	तिर	किट	धे	टे	धा	गे	तिर	किट	धी	ना	गि	ना
Dhaa	Ge	Naa	Dhaa	TiRa	KiTa	Dhe	Te	Dhaa	Ge	TiRa	KiTa	Dhee	Naa	Gi	Naa

Farukhabad Kaidas

Variation #4

TiRa KiTa TaKa TaKa TiRa KiTa Dhaa Ge Dhee Naa Gi Naa Dhaa Ge TiRa KiTa

Dhee Naa Gi Naa Dhaa TiRa KiTa Dhaa Gi Naa Dhaa Ge Tin Naa Ki Naa

Dhaa Ge Te Te Dhaa Ge Naa Dhaa TiRa KiTa Dhe Te Dhaa Ge Te Te

Dhaa Ge Naa Dhaa TiRa KiTa Dhe Te Dhaa Ge TiRa KiTa Tin Naa Ki Naa

TiRa KiTa TaKa TaKa TiRa KiTa Taa Ke Tin Naa Ki Naa Taa Ke TiRa KiTa

Tin Naa Ki Naa Taa TiRa KiTa Taa Ki Naa Taa Ke Tin Naa Ki Naa

Taa Ke Te Te Taa Ke Naa Taa TiRa KiTa Te Te Taa Ke Te Te

Dhaa Ge Naa Dhaa TiRa KiTa Dhe Te Dhaa Ge TiRa KiTa Dhee Naa Gi Naa

Ending (Tihai)

TiRa KiTa TaKa TaKa TiRa KiTa Dhaa Ge Dhee Naa Gi Naa Dhaa Ge TiRa KiTa

Dhee Naa Gi Naa Dhaa TiRa KiTa Dhaa Gi Naa Dhaa Ge Dhee Naa Ka Taa Dhaa - Ka Taa Dhaa - Ka Taa Dhaa

- - -
- - -

TiRa KiTa TaKa TaKa TiRa KiTa Dhaa Ge Dhee Naa Gi Naa Dhaa Ge TiRa KiTa

Dhee Naa Gi Naa Dhaa TiRa KiTa Dhaa Gi Naa Dhaa Ge Dhee Naa Ka Taa Dhaa - Ka Taa Dhaa - Ka Taa Dhaa

- - -
- - -

TiRa KiTa TaKa TaKa TiRa KiTa Dhaa Ge Dhee Naa Gi Naa Dhaa Ge TiRa KiTa

Dhee Naa Gi Naa Dhaa TiRa KiTa Dhaa Gi Naa Dhaa Ge Dhee Naa Ka Taa Dhaa - Ka Taa Dhaa - Ka Taa | X Dhaa

CONCLUSION

The Farukhabad *gharana* is a very important *gharana*. It has produced a number of major exponents of the *tabla*. It has a fairly balanced technique which is neither too aggressive (e.g., Benares, Punjab) nor is it too soft (e.g., Delhi, Ajrada). Its contributions to the present field of *tabla* have been very great. Let us now move to the Benares *gharana*.

WORKS CITED

Courtney, David
1998   *Fundamentals of Tabla*. Houston: Sur Sangeet Services.
2000   *Advanced Theory of Tabla*. Houston: Sur Sangeet Services.

Godbole, Madhukar Ganesh
1967   *Tal Dipika*. Allahabad, India, Ashok Prakashan Mandir.

Gottlieb, Robert S.
1977a   *The Major Traditions of North Indian Tabla Drumming (Vol. 1)*. Munich, Salzburg: Musikverlag Emil Katzbichler.
1977b   *The Major Traditions of North Indian Tabla Drumming (Vol. 2)*. Munich, Salzburg: Musikverlag Emil Katzbichler.

Leake, Jerry
1993   *Indian Influence (Tabla Perspective), Series A.I.M. Percussion Text* (Second Edition). Boston: Rhombus Publishing.

Mistry, Aban E.
1999   *Pakhawaj & Tabla: History, Schools and Traditions*. Mumbai: India: Swar Sadhana Samiti.

Saxena, Sudhir Kumar
2000   "The Art of Tabla", Indian Dance: *The Ultimate Metaphor*. New Delhi: Bookwise Pvt. Ltd.

Srinivasan, P
2001   *A Road Guide to North India*. Chenai, India: TTK Healthcare ltd., Printing Division.
2001   *A Road Guide to Uttar Pradesh*. Chenai, India: TTK Healthcare ltd., Printing Division.

Vashishtha, Satyanarayan
1977   *Tal Martand*. Hathras. Sangit Karyalaya Press.

CHAPTER 11

BENARES KAIDAS

INTRODUCTION

The Benares *gharana* is one of the major *gharanas* of *tabla*. It is well represented today by a number of well known and well respected performers.

Geography - Benares, also known as Benaras, Varanasi, or Kashi, is a major city in North India. It lies on the left bank of the Ganga (Ganges) river and is a famous religious centre. It is one of the oldest continually

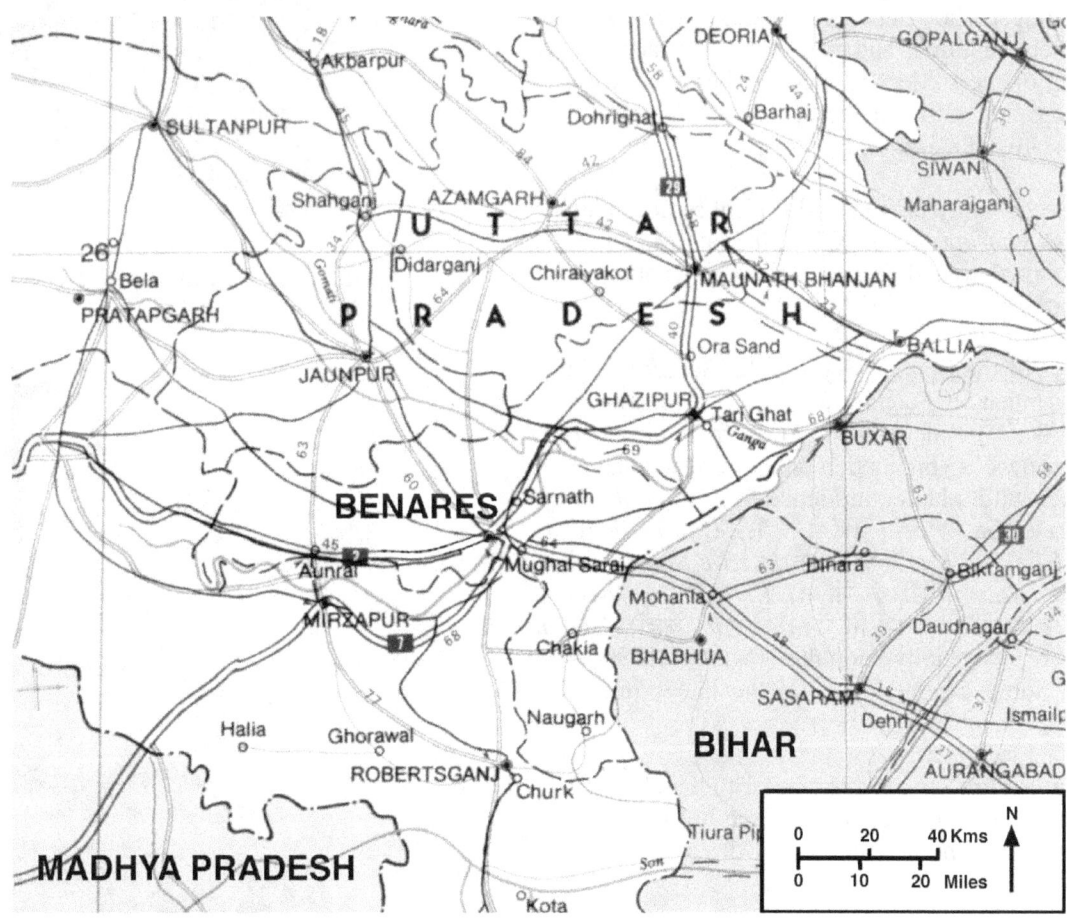

Figure 11.1. Benares and the surrounding area.

inhabited cities in the world. It was an important Hindu pilgrimage by the 2nd millennium b.c.e., and remains so even today. It is also an educational centre. There are numerous schools, pandits, and universities. The Benares Hindu University is one of the most noted.

The economics of Benares are diverse. Religious tourism accounts for a large portion of the local economy, however Benares is also a major textile centre.

<u>History of the Benares Gharana</u> - It is generally acknowledged that the founder of this *gharana* was Ram Sahai (1830-1876). It is through him and his brothers, that this *gharana* is said to have spread.

It must be mentioned that not everybody is in agreement that the Benares *gharana* should be considered a *gharana*. Aban Mistry in her work *Pakhawaj & Tabla: History, Schools and Traditions* (Mistry 1999) points out that there are those who suggest that this *gharana* has not developed a unique technique nor repertoire, therefore it should be considered a subtradition, or a *parampara*, of the Lucknow *gharana*. Although these statements have some validity, to reject the Benares *gharana's* independent identity is unconventional and really does not add to our understanding of the subject of *tabla*. Therefore, we will adopt the more conventional viewpoint which grants this tradition the status of a *gharana*.

We have seen many famous and skillful representatives of the Benares *gharana*. Anokey Lal, the late Mahapurush Mishra, Sharda Sahai, and Kishan Maharaj are some of the most noteworthy (Gottlieb 1977b).

Figure 11.2. Bathing in the Ganga

<u>Characteristics of the Benares Style</u> - The Benares style of playing has much in common with the other *purbi gharanas*. Like the Lucknow tradition from which it is derived, it shows a preponderance of resonant, open handed strokes with a heavy influence from the *pakhawaj*. *Bols* such as *Dhi Ga Dhi Na* (धि ग धि न), *Dhe Te Te Te* (धे टे ते टे), *Ghe Ghe Naa Ka* (घे घे ना क), *Ke Ke Naa Ka* (के के ना क), *Dhi Na Naa Na* (धि न ना न), *KiTa Dhaa - Na* (कि ट धा - न), *Ga Di Ge Na* (ग दि गे न), *Kdan* (क्डां), *Ghdan* (घ्डां), etc. are especially popular (Mistry 1999:249). Furthermore, some exponents sit on the knees intead of cross legged.

The Benares *gharana* may be similar to the other *purbi gharanas* but the *kaida* is treated differently in two ways. One is in the area of nomenclature and the other is in the area of structure.

Figure 11.3. Anokhe Lal

Nomenclature - The Benares approach to the nomenclature of the *kaida* is interesting. Traditional Benares nomenclature divides them into *kaidas* and *bants* (Shepherd 1976). There is a tendency to use the term *kaida* for those that are used for teaching purposes, while those that are used for performances are referred to as *banth* or *banthi*.

Some investigators have taken a slightly different approach to the *kaida* / *banth* distinction. It has also been suggested that the difference between the *bant* and the *kaida* is in the *bols* (Gottlieb 1977a). According to this view, the *bols* of the *banth* are lighter, showing the influence of *Kaherava* or *Dadra*. Even if we are to accept this view, the most that this would accomplish is to establish the *bant* as a class of *kaida* on similar lines as the *laggi-kaida*, or a *kaida-rela*.

It seems that both Shepherd and Gottlieb's observations concerning the *kaida* and *bant* are correct, but insignificant. A survey of present performance practise from various musicians, and from a variety of *gharanas* do not show any appreciable difference. The distinction between performance and instruction (e.g., Shepherd 1976) may be true but it is clearly not sufficient grounds for establishing *banth* as a separate compositional class. Gottlieb's observation concerning the lighter quality of the *bols* in *bant* is also insufficient grounds for establishing the *bant* as a separate class. The tendency to perform *kaidas* in a lighter vein than when teaching is a common practice in virtually all the *gharanas*.

The result of these *bant* / *kaida* comparisons are simple. We must consider the *bant* to be insignificantly different from the *kaida*. To try and draw a distinction is not justifiable by any objective criteria.

EXAMPLE AND ANALYSIS

Here are some examples and a brief analysis of Benares *kaidas*. Let us start with the first one.

Benares Kaida in Tintal (Godbole 1967:40-44)

धा गे न धा तिर किट धि न गि न धा गे न धा तिर किट
Dhaa Ge Na Dhaa TiRa KiTa Dhi Na Gi Na Dhaa Ge Na Dhaa TiRa KiTa

ता गे न ता तिर किट धि न गि न धा गे न धा तिर किट
Taa Ge Na Taa TiRa KiTa Dhi Na Gi Na Dhaa Ge Na Dhaa TiRa KiTa

Variation #1

धा गे न धा तिर किट धि न धा गे न धा तिर किट धि न
Dhaa Ge Na Dhaa TiRa KiTa Dhi Na Dhaa Ge Na Dhaa TiRa KiTa Dhi Na

धा गे न धा तिर किट धि न गि न धा गे न धा तिर किट
Dhaa Ge Na Dhaa TiRa KiTa Dhi Na Gi Na Dhaa Ge Na Dhaa TiRa KiTa

ता गे न ता तिर किट ति न ता गे न ता तिर किट ति न
Taa Ge Na Taa TiRa KiTa Ti Na Taa Ge Na Taa TiRa KiTa Ti Na

धा गे न धा तिर किट धि न गि न धा गे न धा तिर किट
Dhaa Ge Na Dhaa TiRa KiTa Dhi Na Gi Na Dhaa Ge Na Dhaa TiRa KiTa

Focus on the Kaidas of Tabla

Variation #2

धा गे न धा तिर किट धि न धा - - धा तिर किट धि न
Dhaa Ge Na Dhaa TiRa KiTa Dhi Na Dhaa - - Dhaa TiRa KiTa Dhi Na

धा गे न धा तिर किट धि न गि न धा गे न धा तिर किट
Dhaa Ge Na Dhaa TiRa KiTa Dhi Na Gi Na Dhaa Ge Na Dhaa TiRa KiTa

ता गे न ता तिर किट ति न ता - - ता तिर किट धि न
Taa Ge Na Taa TiRa KiTa Ti Na Taa - - Taa TiRa KiTa Dhi Na

धा गे न धा तिर किट धि न गि न धा गे न धा तिर किट
Dhaa Ge Na Dhaa TiRa KiTa Dhi Na Gi Na Dhaa Ge Na Dhaa TiRa KiTa

Variation #3

धा गे न धा तिर किट धि न धा - गि न धा - गि न
Dhaa Ge Na Dhaa TiRa KiTa Dhi Na Dhaa - Gi Na Dhaa - Gi Na

धा गे न धा तिर किट धि न गि न धा गे न धा तिर किट
Dhaa Ge Na Dhaa TiRa KiTa Dhi Na Gi Na Dhaa Ge Na Dhaa TiRa KiTa

ता गे न ता तिर किट ति न ता - कि न ता - कि न
Taa Ge Na Taa TiRa KiTa Ti Na Taa - Ki Na Taa - Ki Na

धा गे न धा तिर किट धि न गि न धा गे न धा तिर किट
Dhaa Ge Na Dhaa TiRa KiTa Dhi Na Gi Na Dhaa Ge Na Dhaa TiRa KiTa

Variation #4

धा गे न धा तिर किट धि न धा ति क धा ति ट धि न
Dhaa Ge Na Dhaa TiRa KiTa Dhi Na Dhaa Ti Ka Dhaa Ti Ta Dhi Na

धा गे न धा तिर किट धि न गि न धा गे न धा तिर किट
Dhaa Ge Na Dhaa TiRa KiTa Dhi Na Gi Na Dhaa Ge Na Dhaa TiRa KiTa

ता गे न ता तिर किट ति न ता ति क ता ति ट धि न
Taa Ge Na Taa TiRa KiTa Ti Na Taa Ti Ka Taa Ti Ta Dhi Na

धा गे न धा तिर किट धि न गि न धा गे न धा तिर किट
Dhaa Ge Na Dhaa TiRa KiTa Dhi Na Gi Na Dhaa Ge Na Dhaa TiRa KiTa

Variation #5

धा गे न धा तिर किट धि न धा तिर किट धा तिर किट धि न
Dhaa Ge Na Dhaa TiRa KiTa Dhi Na Dhaa TiRa KiTa Dhaa TiRa KiTa Dhi Na

धा गे न धा तिर किट धि न गि न धा गे न धा तिर किट
Dhaa Ge Na Dhaa TiRa KiTa Dhi Na Gi Na Dhaa Ge Na Dhaa TiRa KiTa

ता गे न ता तिर किट ति न ता तिर किट ता तिर किट धि न
Taa Ge Na Taa TiRa KiTa Ti Na Taa TiRa KiTa Taa TiRa KiTa Dhi Na

धा गे न धा तिर किट धि न गि न धा गे न धा तिर किट
Dhaa Ge Na Dhaa TiRa KiTa Dhi Na Gi Na Dhaa Ge Na Dhaa TiRa KiTa

Variation #6

धा - गे न धा धा तिर किट धा - गे न धा धा तिर किट
Dhaa - Ge Na Dhaa Dhaa TiRa KiTa Dhaa - Ge Na Dhaa Dhaa TiRa KiTa

धा गे न धा तिर किट धि न गि न धा गे न धा तिर किट
Dhaa Ge Na Dhaa TiRa KiTa Dhi Na Gi Na Dhaa Ge Na Dhaa TiRa KiTa

ता - गे न ता ता तिर किट ता - गे न ता ता तिर किट
Taa - Ge Na Taa Taa TiRa KiTa Taa - Ge Na Taa Taa TiRa KiTa

धा गे न धा तिर किट धि न गि न धा गे न धा तिर किट
Dhaa Ge Na Dhaa TiRa Kita Dhi Na Gi Na Dhaa Ge Na Dhaa TiRa KiTa

Variation #7

धा गे न धा गि न धा - धा - धि न धा धा तिर किट
Dhaa Ge Na Dhaa Gi Na Dhaa - Dhaa - Dhi Na Dhaa Dhaa TiRa KiTa

धा गे न धा तिर किट धि न गि न धा गे न धा तिर किट
Dhaa Ge Na Dhaa TiRa KiTa Dhi Na Gi Na Dhaa Ge Na Dhaa TiRa KiTa

ता गे न ता कि न ता - ता - ति न ता ता तिर किट
Taa Ge Na Taa Ki Na Taa - Taa - Ti Na Taa Taa TiRa KiTa

धा गे न धा तिर किट धि न गि न धा गे न धा तिर किट
Dhaa Ge Na Dhaa TiRa KiTa Dhi Na Gi Na Dhaa Ge Na Dhaa TiRa KiTa

Focus on the Kaidas of Tabla

Variation #8

धा	गे	न	धा	-	धा	गे	न	धा	-	-	धा	धा	धा	तिर	किट
Dhaa	Ge	Na	Dhaa	-	Dhaa	Ge	Na	Dhaa	-	-	Dhaa	Dhaa	Dhaa	TiRa	KiTa

Dhaa Ge Na Dhaa TiRa KiTa Dhi Na Gi Na Dhaa Ge Na Dhaa TiRa KiTa

Taa Ge Na Taa - Taa Ge Na Taa - - Taa Taa Taa TiRa KiTa

Dhaa Ge Na Dhaa TiRa KiTa Dhi Na Gi Na Dhaa Ge Na Dhaa TiRa KiTa

Variation #9

Dhaa Ge Na Dhaa TiRa KiTa Dhaa Ge Na Dhaa TiRa KiTa Dhaa Dhaa TiRa KiTa

Dhaa Ge Na Dhaa TiRa KiTa Dhi Na Gi Na Dhaa Ge Na Dhaa TiRa KiTa

Taa Ge Na Taa TiRa KiTa Taa Ge Na Taa TiRa KiTa Taa Taa TiRa KiTa

Dhaa Ge Na Dhaa TiRa KiTa Dhi Na Gi Na Dhaa Ge Na Dhaa TiRa KiTa

Ending (tihai)

Dhaa Ge Na Dhaa TiRa KiTa Dhi Na Gi Na Dhaa Ge Na Dhaa TiRa KiTa Dhaa

- - - Kat - Taa -

Dhaa Ge Na Dhaa TiRa KiTa Dhi Na Gi Na Dhaa Ge Na Dhaa TiRa KiTa Dhaa

- - - Kat - Taa -

	X
Dhaa Ge Na Dhaa TiRa KiTa Dhi Na Gi Na Dhaa Ge Na Dhaa TiRa KiTa	Dhaa

<u>Structure of Variations</u> - Earlier we mentioned that *Benares tabla* players distinguished themselves by the structure of the variations. One unique approach of many Benares musicians is to perform variations that are only half a cycle in length (Shepherd 1976). Therefore, if one places two half cycle variations together they would be the equivalent to one variation as found in other *gharanas*. In the other *gharanas*, this approach would be considered a violation of the basic mathematics of the *tal*. This half-cycle approach was well demonstrated in the transcription of a *tabla* solo by Kishan Maharaj in Gottlieb's classic work (Gottlieb 1977b). One other example of half-cycle variations is shown in the *kaida* below:

Kaida in Tintal (Leake 1993:98-99)
Theme

धा	–	कृ	धा	ते	टे	गि	ना	धा	ती	धा	गे	धी	ना	गि	ना
Dhaa	–	Kra	Dhaa	Te	Te	Gi	Naa	Dhaa	Tee	Dhaa	Ge	Dhee	Naa	Gi	Naa

ते	टे	कृ	धा	ते	टे	गि	ना	धा	ती	धा	गे	ति	ना	कि	ना
Te	Te	Kra	Dhaa	Te	Te	Gi	Naa	Dhaa	Tee	Dhaa	Ge	Ti	Naa	Ki	Naa

ता	–	कृ	ता	ते	टे	कि	ना	ता	ती	ता	के	तिं	ना	कि	ना
Taa	–	Kra	Taa	Te	Te	Ki	Naa	Taa	Tee	Taa	Ke	Tin	Naa	Ki	Naa

ते	टे	कृ	धा	ते	टे	गि	ना	धा	ती	धा	गे	धी	ना	गि	ना
Te	Te	Kra	Dhaa	Te	Te	Gi	Naa	Dhaa	Tee	Dhaa	Ge	Dhee	Naa	Gi	Naa

Variation #1

धा	–	कृ	धा	ते	टे	गि	ना	ते	टे	गि	ना	ते	टे	गि	ना
Dhaa	–	Kra	Dhaa	Te	Te	Gi	Naa	Te	Te	Gi	Naa	Te	Te	Gi	Naa

धा	–	कृ	धा	ते	टे	गि	ना	धा	ती	धा	गे	धी	ना	गि	ना
Dhaa	–	Kra	Dhaa	Te	Te	Gi	Naa	Dhaa	Tee	Dhaa	Ge	Dhee	Naa	Gi	Naa

धा	–	कृ	धा	ते	टे	गि	ना	धा	ती	धा	गे	धी	ना	गि	ना
Dhaa	–	Kra	Dhaa	Te	Te	Gi	Naa	Dhaa	Tee	Dhaa	Ge	Dhee	Naa	Gi	Naa

ते	टे	कृ	धा	ते	टे	गि	ना	धा	ती	धा	गे	तिं	ना	कि	ना
Te	Te	Kra	Dhaa	Te	Te	Gi	Naa	Dhaa	Tee	Dhaa	Ge	Tin	Naa	Ki	Naa

ता	–	कृ	ता	ते	टे	कि	ना	ते	टे	कि	ना	ते	टे	कि	ना
Taa	–	Kra	Taa	Te	Te	Ki	Naa	Te	Te	Ki	Naa	Te	Te	Ki	Naa

ता	–	कृ	ता	ते	टे	कि	ना	ता	ती	ता	के	तिं	ना	कि	ना
Taa	–	Kra	Taa	Te	Te	Ki	Naa	Taa	Tee	Taa	Ke	Tin	Naa	Ki	Naa

धा	–	कृ	धा	ते	टे	गि	ना	धा	ती	धा	गे	धी	ना	गि	ना
Dhaa	–	Kra	Dhaa	Te	Te	Gi	Naa	Dhaa	Tee	Dhaa	Ge	Dhee	Naa	Gi	Naa

ते	टे	कृ	धा	ते	टे	गि	ना	धा	ती	धा	गे	धी	ना	गि	ना
Te	Te	Kra	Dhaa	Te	Te	Gi	Naa	Dhaa	Tee	Dhaa	Ge	Dhee	Naa	Gi	Naa

Focus on the Kaidas of Tabla

Variation #2

धा	–	कृ	धा	ते	टे	गि	ना	–	–	धा	ते	टे	गि	ना
Dhaa	-	Kra	Dhaa	Te	Te	Gi	Naa	-	-	Dhaa	Te	Te	Gi	Naa

धा	–	कृ	धा	ते	टे	गि	ना	धा	ती	धा	गे	धी	ना	गि	ना
Dhaa	-	Kra	Dhaa	Te	Te	Gi	Naa	Dhaa	Tee	Dhaa	Ge	Dhee	Naa	Gi	Naa

धा	–	कृ	धा	ते	टे	गि	ना	धा	ती	धा	गे	धी	ना	गि	ना
Dhaa	-	Kra	Dhaa	Te	Te	Gi	Naa	Dhaa	Tee	Dhaa	Ge	Dhee	Naa	Gi	Naa

ते	टे	कृ	धा	ते	टे	गि	ना	धा	ती	धा	गे	ति	ना	कि	ना
Te	Te	Kra	Dhaa	Te	Te	Gi	Naa	Dhaa	Tee	Dhaa	Ge	Ti	Naa	Ki	Naa

ता	–	कृ	ता	ते	टे	कि	ना	–	–	ता	ते	टे	कि	ना
Taa	-	Kra	Taa	Te	Te	Ki	Naa	-	-	Taa	Te	Te	Ki	Naa

ता	–	कृ	ता	ते	टे	कि	ना	ता	ती	ता	के	तिं	ना	कि	ना
Taa	-	Kra	Taa	Te	Te	Ki	Naa	Taa	Tee	Taa	Ke	Tin	Naa	Ki	Naa

धा	–	कृ	धा	ते	टे	गि	ना	धा	ती	धा	गे	धी	ना	गि	ना
Dhaa	-	Kra	Dhaa	Te	Te	Gi	Naa	Dhaa	Tee	Dhaa	Ge	Dhee	Naa	Gi	Naa

ते	टे	कृ	धा	ते	टे	गि	ना	धा	ती	धा	गे	धी	ना	गि	ना
Te	Te	Kra	Dhaa	Te	Te	Gi	Naa	Dhaa	Tee	Dhaa	Ge	Dhee	Naa	Gi	Naa

Variation #3

धा	–	कृ	धा	ते	टे	गि	ना	कृ	धा	ते	टे	ते	टे	गि	ना
Dhaa	-	Kra	Dhaa	Te	Te	Gi	Naa	Kra	Dhaa	Te	Te	Te	Te	Gi	Naa

धा	–	कृ	धा	ते	टे	गि	ना	धा	ती	धा	गे	धी	ना	गि	ना
Dhaa	-	Kra	Dhaa	Te	Te	Gi	Naa	Dhaa	Tee	Dhaa	Ge	Dhee	Naa	Gi	Naa

धा	–	कृ	धा	ते	टे	गि	ना	धा	ती	धा	गे	धी	ना	गि	ना
Dhaa	-	Kra	Dhaa	Te	Te	Gi	Naa	Dhaa	Tee	Dhaa	Ge	Dhee	Naa	Gi	Naa

ते	टे	कृ	धा	ते	टे	गि	ना	धा	ती	धा	गे	ति	ना	कि	ना
Te	Te	Kra	Dhaa	Te	Te	Gi	Naa	Dhaa	Tee	Dhaa	Ge	Ti	Naa	Ki	Naa

ता	–	कृ	ता	ते	टे	कि	ना	कृ	ता	ते	टे	ते	टे	कि	ना
Taa	-	Kra	Taa	Te	Te	Ki	Naa	Kra	Taa	Te	Te	Te	Te	Ki	Naa

ता	–	कृ	ता	ते	टे	कि	ना	ता	ती	ता	के	तिं	ना	कि	ना
Taa	-	Kra	Taa	Te	Te	Ki	Naa	Taa	Tee	Taa	Ke	Tin	Naa	Ki	Naa

धा	–	कृ	धा	ते	टे	गि	ना	धा	ती	धा	गे	धी	ना	गि	ना
Dhaa	-	Kra	Dhaa	Te	Te	Gi	Naa	Dhaa	Tee	Dhaa	Ge	Dhee	Naa	Gi	Naa

ते	टे	कृ	धा	ते	टे	गि	ना	धा	ती	धा	गे	धी	ना	गि	ना
Te	Te	Kra	Dhaa	Te	Te	Gi	Naa	Dhaa	Tee	Dhaa	Ge	Dhee	Naa	Gi	Naa

Benares Kaidas

Variation #4

ते	टे	कृ	धा	ते	टे	कृ	धा	ते	टे	कृ	धा	ते	टे	कि	ना
Te	Te	Kra	Dhaa	Te	Te	Kra	Dhaa	Te	Te	Kra	Dhaa	Te	Te	Ki	Naa

ते	टे	कृ	धा	ते	टे	गि	ना	धा	ती	धा	गे	तिं	ना	कि	ना
Te	Te	Kra	Dhaa	Te	Te	Gi	Naa	Dhaa	Tee	Dhaa	Ge	Tin	Naa	Ki	Naa

ते	टे	कृ	ता	ते	टे	कृ	ता	ते	टे	कृ	ता	ते	टे	कि	ना
Te	Te	Kra	Taa	Te	Te	Kra	Taa	Te	Te	Kra	Taa	Te	Te	Ki	Naa

ते	टे	कृ	धा	ते	टे	गि	ना	धा	ती	धा	गे	धी	ना	गि	ना
Te	Te	Kra	Dhaa	Te	Te	Gi	Naa	Dhaa	Tee	Dhaa	Ge	Dhee	Naa	Gi	Naa

Variation #5

ते	टे	ते	टे	कृ	धा	ते	टे	ते	टे	कृ	धा	ते	टे	गि	ना
Te	Te	Te	Te	Kra	Dhaa	Te	Te	Te	Te	Kra	Dhaa	Te	Te	Gi	Naa

ते	टे	कृ	धा	ते	टे	गि	ना	धा	ती	धा	गे	तिं	ना	कि	ना
Te	Te	Kra	Dhaa	Te	Te	Gi	Naa	Dhaa	Tee	Dhaa	Ge	Tin	Naa	Ki	Naa

ते	टे	ते	टे	कृ	ता	ते	टे	ते	टे	कृ	ता	ते	टे	कि	ना
Te	Te	Te	Te	Kra	Taa	Te	Te	Te	Te	Kra	Taa	Te	Te	Ki	Naa

ते	टे	कृ	धा	ते	टे	गि	ना	धा	ती	धा	गे	धी	ना	गि	ना
Te	Te	Kra	Dhaa	Te	Te	Gi	Naa	Dhaa	Tee	Dhaa	Ge	Dhee	Naa	Gi	Naa

Variation #6

कृ	धा	ते	टे	ते	टे	गि	ना	धा	ती	धा	गे	धी	ना	गि	ना
Kra	Dhaa	Te	Te	Te	Te	Gi	Naa	Dhaa	Tee	Dhaa	Ge	Dhee	Naa	Gi	Naa

ते	टे	कृ	धा	ते	टे	गि	ना	धा	ती	धा	गे	तिं	ना	कि	ना
Te	Te	Kra	Dhaa	Te	Te	Gi	Naa	Dhaa	Tee	Dhaa	Ge	Tin	Naa	Ki	Naa

कृ	ता	ते	टे	ते	टे	कि	ना	ता	ती	ता	के	तिं	ना	कि	ना
Kra	Taa	Te	Te	Te	Te	Ki	Naa	Taa	Tee	Taa	Ke	Tin	Naa	Ki	Naa

ते	टे	कृ	धा	ते	टे	गि	ना	धा	ती	धा	गे	धी	ना	गि	ना
Te	Te	Kra	Dhaa	Te	Te	Gi	Naa	Dhaa	Tee	Dhaa	Ge	Dhee	Naa	Gi	Naa

Focus on the Kaidas of Tabla

Ending (Tihai)

ते	टे	कृ	धा	ते	टे	गि	ना	धा	ती	धा	गे	धी	ना	गि	ना	धा
Te	Te	Kra	Dhaa	Te	Te	Gi	Naa	Dhaa	Tee	Dhaa	Ge	Dhee	Naa	Gi	Naa	Dhaa

-	-	-	आ	-	-	-
-	-	-	Aa	-	-	-

ते	टे	कृ	धा	ते	टे	गि	ना	धा	ती	धा	गे	धी	ना	गि	ना	धा
Te	Te	Kra	Dhaa	Te	Te	Gi	Naa	Dhaa	Tee	Dhaa	Ge	Dhee	Naa	Gi	Naa	Dhaa

-	-	-	आ	-	-	-
-	-	-	Aa	-	-	-

																X
ते	टे	कृ	धा	ते	टे	गि	ना	धा	ती	धा	गे	धी	ना	गि	ना	धा
Te	Te	Kra	Dhaa	Te	Te	Gi	Naa	Dhaa	Tee	Dhaa	Ge	Dhee	Naa	Gi	Naa	Dhaa

Analysis of Previous Example - Let us look at the last *kaida* in greater detail. In particular, let us look at the transition that occurs in the 4th variation. Notice that the fourth variation is only half as long as the first, second or third variations. This may have very significant consequences if the *kaida* is played against a very slow *lahara*. In the slow tempos, these variations may only last half a cycle. Although it is possible to play each variation twice, Benares tabla players tend to link different half-cycle variations together. We see in this example that the variations pair very nicely. Therefore, we find that variation four and five constitute one pair while variation six and the *tihai* constitute the last pair.

CONCLUSION

The *Benares gharana* does not place a great importance on the *kaida*. Even when it is played, it is performed in a manner that is not so different from the other *gharanas*. There seem to be only two places where the Benares *gharana* treats *kaida* differently. There is a curious bifurcation of the *kaida* into *kaidas* and *banths*, and there is the tendency to suddenly drop the size of the variations midstream, often to only half a cycle. This causes the variations to be paired so that the mathematics of the *tal* may be maintained

WORKS CITED

Courtney, David
1998 *Fundamentals of Tabla*. Houston: Sur Sangeet Services.
2000 *Advanced Theory of Tabla*. Houston: Sur Sangeet Services.

Godbole, Madhukar Ganesh
1967 *Tal Dipika*. Allahabad, India, Ashok Prakashan Mandir.
1983 "Table Ke Vibhinna Baj", *Tal Ank*. Hathras, India: Sangeet Karyalaya. 10th edition, edited by P. L. Garg. pg 206-211.

Gottlieb, Robert S.
1977a *The Major Traditions of North Indian Tabla Drumming (Vol. 1)*. Munich, -Salzburg: Musikverlag Emil Katzbichler.
1977b *The Major Traditions of North Indian Tabla Drumming (Vol. 2)*. Munich, -Salzburg: Musikverlag Emil Katzbichler.

Leake, Jerry
1993 *Indian Influence (Tabla Perspective), Series A.I.M. Percussion Text* (Second Edition). Boston: Rhombus Publishing.

Mistry, Aban E.
1999 *Pakhawaj & Tabla: History, Schools and Traditions*. Mumbai, India: Swar Sadhana Samiti.

Saxena, Sudhir Kumar
2000 "The Art of Tabla", Indian Dance: *The Ultimate Metaphor*. New Delhi: Bookwise Pvt. Ltd.

Shepherd, Frances Ann
1976 Tabla and the Benares Gharana. (unpublished) Doctoral Dissertation, Wesleyan University.

Vashishtha, Satyanarayan
1977 *Tal Martand*. Hathras. Sangit Karyalaya Press.

CHAPTER 12
PUNJABI KAIDAS

INTRODUCTION

The Punjab *gharana* is one of the major *gharanas* of *tabla*. The majority of Pakistan's *tabla* players belong to this *gharana*. In India, it is very popular and is ably represented by such luminaries as the late Alla Rakha Khan (fig. 12.1) and his son Zakir Hussain.

There are a number of interesting characteristics of this *gharana*. For instance, this is the only *gharana* that does not trace its linage to the Delhi *gharana*. Furthermore it was a *pakhawaj gharana* until quite recently. One other interesting thing is that it derives its name from a region rather than a single locality.

Geography - Unlike the other *tabla gharanas*, *Punjab* is not a single city but a region. This region is divided between two countries, India and Pakistan (fig. 12.2).

The name Punjab is a corruption of the word "*panch-aab*", which literally means the "five waters". This refers to five rivers in the area.

Punjab is a major agricultural area. Cotton, corn (maize), millets, oilseeds, potato, pulses, sugarcane, rice and wheat have been major crops for a long time (TTK Ltd 1999). The major cities on the Indian side are : Chandigar, Amritsar, Ludhiana, and Bhathinda. On the Pakistan side, major cities are: Lahore, Faisalabad, Rawalpindi, Multan, and Gujranwala.

The people of the area are diverse. Historically it has had a large number of Muslims, Hindus, and Sikhs. The most common languages spoken are Urdu, Punjabi, and Hindi, with a large number of smaller dialects such as Multani.

Punjab is a very populous region with a rich history. This area is the site of the Indus river civilisation which was one of the oldest civilisations on earth. The history and culture of this region is simply too rich and involved to be covered in a book on *tabla*. Interested readers are advised to explore other works.

The present name of "Punjab *gharana*" may be misleading. The present Indian state of Punjab is but a small fraction of this once vast and autonomous region. Interestingly enough, the epicentre of this *gharana* is located in Lahore, which is on the Pakistani side of Punjab.

Figure 12.1 Alla Rakha Khan

Focus on the Kaidas of Tabla

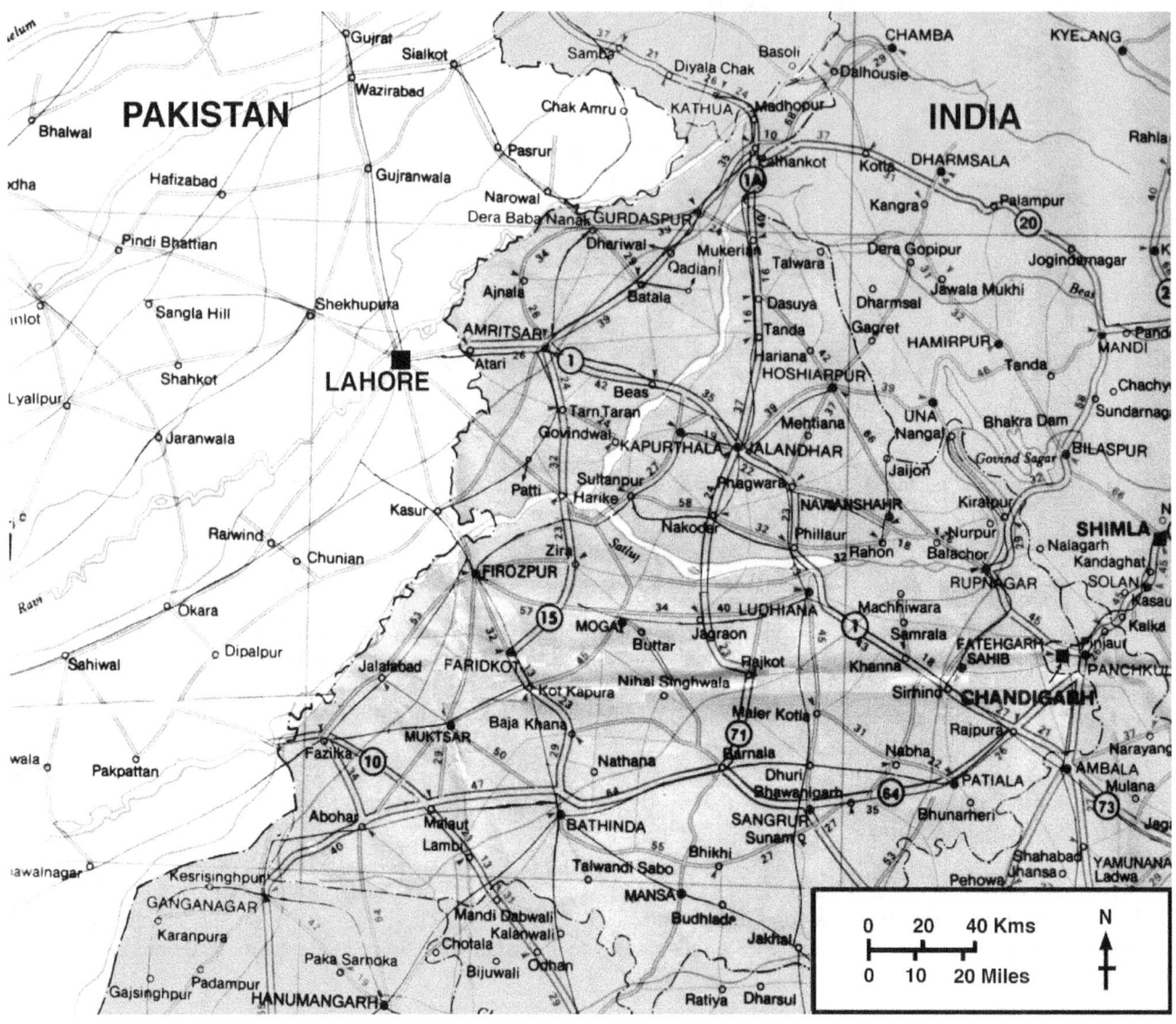

Figure 12.2. Lahore and the surrounding Punjab

History of the Punjab Gharana - Whenever one talks about the history of a *gharana*, one of the first things to come to mind is the age. In most cases this is a fairly straight-forward thing. However, when one is talking about the Punjab *gharana*, it is far from simple. The matter is complicated by the fact that this originally was a *pakhawaj gharana*. Other scholars have noted that there are some who feel that the Punjab *gharana* should not even be considered a *tabla gharana* at all (Mistri 1999)[1]. This situation makes it difficult to establish an age for the Punjab *gharana*.

---

1. We have encountered the debates as to what constitutes a *gharana* vs. a mere subtradition. This is a book on the *kaida* so such topics are tangential to the matter at hand. As with these other debates (e.g., Benares, Laliyana), we are avoiding the topic entirely by adhering to the conventionally accepted six-*gharana* model.

If we assess the age from the time that it became a *tabla gharana,* then this is one of the youngest *gharanas*. It was Ustad Fakir Baksh (1840-1925) who is generally given credit for changing it into a *tabla gharana*. This would place the time of transition at about the turn of the 20th century.

If we assess the age from the *pakhawaj* playing founder, then it is one of the oldest *gharanas*. The members of this *gharana* commonly trace their linage to Bhavani Das, who lived in the middle of the 18th Century. This would place the time of origin in a period somewhat contemporaneous to the founding of the Delhi *gharana*.

It is interesting to note such things, but this does not really yield any light on the topic of the *kaida*. Therefore, we will postpone these discussions until a later volume when we deal with the history of the *tabla*.

Characteristics of the Punjab Style of Playing - The *pakhawaj* has left a deep mark on the *Punjabi* style of playing. It is a very forceful style with many open strokes. However, the hands show an interesting combination of *purbi* and *dilli* techniques. For instance the *Taa* (ता) tends to be on the *chat* as one would find in the Delhi approach while *Te Te* (ते टे) and *Ti Ra Ki Ta* (ति र कि ट) tend to be played full handed in the same way that the *purbi gharanas* use. Perhaps the most distinctive characteristic of the technique is the peculiar way that the thumb of the right hand is used against the *gajara* for leverage on many strokes (Feldman 1978).

Bols such as *Dhe Ta Ta* (धे ट त), *Dun Ga Dun Ga* (दुं ग दुं ग), *Na Ga Na Ga* (न ग न ग), *Na Ga Te Kra Taa Na* (न ग ते क्ड़ ता न), *Dhaa Ni Naa Na* (धा णिं ना ण), *Dhi Ra Dhi Ra Ke* (धि र धि र के), etc. are especially popular in compositions from this *gharana* (Godbole 1983:211).

The *bols* themselves tend to be pronounced with a very heavy *Punjabi* accent. This is always a dead givaway of *Punjabi* compositions.[2]

One curious aspect of this style is that *pakhawaj bols* such as *Te Te Ka Ta Ga Di Ge Na* (ते टे क त ग दी गे न) are commonly used in *relas*. This is almost unheard of in the other *gharanas*.

The Kaida and the Punjab Gharana - The *kaida* is very important within the *Punjab gharana*. It should come as no surprise that today the *kaida* is interpreted very much like it is in the rest of India. However, there are a few exceptions.

Punjabi kaidas tend to have a lot more liberties taken with them. For instance the introduction of unrelated *bols* within *Punjabi kaidas* seems to be the norm. There is also more of a tendency to string compositions together without separating them by *theka*. It is also much more common to enfold other compositions within the performance of the *kaida*. Such things tend to be looked down upon by many traditionalists.

---

2   I ran across one case where the *Punjabi* version of *bols* was misapplied. There are occasional references in this book to a work entitled *Delhi Gharana of Tabla: A Compositional Documentation*. When I first ran across this particular monograph, I was excited by the concept. I was disappointed when I looked further and found many weaknesses. One of the most notable was that all of the Delhi compositions had inexplicably been converted into *Punjabi* compositions. It is very obvious that no Delhi musician had ever uttered those *bols*. This work has now been relegated to the back of my bookshelf, too suspect to be used for anything important

Focus on the Kaidas of Tabla

Punjabi kaidas are often extremely long. It is not unusual for a variation of a *kaida* from other *gharanas* to be taken and developed as the theme of a *Punjabi kaida*.

There is also a greater acceptance of non-quadratic *kaidas* within the *Punjab gharana*. Simple binary *kaidas* or *kaidas* composed of irregular structures are extremely common.

One other interesting characteristic is in the development of the variations. It was observed in the transcription of recordings by Alla Rakha that the AAAB-AAAB (i.e., the *dohra*) is not nearly as prevalent as it is in many of the other *gharanas* (Gottlieb 1977a).

EXAMPLE AND ANALYSIS
Here is an example and a brief analysis of a Punjab *kaida*.

Kaida Rela in Tintal (Zakir Hussain 1988, personal interview)
Theme

धा गे ते टे क ते टे क ते टे क ता ति र कि ट क ता क ता क ट धा गे ते टे क ता ति र कि ट
Dhaa Ge Te Te Ka Te Te Ka Te Te Ka Taa Ti Ra Ki Ta Ka Taa Ka Taa Ka Ta Dhaa Ge Te Te Ka Taa Ti Ra Ki Ta

ता के ते टे क ते टे क ते टे क ता ति र कि ट क ता क ता क ट धा गे ते टे क ता ति र कि ट
Taa Ke Te Te Ka Te Te Ka Te Te Ka Taa Ti Ra Ki Ta Ka Taa Ka Taa Ka Ta Dhaa Ge Te Te Ka Taa Ti Ra Ki Ta

Variation #1

क ते टे क ते टे क ता क ता क ते टे क ते टे क ता क ता क ट धा गे ते टे क ता ति र क ट
Ka Te Te Ka Te Te Ka Taa Ka Taa Ka Te Te Ka Te Te Ka Taa Ka Taa Ka Ta Dhaa Ge Te Te Ka Taa Ti Ra Ki Ta

क ते टे क ते टे क ता क ता क ते टे क ते टे क ता क ता क ट ता के ते टे क ता ति र क ट
Ka Te Te Ka Te Te Ka Taa Ka Taa Ka Te Te Ka Te Te Ka Taa Ka Taa Ka Ta Taa Ke Te Te Ka Taa Ti Ra Ki Ta

Variation #2

धा - ते टे ते टे क ता क ता ति र कि ट धा गे ति र कि ट धा गे ते टे ते टे क ता ति र कि ट
Dhaa - Te Te Te Te Ka Taa Ka Taa Ti Ra Ki Ta Dhaa Ge Ti Ra Ki Ta Dhaa Ge Te Te Te Te Ka Taa Ti Ra Ki Ta

ता - ते टे ते टे क ता क ता ति र क ट धा गे ति र कि ट धा गे ते टे ते टे क ता ति र कि ट
Taa - Te Te Te Te Ka Taa Ka Taa Ti Ra Ki Ta Dhaa Ge Ti Ra Ki Ta Dhaa Ge Te Te Te Te Ka Taa Ti Ra Ki Ta

Variation #3

धा ते टे क ते टे क ता क ते टे क ते टे क ता क ते टे क ते टे धा गे ते टे क ता ति र कि ट
Dhaa Te Te Ka Te Te Ka Taa Ka Te Te Ka Te Te Ka Taa Ka Te Te Ka Te Te Dhaa Ge Te Te Ka Taa Ti Ra Ki Ta

धा - ते टे ते टे क ता क ता ति र कि ट धा गे ति र कि ट धा गे ते टे ते टे क ता ति र कि ट
Dhaa - Te Te Te Te Ka Taa Ka Taa Ti Ra Ki Ta Dhaa Ge Ti Ra Ki Ta Dhaa Ge Te Te Te Te Ka Taa Ti Ra Ki Ta

ता ते टे क ते टे क ता क ते टे क ते टे क ता क ते टे क ते टे ता के ते टे क ता ति र कि ट
Taa Te Te Ka Te Te Ka Taa Ka Te Te Ka Te Te Ka Taa Ka Te Te Ka Te Te Taa Ke Te Te Ka Taa Ti Ra Ki Ta

धा - ते टे ते टे क ता क ता ति र कि ट धा गे ति र कि ट धा गे ते टे ते टे क ता ति र कि ट
Dhaa - Te Te Te Te Ka Taa Ka Taa Ti Ra Ki Ta Dhaa Ge Ti Ra Ki Ta Dhaa Ge Te Te Te Te Ka Taa Ti Ra Ki Ta

Punjabi Kaidas

Variation #4 (Rela)
[क ते टे गे ते टे क ता] 4x or 8x
Ka Te Te Ge Te Te Ka Taa

Variation #5 (Rela)
[क ते टे गे ते टे क ता ते टे क ता ते टे क ता] 2x or 4x
Ka Te Te Ge Te Te Ka Taa Te Te Ka Taa Te Te Ka Taa

Variation #6 (Rela)
[क ते टे गे ते टे क ते टे गे ते टे क ता क ता] 2x or 4x
Ka Te Te Ge Te Te Ka Te Te Ge Te Te Ka Taa Ka Taa

Variation #7 (Rela)
[क ते टे गे ते टे क ता क ता क ता क ता क ता] 2x or 4x
Ka Te Te Ge Te Te Ka Taa Ka Taa Ka Taa Ka Taa Ka Taa

Variation #8 (Rela)
[क ते टे गे ते टे क ता] 2x   [क ता क ते टे गे ते टे] 2x
Ka Te Te Ge Te Te Ka Taa   Ka Taa Ka Te Te Ge Te Te

Ending (No *tihai* was given originally but here is one which works)
क ते टे गे ते टे क ता धा – क ता धा – क ता धा
Ka Te Te Ge Te Te Ka Taa Dhaa - Ka Taa Dhaa - Ka Taa Dhaa

– – – ति र कि ट
- - - Ti Ra Ki Ta

क ते टे गे ते टे क ता धा – क ता धा – क ता धा
Ka Te Te Ge Te Te Ka Taa Dhaa - Ka Taa Dhaa - Ka Taa Dhaa

– – – ति र कि ट
- - - Ti Ra Ki Ta

क ते टे गे ते टे क ता धा – क ता धा – क ता | X
Ka Te Te Ge Te Te Ka Taa Dhaa - Ka Taa Dhaa - Ka Taa | धा
| Dhaa

Analysis of Previous Example - A brief look at this last *kaida* shows some interesting points. First of all, the *bols* are extremely typical of the Punjab *gharana*. Notice too, that the variations progress in a form which is quite different from the what most other *gharanas* would do. These variations even give rise to a *swatantra rela* (i.e., a freeform *rela)*. This is significant because *rela* lends itself to free improvisation much better than the *kaida*.

CONCLUSION

The *kaida* has an important place within the educational tradition of the Punjab *gharana*. However in performance situations, the *kaida* is often too restrictive for a *gharana* which is known for its free-form improvisations. It is no surprise that the Punjab g*harana* takes the maximum liberties. It is not for me to say whether this is brilliantly innovative, or careless disregard for the form; perhaps they are both true depending upon the situation.

WORKS CITED

Courtney, David
1998   *Fundamentals of Tabla*. Houston: Sur Sangeet Services.
2000   *Advanced Theory of Tabla*. Houston: Sur Sangeet Services.

Encyclopaedia Britannica
1997   "Punjab", *Encyclopaedia Britannica*. Volume 9, page 802. Encyclopaedia Britannica Inc. Chicago: London, Toronto.

Godbole, Madhukar Ganesh
1967   *Tal Dipika*. Allahabad, India, Ashok Prakashan Mandir.
1983   "Table Ke Vibhinna Baj", *Tal Ank*. Hathras, India: Sangeet Karyalaya. 10th edition, edited by P. L. Garg. pg 206-211.

Feldman, Jeffrey M, and Alla Rakha
1978   *Learning Tabla with Alla Rakha*. Los Angeles: Ravi Shankar Music Circle.

Gottlieb, Robert S.
1977a   *The Major Traditions of North Indian Tabla Drumming (Vol. 1)*. Munich -Salzburg: Musikverlag Emil Katzbichler.
1977b   *The Major Traditions of North Indian Tabla Drumming (Vol. 2)*. Munich -Salzburg: Musikverlag Emil Katzbichler.

Hussain, Zakir
1974-1975 Personal study.
1988   Personal study.

Mistry, Aban E.
1999   *Pakhawaj & Tabla: History, Schools and Traditions*. Mumbai, India: Swar Sadhana Samiti.

Saxena, Sudhir Kumar
2000   "The Art of Tabla", Indian Dance: *The Ultimate Metaphor*. New Delhi: Bookwise Pvt. Ltd.

Srinivasan, P.
2001   *A Road Guide to North India*. Chenai, India: TTK Healthcare Ltd., Printing Division.

TTK Pharma Ltd.
1999   *A Road Guide to Punjab*. Chenai, India: TTK Pharma Ltd., Printing Division.

Vashishtha, Satyanarayan
1977   *Tal Martand*. Hathras: Sangit Karyalaya Press.

CHAPTER 13
CONCLUSION

We have spent a considerable amount of time looking at the *kaida*. We have looked at the overall structure, history, and usage. We looked at the various types of *kaidas* (e.g., *kaida-rela*, *gat-kaida*, etc.). After exhausting this approach we examined how the *kaida* was treated within the various *gharanas*.

Let us not forget that the *kaida* is part of a living artform. The moment these things are put into a book, they have begun to change a bit. Therefore, what you have been reading in this work is actually a portion of music history. Although it may be recent history, a book is still incapable of keeping up with the small innovations that are continually popping up.

With this warning in mind, we can place this book within its proper context. This book is not the *Principia* of *kaida*. It is just a basic description of the form as it has been for the last few decades. Perhaps some of you will be responsible for carrying the art forward and seeing it evolve into the next level, whatever that may be.

APPENDICES

APPENDICES

APPENDIX 1

SEVEN AND FOURTEEN MATRA KAIDAS

INTRODUCTION

There are a number of *tals* that have seven or 14 *matras*. *Rupak, Tivra, Ada Chautal*, and *Dipchandi* are only a few of the common ones. In principle, the *kaidas* in this section may be played for any of them. However as a practical matter, the *pakhawaj tals* such as *Dhammar* might be stylistically incompatible with the *kaida*.

The *kaidas* in this appendix do not have to be played just for seven and 14 *matra tals*. For instance these they may easily be played in *Tintal* to produce a delightful *layakari* (Gottlieb 1977). This *layakari* is known as *paune duggan* (Kippen 1988).

Kaida (Ada Chautal Suggested) (Vashisht 1981:16-18)
Theme

धा	गे	तिर	किट	धा	गे	त्र	क	धि	न	गि	न	धा	गे
Dhaa	Ge	TiRa	KiTa	Dhaa	Ge	Tra	Ka	Dhi	Na	Gi	Na	Dhaa	Ge

न	धा	तिर	किट	धि	ट	धा	गे	त्र	क	धि	न	गि	न
Na	Dhaa	TiRa	KiTa	Dhi	Ta	Dhaa	Ge	Tra	Ka	Dhi	Na	Gi	Na

ता	के	तिर	किट	ता	गे	त्र	क	ति	न	कि	न	धा	गे
Taa	Ke	TiRa	KiTa	Taa	Ge	Tra	Ka	Ti	Na	Ki	Na	Dhaa	Ge

न	धा	तिर	किट	धि	ट	धा	गे	त्र	क	धि	न	गि	न
Na	Dhaa	TiRa	KiTa	Dhi	Ta	Dhaa	Ge	Tra	Ka	Dhi	Na	Gi	Na

Variation #1

धा	गे	त्र	क	धि	न	गि	न	धा	गे	त्र	क	धि	न
Dhaa	Ge	Tra	Ka	Dhi	Na	Gi	Na	Dhaa	Ge	Tra	Ka	Dhi	Na

गि	न	धा	गे	ति	ट	धा	गे	त्र	क	धि	न	गि	न
Gi	Na	Dhaa	Ge	Ti	Ta	Dhaa	Ge	Tra	Ka	Dhi	Na	Gi	Na

ता	गे	त्र	क	ति	न	कि	न	ता	गे	त्र	क	धि	न
Taa	Ge	Tra	Ka	Ti	Na	Ki	Na	Taa	Ge	Tra	Ka	Dhi	Na

गि	न	धा	गे	ति	ट	धा	गे	त्र	क	धि	न	गि	न
Gi	Na	Dhaa	Ge	Ti	Ta	Dhaa	Ge	Tra	Ka	Dhi	Na	Gi	Na

Variation #2

धा	गे	त्र	क	धि	न	गि	न	तिर	किट	धि	ट	ध	गे
Dhaa	Ge	Tra	Ka	Dhi	Na	Gi	Na	TiRa	KiTa	Dhi	Ta	Dhaa	Ge

न	धा	तिर	किट	धि	ट	धा	गे	त्र	क	धि	न	गि	न
Na	Dhaa	TiRa	KiTa	Dhi	Ta	Dhaa	Ge	Tra	Ka	Dhi	Na	Gi	Na

ता	गे	त्र	क	ति	न	कि	न	तिर	किट	ति	ट	ध	गे
Taa	Ge	Tra	Ka	Ti	Na	Ki	Na	TiRa	KiTa	Ti	Ta	Dhaa	Ge

न	धा	तिर	किट	धि	ट	धा	गे	त्र	क	धि	न	गि	न
Na	Dhaa	TiRa	KiTa	Dhi	Ta	Dhaa	Ge	Tra	Ka	Dhi	Na	Gi	Na

Variation #3

धा	गे	त्र	क	धा	गे	त्र	क	धि	न	गि	न	ध	गे
Dhaa	Ge	Tra	Ka	Dhaa	Ge	Tra	Ka	Dhi	Na	Gi	Na	Dhaa	Ge

न	धा	तिर	किट	धि	ट	धा	गे	त्र	क	ती	न	गि	न
Na	Dhaa	TiRa	KiTa	Dhi	Ta	Dhaa	Ge	Tra	Ka	Tee	Na	Gi	Na

ता	गे	त्र	क	ता	गे	त्र	क	ति	न	कि	न	ध	गे
Taa	Ge	Tra	Ka	Taa	Ge	Tra	Ka	Ti	Na	Ki	Na	Dhaa	Ge

न	धा	तिर	किट	धि	ट	धा	गे	त्र	क	ती	न	गि	न
Na	Dhaa	TiRa	KiTa	Dhi	Ta	Dhaa	Ge	Tra	Ka	Tee	Na	Gi	Na

Variation #4

धा	गे	त्र	क	धा	गे	त्र	क	धि	न	गि	न	ध	गे
Dhaa	Ge	Tra	Ka	Dhaa	Ge	Tra	Ka	Dhi	Na	Gi	Na	Dhaa	Ge

न	धा	तिर	किट	धि	ट	धा	गे	त्र	क	धि	न	गि	न
Na	Dhaa	TiRa	KiTa	Dhi	Ta	Dhaa	Ge	Tra	Ka	Dhi	Na	Gi	Na

धा	गे	त्र	क	धि	न	धा	गे	न	धा	त्र	क	ध	गे
Dhaa	Ge	Tra	Ka	Dhi	Na	Dhaa	Ge	Na	Dhaa	Tra	Ka	Dhaa	Ge

न	धा	तिर	किट	धि	ट	धा	गे	त्र	क	धि	न	गि	न
Na	Dhaa	TiRa	KiTa	Dhi	Ta	Dhaa	Ge	Tra	Ka	Dhi	Na	Gi	Na

ता	गे	त्र	क	ता	गे	त्र	क	ति	न	कि	न	त	गे
Taa	Ge	Tra	Ka	Taa	Ge	Tra	Ka	Ti	Na	Ki	Na	Ta	Ge

न	ता	तिर	किट	ति	ट	ता	गे	त्र	क	धि	न	गि	न
Na	Taa	TiRa	KiTa	Ti	Ta	Taa	Ge	Tra	Ka	Dhi	Na	Gi	Na

धा	गे	त्र	क	धि	न	धा	गे	न	धा	त्र	क	ध	गे
Dhaa	Ge	Tra	Ka	Dhi	Na	Dhaa	Ge	Na	Dhaa	Tra	Ka	Dhaa	Ge

न	धा	तिर	किट	धि	ट	धा	गे	त्र	क	धि	न	गि	न
Na	Dhaa	TiRa	KiTa	Dhi	Ta	Dhaa	Ge	Tra	Ka	Dhi	Na	Gi	Na

Appendix 1 - 7 & 14 Matra Kaidas

Variation #5

धा	गे	ति	ट	धा	गे	त्र	क	धि	न	गि	न	धा	गे
Dhaa	Ge	Ti	Ta	Dhaa	Ge	Tra	Ka	Dhi	Na	Gi	Na	Dhaa	Ge

न	धा	तिर	किट	धि	ट	धा	गे	त्र	क	धि	न	गि	न
Na	Dhaa	TiRa	KiTa	Dhi	Ta	Dhaa	Ge	Tra	Ka	Dhi	Na	Gi	Na

ता	गे	ति	ट	ता	गे	त्र	क	ति	न	कि	न	धा	गे
Taa	Ge	Ti	Ta	Taa	Ge	Tra	Ka	Ti	Na	Ki	Na	Dhaa	Ge

न	धा	तिर	किट	धि	ट	धा	गे	त्र	क	धि	न	गि	न
Na	Dhaa	TiRa	KiTa	Dhi	Ta	Dhaa	Ge	Tra	Ka	Dhi	Na	Gi	Na

Variation #6

धा	गे	त्र	क	धि	न	गि	न	धे	न	न	न	धा	गे
Dhaa	Ge	Tra	Ka	Dhi	Na	Gi	Na	Dhe	Na	Na	Na	Dhaa	Ge

त्र	क	धि	न	गि	न	धा	गे	ति	ट	धा	गे	त्र	क
Tra	Ka	Dhi	Na	Gi	Na	Dhaa	Ge	Ti	Ta	Dhaa	Ge	Tra	Ka

ता	गे	त्र	क	ति	न	कि	न	के	न	न	न	धा	गे
Taa	Ge	Tra	Ka	Ti	Na	Ki	Na	Ke	Na	Na	Na	Dhaa	Ge

त्र	क	धि	न	गि	न	धा	गे	ति	ट	धा	गे	त्र	क
Tra	Ka	Dhi	Na	Gi	Na	Dhaa	Ge	Ti	Ta	Dhaa	Ge	Tra	Ka

Variation #7

धा	गे	त्र	क	धि	न	गि	न	तिर	किट	धि	ट	धा	-
Dhaa	Ge	Tra	Ka	Dhi	Na	Gi	Na	TiRa	KiTa	Dhi	Ta	Dhaa	-

-	-	धा	गे	त्र	क	धि	न	गि	न	तिर	किट	धि	ट
-	-	Dhaa	Ge	Tra	Ka	Dhi	Na	Gi	Na	TiRa	KiTa	Dhi	Ta

ता	गे	त्र	क	ति	न	कि	न	तिर	किट	ति	ट	ता	-
Taa	Ge	Tra	Ka	Ti	Na	Ki	Na	TiRa	KiTa	Ti	Ta	Taa	-

-	-	धा	गे	त्र	क	धि	न	गि	न	तिर	किट	धि	ट
-	-	Dhaa	Ge	Tra	Ka	Dhi	Na	Gi	Na	TiRa	KiTa	Dhi	Ta

Focus on the Kaidas of Tabla

Variation #8

धा	–	–	–	धा	गे	त्र	क	धि	न	गि	न	धा	गे
Dhaa	–	–	–	Dhaa	Ge	Tra	Ka	Dhi	Na	Gi	Na	Dhaa	Ge

ति	ट	धा	गे	त्र	क	धि	न	गि	न	धा	गे	त्र	क
Ti	Ta	Dhaa	Ge	Tra	Ka	Dhi	Na	Gi	Na	Dhaa	Ge	Tra	Ka

ता	–	–	–	ता	गे	त्र	क	ति	न	कि	न	धा	गे
Taa	–	–	–	Taa	Ge	Tra	Ka	Ti	Na	Ki	Na	Dhaa	Ge

ति	ट	धा	गे	त्र	क	धि	न	गि	न	धा	गे	त्र	क
Ti	Ta	Dhaa	Ge	Tra	Ka	Dhi	Na	Gi	Na	Dhaa	Ge	Tra	Ka

Variation #9

धा	गे	त्र	क	धि	न	गि	न	धा	गे	न	धा	तिर	किट
Dhaa	Ge	Tra	Ka	Dhi	Na	Gi	Na	Dhaa	Ge	Na	Dhaa	TiRa	KiTa

धि	ट	धा	–	–	–	ध	गे	न	धा	तिर	किट	धि	ट
Dhi	Ta	Dhaa	–	–	–	Dhaa	Ge	Na	Dhaa	TiRa	KiTa	Dhi	Ta

धा	–	–	–	तिर	किट	धि	ट	ध	गे	न	धा	तिर	किट
Dhaa	–	–	–	TiRa	KiTa	Dhi	Ta	Dhaa	Ge	Na	Dhaa	TiRa	KiTa

धि	ट	तिर	किट	धि	ट	ध	गे	न	धा	तिर	किट	धि	ट
Dhi	Ta	TiRa	KiTa	Dhi	Ta	Dhaa	Ge	Na	Dhaa	TiRa	KiTa	Dhi	Ta

ता	गे	त्र	क	ति	न	कि	न	त	गे	न	ता	तिर	किट
Taa	Ge	Tra	Ka	Ti	Na	Ki	Na	Ta	Ge	Na	Taa	TiRa	KiTa

ति	ट	ता	–	–	–	त	गे	न	ता	तिर	किट	धि	ट
Ti	Ta	Taa	–	–	–	Ta	Ge	Na	Taa	TiRa	KiTa	Dhi	Ta

धा	–	–	–	तिर	किट	धि	ट	ध	गे	न	धा	तिर	किट
Dhaa	–	–	–	TiRa	KiTa	Dhi	Ta	Dhaa	Ge	Na	Dhaa	TiRa	KiTa

धि	ट	तिर	किट	धि	ट	ध	गे	न	धा	तिर	किट	धि	ट
Dhi	Ta	TiRa	KiTa	Dhi	Ta	Dhaa	Ge	Na	Dhaa	TiRa	KiTa	Dhi	Ta

Variation #10

धि	न	गि	न	धा	–	–	–	धा	गे	त्र	क	धि	न
Dhi	Na	Gi	Na	Dhaa	–	–	–	Dhaa	Ge	Tra	Ka	Dhi	Na

गि	न	धा	गे	त्र	क	धा	गे	त्र	क	धि	न	गि	न
Gi	Na	Dhaa	Ge	Tra	Ka	Dhaa	Ge	Tra	Ka	Dhi	Na	Gi	Na

ति	न	कि	न	ता	–	–	–	ता	गे	त्र	क	धि	न
Ti	Na	Ki	Na	Taa	–	–	–	Taa	Ge	Tra	Ka	Dhi	Na

गि	न	धा	गे	त्र	क	धा	गे	त्र	क	धि	न	गि	न
Gi	Na	Dhaa	Ge	Tra	Ka	Dhaa	Ge	Tra	Ka	Dhi	Na	Gi	Na

Appendix 1 - 7 & 14 Matra Kaidas

Variation #11

धा	-	-	-	धा	गे	त्र	क	धा	गे	ति	ट	धा	गे
Dhaa	-	-	-	Dhaa	Ge	Tra	Ka	Dhaa	Ge	Ti	Ta	Dhaa	Ge

त्र	क	न	ना	क	त	गि	न	त्र	क	धि	न	गि	न
Tra	Ka	Na	Naa	Ka	Ta	Gi	Na	Tra	Ka	Dhi	Na	Gi	Na

ता	-	-	-	ता	गे	त्र	क	ता	गे	ति	ट	धा	गे
Taa	-	-	-	Taa	Ge	Tra	Ka	Taa	Ge	Ti	Ta	Dhaa	Ge

त्र	क	न	ना	क	त	गि	न	त्र	क	धि	न	गि	न
Tra	Ka	Na	Naa	Ka	Ta	Gi	Na	Tra	Ka	Dhi	Na	Gi	Na

Variation #12

धा	गे	ना	ति	गि	न	ना	न	धा	गे	त्र	क	धि	न
Dhaa	Ge	Na	Ti	Gi	Na	Naa	Na	Dhaa	Ge	Tra	Ka	Dhi	Na

गि	न	धा	गे	ति	ट	धा	गे	त्र	क	धि	न	गि	न
Gi	Na	Dhaa	Ge	Ti	Ta	Dhaa	Ge	Tra	Ka	Dhi	Na	Gi	Na

ता	के	न	ति	कि	न	ना	न	ता	गे	त्र	क	धि	न
Taa	Ke	Na	Ti	Ki	Na	Naa	Na	Taa	Ge	Tra	Ka	Dhi	Na

गि	न	धा	गे	ति	ट	धा	गे	त्र	क	धि	न	गि	न
Gi	Na	Dhaa	Ge	Ti	Ta	Dhaa	Ge	Tra	Ka	Dhi	Na	Gi	Na

Variation #13

धा	गे	न	धा	तिर	किट	धि	ट	धा	-	-	-	धा	गे
Dhaa	Ge	Na	Dhaa	TiRa	KiTa	Dhi	Ta	Dhaa	-	-	-	Dhaa	Ge

त्र	क	धि	न	गि	न	धा	गे	ति	ट	धा	गे	त्र	क
Tra	Ka	Dhi	Na	Gi	Na	Dhaa	Ge	Ti	Ta	Dhaa	Ge	Tra	Ka

ता	गे	न	ता	तिर	किट	ति	ट	ता	-	-	-	धा	गे
Taa	Ge	Na	Taa	TiRa	KiTa	Ti	Ta	Taa	-	-	-	Dhaa	Ge

त्र	क	धि	न	गि	न	धा	गे	ति	ट	धा	गे	त्र	क
Tra	Ka	Dhi	Na	Gi	Na	Dhaa	Ge	Ti	Ta	Dhaa	Ge	Tra	Ka

Focus on the Kaidas of Tabla

Variation #14

धा	गे	त्र	क	धि	न	गि	न	धा	गे	न	धा	तिर	किट
Dhaa	Ge	Tra	Ka	Dhi	Na	Gi	Na	Dhaa	Ge	Na	Dhaa	TiRa	KiTa

धि	ट	धा	गे	न	धा	तिर	किट	धि	ट	ति	न	कि	न
Dhi	Ta	Dhaa	Ge	Na	Dhaa	TiRa	KiTa	Dhi	Ta	Ti	Na	Ki	Na

ता	गे	त्र	क	ति	न	कि	न	ता	गे	न	ता	तिर	किट
Taa	Ge	Tra	Ka	Ti	Na	Ki	Na	Taa	Ge	Na	Taa	TiRa	KiTa

धि	ट	धा	गे	न	धा	तिर	किट	धि	ट	धि	न	गि	न
Dhi	Ta	Dhaa	Ge	Na	Dhaa	TiRa	KiTa	Dhi	Ta	Dhi	Na	Gi	Na

Ending (No *tihai* was given in Vashisht's work, but here is one that will work.)

धा	गे	त्र	क	धि	न	गि	न	ध	गे	ना	धा	तिर	किट	धि	ट	धा
Dhaa	Ge	Tra	Ka	Dhi	Na	Gi	Na	Dhaa	Ge	Naa	Dhaa	TiRa	KiTa	Dhi	Ta	Dhaa

- - -
- - -

धा	गे	त्र	क	धि	न	गि	न	ध	गे	ना	धा	तिर	किट	धि	ट	धा
Dhaa	Ge	Tra	Ka	Dhi	Na	Gi	Na	Dhaa	Ge	Naa	Dhaa	TiRa	KiTa	Dhi	Ta	Dhaa

- - -
- - -

धा	गे	त्र	क	धि	न	गि	न	ध	गे	ना	धा	तिर	किट	धि	ट	X धा
Dhaa	Ge	Tra	Ka	Dhi	Na	Gi	Na	Dhaa	Ge	Naa	Dhaa	TiRa	KiTa	Dhi	Ta	Dhaa

Kaida in Rupak Tal (Yadav 1995:140-141)

theme

धा	गे	तिर	किट	धी	ना	तिर	किट	धी	ना	गी	ना	ती	ना
Dhaa	Ge	TiRa	KiTa	Dhee	Naa	TiRa	KiTa	Dhee	Naa	Gee	Naa	Tee	Naa

ता	गे	तिर	किट	ती	ना	तिर	किट	धी	ना	गी	ना	धी	ना
Taa	Ge	TiRa	KiTa	Tee	Naa	TiRa	KiTa	Dhee	Naa	Gee	Naa	Dhee	Naa

Variation #1

धा	गे	तिर	किट	धा	गे	तिर	किट	धा	गे	तिर	किट	धी	ना
Dhaa	Ge	TiRa	KiTa	Dhaa	Ge	TiRa	KiTa	Dhaa	Ge	TiRa	KiTa	Dhee	Naa

धा	गे	तिर	किट	धी	ना	तिर	किट	धी	ना	गी	ना	धी	ना
Dhaa	Ge	TiRa	KiTa	Dhee	Naa	TiRa	KiTa	Dhee	Naa	Gee	Naa	Dhee	Naa

ता	गे	तिर	किट	ता	गे	तिर	किट	ता	गे	तिर	किट	ती	ना
Taa	Ge	TiRa	KiTa	Taa	Ge	TiRa	KiTa	Taa	Ge	TiRa	KiTa	Tee	Naa

धा	गे	तिर	किट	धी	ना	तिर	किट	धी	ना	गी	ना	धी	ना
Dhaa	Ge	TiRa	KiTa	Dhee	Naa	TiRa	KiTa	Dhee	Naa	Gee	Naa	Dhee	Naa

Appendix 1 - 7 & 14 Matra Kaidas

Variation #2

धा	गे	तिर	किट	धी	ना	गी	ना	धी	ना	गी	ना	धी	ना
Dhaa	Ge	TiRa	KiTa	Dhee	Naa	Gee	Naa	Dhee	Naa	Gee	Naa	Dhee	Naa

धा	गे	तिर	किट	धी	ना	तिर	किट	धी	ना	गी	ना	धी	ना
Dhaa	Ge	TiRa	KiTa	Dhee	Naa	TiRa	KiTa	Dhee	Naa	Gee	Naa	Dhee	Naa

ता	गे	तिर	किट	ती	ना	गी	ना	ती	ना	गी	ना	ती	ना
Taa	Ge	TiRa	KiTa	Tee	Naa	Gee	Naa	Tee	Naa	Gee	Naa	Tee	Naa

धा	गे	तिर	किट	धी	ना	तिर	किट	धी	ना	गी	ना	धी	ना
Dhaa	Ge	TiRa	KiTa	Dhee	Naa	TiRa	KiTa	Dhee	Naa	Gee	Naa	Dhee	Naa

Ending (Tihai)

धा	गे	तिर	किट	धी	ना	गी	ना	धा	गे	तिर	किट	धी	ना	गी	ना	धा
Dhaa	Ge	TiRa	KiTa	Dhee	Naa	Gee	Naa	Dhaa	Ge	TiRa	KiTa	Dhee	Naa	Gee	Naa	Dhaa

- - -
- - -

धा	गे	तिर	किट	धी	ना	गी	ना	धा	गे	तिर	किट	धी	ना	गी	ना	धा
Dhaa	Ge	TiRa	KiTa	Dhee	Naa	Gee	Naa	Dhaa	Ge	TiRa	KiTa	Dhee	Naa	Gee	Naa	Dhaa

- - -
- - -

धा	गे	तिर	किट	धी	ना	गी	ना	धा	गे	तिर	किट	धी	ना	गी	ना	X धा
Dhaa	Ge	TiRa	KiTa	Dhee	Naa	Gee	Naa	Dhaa	Ge	TiRa	KiTa	Dhee	Naa	Gee	Naa	Dhaa

Kaida in Ada Chautal (Yadav 1999a: 201-205)

Theme

धा	तिर	किट	धा	गे	ना	तिर	किट	धी	ना	गी	ना	तिर	किट
Dhaa	TiRa	KiTa	Dhaa	Ge	Naa	TiRa	KiTa	Dhee	Naa	Gee	Naa	TiRa	KiTa

तक	ता	तिर	किट	धी	ना	गी	ना	तिर	किट	धी	ना	गी	ना
TaKa	Taa	TiRa	KiTa	Dhee	Naa	Gee	Naa	TiRa	KiTa	Dhee	Naa	Gee	Naa

ता	तिर	किट	ता	गे	ना	तिर	किट	ती	ना	गी	ना	तिर	किट
Taa	TiRa	KiTa	Taa	Ge	Naa	TiRa	KiTa	Tee	Naa	Gee	Naa	TiRa	KiTa

तक	ता	तिर	किट	धी	ना	गी	ना	तिर	किट	धी	ना	गी	ना
TaKa	Taa	TiRa	KiTa	Dhee	Naa	Gee	Naa	TiRa	KiTa	Dhee	Naa	Gee	Naa

Focus on the Kaidas of Tabla

Variation #1

धा तिर किट धा गे ना तिर किट धा तिर किट धा गे ना
Dhaa TiRa KiTa Dhaa Ge Naa TiRa KiTa Dhaa TiRa KiTa Dhaa Ge Naa

तिर किट धा तिर किट धा गे ना तिर किट धी ना गी ना
TiRa KiTa Dhaa TiRa KiTa Dhaa Ge Naa TiRa KiTa Dhee Naa Gee Naa

धा तिर किट धा गे ना तिर किट धी ना गी ना तिर किट
Dhaa TiRa KiTa Dhaa Ge Naa TiRa KiTa Dhee Naa Gee Naa TiRa KiTa

तक ता तिर किट धी ना गी ना तिर किट धी ना गी ना
TaKa Taa TiRa KiTa Dhee Naa Gee Naa TiRa KiTa Dhee Naa Gee Naa

ता तिर किट ता गे ना तिर किट ता तिर किट ता गे ना
Taa TiRa KiTa Taa Ge Naa TiRa KiTa Taa TiRa KiTa Taa Ge Naa

तिर किट धा तिर किट धा गे ना तिर किट धी ना गी ना
TiRa KiTa Dhaa TiRa KiTa Dhaa Ge Naa TiRa KiTa Dhee Naa Gee Naa

धा तिर किट धा गे ना तिर किट धी ना गी ना तिर किट
Dhaa TiRa KiTa Dhaa Ge Naa TiRa KiTa Dhee Naa Gee Naa TiRa KiTa

तक ता तिर किट धी ना गी ना तिर किट धी ना गी ना
TaKa Taa TiRa KiTa Dhee Naa Gee Naa TiRa KiTa Dhee Naa Gee Naa

Variation #2

धा तिर किट धा गे ना तिर किट धा - - धा गे ना
Dhaa TiRa KiTa Dhaa Ge Naa TiRa KiTa Dhaa - - Dhaa Ge Naa

तिर किट धा - - धा गे ना तिर किट धी ना गी ना
TiRa KiTa Dhaa - - Dhaa Ge Naa TiRa KiTa Dhee Naa Gee Naa

धा तिर किट धा गे ना तिर किट धी ना गी ना तिर किट
Dhaa TiRa KiTa Dhaa Ge Naa TiRa KiTa Dhee Naa Gee Naa TiRa KiTa

तक ता तिर किट धी ना गी ना तिर किट धी ना गी ना
TaKa Taa TiRa KiTa Dhee Naa Gee Naa TiRa KiTa Dhee Naa Gee Naa

ता तिर किट ता गे ना तिर किट ता - - ता गे ना
Taa TiRa KiTa Taa Ge Naa TiRa KiTa Taa - - Taa Ge Naa

तिर किट ता - - धा गे ना तिर किट धी ना गी ना
TiRa KiTa Taa - - Dhaa Ge Naa TiRa KiTa Dhee Naa Gee Naa

धा तिर किट धा गे ना तिर किट धी ना गी ना तिर किट
Dhaa TiRa KiTa Dhaa Ge Naa TiRa KiTa Dhee Naa Gee Naa TiRa KiTa

तक ता तिर किट धी ना गी ना तिर किट धी ना गी ना
TaKa Taa TiRa KiTa Dhee Naa Gee Naa TiRa KiTa Dhee Naa Gee Naa

Appendix 1 - 7 & 14 Matra Kaidas

Variation #3

Dhaa Ge Naa Dhaa Ge Naa TiRa KiTa Dhaa TiRa KiTa Dhaa Ge Naa

TiRa KiTa Dhaa - - Dhaa Ge Naa TiRa KiTa Dhee Naa Gee Naa

Dhaa TiRa KiTa Dhaa Ge Naa TiRa KiTa Dhee Naa Gee Naa TiRa KiTa

TaKa Taa TiRa KiTa Dhee Naa Gee Naa TiRa KiTa Dhee Naa Gee Naa

Taa Ge Naa Taa Ge Naa TiRa KiTa Taa TiRa KiTa Taa Ge Naa

TiRa KiTa Taa - - Dhaa Ge Naa TiRa KiTa Dhee Naa Gee Naa

Dhaa TiRa KiTa Dhaa Ge Naa TiRa KiTa Dhee Naa Gee Naa TiRa KiTa

TaKa Taa TiRa KiTa Dhee Naa Gee Naa TiRa KiTa Dhee Naa Gee Naa

Variation #4

TiRa KiTa TaKa Taa TiRa KiTa Dhaa - Dhaa TiRa KiTa Dhaa Ge Naa

Dhaa - Dhaa Ge Naa Dhaa Ge Naa TiRa KiTa Dhee Naa Gee Naa

Dhaa TiRa KiTa Dhaa Ge Naa TiRa KiTa Dhee Naa Gee Naa TiRa KiTa

TaKa Taa TiRa KiTa Dhee Naa Gee Naa TiRa KiTa Dhee Naa Gee Naa

TiRa KiTa TaKa Taa TiRa KiTa Taa - Taa TiRa KiTa Taa Ge Naa

Taa - Dhaa Ge Naa Dhaa Ge Naa TiRa KiTa Dhee Naa Gee Naa

Dhaa TiRa KiTa Dhaa Ge Naa TiRa KiTa Dhee Naa Gee Naa TiRa KiTa

TaKa Taa TiRa KiTa Dhee Naa Gee Naa TiRa KiTa Dhee Naa Gee Naa

Variation #5

तिर किट तक तिर किट तक धा – धा गे ना धा गे ना
TiRa KiTa TaKa TiRa KiTa TaKa Dhaa - Dhaa Ge Naa Dhaa Ge Naa

धा – धा तिर किट धा गे ना तिर किट धी ना गी ना
Dhaa - Dhaa TiRa KiTa Dhaa Ge Naa TiRa KiTa Dhee Naa Gee Naa

धा तिर किट धा गे ना तिर किट धी ना गी ना तिर किट
Dhaa TiRa KiTa Dhaa Ge Naa TiRa KiTa Dhee Naa Gee Naa TiRa KiTa

तक ता तिर किट धी ना गी ना तिर किट धी ना गी ना
TaKa Taa TiRa KiTa Dhee Naa Gee Naa TiRa KiTa Dhee Naa Gee Naa

तिर किट तक तिर किट तक ता – ता गे ना ता गे ना
TiRa KiTa TaKa TiRa KiTa TaKa Taa - Taa Ge Naa Taa Ge Naa

ता – धा तिर किट धा गे ना तिर किट धी ना गी ना
Taa - Dhaa TiRa KiTa Dhaa Ge Naa TiRa KiTa Dhee Naa Gee Naa

धा तिर किट धा गे ना तिर किट धी ना गी ना तिर किट
Dhaa TiRa KiTa Dhaa Ge Naa TiRa KiTa Dhee Naa Gee Naa TiRa KiTa

तक ता तिर किट धी ना गी ना तिर किट धी ना गी ना
TaKa Taa TiRa KiTa Dhee Naa Gee Naa TiRa KiTa Dhee Naa Gee Naa

Ending (Tihai)

धा तिर किट धा गे ना तिर किट धा – – धा गे ना तिर किट धा
Dhaa TiRa KiTa Dhaa Ge Naa TiRa KiTa Dhaa - - Dhaa Ge Naa TiRa KiTa Dhaa

– – –
- - -

धा तिर किट धा गे ना तिर किट धा – – धा गे ना तिर किट धा
Dhaa TiRa KiTa Dhaa Ge Naa TiRa KiTa Dhaa - - Dhaa Ge Naa TiRa KiTa Dhaa

– – –
- - -

धा तिर किट धा गे ना तिर किट धा – – धा गे ना तिर किट | X धा
Dhaa TiRa KiTa Dhaa Ge Naa TiRa KiTa Dhaa - - Dhaa Ge Naa TiRa KiTa | Dhaa

Appendix 1 - 7 & 14 Matra Kaidas

Kaida in Rupak (Godbole 1967:171)
Theme

Dhaa Ge Ti Ta Dhaa Ge Tra Ka Dhi Na Gi Na Dhaa Ge Na Dhaa Tra Ka Dhi Ta Dhaa Ge Tra Ka Ti Na Ki Na

Taa Ge Ti Ta Taa Ge Tra Ka Ti Na Ki Na Dhaa Ge Na Dhaa Tra Ka Dhi Ta Dhaa Ge Tra Ka Dhi Na Gi Na

Variation#1

Dhaa Ge Ti Ta Dhaa Ge Ti Ta Dhaa Ge Tra Ka Dhi Na Gi Na Dhaa Ge Ti Ta Dhaa Ge Tra Ka Ti Na Ki Na

Taa Ge Ti Ta Taa Ge Ti Ta Taa Ge Tra Ka Ti Na Gi Na Dhaa Ge Ti Ta Dhaa Ge Tra Ka Dhi Na Gi Na

Variation#2

Dhaa Ge Ti Ta Dhaa Ge Na Dhaa Tra Ka Dhi Ta Dhaa Ge Na Dhaa Tra Ka Dhi Ta Dhaa Ge Tra Ka Ti Na Ki Na

Taa Ge Ti Ta Dhaa Ge Na Dhaa Tra Ka Dhi Ta Dhaa Ge Na Dhaa Tra Ka Dhi Ta Dhaa Ge Tra Ka Dhi Na Gi Na

Variation#3

Dhi Ta Dhi Ta Dhaa Ge Tra Ka Dhi Na Gi Na Dhaa - - - Dhaa Ge Ti Ta Dhaa Ge Tra Ka Ti Na Ki Na

Ti Ta Ti Ta Taa Ge Tra Ka Ti Na Ki Na Dhaa - - - Dhaa Ge Ti Ta Dhaa Ge Tra Ka Dhi Na Gi Na

Variation#4

Dhaa Ge Na Dhaa Tra Ka Dhi Ta Dhaa Ge Na Dhaa Tra Ka Dhi Ta Dhi Ta Dhi Ta Dhaa Ge Tra Ka Ti Na Ki Na

Taa Ge Na Taa Tra Ka Ti Ta Taa Ge Na Taa Tra Ka Ti Ta Dhi Ta Dhi Ta Dhaa Ge Tra Ka Dhi Na Gi Na

Ending (Tihai)

Dhaa Ge Na Dhaa Tra Ka Dhi Ta Dhaa Ge Tra Ka Ti Na Ki Na Dhaa

- - -
- - -

Dhaa Ge Na Dhaa Tra Ka Dhi Ta Dhaa Ge Tra Ka Ti Na Ki Na Dhaa

- - -
- - -

Dhaa Ge Na Dhaa Tra Ka Dhi Ta Dhaa Ge Tra Ka Ti Na Ki Na | X Dhaa

Focus on the Kaidas of Tabla

Kaida in Rupak (Tisra Jati)(Godbole 1967:177-179)
Theme

धा - धा - धा - घि न धा - घि न धा - घि ड न ग दि न दि
Dhaa - Dhaa - Dhaa - Ghi Na Dhaa - Ghi Na Dhaa - Ghi Da Na Ga Di Na Di

न गि न धा गे ति र कि ट धा गे ति ट धा गे त्र क ति न कि न
Na Gi Na Dhaa Ge Ti Ra Ki Ta Dhaa Ge Ti Ta Dhaa Ge Tra Ka Ti Na Ki Na

ता - ता - ता - कि न ता - कि न ता - कि ड न ग दि न दि
Taa - Taa - Taa - Ki Na Taa - Ki Na Taa - Ki Da Na Ga Di Na Di

न गि न धा गे ति र कि ट धा गे ति ट धा गे त्र क धि न गि न
Na Gi Na Dhaa Ge Ti Ra Ki Ta Dhaa Ge Ti Ta Dhaa Ge Tra Ka Dhi Na Gi Na

Variation #1

धा - - - धा - धा - ती - ना - धा - घि ड न ग दि न दि
Dhaa - - - Dhaa - Dhaa - Tee - Naa - Dhaa - Ghi Da Na Ga Di Na Di

न गि न धा गे ति र कि ट धा गे ति ट धा गे त्र क ति न कि न
Na Gi Na Dhaa Ge Ti Ra Ki Ta Dhaa Ge Ti Ta Dhaa Ge Tra Ka Ti Na Ki Na

ता - - - ता - ता - ती - ना - ता - कि ड न ग दि न दि
Taa - - - Taa - Taa - Tee - Naa - Taa - Ki Da Na Ga Di Na Di

न गि न धा गे ति र कि ट धा गे ति ट धा गे त्र क धि न गि न
Na Gi Na Dhaa Ge Ti Ra Ki Ta Dhaa Ge Ti Ta Dhaa Ge Tra Ka Dhi Na Gi Na

Variation #2

धा - घि ड न ग दि न दि न गि न धा - घि ड न ग दि न दि
Dhaa - Ghi Da Na Ga Di Na Di Na Gi Na Dhaa - Ghi Da Na Ga Di Na Di

न गि न धा गे ति र कि ट धा गे ति ट धा गे त्र क ति न कि न
Na Gi Na Dhaa Ge Ti Ra Ki Ta Dhaa Ge Ti Ta Dhaa Ge Tra Ka Ti Na Ki Na

ता - कि ड न ग त न ति न कि न ता - कि ड न ग ति न ति
Taa - Ki Da Na Ga Ti Na Ti Na Ki Na Taa - Ki Da Na Ga Ti Na Ti

न कि न धा गे ति र कि ट धा गे ति ट धा गे त्र क धि न गि न
Na Ki Na Dhaa Ge Ti Ra Ki Ta Dhaa Ge Ti Ta Dhaa Ge Tra Ka Dhi Na Gi Na

Appendix 1 - 7 & 14 Matra Kaidas

Variation #3

Dhaa - - - - Di Na Di Na Gi Na Dhaa Ge Ti Ra Ki Ta Dhaa - Ghi

Da Na Ga Dhaa Ge Ti Ra Ki Ta Dhaa - Ghi Da Na Ga Ti Na Ti Na Ki Na

Taa - - - - Ti Na Ti Na Ki Na Taa Ge Ti Ra Ki Ta Dhaa - Ghi

Da Na Ga Dhaa Ge Ti Ra Ki Ta Dhaa - Ghi Da Na Ga Di Na Di Na Gi Na

Variation #4

Dhaa - Ghi Da Na Ga Dhaa Ge Ti Ra Ki Ta Dhaa - - - - Dhaa - Ghi

Da Na Ga Dhaa Ge Ti Ra Ki Ta Dhaa - Ghi Da Na Ga Ti Na Ti Na Ki Na

Taa - Ki Da Na Ga Taa Ge Ti Ra Ki Ta Taa - - - - Dhaa - Ghi

Da Na Ga Dhaa Ge Ti Ra Ki Ta Dhaa - Ghi Da Na Ga Di Na Di Na Gi Na

Ending (Tihai)

Dhaa - Ghi Da Na Ga Dhaa Ge Ti Ra Ki Ta Dhaa - Ghi Da Na Ga Di Na Di Na Gi Na Dhaa

- - - - -
- - - - -

Dhaa - Ghi Da Na Ga Dhaa Ge Ti Ra Ki Ta Dhaa - Ghi Da Na Ga Di Na Di Na Gi Na Dhaa

- - - - -
- - - - -

Dhaa - Ghi Da Na Ga Dhaa Ge Ti Ra Ki Ta Dhaa - Ghi Da Na Ga Di Na Di Na Gi Na | X Dhaa

Focus on the Kaidas of Tabla

Kaida in Rupak (backwards *dilli Te Te* तेटे)(Leake 1993:161)
Theme

धा - ते टे धा धा ते टे धा गे ति ना कि ना ते टे ते धा - ते टे धा गे ति ना कि ना
Dhaa - Te Te Dhaa Dhaa Te Te Dhaa Ge Ti Naa Ki Naa Te Te Te Dhaa - Te Te Dhaa Ge Ti Naa Ki Naa

ता - ते टे ता ता ते टे ता के ति ना कि ना ते टे ते टे धा - ते टे धा गे धि ना गि ना
Taa - Te Te Taa Taa Te Te Taa Ke Ti Naa Ki Naa Te Te Te Dhaa - Te Te Dhaa Ge Dhi Naa Gi Naa

Variation #1

धा - ते टे धा धा ते टे धा गे ति ना कि ना धा - ते टे धा धा ते टे धा गे ति ना कि ना
Dhaa - Te Te Dhaa Dhaa Te Te Dhaa Ge Ti Naa Ki Naa Dhaa - Te Te Dhaa Dhaa Te Te Dhaa Ge Ti Naa Ki Naa

ते टे ते टे धा - ते टे धा गे ति ना कि ना ते टे ते टे धा - ते टे धा गे ति ना कि ना
Te Te Te Te Dhaa - Te Te Dhaa Ge Ti Naa Ki Naa Te Te Te Te Dhaa - Te Te Dhaa Ge Ti Naa Ki Naa

ता - ते टे ता ता ते टे ता के ति ना कि ना धा - ते टे धा धा ते टे धा गे ति ना कि ना
Taa - Te Te Taa Taa Te Te Taa Ke Ti Naa Ki Naa Dhaa - Te Te Dhaa Dhaa Te Te Dhaa Ge Ti Naa Ki Naa

ते टे ते टे धा - ते टे धा गे ति ना कि ना ते टे ते टे धा - ते टे धा गे धि ना गि ना
Te Te Te Te Dhaa - Te Te Dhaa Ge Ti Naa Ki Naa Te Te Te Te Dhaa - Te Te Dhaa Ge Dhi Naa Gi Naa

Ending (Tihai)

धे टे धे टे धा - ते टे धा गे धि ना गि ना धा - तित् - धा - क धा - तित् - धा - क धा - तित् - धा
Dhe Te Dhe Te Dhaa - Te Te Dhaa Ge Dhi Naa Gi Naa Dhaa - Tit - Dhaa - Ka Dhaa - Tit - Dhaa - Ka Dhaa - Tit - Dhaa

- - - कत् - - -
- - - Kat - - -

धे टे धे टे धा - ते टे धा गे धि ना गि ना धा - तित् - धा - क धा - तित् - धा - क धा - तित् - धा
Dhe Te Dhe Te Dhaa - Te Te Dhaa Ge Dhi Naa Gi Naa Dhaa - Tit - Dhaa - Ka Dhaa - Tit - Dhaa - Ka Dhaa - Tit - Dhaa

- - - कत् - - -
- - - Kat - - -

| धे टे धे टे धा - ते टे धा गे धि ना गि ना धा - तित् - धा - क धा - तित् - धा - क धा - तित् - | X |
| Dhe Te Dhe Te Dhaa - Te Te Dhaa Ge Dhi Naa Gi Naa Dhaa - Tit - Dhaa - Ka Dhaa - Tit - Dhaa - Ka Dhaa - Tit - | धा Dhaa |

Kaida Rela (Vashisth 1977:198)

धी ना - धा तिर किट धा गे तिर किट तक तिर किट तक
Dhee Naa - Dhaa TiRa KiTa Dhaa Ge TiRa KiTa TaKa TiRa KiTa TaKa

ती ना - ता तिर किट ता के तिर किट तक तिर किट तक
Tee Naa - Taa TiRa KiTa Taa Ke TiRa KiTa TaKa TiRa KiTa TaKa

Variation #1

धी ना - धा तिर किट धी ना - धा तिर किट धी ना
Dhee Naa - Dhaa TiRa KiTa Dhee Naa - Dhaa TiRa KiTa Dhi Naa

ती ना - ता तिर किट धी ना - धा तिर किट धी ना
Tee Naa - Taa TiRa KiTa Dhee Naa - Dhaa TiRa KiTa Dhee Naa

Appendix 1 - 7 & 14 Matra Kaidas

Variation #2

तिर किट धी ना - धा तिर किट धी ना धा धा तिर किट
TiRa KiTa Dhee Naa - Dhaa TiRa KiTa Dhee Naa Dhaa Dhaa TiRa KiTa

तिर किट ती ना - ता तिर किट धी ना धा धा तिर किट
TiRa KiTa Tee Naa - Taa TiRa KiTa Dhee Naa Dhaa Dhaa TiRa KiTa

Variation #3

धा धा तिर किट धी ना तिर किट धी ना - धा तिर किट
Dhaa Dhaa TiRa KiTa Dhee Naa TiRa KiTa Dhee Naa - Dhaa TiRa KiTa

ता ता तिर किट ती ना तिर किट धी ना - धा तिर किट
Taa Taa TiRa KiTa Tee Naa TiRa KiTa Dhee Naa - Dhaa TiRa KiTa

Variation #4

धी ना - धा तिर किट धा धा धी ना - धा तिर किट
Dhee Naa - Dhaa TiRa KiTa Dhaa Dhaa Dhee Naa - Dhaa TiRa KiTa

ती ना - ता तिर किट ता ता धी ना - धा तिर किट
Tee Naa - Taa TiRa KiTa Taa Taa Dhee Naa - Dhaa TiRa KiTa

Variation #5

धी ना तिर किट धा तिर किट तक धी ना - धा तिर किट
Dhee Naa TiRa KiTa Dhaa TiRa KiTa TaKa Dhee Naa - Dhaa TiRa KiTa

ती ना तिर किट ता तिर किट तक धी ना - धा तिर किट
Tee Naa TiRa KiTa Taa TiRa KiTa TaKa Dhee Naa - Dhaa TiRa KiTa

Variation #6

धा धा - धा तिर किट धी ना - धा तिर किट धी ना
Dhaa Dhaa - Dhaa TiRa KiTa Dhee Naa - Dhaa TiRa KiTa Dhee Naa

ता ता - ता तिर किट धी ना - धा तिर किट धी ना
Taa Taa - Taa TiRa KiTa Dhee Naa - Dhaa TiRa KiTa Dhee Naa

Variation #7

धा तिर किट तक धी ना - धा तिर किट धी ना तिर किट
Dhaa TiRa KiTa TaKa Dhee Naa - Dhaa TiRa KiTa Dhee Naa TiRa KiTa

ता तिर किट तक ती ना - धा तिर किट धी ना तिर किट
Taa TiRa KiTa TaKa Tee Naa - Dhaa TiRa KiTa Dhee Naa TiRa KiTa

Focus on the Kaidas of Tabla

Ending (Tihai) (no *tihai* was given in Vashisht's work, but here is one which works.)

धी	ना	-	धा	तिर	किट	धा	धा	धा	-
Dhee	Naa	-	Dhaa	TiRa	KiTa	Dhaa	Dhaa	Dhaa	-

धी	ना	-	धा	तिर	किट	धा	धा	धा	-
Dhee	Naa	-	Dhaa	TiRa	KiTa	Dhaa	Dhaa	Dhaa	-

								X
धी	ना	-	धा	तिर	किट	धा	धा	धा
Dhee	Naa	-	Dhaa	TiRa	KiTa	Dhaa	Dhaa	Dhaa

Kaida in Rupak Tal (Vashisht 1977:200)

Dhaa TiRa KiTa Dhaa Ti Dhaa TiRa KiTa Dhaa Te - Dhaa TiRa KiTa
Taa TiRa KiTa Taa Ti Taa TiRa KiTa Dhaa Te - Dhaa TiRa KiTa

Variation #1

Dhaa TiRa KiTa Dhaa Ti Dhaa TiRa KiTa Dhaa TiRa KiTa Dhaa Ti Dhaa
TiRa KiTa Dhaa Te - Dhaa TiRa KiTa Dhaa - Ti Dhaa TiRa KiTa
Taa TiRa KiTa Taa Ti Taa TiRa KiTa Taa TiRa KiTa Taa Ti Taa
TiRa KiTa Dhaa Te - Dhaa TiRa KiTa Dhaa - Ti Dhaa TiRa KiTa

Variation #2

Dhaa TiRa KiTa Dhaa - Dhaa TiRa KiTa Dhaa TiRa KiTa Dhaa TiRa KiTa
Taa TiRa KiTa Taa - Taa TiRa KiTa Dhaa TiRa KiTa Dhaa TiRa KiTa

Variation #3

- Dhaa TiRa KiTa Dhaa TiRa KiTa TaKa Dhaa Te - Dhaa TiRa KiTa
- Taa TiRa KiTa Taa TiRa KiTa TaKa Dhaa Te - Dhaa TiRa KiTa

Variation #4

धा तिर किट धा – धा तिर किट धा धा – धा तिर किट
Dhaa TiRa KiTa Dhaa - Dhaa TiRa KiTa Dhaa Dhaa - Dhaa TiRa KiTa

ता तिर किट ता – ता तिर किट धा धा – धा तिर किट
Taa TiRa KiTa Taa - Taa TiRa KiTa Dhaa Dhaa - Dhaa TiRa KiTa

Variation #5

ति धा तिर किट धा तिर किट धा तिर किट धा ते – धा
Ti Dhaa TiRa KiTa Dhaa TiRa KiTa Dhaa TiRa KiTa Dhaa Te - Dhaa

ति ता तिर किट ता तिर किट ता तिर किट धा ते – धा
Ti Taa TiRa KiTa Taa TiRa KiTa Taa TiRa KiTa Dhaa Te - Dhaa

Variation #6

धा तिर किट धा – धा तिर किट धा तिर किट धा – धा
Dhaa TiRa KiTa Dhaa - Dhaa TiRa KiTa Dhaa TiRa KiTa Dhaa - Dhaa

तिर किट धा तिर किट ता ति धा तिर किट धा तिर किट तक
TiRa KiTa Dhaa TiRa KiTa Taa Ti Dhaa TiRa KiTa Dhaa TiRa KiTa TaKa

ता तिर किट ता – ता तिर किट ता तिर किट ता – ता
Taa TiRa KiTa Taa - Taa TiRa KiTa Taa TiRa KiTa Taa - Taa

तिर किट धा तिर किट ता ति धा तिर किट धा तिर किट तक
TiRa KiTa Dhaa TiRa KiTa Taa Ti Dhaa TiRa KiTa Dhaa TiRa KiTa TaKa

Variation #7

धा ती धा – धा धा तिर किट धा तिर किट धा तिर किट
Dhaa Tee Dhaa - Dhaa Dhaa TiRa KiTa Dhaa TiRa KiTa Dhaa TiRa KiTa

ता ती ता – ता ता तिर किट धा तिर किट धा तिर किट
Taa Tee Taa - Taa Taa TiRa KiTa Dhaa TiRa KiTa Dhaa TiRa KiTa

Variation #8

धा ते – धा तिर किट धा ती धा – धा तिर किट तक
Dhaa Te - Dhaa TiRa KiTa Dhaa Tee Dhaa - Dhaa TiRa KiTa TaKa

ता ते – ता तिर किट धा ती धा – धा तिर किट तक
Taa Te - Taa TiRa KiTa Dhaa Tee Dhaa - Dhaa TiRa KiTa TaKa

Focus on the Kaidas of Tabla

Variation #9

-	Dhaa	TiRa	KiTa	Dhaa	Tee	Dhaa	-	Dhaa	TiRa	KiTa	TaKa	Dhaa	TiRa
KiTa	TaKa	-	Dhaa	TiRa	KiTa	Dhaa	Te	-	Dhaa	TiRa	KiTa	Dhaa	Tee
-	Taa	TiRa	KiTa	Taa	Tee	Taa	-	Taa	TiRa	KiTa	TaKa	Taa	TiRa
KiTa	TaKa	-	Dhaa	TiRa	KiTa	Dhaa	Te	-	Dhaa	TiRa	KiTa	Dhaa	Tee

Tihai (no *tihai* was given in Vashisht's work but here is one that works well)

Dhaa TiRa KiTa Dhaa Ti Dhaa TiRa KiTa Dhaa -

Dhaa TiRa KiTa Dhaa Ti Dhaa TiRa KiTa Dhaa -

Dhaa TiRa KiTa Dhaa Ti Dhaa TiRa KiTa | X Dhaa

Kaida Rela in Adachautal (Vashisth 1977:163)

Dhaa - Ti Ta Ghi Ra Na Ga Tee - Naa - Ki Ra Na Ga Dhaa - Ti Ta Ghi Ra Na Ga Ti Ra Ki Ta

Taa - Ti Ta Ki Ra Na Ga Tee - Naa - Ki Ra Na Ga Dhaa - Ti Ta Ghi Ra Na Ga Ti Ra Ki Ta

Variation #1

Dhaa - Ti Ta Ghi Ra Na Ga Tee - Naa - Ki Ra Naa Ga Dhaa - Ti Ta Ghi Ra Na Ga Dhaa - Ti Ta

Ghi Ra Na Ga Tee - Naa - Ki Ra Na Ga Dhaa - Ti Ta Ghi Ra Na Ga Tee - Naa - Ki Ra Na Ga

Taa - Ti Ta Ki Ra Na Ga Tee - Naa - Ki Ra Na Ga Taa - Ti Ta Ki Ra Na Ga Taa - Ti Ta

Ghi Ra Na Ga Tee - Naa - Ki Ra Na Ga Dhaa - Ti Ta Ghi Ra Na Ga Tee - Naa - Ki Ra Na Ga

Variation #2

धा – तिट घि ड़ न ग – – तिट घि ड़ न ग – – तिट घि ड़ न ग तिट घि ड़
Dhaa - Ti Ta Ghi Ra Na Ga - - Ti Ta Gi Ra Na Ga - - Ti Ta Ghi Ra Na Ga Ti Ta Ghi Ra

न ग तिट घि ड़ न ग ती – ना – धा – तिट घि ड़ न ग ती – ना – कि ड़ न ग
Na Ga Ti Ta Ghi Ra Na Ga Tee - Naa -Dhaa - Ti Ta Ghi Ra Na Ga Tee - Naa - Ki Ra Na Ga

ता – तिट कि ड़ न ग – – तिट कि ड़ न ग – – तिट कि ड़ न ग तिट घि ड़
Taa - Ti Ta Ki Ra Na Ga - - Ti Ta Ki Ra Na Ga - - Ti Ta Ki Ra Na Ga Ti Ta Ghi Ra

न ग तिट घि ड़ न ग ती – ना – धा – तिट घि ड़ न ग ती – ना – कि ड़ न ग
Na Ga Ti Ta Ghi Ra Na Ga Tee - Naa - Dhaa - Ti Ta Ghi Ra Na Ga Tee - Naa - Ki Ra Na Ga

Variation #3

धा – – – घि ड़ न ग तक् – – – घि ड़ न ग तक् – घि ड़ न ग तक् – घि ड़ न ग
Dhaa - - - Ghi Ra Na Ga Tak - - - Ghi Ra Na Ga Tak - Ghi Ra Na Ga Tak - Ghi Ra Na Ga

तिर कि ट धा – तिट घि ड़ न ग तक् – घि ड़ न ग त ग ती – ना – कि ड़ न ग
Ti Ra Ki Ta Dhaa - Ti Ta Ghi Ra Na Ga Tak - Ghi Ra Na Ga Ta Ga Tee - Naa - Ki Ra Na Ga

ता – – – कि ड़ न ग तक् – – – घि ड़ न ग तक् – कि ड़ न ग तक् – घि ड़ न ग
Taa - - - Ki Ra Na Ga Tak - - - Ghi Ra Na Ga Tak - Ki Ra Na Ga Tak - Ghi Ra Na Ga

तिर कि ट धा – तिट घि ड़ न ग तक् – घि ड़ न ग त ग ती – ना – कि ड़ न ग
Ti Ra Ki Ta Dhaa - Ti Ta Ghi Ra Na Ga Tak - Ghi Ra Na Ga Ta Ga Tee - Naa - Ki Ra Na Ga

Variation #4

धा – तिट कत् – तिट धा – तिट कि ड़ न ग कत् – तिट घि ड़ न ग ती – ना –
Dhaa - Ti Ta Kat - Ti Ta Dhaa - Ti Ta Ki Ra Na Ga Kat - Ti Ta Ghi Ra Na Ga Tee - Naa -

ता – तिट कत् – तिट ता – तिट कि ड़ न ग कत् – तिट घि ड़ न ग ती – ना –
Taa - Ti Ta Kat - Ti Ta Taa - Ti Ta Ki Ra Na Ga Kat - Ti Ta Ghi Ra Na Ga Tee - Naa -

Variation #5

त – कत् – धा – – – त – कत् – – – धा – तिट घि ड़ न ग तिट घि ड़ न ग
Ta - Kat - Dhaa - - - Ta - Kat - - - Dhaa - Ti Ta Ghi Ra Na Ga Ti Ta Ghi Ra Na Ga

तिर कि ट त – कत् – धा – – – – तिट घि ड़ न ग ती – ना – कि ड़ न ग
Ti Ra Ki Ta Ta - Kat - Dhaa - - - - Ti Ta Ghi Ra Na Ga Tee - Naa - Ki Ra Na Ga

त – कत् – ता – – – त – कत् – – – ता – तिट कि ड़ न क तिट कि ड़ न ग
Ta - Kat - Taa - - - Ta - Kat - - - Taa - Ti Ta Ki Ra Na Ka Ti Ta Ki Ra Na Ga

तिर कि ट त – कत् – धा – – – – तिट घि ड़ न ग ती – ना – कि ड़ न ग
Ti Ra Ki Ta Ta - Kat - Dhaa - - - - Ti Ta Ghi Ra Na Ga Tee - Naa - Ki Ra Na Ga

Variation #6

Dhaa - Ti Ta Ki Ta Dhaa - Ti Ra Ki Ta Dhaa - Ti Ta Ghi Ra Na Ga Ti Ra Ki Ta Ghi Ra Na Ga

Taa - Ti Ta Ki Ta Dhaa - Ti Ra Ki Ta Dhaa - Ti Ta Ghi Ra Na Ga Ti Ra Ki Ta Ghi Ra Na Ga

Variation #7

Dhaa - Ti Ta Ka Ta Dhi Ra Dhi Ra Dhi Ra Ghi Ra Na Ga Dhi Ra Dhi Ra Dhi Ra Dhi Ra Ghi Ra Na Ga

Tee - Naa - - - Dhaa - Ghi Ra Na Ga Ti Ta Ki Ra Dhaa - Dhaa - Tee - Naa - Ki Ra Na Ga

Taa - Ti Ta Ka Ta Ti Ra Ti Ra Ti Ra Ki Ra Na Ga Ti Ra Ti Ra Ti Ra Ti Ra Ki Ra Na Ga

Tee - Naa - - - Taa - Ghi Ra Na Ga Ti Ta Ghi Ra Dhaa - Dhaa - Tee - Naa - Ki Ra Na Ga

Variation #8

Dhi Ra Dhi Ra Dhi Ra Dhi Ra Ghi Ra Na Ga Dhi Ra Dhi Ra Dhi Ra Dhi Ra Ghi Ra Na Ga Tee - Naa -

Dhi Ra Dhi Ra Ghi Ra Na Ga Dhi Ra Dhi Ra Dhi Ra Dhi Ra Ghi Ra Na Ga Tee - Naa - Ki Ra Na Ga

Ti Ra Ti Ra Ti Ra Ti Ra Ki Ra Na Ga Ti Ra Ti Ra Ti Ra Ti Ra Ki Ra Na Ga Tee - Naa -

Dhi Ra Dhi Ra Ghi Ra Na Ga Dhi Ra Dhi Ra Dhi Ra Dhi Ra Ghi Ra Na Ga Tee - Naa - Ki Ra Na Ga

Variation #9

Dhaa - - - Ghi - Naat - Dhi Ra Dhi Ra Ghi Ra Na Ga Dhi Ra Dhi Ra Ghi Ra Na Ga Tee - Naa -

Taa - - - Ki - Naat - Ti Ra Ti Ra Ki Ra Na Ga Dhi Ra Dhi Ra Ghi Ra Na Ga Tee - Naa -

Variation #10

Dhi Ra Dhi Ra Ta Ka Dhi Ra Dhi Ra Dhi Ra Dhaa - Ti Ta Ghi Ra Na Ga Dhi Ra Dhi Ra Ghi Ra Na Ga

Ti Ra Ti Ra Ta Ka Ti Ra Ti Ra Ti Ra Taa - Ti Ta Ghi Ra Na Ga Dhi Ra Dhi Ra Ghi Ra Na Ga

Variation #11

Dhaa - - - Dhi Ra Dhi Ra Ghi Ra Na Ga Ta - Kat - Dhaa - - - Dhi Ra Dhi Ra Ghi Ra Na Ga

- - Dhi Ra Dhi Ra Dhi Ra Ghi Ra Na Ga Dhaa - Ki Ta Ta - Kat - Taa - - - Ta - Kat -

Taa - - - Ti Ra Ti Ra Ki Ra Na Ga Ta - Kat - Taa - - - Ti Ra Ti Ra Ki Ra Na Ga

- - Dhi Ra Dhi Ra Dhi Ra Ghi Ra Na Ga Dhaa - Ki Ta Ta - Kat - Dhaa - - - Ta - Kat -

Variation #12

Dhaa - - - DhiRa DhiRa Kat - DhiRa DhiRa Kat - DhiRa DhiRa KiTa

TaKa Taa TiRa KiTa TaKa DhiRa DhiRa KiTa TaKa Taa TiRa KiTa TaKa

Taa - - - TiRa TiRa Kat - TiRa TiRa Kat - TiRa TiRa KiTa

TaKa Taa TiRa KiTa TaKa DhiRa DhiRa KiTa TaKa Taa TiRa KiTa TaKa

Tihai (no tihai is given in Vashisht's work but here is one that works)

Dhi Ra Dhi Ra Ghi Ra Na Ga Dhi Ra Dhi Ra Ghi Ra Na Ga Dhaa

- - -
- - -

Dhi Ra Dhi Ra Ghi Ra Na Ga Dhi Ra Dhi Ra Ghi Ra Na Ga Dhaa

- - -
- - -

Dhi Ra Dhi Ra Ghi Ra Na Ga Dhi Ra Dhi Ra Ghi Ra Na Ga | X Dhaa

Focus on the Kaidas of Tabla

Kaida in Dipchandi (Vashisht 1977:216)

धा	तिर	किट	धा	ति	ट	ति	ट	धा	-	कृ	धा	ति	ट
Dhaa	TiRa	KiTa	Dhaa	Ti	Ta	Ti	Ta	Dhaa	-	Kra	Dhaa	Ti	Ta

ति	ट	धा	तिर	किट	धा	ति	ट	घि	न	ती	ना	क	ता
Ti	Ta	Dhaa	TiRa	KiTa	Dhaa	Ti	Ta	Ghin	Na	Tee	Naa	Ka	Taa

ता	तिर	किट	ता	ति	ट	ति	ट	ता	-	कृ	ता	ति	ट
Taa	TiRa	KiTa	Taa	Ti	Ta	Ti	Ta	Taa	-	Kra	Taa	Ti	Ta

ति	ट	धा	तिर	किट	धा	ति	ट	घि	न	ती	ना	क	ता
Ti	Ta	Dhaa	TiRa	KiTa	Dhaa	Ti	Ta	Ghin	Na	Tee	Naa	Ka	Taa

Variation #1

धा	तिर	किट	धा	-	धा	ति	ट	कृ	धा	ति	ट	धा	तिर
Dhaa	TiRa	KiTa	Dhaa	-	Dhaa	Ti	Ta	Kra	Dhaa	Ti	Ta	Dhaa	TiRa

किट	धा	ति	ट	घि	न	धा	तिर	किट	तक	ता	तिर	किट	तक
KiTa	Dhaa	Ti	Ta	Ghi	Na	Dhaa	TiRa	KiTa	TaKa	Taa	TiRa	KiTa	TaKa

ता	तिर	किट	ता	-	ता	ति	ट	कृ	ता	ति	ट	धा	तिर
Taa	TiRa	KiTa	Taa	-	Taa	Ti	Ta	Kra	Taa	Ti	Ta	Dhaa	TiRa

किट	धा	ति	ट	घि	न	धा	तिर	किट	तक	ता	तिर	किट	तक
KiTa	Dhaa	Ti	Ta	Ghi	Na	Dhaa	TiRa	KiTa	TaKa	Taa	TiRa	KiTa	TaKa

Variation #2

धा	तिर	किट	तक	ता	तिर	किट	तक	धा	-	-	-	ति	ट
Dhaa	TiRa	KiTa	TaKa	Taa	TiRa	KiTa	TaKa	Dhaa	-	-	-	Ti	Ta

ति	ट	धा	तिर	किट	धा	ति	ट	घि	न	ती	ना	क	ता
Ti	Ta	Dhaa	TiRa	KiTa	Dhaa	Ti	Ta	Ghi	Na	Tee	Naa	Ka	Taa

ता	तिर	किट	तक	ता	तिर	किट	तक	ता	-	-	-	ति	ट
Taa	TiRa	KiTa	TaKa	Taa	TiRa	KiTa	TaKa	Taa	-	-	-	Ti	Ta

ति	ट	धा	तिर	किट	धा	ति	ट	घि	न	ती	ना	क	ता
Ti	Ta	Dhaa	TiRa	KiTa	Dhaa	Ti	Ta	Ghi	Na	Tee	Naa	Ka	Taa

Appendix 1 - 7 & 14 Matra Kaidas

Variation #3

धा	–	कृ	धा	ति	ट	ति	ट	धा	तिर	किट	धा	ति	ट
Dhaa	-	Kra	Dhaa	Ti	Ta	Ti	Ta	Dhaa	TiRa	KiTa	Dhaa	Ti	Ta

घि	न	ति	ट	ति	ट	धा	तिर	किट	धा	–	धा	तिर	किट
Ghi	Na	Ti	Ta	Ti	Ta	Dhaa	TiRa	KiTa	Dhaa	-	Dhaa	TiRa	KiTa

ता	–	कृ	ता	ति	ट	ति	ट	ता	तिर	किट	ता	ति	ट
Taa	-	Kra	Taa	Ti	Ta	Ti	Ta	Taa	TiRa	KiTa	Taa	Ti	Ta

घि	न	ति	ट	ति	ट	धा	तिर	किट	धा	–	धा	तिर	किट
Ghi	Na	Ti	Ta	Ti	Ta	Dhaa	TiRa	KiTa	Dhaa	-	Dhaa	TiRa	KiTa

Variation #4

धा	तिर	किट	धा	ति	ट	ति	ट	धा	तिर	किट	धा	ति	ट
Dhaa	TiRa	KiTa	Dhaa	Ti	Ta	Ti	Ta	Dhaa	TiRa	KiTa	Dhaa	Ti	Ta

ति	ट	–	कृ	धा	ति	ट	ति	ट	धा	तिर	किट	तक
Ti	Ta	-	Kra	Dhaa	Ti	Ta	Ti	Ta	Dhaa	TiRa	KiTa	TaKa

ता	तिर	किट	ता	ति	ट	ति	ट	ता	तिर	किट	ता	ति	ट
Taa	TiRa	KiTa	Taa	Ti	Ta	Ti	Ta	Taa	TiRa	KiTa	Taa	Ti	Ta

ति	ट	–	कृ	धा	ति	ट	ति	ट	धा	तिर	किट	तक
Ti	Ta	-	Kra	Dhaa	Ti	Ta	Ti	Ta	Dhaa	TiRa	KiTa	TaKa

Variation #5

धा	तिर	किट	तक	धा	गे	तिर	किट	–	धा	तिर	किट	धा	तिर
Dhaa	TiRa	KiTa	TaKa	Dhaa	Ge	TiRa	KiTa	-	Dhaa	TiRa	KiTa	Dhaa	TiRa

किट	तक	ति	ट	ति	ट	धा	गे	तिर	किट	ती	ना	क	ता
KiTa	TaKa	Ti	Ta	Ti	Ta	Dhaa	Ge	TiRa	KiTa	Tee	Naa	Ka	Taa

ता	तिर	किट	तक	ता	के	तिर	किट	–	ता	तिर	किट	धा	तिर
Taa	TiRa	KiTa	TaKa	Taa	Ke	TiRa	KiTa	-	Taa	TiRa	KiTa	Dhaa	TiRa

किट	तक	ति	ट	ति	ट	धा	गे	तिर	किट	ती	ना	क	ता
KiTa	TaKa	Ti	Ta	Ti	Ta	Dhaa	Ge	TiRa	KiTa	Tee	Naa	Ka	Taa

Variation #6

Tee Naa Ka Taa Dhaa TiRa KiTa TaKa Dhaa - - - Ti Ta

Ti Ta Dhaa TiRa KiTa Dhaa Ti Ta Ti Ta Dhaa - - -

Tee Naa Ka Taa Taa TiRa KiTa TaKa Taa - - - Ti Ta

Ti Ta Dhaa TiRa KiTa Dhaa Ti Ta Ti Ta Dhaa - - -

Variation #7

Dhaa TiRa KiTa Dhaa Ti Ta Ti Ta Dhaa - Kra Dhaa Ti Ta

Ti Ta Dhaa TiRa KiTa TaKa Dhaa - Kra Dhaa Ti Ta Ti Ta

Taa TiRa KiTa Taa Ti Ta Ti Ta Taa - Kra Taa Ti Ta

Ti Ta Dhaa TiRa KiTa TaKa Dhaa - Kra Dhaa Ti Ta Ti Ta

Variation #8

Dhaa - Kra Dhaa - Dhaa Ti Ta Ti Ta Ti Ta Tee Naa Ka Taa - Dhaa Ti Ta Dhaa - Kra Dhaa Tee Naa Ka Taa

Taa - Kra Taa - Taa Ti Ta Ti Ta Ti Ta Tee Naa Ka Taa - Dhaa Ti Ta Dhaa - Kra Dhaa Tee Naa Ka Taa

Variation #9

Dhaa - - Dhaa Ti Ta Ghi Na Dhaa TiRa KiTa Dhaa - Dhaa Ti Ta Ti Ta Ti Ta Dhaa - - Dhaa Ti Ta Ghi Na

Taa - - Taa Ti Ta Ki Na Taa TiRa KiTa Taa - Dhaa Ti Ta Ti Ta Ti Ta Dhaa - - Dhaa Ti Ta Ghi Na

Appendix 1 - 7 & 14 Matra Kaidas

Tihai (No *tihai* was given in Vashisht's work, but here is one that will work.)

धा	तिर	किट	धा	ति	ट	ति	ट	धा	–	कृ	धा	ति	ट	ति	ट	धा
Dhaa	TiRa	KiTa	Dhaa	Ti	Ta	Ti	Ta	Dhaa	–	Kra	Dhaa	Ti	Ta	Ti	Ta	Dhaa

– – –
– – –

धा	तिर	किट	धा	ति	ट	ति	ट	धा	–	कृ	धा	ति	ट	ति	ट	धा
Dhaa	TiRa	KiTa	Dhaa	Ti	Ta	Ti	Ta	Dhaa	–	Kra	Dhaa	Ti	Ta	Ti	Ta	Dhaa

– – –
– – –

धा	तिर	किट	धा	ति	ट	ति	ट	धा	–	कृ	धा	ति	ट	ति	ट	X धा
Dhaa	TiRa	KiTa	Dhaa	Ti	Ta	Ti	Ta	Dhaa	–	Kra	Dhaa	Ti	Ta	Ti	Ta	Dhaa

WORKS CITED

Courtney, David
1998   *Fundamentals of Tabla*. Houston, Sur Sangeet Services.
2000   *Advanced Theory of Tabla*. Houston. Sur Sangeet Services.

Dutta, Aloke
1984   Tabla: Lessons and Practice. Calcutta: Janabani Printers and Publishers.

Godbole, Madhukar Ganesh
1967   *Tal Dipika*. Allahabad, India: Ashok Prakashan Mandir.

Gottlieb, Robert S.
1977   *The Major Traditions of North Indian Tabla Drumming (Vol. 1)*. Munich -Salzburg: Musikverlag Emil Katzbichler.

Khan, Shaik Dawood
1978-1980 Personal study.

Kippen, James
1988   *The Tabla of Lucknow: A Cultural Analysis of a Musical Tradition*. Cambridge: Cambridge University Press.

Leake, Jerry
1993   *Indian Influence (Tabla Perspective), Series A.I.M. Percussion Text* (Second Edition). Boston: Rhombus Publishing.

Vashisht, Satyanarayan
1977   *Tal Martand*. (5th edition), Hathras, India: Sangeet Karyalay.
1981   *Kaida aur Peshkar*, Hathras, India: Sangeet Karyalay.

Yadav, B. L.
1995   *Tabla Prakash (vol. 1)*. Allahabad: Sangit Sadan Prakashan.
1999a   *Tabla Prakash (vol. 2)*. Allahabad: Sangit Sadan Prakashan.

APPENDIX 2

NINE AND EIGHTEEN - MATRA KAIDA

INTRODUCTION
There are very few *tals* that have nine or eighteen-*matras*. The most common is *Matta tal*, but other ones are *Ada-Pech, Ank tal, Chandrakriya, Chandrawal, Visham*, and *saraswati tal* (see *Fundamentals of Tabla* for more information and more examples).

Kaida in Durgesh Tal (Yadav 1999:33-35)
Theme

धा	ते	टे	धा	ते	टे	ते	टे	धा	धा	ते	टे	धा	गे	ती	ना	गी	ना
Dhaa	Te	Te	Dhaa	Te	Te	Te	Te	Dhaa	Dhaa	Te	Te	Dhaa	Ge	Tee	Naa	Gee	Naa

ता	ते	टे	ता	ते	टे	ते	टे	ता	ता	ते	टे	धा	गे	धी	ना	गी	ना
Taa	Te	Te	Taa	Te	Te	Te	Te	Taa	Taa	Te	Te	Dhaa	Ge	Dhee	Naa	Gee	Naa

Variation #1

धा	ते	टे	धा	ते	टे	ते	टे	धा	धा	ते	टे	धा	धा	ते	टे	ते	टे
Dhaa	Te	Te	Dhaa	Te	Te	Te	Te	Dhaa	Dhaa	Te	Te	Dhaa	Dhaa	Te	Te	Te	Te

धा	ते	टे	धा	ते	टे	ते	टे	धा	धा	ते	टे	धा	गे	ती	ना	गी	ना
Dhaa	Te	Te	Dhaa	Te	Te	Te	Te	Dhaa	Dhaa	Te	Te	Dhaa	Ge	Tee	Naa	Gee	Naa

ता	ते	टे	ता	ते	टे	ते	टे	ता	ता	ते	टे	ता	ता	ते	टे	ते	टे
Taa	Te	Te	Taa	Te	Te	Te	Te	Taa	Taa	Te	Te	Taa	Taa	Te	Te	Te	Te

धा	ते	टे	धा	ते	टे	ते	टे	धा	धा	ते	टे	धा	गे	धी	ना	गी	ना
Dhaa	Te	Te	Dhaa	Te	Te	Te	Te	Dhaa	Dhaa	Te	Te	Dhaa	Ge	Dhee	Naa	Gee	Naa

Variation #2

धा	ते	टे	धा	ते	टे	धा	धा	ते	टे	ते	टे	धा	धा	ते	टे	ते	टे
Dhaa	Te	Te	Dhaa	Te	Te	Dhaa	Dhaa	Te	Te	Te	Te	Dhaa	Dhaa	Te	Te	Te	Te

धा	ते	टे	धा	ते	टे	ते	टे	धा	धा	ते	टे	धा	गे	ती	ना	गी	ना
Dhaa	Te	Te	Dhaa	Te	Te	Te	Te	Dhaa	Dhaa	Te	Te	Dhaa	Ge	Tee	Naa	Gee	Naa

ता	ते	टे	ता	ते	टे	ता	ता	ते	टे	ते	टे	ता	ता	ते	टे	ते	टे
Taa	Te	Te	Taa	Te	Te	Taa	Taa	Te	Te	Te	Te	Taa	Taa	Te	Te	Te	Te

धा	ते	टे	धा	ते	टे	ते	टे	धा	धा	ते	टे	धा	गे	धी	ना	गी	ना
Dhaa	Te	Te	Dhaa	Te	Te	Te	Te	Dhaa	Dhaa	Te	Te	Dhaa	Ge	Dhee	Naa	Gee	Naa

Focus on the Kaidas of Tabla

Variation #3

धा	ते	टे	धा	ते	टे	ते	टे	ते	टे	धा	ते	टे	ते	टे	धा	ते	टे
Dhaa	Te	Te	Dhaa	Te	Te	Te	Te	Te	Te	Dhaa	Te	Te	Te	Te	Dhaa	Te	Te

धा	ते	टे	धा	ते	टे	ते	टे	धा	धा	ते	टे	धा	गे	ती	ना	गी	ना
Dhaa	Te	Te	Dhaa	Te	Te	Te	Te	Dhaa	Dhaa	Te	Te	Dhaa	Ge	Tee	Naa	Gee	Naa

ता	ते	टे	ता	ते	टे	ते	टे	ते	टे	ता	ते	टे	ते	टे	ता	ते	टे
Taa	Te	Te	Taa	Te	Te	Te	Te	Te	Te	Taa	Te	Te	Te	Te	Taa	Te	Te

धा	ते	टे	धा	ते	टे	ते	टे	धा	धा	ते	टे	धा	गे	धी	ना	गी	ना
Dhaa	Te	Te	Dhaa	Te	Te	Te	Te	Dhaa	Dhaa	Te	Te	Dhaa	Ge	Dhee	Naa	Gee	Naa

Variation #4

ते	टे	धा	धा	ते	टे	ते	टे	–	धा	ते	टे	ते	टे	–	धा	ते	टे
Te	Te	Dhaa	Dhaa	Te	Te	Te	Te	-	Dhaa	Te	Te	Te	Te	-	Dhaa	Te	Te

धा	ते	टे	धा	ते	टे	ते	टे	धा	धा	ते	टे	धा	गे	ती	ना	गी	ना
Dhaa	Te	Te	Dhaa	Te	Te	Te	Te	Dhaa	Dhaa	Te	Te	Dhaa	Ge	Tee	Naa	Gee	Naa

ते	टे	ता	ता	ते	टे	ते	टे	–	ता	ते	टे	ते	टे	–	ता	ते	टे
Te	Te	Taa	Taa	Te	Te	Te	Te	-	Taa	Te	Te	Te	Te	-	Taa	Te	Te

धा	ते	टे	धा	ते	टे	ते	टे	धा	धा	ते	टे	धा	गे	धी	ना	गी	ना
Dhaa	Te	Te	Dhaa	Te	Te	Te	Te	Dhaa	Dhaa	Te	Te	Dhaa	Ge	Dhee	Naa	Gee	Naa

Variation #5

ते	टे	ते	टे	धा	ते	टे	ते	टे	धा	ते	टे	ते	टे	धा	धा	ते	टे
Te	Te	Te	Te	Dhaa	Te	Te	Te	Te	Dhaa	Te	Te	Te	Te	Dhaa	Dhaa	Te	Te

धा	ते	टे	धा	ते	टे	ते	टे	धा	धा	ते	टे	धा	गे	ती	ना	गी	ना
Dhaa	Te	Te	Dhaa	Te	Te	Te	Te	Dhaa	Dhaa	Te	Te	Dhaa	Ge	Tee	Naa	Gee	Naa

ते	टे	ते	टे	ता	ते	टे	ते	टे	ता	ते	टे	ते	टे	ता	ता	ते	टे
Te	Te	Te	Te	Taa	Te	Te	Te	Te	Taa	Te	Te	Te	Te	Taa	Taa	Te	Te

धा	ते	टे	धा	ते	टे	ते	टे	धा	धा	ते	टे	धा	गे	धी	ना	गी	ना
Dhaa	Te	Te	Dhaa	Te	Te	Te	Te	Dhaa	Dhaa	Te	Te	Dhaa	Ge	Dhee	Naa	Gee	Naa

Variation #6

ते	टे	ते	टे	–	धा	ते	टे	–	धा	ते	टे	ते	टे	–	धा	ते	टे
Te	Te	Te	Te	–	Dhaa	Te	Te	–	Dhaa	Te	Te	Te	Te	–	Dhaa	Te	Te

धा	ते	टे	धा	ते	टे	ते	टे	धा	धा	ते	टे	धा	गे	ती	ना	गी	ना
Dhaa	Te	Te	Dhaa	Te	Te	Te	Te	Dhaa	Dhaa	Te	Te	Dhaa	Ge	Tee	Naa	Gee	Naa

ते	टे	ते	टे	–	ता	ते	टे	–	ता	ते	टे	ते	टे	–	ता	ते	टे
Te	Te	Te	Te	–	Taa	Te	Te	–	Taa	Te	Te	Te	Te	–	Taa	Te	Te

धा	ते	टे	धा	ते	टे	ते	टे	धा	धा	ते	टे	धा	गे	धी	ना	गी	ना
Dhaa	Te	Te	Dhaa	Te	Te	Te	Te	Dhaa	Dhaa	Te	Te	Dhaa	Ge	Dhee	Naa	Gee	Naa

Ending (Tihai)

धा	ते	टे	धा	ते	टे	ते	टे	धा	–	ते	टे	ते	टे	धा	–	ते	टे	ते	टे	धा
Dhaa	Te	Te	Dhaa	Te	Te	Te	Te	Dhaa	–	Te	Te	Te	Te	Dhaa	–	Te	Te	Te	Te	Dhaa

– – – – –
– – – – –

धा	ते	टे	धा	ते	टे	ते	टे	धा	–	ते	टे	ते	टे	धा	–	ते	टे	ते	टे	धा
Dhaa	Te	Te	Dhaa	Te	Te	Te	Te	Dhaa	–	Te	Te	Te	Te	Dhaa	–	Te	Te	Te	Te	Dhaa

– – – – –
– – – – –

धा	ते	टे	धा	ते	टे	ते	टे	धा	–	ते	टे	ते	टे	धा	–	ते	टे	ते	टे	X धा
Dhaa	Te	Te	Dhaa	Te	Te	Te	Te	Dhaa	–	Te	Te	Te	Te	Dhaa	–	Te	Te	Te	Te	Dhaa

WORKS CITED

Courtney, David
1998   *Fundamentals of Tabla*. Houston: Sur Sangeet Services.
2000   *Advanced Theory of Tabla*. Houston: Sur Sangeet Services.

Yadav, B. L.
1999a   *Tabla Prakash (Vol. 3)*. Allahabad: Sangit Sadan Prakashan.

APPENDIX 3

FIVE, TEN, AND TWENTY MATRA KAIDAS

INTRODUCTION

There are a number of *tals* that are in five, ten and twenty beats. The most common ones are *Sool tal* and *Jhaptal*. (Please check out *Fundamantals of Tabla* for more information and more *tals*.) There is one very nice thing about *kaidas* for these *tals*. They may be played against *Tintal* with only moderate difficulty to nicely produce a *savai layakari* in *Tintal* solos (Gottlieb 1977)

Kaida-Rela in Jhaptal (Yadav 1995:102-103)
Theme

धा – ति र कि ट त क ति र कि ट तू॒ – ना – कि ट त क
Dhaa - Ti Ra Ki Ta Ta Ka Ti Ra Ki Ta Too - Naa - Ki Ta Ta Ka

ता – ति र कि ट त क ति र कि ट तू॒ – ना – कि ट त क
Taa - Ti Ra Ki Ta Ta Ka Ti Ra Ki Ta Too - Naa - Ki Ta Ta Ka

Variation #1

धा – ति र कि ट त क ति र कि ट धा – धा – कि ट त क
Dhaa - Ti Ra Ki Ta Ta Ka Ti Ra Ki Ta Dhaa - Dhaa - Ki Ta Ta Ka

धा – ति र कि ट त क ति र कि ट तू॒ – ना – कि ट त क
Dhaa - Ti Ra Ki Ta Ta Ka Ti Ra Ki Ta Too - Naa - Ki Ta Ta Ka

ता – ति र कि ट त क ति र कि ट ता – ता – कि ट त क
Taa - Ti Ra Ki Ta Ta Ka Ti Ra Ki Ta Taa - Taa - Ki Ta Ta Ka

धा – ति र कि ट त क ति र कि ट तू॒ – ना – कि ट त क
Dhaa - Ti Ra Ki Ta Ta Ka Ti Ra Ki Ta Too - Naa - Ki Ta Ta Ka

Variation #2

धा – ति र कि ट त क ति र कि ट ति र कि ट ति र कि ट
Dhaa - Ti Ra Ki Ta Ta Ka Ti Ra Ki Ta Ti Ra Ki Ta Ti Ra Ki Ta

धा – ति र कि ट त क ति र कि ट तू॒ – ना – कि ट त क
Dhaa - Ti Ra Ki Ta Ta Ka Ti Ra Ki Ta Too - Naa - Ki Ta Ta Ka

ता – ति र कि ट त क ति र कि ट ति र कि ट ति र कि ट
Taa - Ti Ra Ki Ta Ta Ka Ti Ra Ki Ta Ti Ra Ki Ta Ti Ra Ki Ta

धा – ति र कि ट त क ति र कि ट तू॒ – ना – कि ट त क
Dhaa - Ti Ra Ki Ta Ta Ka Ti Ra Ki Ta Too - Naa - Ki Ta Ta Ka

Focus on the Kaidas of Tabla

Ending (Tihai)

तू – ना – कि ट त क धा
Too - Naa - Ki Ta Ta Ka Dhaa

- - - आ - - -
- - - Aa - - -

तू – ना – कि ट त क धा
Too - Naa - Ki Ta Ta Ka Dhaa

- - - आ - - -
- - - Aa - - -

                          X
तू – ना – कि ट त क | धा
Too - Naa - Ki Ta Ta Ka | Dhaa

Kaida in Jhaptal (Yadav 1999a:109-113)
Theme

धा तिर किट धा ते टे घे ना धा – धा ते टे घे ना ती ना गी ना
Dhaa TiRa KiTa Dhaa Te Te Ghe Naa Dhaa - - Dhaa Te Te Ghe Naa Tee Naa Gee Naa

ता तिर किट ता ते टे के ना ता – ता ते टे घे ना धी ना गी ना
Taa TiRa KiTa Taa Te Te Ke Naa Taa - - Taa Te Te Ghe Naa Dhee Naa Gee Naa

Variation #1

धा तिर किट धा ते टे घे ना धा तिर किट धा ते टे घे ना ते टे घे ना
Dhaa TiRa KiTa Dhaa Te Te Ghe Naa Dhaa TiRa KiTa Dhaa Te Te Ghe Naa Te Te Ghe Naa

धा तिर किट धा ते टे घे ना धा – धा ते टे घे ना धी ना गी ना
Dhaa TiRa KiTa Dhaa Te Te Ghe Naa Dhaa - - Dhaa Te Te Ghe Naa Dhee Naa Gee Naa

ता तिर किट ता ते टे के ना ता तिर किट ता ते टे के ना ते टे के ना
Taa TiRa KiTa Taa Te Te Ke Naa Taa TiRa KiTa Taa Te Te Ke Naa Te Te Ke Naa

धा तिर किट धा ते टे घे ना धा – धा ते टे घे ना धी ना गी ना
Dhaa TiRa KiTa Dhaa Te Te Ghe Naa Dhaa - - Dhaa Te Te Ghe Naa Dhee Naa Gee Naa

Appendix 3 - 5, 10, & 20 Matra Kaidas

Variation #2

धा तिर किट धा ते टे घे ना ते टे घे ना धा तिर किट धा ते टे घे ना
Dhaa TiRa KiTa Dhaa Te Te Ghe Naa Te Te Ghe Naa Dhaa TiRa KiTa Dhaa Te Te Ghe Naa

धा तिर किट धा ते टे घे ना धा – – धा ते टे घे ना धी ना गी ना
Dhaa TiRa KiTa Dhaa Te Te Ghe Naa Dhaa – – Dhaa Te Te Ghe Naa Dhee Naa Gee Naa

ता तिर किट ता ते टे के ना ते टे के ना ता तिर किट ता ते टे के ना
Taa TiRa KiTa Taa Te Te Ke Naa Te Te Ke Naa Taa TiRa KiTa Taa Te Te Ke Naa

धा तिर किट धा ते टे घे ना धा – – धा ते टे घे ना धी ना गी ना
Dhaa TiRa KiTa Dhaa Te Te Ghe Naa Dhaa – – Dhaa Te Te Ghe Naa Dhee Naa Gee Naa

Variation #3

धा तिर किट धा ते टे घे ना धा – – धा ते टे घे ना ते टे घे ना
Dhaa TiRa KiTa Dhaa Te Te Ghe Naa Dhaa – – Dhaa Te Te Ghe Naa Te Te Ghe Naa

धा तिर किट धा ते टे घे ना धा – – धा ते टे घे ना धी ना गी ना
Dhaa TiRa KiTa Dhaa Te Te Ghe Naa Dhaa – – Dhaa Te Te Ghe Naa Dhee Naa Gee Naa

ता तिर किट ता ते टे के ना ता – – ता ते टे के ना ते टे के ना
Taa TiRa KiTa Taa Te Te Ke Naa Taa – – Taa Te Te Ke Naa Te Te Ke Naa

धा तिर किट धा ते टे घे ना धा – – धा ते टे घे ना धी ना गी ना
Dhaa TiRa KiTa Dhaa Te Te Ghe Naa Dhaa – – Dhaa Te Te Ghe Naa Dhee Naa Gee Naa

Variation #4

धा तिर किट धा ते टे घे ना धा – ते टे घे ना धा – ते टे घे ना
Dhaa TiRa KiTa Dhaa Te Te Ghe Naa Dhaa – Te Te Ghe Naa Dhaa – Te Te Ghe Naa

धा तिर किट धा ते टे घे ना धा – – धा ते टे घे ना धी ना गी ना
Dhaa TiRa KiTa Dhaa Te Te Ghe Naa Dhaa – – Dhaa Te Te Ghe Naa Dhee Naa Gee Naa

ता तिर किट ता ते टे के ना ता – ते टे के ना ता – ते टे के ना
Taa TiRa KiTa Taa Te Te Ke Naa Taa – Te Te Ke Naa Taa – Te Te Ke Naa

धा तिर किट धा ते टे घे ना धा – – धा ते टे घे ना धी ना गी ना
Dhaa TiRa KiTa Dhaa Te Te Ghe Naa Dhaa – – Dhaa Te Te Ghe Naa Dhee Naa Gee Naa

Focus on the Kaidas of Tabla

Variation #5

| Dhaa | TiRa | KiTa | Dhaa | Te | Te | Ghe | Naa | Te | Te | Ghe | Naa | Te | Te | Ghe | Naa | Dhee | Naa | Gee | Naa |

| Dhaa | TiRa | KiTa | Dhaa | Te | Te | Ghe | Naa | Dhaa | - | - | Dhaa | Te | Te | Ghe | Naa | Dhee | Naa | Gee | Naa |

| Taa | TiRa | KiTa | Taa | Te | Te | Ke | Naa | Te | Te | Ke | Naa | Te | Te | Ke | Naa | Tee | Naa | Kee | Naa |

| Dhaa | TiRa | KiTa | Dhaa | Te | Te | Ghe | Naa | Dhaa | - | - | Dhaa | Te | Te | Ghe | Naa | Dhee | Naa | Gee | Naa |

Ending (Tihai)

Dhaa TiRa KiTa Dhaa Te Te Ghe Naa Dhaa

- - - Aa - - -

Dhaa TiRa KiTa Dhaa Te Te Ghe Naa Dhaa

- - - Aa - - -

Dhaa TiRa KiTa Dhaa Te Te Ghe Naa | X Dhaa

Kaida in Sulfak Tal (Tisra Jati)(Vashisht 1981:28-30)
Theme

| Dhaa | TiRa | KiTa | Dhi | Na | Ka | Dhaa | TiRa | KiTa | Dhi | Na | Ka | Dhee | Ka | Dhi |

| Na | Gi | Na | Dhaa | TiRa | KiTa | Dhi | Na | Ka | Dhee | Ka | Dhi | Na | Gi | Na |

| Taa | TiRa | KiTa | Ti | Na | Ka | Taa | TiRa | KiTa | Ti | Na | Ka | Tee | Ka | Ti |

| Na | Gi | Na | Dhaa | TiRa | KiTa | Dhi | Na | Ka | Dhee | Ka | Dhi | Na | Gi | Na |

Appendix 3 - 5, 10, & 20 Matra Kaidas

Variation #1

धा	तिर	किट	धी	न	क	धी	क	धि	न	गि	न	-	-	धि
Dhaa	TiRa	KiTa	Dhi	Na	Ka	Dhee	Ka	Dhi	Na	Gi	Na	-	-	Dhi

न	गि	न	धा	तिर	किट	धि	न	क	धी	क	धि	न	गि	न
Na	Gi	Na	Dhaa	TiRa	KiTa	Dhi	Na	Ka	Dhee	Ka	Dhi	Na	Gi	Na

ता	तिर	किट	ति	न	क	ती	क	ति	न	कि	न	-	-	ति
Taa	TiRa	KiTa	Ti	Na	Ka	Tee	Ka	Ti	Na	Ki	Na	-	-	Ti

न	कि	न	धा	तिर	किट	धि	न	क	धी	क	धि	न	गि	न
Na	Ki	Na	Dhaa	TiRa	KiTa	Dhi	Na	Ka	Dhee	Ka	Dhi	Na	Gi	Na

Variation #2

धी	क	धि	न	गि	न	धा	तिर	किट	धि	न	क	धी	क	धि
Dhee	Ka	Dhi	Na	Gi	Na	Dhaa	TiRa	KiTa	Dhi	Na	Ka	Dhee	Ka	Dhi

न	गि	न	-	-	धि	न	गि	न	धा	तिर	किट	धि	न	क
Na	Gi	Na	-	-	Dhi	Na	Gi	Na	Dhaa	TiRa	KiTa	Dhi	Na	Ka

ती	क	ति	न	कि	न	ता	तिर	किट	ति	न	क	ती	क	ति
Tee	Ka	Ti	Na	Ki	Na	Taa	TiRa	KiTa	Ti	Na	Ka	Tee	Ka	Ti

न	गि	न	-	-	धि	न	गि	न	धा	तिर	किट	धि	न	क
Na	Gi	Na	-	-	Dhi	Na	Gi	Na	Dhaa	TiRa	KiTa	Dhi	Na	Ka

Variation #3

धी	क	धि	न	गि	न	धी	क	धि	न	गि	न	-	-	धि
Dhee	Ka	Dhi	Na	Gi	Na	Dhee	Ka	Dhi	Na	Gi	Na	-	-	Dhi

न	गि	न	धी	क	धि	न	गि	न	धा	तिर	किट	धि	न	क
Na	Gi	Na	Dhee	Ka	Dhi	Na	Gi	Na	Dhaa	TiRa	KiTa	Dhi	Na	Ka

ती	क	ति	न	कि	न	ती	क	ति	न	कि	न	-	-	धि
Tee	Ka	Ti	Na	Ki	Na	Tee	Ka	Ti	Na	Ki	Na	-	-	Dhi

न	गि	न	धी	क	धि	न	गि	न	धा	तिर	किट	धि	न	क
Na	Gi	Na	Dhee	Ka	Dhi	Na	Gi	Na	Dhaa	TiRa	KiTa	Dhi	Na	Ka

Focus on the Kaidas of Tabla

Variation #4

-	-	धि	न	गि	न	धी	क	धि	न	गि	न	धा	तिर	किट
-	-	Dhi	Na	Gi	Na	Dhee	Ka	Dhi	Na	Gi	Na	Dhaa	TiRa	KiTa

धि	न	क	धा	तिर	किट	धि	न	क	धी	क	धि	न	गि	न
Dhi	Na	Ka	Dhaa	TiRa	KiTa	Dhi	Na	Ka	Dhee	Ka	Dhi	Na	Gi	Na

-	-	ति	न	कि	न	ती	क	ति	न	कि	न	धा	तिर	किट
-	-	Ti	Na	Ki	Na	Tee	Ka	Ti	Na	Ki	Na	Dhaa	TiRa	KiTa

धि	न	क	धा	तिर	किट	धि	न	क	धी	क	धि	न	गि	न
Dhi	Na	Ka	Dhaa	TiRa	KiTa	Dhi	Na	Ka	Dhee	Ka	Dhi	Na	Gi	Na

Variation #5

-	-	कृ	धि	न	क	धा	तिर	किट	धि	न	क	धा	तिर	किट
-	-	Kra	Dhi	Na	Ka	Dhaa	TiRa	KiTa	Dhi	Na	Ka	Dhaa	TiRa	KiTa

-	-	कृ	ति	न	क	धा	तिर	किट	धि	न	क	धा	तिर	किट
-	-	Kra	Ti	Na	Ka	Dhaa	TiRa	KiTa	Dhi	Na	Ka	Dhaa	TiRa	KiTa

Variation #6

धा	तिर	किट	धि	न	क	-	-	कृ	धि	न	क	धा	तिर	किट
Dhaa	TiRa	KiTa	Dhi	Na	Ka	-	-	Kra	Dhi	Na	Ka	Dhaa	TiRa	KiTa

धि	न	क	धी	क	धि	न	गि	न	धा	तिर	किट	धि	न	क
Dhi	Na	Ka	Dhee	Ka	Dhi	Na	Gi	Na	Dhaa	TiRa	KiTa	Dhi	Na	Ka

ता	तिर	किट	ति	न	क	-	-	कृ	ति	न	क	ता	तिर	किट
Taa	TiRa	KiTa	Ti	Na	Ka	-	-	Kra	Ti	Na	Ka	Taa	TiRa	KiTa

धि	न	क	धी	क	धि	न	गि	न	धा	तिर	किट	धि	न	क
Dhi	Na	Ka	Dhee	Ka	Dhi	Na	Gi	Na	Dhaa	TiRa	KiTa	Dhi	Na	Ka

Appendix 3 - 5, 10, & 20 Matra Kaidas

Variation #7

धि	न	क	धी	क	धि	न	गि	न	धा	तिर	किट	धि	न	क
Dhi	Na	Ka	Dhee	Ka	Dhi	Na	Gi	Na	Dhaa	TiRa	KiTa	Dhi	Na	Ka

ति	न	क	ती	क	ति	न	गि	न	धा	तिर	किट	धि	न	क
Ti	Na	Ka	Tee	Ka	Ti	Na	Gi	Na	Dhaa	TiRa	KiTa	Dhi	Na	Ka

Variation #8

कृ	धेत्	-	धि	न	क	धा	तिर	किट	कृ	धेत्	-	धि	न	क
Kra	Dhet	-	Dhi	Na	Ka	Dhaa	TiRa	KiTa	Kra	Dhet	-	Dhi	Na	Ka

धा	तिर	किट	धि	न	क	धी	क	धि	न	गि	न	धा	तिर	किट
Dhaa	TiRa	KiTa	Dhi	Na	Ka	Dhee	Ka	Dhi	Na	Gi	Na	Dhaa	TiRa	KiTa

कृ	तेत्	-	ति	न	क	ता	तिर	किट	कृ	तेत्	-	ति	न	क
Kra	Tet	-	Ti	Na	Ka	Taa	TiRa	KiTa	Kra	Tet	-	Ti	Na	Ka

धा	तिर	किट	धि	न	क	धी	क	धि	न	गि	न	धा	तिर	किट
Dhaa	TiRa	KiTa	Dhi	Na	Ka	Dhee	Ka	Dhi	Na	Gi	Na	Dhaa	TiRa	KiTa

Variation #9

धा	धा	धा	धा	तिर	किट	धि	न	क	धी	न	क	धी	क	धि
Dhaa	Dhaa	Dhaa	Dhaa	TiRa	KiTa	Dhi	Na	Ka	Dhee	Na	Ka	Dhee	Ka	Dhi

न	गि	न	धा	तिर	किट	धि	न	क	धी	क	धि	न	गि	न
Na	Gi	Na	Dhaa	TiRa	KiTa	Dhi	Na	Ka	Dhee	Ka	Dhi	Na	Gi	Na

ता	ता	ता	ता	तिर	किट	ति	न	क	ती	न	क	ती	क	ति
Taa	Taa	Taa	Taa	TiRa	KiTa	Ti	Na	Ka	Tee	Na	Ka	Tee	Ka	Ti

न	गि	न	धा	तिर	किट	धि	न	क	धी	क	धि	न	गि	न
Na	Gi	Na	Dhaa	TiRa	KiTa	Dhi	Na	Ka	Dhee	Ka	Dhi	Na	Gi	Na

Focus on the Kaidas of Tabla

Variation #10

धि न क धि न क धा तिर किट धि न क धिन गिन ता
Dhi Na Ka Dhi Na Ka Dhaa TiRa KiTa Dhi Na Ka DhiNa GiNa Taa

- गिन ता धी न क धा तिर किट धी क धि न गि न
- GiNa Taa Dhee Na Ka Dhaa TiRa KiTa Dhee Ka Dhi Na Gi Na

ति न क ति न क ता तिर किट ति न क तिन किन ता
Ti Na Ka Ti Na Ka Taa TiRa KiTa Ti Na Ka TiNa KiTa Taa

- गिन ता धी न क धा तिर किट धी क धि न गि न
- GiNa Taa Dhee Na Ka Dhaa TiRa KiTa Dhee Ka Dhi Na Gi Na

Variation #11

धि न धा - धि न धा तिर किट धि न क धा तिर किट
Dhi Na Dhaa - Dhi Na Dhaa TiRa KiTa Dhi Na Ka Dhaa TiRa KiTa

धि न क धी क धि न गि न धी क धि न गि न
Dhi Na Ka Dhee Ka Dhi Na Gi Na Dhee Ka Dhi Na Gi Na

ति न ता - ति न ता तिर किट ति न क ता तिर किट
Ti Na Taa - Ti Na Taa TiRa KiTa Ti Na Ka Taa TiRa KiTa

धि न क धी क धि न गि न धी क धि न गि न
Dhi Na Ka Dhee Ka Dhi Na Gi Na Dhee Ka Dhi Na Gi Na

Variation #12

धा तिर किट धि न क धी क धि न गि न धा तिर किट
Dhaa TiRa KiTa Dhi Na Ka Dhee Ka Dhi Na Gi Na Dhaa TiRa KiTa

धि न क धि न धा - धि न धा तिर किट धा गि न
Dhi Na Ka Dhi Na Dhaa - Dhi Na Dhaa TiRa KiTa Dhaa Gi Na

ता तिर किट ति न क ती क ति न कि न ता तिर किट
Taa TiRa KiTa Ti Na Ka Tee Ka Ti Na Ki Na Taa TiRa KiTa

धि न क धि न धा - धि न धा तिर किट धा गि न
Dhi Na Ka Dhi Na Dhaa - Dhi Na Dhaa TiRa KiTa Dhaa Gi Na

Variation #13

धा	गे	ती	ना	किड़	नग	तिर	किट	तक	ता	तिर	किट	धा	तिर	किट
Dhaa	Ge	Tee	Naa	KiRa	NaGa	TiRa	KiTa	TaKa	Taa	TiRa	KiTa	Dhaa	TiRa	KiTa

धि	न	क	धी	क	धि	न	गि	न	धा	तिर	किट	धि	न	क
Dhi	Na	Ka	Dhee	Ka	Dhi	Na	Gi	Na	Dhaa	TiRa	KiTa	Dhi	Na	Ka

ता	के	ती	ना	किड़	नग	तिर	किट	तक	ता	तिर	किट	धा	तिर	किट
Taa	Ke	Tee	Naa	KiDa	NaGa	TiRa	KiTa	TaKa	Taa	TiRa	KiTa	Dhaa	TiRa	KiTa

धि	न	क	धी	क	धि	न	गि	न	धा	तिर	किट	धि	न	क
Dhi	Na	Ka	Dhee	Ka	Dhi	Na	Gi	Na	Dhaa	TiRa	KiTa	Dhi	Na	Ka

Variation #14

धा	तिर	किट	धा	तिर	किट	धि	न	क	धि	न	क	धिन	गिन	ता
Dhaa	TiRa	KiTa	Dhaa	TiRa	KiTa	Dhi	Na	Ka	Dhi	Na	Ka	DhiNa	GiNa	Taa

-	गिन	ता	धी	क	धि	न	गि	न	धा	तिर	किट	धि	न	क
-	GiNa	Taa	Dhee	Ka	Dhi	Na	Gi	Na	Dhaa	TiRa	KiTa	Dhi	Na	Ka

ता	तिर	किट	ता	तिर	किट	ति	न	क	ति	न	क	तिन	किन	ता
Taa	TiRa	KiTa	Taa	TiRa	KiTa	Ti	Na	Ka	Ti	Na	Ka	TiNa	KiNa	Taa

-	किन	ता	धी	क	धि	न	गि	न	धा	तिर	किट	धि	न	क
-	KiNa	Taa	Dhee	Ka	Dhi	Na	Gi	Na	Dhaa	TiRa	KiTa	Dhi	Na	Ka

Focus on the Kaidas of Tabla

Ending (Tihai)

| Dhi | Na | Dhaa | - | Dhi | Na | Dhaa | TiRa | KiTa | Dhaa | Gi | Na |

Dhaa Ge Tee Naa KiRa NaGa TiRa KiTa TaKa Taa - -

TiRa KiTa TaKa Taa TiRa KiTa Dhaa - -

TiRa KiTa TaKa Taa TiRa KiTa Dhaa - -

TiRa KiTa TaKa Taa TiRa KiTa Dhaa - -

Dhi Na Dhaa - Dhi Na Dhaa TiRa KiTa Dhaa Gi Na

Dhaa Ge Tee Naa KiRa NaGa TiRa KiTa TaKa Taa - -

TiRa KiTa TaKa Taa TiRa KiTa Dhaa - -

TiRa KiTa TaKa Taa TiRa KiTa Dhaa - -

TiRa KiTa TaKa Taa TiRa KiTa Dhaa - -

Dhi Na Dhaa - Dhi Na Dhaa TiRa KiTa Dhaa Gi Na

Dhaa Ge Tee Naa KiRa NaGa TiRa KiTa TaKa Taa - -

TiRa KiTa TaKa Taa TiRa KiTa Dhaa - -

TiRa KiTa TaKa Taa TiRa KiTa Dhaa - -

TiRa KiTa TaKa Taa TiRa KiTa | X
Dhaa

Appendix 3 - 5, 10, & 20 Matra Kaidas

Kaida in Jhaptal (Godbole 1967:133-134)
Theme

धा	ति	ट	धा	ति	ट	ति	ट	धा	ति	ट	धा	ति	ट	धा	गे	ति	न	कि	न
Dhaa	Ti	Ta	Dhaa	Ti	Ta	Ti	Ta	Dhaa	Ti	Ta	Dhaa	Ti	Ta	Dhaa	Ge	Ti	Na	Ki	Na

ता	ति	ट	ता	ति	ट	ति	ट	धा	ति	ट	धा	ति	ट	धा	गे	धि	न	गि	न
Taa	Ti	Ta	Taa	Ti	Ta	Ti	Ta	Dhaa	Ti	Ta	Dhaa	Ti	Ta	Dhaa	Ge	Dhi	Na	Gin	Na

Variation #1

धा	ति	ट	धा	–	धा	धा	ति	ट	धा	–	धा	ति	ट	धा	गे	ति	न	कि	न
Dhaa	Ti	Ta	Dhaa	-	Dhaa	Dhaa	Ti	Ta	Dhaa	-	Dhaa	Ti	Ta	Dhaa	Ge	Ti	Na	Ki	Na

ता	ति	ट	ता	–	ता	ता	ति	ट	धा	–	धा	ति	ट	धा	गे	धि	न	गि	न
Taa	Ti	Ta	Taa	-	Taa	Taa	Ti	Ta	Dhaa	-	Dhaa	Ti	Ta	Dhaa	Ge	Dhi	Na	Gi	Na

Variation #2

धा	ति	ट	ति	ट	धा	ति	ट	ति	ट	धा	–	गि	न	धा	गे	ति	न	कि	न
Dhaa	Ti	Ta	Ti	Ta	Dhaa	Ti	Ta	Ti	Ta	Dhaa	-	Gi	Na	Dhaa	Ge	Ti	Na	Ki	Na

ता	ति	ट	ति	ट	ता	ति	ट	ति	ट	धा	–	गि	न	धा	गे	धि	न	गि	न
Taa	Ti	Ta	Ti	Ta	Taa	Ti	Ta	Ti	Ta	Dhaa	-	Gi	Na	Dhaa	Ge	Dhi	Na	Gi	Na

Variation #3

धा	धा	ति	ट	ति	ट	धा	धा	ति	ट	ति	ट	ति	ट	धा	गे	ति	न	कि	न
Dhaa	Dhaa	Ti	Ta	Ti	Ta	Dhaa	Dhaa	Ti	Ta	Ti	Ta	Ti	Ta	Dhaa	Ge	Ti	Na	Ki	Na

ता	ता	ति	ट	ति	ट	ता	ता	ति	ट	ति	ट	ति	ट	धा	गे	धि	न	गि	न
Taa	Taa	Ti	Ta	Ti	Ta	Taa	Taa	Ti	Ta	Ti	Ta	Ti	Ta	Dhaa	Ge	Dhi	Na	Gi	Na

Variation #4

ति	ट	धा	–	ति	ट	ति	ट	धा	–	ति	ट	ति	ट	धा	गे	ति	न	कि	न
Ti	Ta	Dhaa	-	Ti	Ta	Ti	Ta	Dhaa	-	Ti	Ta	Ti	Ta	Dhaa	Ge	Ti	Na	Ki	Na

ति	ट	ता	–	ति	ट	ति	ट	धा	–	ति	ट	ति	ट	धा	गे	धि	न	गि	न
Ti	Ta	Taa	-	Ti	Ta	Ti	Ta	Dhaa	-	Ti	Ta	Ti	Ta	Dhaa	Ge	Dhi	Na	Gi	Na

Focus on the Kaidas of Tabla

Ending (Tihai)

धा	ति	ट	धा	ति	ट	धा	गे	ति	न	गि	न	धा	–
Dhaa	Ti	Ta	Dhaa	Ti	Ta	Dhaa	Ge	Ti	Na	Gi	Na	Dhaa	-
धा	ति	ट	धा	ति	ट	धा	गे	ति	न	गि	न	धा	–
Dhaa	Ti	Ta	Dhaa	Ti	Ta	Dhaa	Ge	Ti	Na	Gi	Na	Dhaa	-

                                                                                   X

धा	ति	ट	धा	ति	ट	धा	गे	ति	न	गि	न	धा
Dhaa	Ti	Ta	Dhaa	Ti	Ta	Dhaa	Ge	Ti	Na	Gi	Na	Dhaa

Kaida in Jhaptal (Dutta 1984:91-102)
Theme

धा	गे	ना	धा	तेरे	केटे	धे	ते	धा	ती	घे	ना	धा	ती	धा	ग	तु	ना	के	ना
Dhaa	Ge	Naa	Dhaa	TeRe	KeTe	Dhe	Te	Dhaa	Tee	Ghe	Naa	Dhaa	Tee	Dhaa	Ga	Tu	Naa	Ke	Naa
ता	के	ना	ता	तेरे	केटे	थे	ते	धा	ती	घे	ना	धा	ती	धा	ग	धी	ना	गे	ना
Taa	Ke	Naa	Taa	TeTe	KeTe	The	Te	Dhaa	Tee	Ghe	Naa	Dhaa	Tee	Dhaa	Ga	Dhee	Naa	Ge	Naa

Variation #1

धा	गे	ना	धा	तेरे	केटे	धे	ते	धा	गे	ना	धा	तेरे	केटे	धे	ते	धा	ती	घे	ना
Dhaa	Ge	Naa	Dhaa	TeRe	KeTe	Dhe	Te	Dhaa	Ge	Naa	Dhaa	TeRe	KeTe	Dhe	Te	Dhaa	Tee	Ghe	Naa
धा	गे	ना	धा	तेरे	केटे	धे	ते	धा	ती	घे	ना	धा	ती	धा	ग	तु	ना	के	ना
Dhaa	Ge	Naa	Dhaa	TeRe	KeTe	Dhe	Te	Dhaa	Tee	Ghe	Naa	Dhaa	Tee	Dhaa	Ga	Tu	Naa	Ke	Naa
ता	के	ना	ता	तेरे	केटे	थे	ते	ता	के	ना	ता	तेरे	केटे	थे	ते	ता	ती	के	ना
Taa	Ke	Naa	Taa	TeRe	KeTe	The	Te	Taa	Ke	Naa	Taa	TeRe	KeTe	The	Te	Taa	Tee	Ke	Naa
धा	गे	ना	धा	तेरे	केटे	धे	ते	धा	ती	घे	ना	धा	ती	धा	ग	धी	ना	गे	ना
Dhaa	Ge	Naa	Dhaa	TeRe	KeTe	Dhe	Te	Dhaa	Tee	Ghe	Naa	Dhaa	Tee	Dhaa	Ga	Dhee	Naa	Ke	Naa

Variation #2

धा	गे	ना	धा	तेरे	केटे	धे	ते	धा	ती	घे	ना	धा	ती	घे	ना	धा	ती	घे	ना
Dhaa	Ge	Naa	Dhaa	TeRe	KeTe	Dhe	Te	Dhaa	Tee	Ghe	Naa	Dhaa	Tee	Ghe	Naa	Dhaa	Tee	Ghe	Naa
धा	गे	ना	धा	तेरे	केटे	धे	ते	धा	ती	घे	ना	धा	ती	धा	ग	तु	ना	के	ना
Dhaa	Ge	Naa	Dhaa	TeRe	KeTe	Dhe	Te	Dhaa	Tee	Ghe	Naa	Dhaa	Tee	Dhaa	Ga	Tu	Naa	Ke	Naa
ता	के	ना	ता	तेरे	केटे	थे	ते	ता	ती	के	ना	ता	ती	के	ना	ता	ती	के	ना
Taa	Ke	Naa	Taa	TeRe	KeTe	The	Te	Taa	Tee	Ke	Naa	Taa	Tee	Ke	Naa	Taa	Tee	Ke	Naa
धा	गे	ना	धा	तेरे	केटे	धे	ते	धा	ती	घे	ना	धा	ती	धा	ग	धी	ना	गे	ना
Dhaa	Ge	Naa	Dhaa	TeRe	KeTe	Dhe	Te	Dhaa	Tee	Ghe	Naa	Dhaa	Tee	Dhaa	Ga	Dhee	Naa	Ke	Naa

Appendix 3 - 5, 10, & 20 Matra Kaidas

Variation #3

धा गे ना धा ते रे के टे धे ते धा ती धा ती घे ना धा ती धा ती घे ना
Dhaa Ge Naa Dhaa TeRe KeTe Dhe Te Dhaa Tee Dhaa Tee Ghe Naa Dhaa Tee Dhaa Tee Ghe Naa

धा गे ना धा ते रे के टे धे ते धा ती घे ना धा ती धा ग तु ना के ना
Dhaa Ge Naa Dhaa TeRe KeTe Dhe Te Dhaa Tee Ghe Naa Dhaa Tee Dhaa Ga Tu Naa Ke Naa

ता के ना ता ते रे के टे थे ते ता ती ता ती के ना ता ती ता ती के ना
Taa Ke Naa Taa TeRe KeTe The Te Taa Tee Taa Ti Ke Naa Taa Tee Taa Tee Ke Naa

धा गे ना धा ते रे के टे धे ते धा ती घे ना धा ती धा ग धी ना गे ना
Dhaa Ge Naa Dhaa TeRe KeTe Dhe Te Dhaa Tee Ghe Naa Dhaa Tee Dhaa Ga Dhee Naa Ge Naa

Variation #4

धा गे ना धा ते रे के टे धे ते धा ती धा ती घे ना धा ती घे ना धा ती
Dhaa Ge Naa Dhaa TeRe KeTe Dhe Te Dhaa Tee Dhaa Tee Ghe Naa Dhaa Tee Ghe Naa Dhaa Tee

धा गे ना धा ते रे के टे धे ते धा ती घे ना धा ती धा ग तु ना के ना
Dhaa Ge Naa Dhaa TeRe KeTe Dhe Te Dhaa Tee Ghe Naa Dhaa Tee Dhaa Ga Tu Naa Ke Naa

ता के ना ता ते रे के टे थे ते ता ती ता ती के ना ता ती के ना ता ती
Taa Ke Naa Taa TeRe KeTe The Te Taa Tee Taa Tee Ke Naa Taa Tee Ke Naa Taa Tee

धा गे ना धा ते रे के टे धे ते धा ती घे ना धा ती धा ग धी ना गे ना
Dhaa Ge Naa Dhaa TeRe KeTe Dhe Te Dhaa Tee Ghe Naa Dhaa Tee Dhaa Ga Dhee Naa Ge Naa

Variation #5

धा गे ना धा ते रे के टे धे ते धा – धा ती घे ना धा ती घे ना धा ती
Dhaa Ge Naa Dhaa TeRe KeTe Dhe Te Dhaa - Dhaa Tee Ghe Naa Dhaa Tee Ghe Naa Dhaa Tee

धा गे ना धा ते रे के टे धे ते धा ती घे ना धा ती धा ग तु ना के ना
Dhaa Ge Naa Dhaa TeRe KeTe Dhe Te Dhaa Tee Ghe Naa Dhaa Tee Dhaa Ga Tu Naa Ke Naa

ता के ना ता ते रे के टे थे ते ता – ता ती के ना ता ती के ना ता ती
Taa Ke Naa Taa TeRe KeTe The Te Taa - Taa Tee Ke Naa Taa Tee Ke Naa Taa Tee

धा गे ना धा ते रे के टे धे ते धा ती घे ना धा ती धा ग धी ना गे ना
Dhaa Ge Naa Dhaa TeRe KeTe Dhe Te Dhaa Tee Ghe Naa Dhaa Tee Dhaa Ga Dhee Naa Ge Naa

Variation #6

धा गे ना धा तेरे केटे धे ते धा – धा ती घे ना धा – धा ती घे ना
Dhaa Ge Naa Dhaa TeRe KeTe Dhe Te Dhaa – Dhaa Tee Ghe Naa Dhaa – Dhaa Tee Ghe Naa

धा गे ना धा तेरे केटे धे ते धा ती घे ना धा ती धा ग तु ना के ना
Dhaa Ge Naa Dhaa TeRe KeTe Dhe Te Dhaa Tee Ghe Naa Dhaa Tee Dhaa Ga Tu Naa Ke Naa

ता के ना ता तेरे केटे थे ते ता – ता ती के ना ता – ता ती के ना
Taa Ke Naa Taa TeRe KeTe The Te Taa – Taa Tee Ke Naa Taa – Taa Tee Ke Naa

धा गे ना धा तेरे केटे धे ते धा ती घे ना धा ती धा ग धी ना गे ना
Dhaa Ge Naa Dhaa TeRe KeTe Dhe Te Dhaa Tee Ghe Naa Dhaa Tee Dhaa Ga Dhee Naa Ge Naa

Variation #7

धा गे ना धा तेरे केटे धे ते धा – – धा गे ना धा – – धा गे ना
Dhaa Ge Naa Dhaa TeRe KeTe Dhe Te Dhaa – – Dhaa Ge Naa Dhaa – – Dhaa Ge Naa

धा गे ना धा तेरे केटे धे ते धा ती घे ना धा ती धा ग तु ना के ना
Dhaa Ge Naa Dhaa TeRe KeTe Dhe Te Dhaa Tee Ghe Naa Dhaa Tee Dhaa Ga Tu Naa Ke Naa

ता के ना ता तेरे केटे थे ते ता – – ता के ना ता – – ता के ना
Taa Ke Naa Taa TeRe KeTe The Te Taa – – Taa Ke Naa Taa – – Taa Ke Naa

धा गे ना धा तेरे केटे धे ते धा ती घे ना धा ती धा ग धी ना गे ना
Dhaa Ge Naa Dhaa TeRe KeTe Dhe Te Dhaa Tee Ghe Naa Dhaa Tee Dhaa Ga Dhee Naa Ke Naa

Variation #8

धा गे ना धा तेरे केटे धे ते धा गे ना धा गे ना धा गे ना धा गे ना
Dhaa Ge Naa Dhaa TeRe KeTe Dhe Te Dhaa Ge Naa Dhaa Ge Naa Dhaa Ge Naa Dhaa Ge Naa

धा गे ना धा तेरे केटे धे ते धा ती घे ना धा ती धा ग तु ना के ना
Dhaa Ge Naa Dhaa TeRe KeTe Dhe Te Dhaa Tee Ghe Naa Dhaa Tee Dhaa Ga Tu Naa Ke Naa

ता के ना ता तेरे केटे थे ते ता के ना ता के ना ता के ना ता के ना
Taa Ke Naa Taa TeRe KeTe The Te Taa Ke Naa Taa Ke Naa Taa Ke Naa Taa Ke Naa

धा गे ना धा तेरे केटे धे ते धा ती घे ना धा ती धा ग धी ना गे ना
Dhaa Ge Naa Dhaa TeRe KeTe Dhe Te Dhaa Tee Ghe Naa Dhaa Tee Dhaa Ga Dhee Naa Ke Naa

Appendix 3 - 5, 10, & 20 Matra Kaidas

Variation #9

धा गे ना धा ते रे के टे धे ते धा गे ना धा ग गे ना धा ग गे ना ना
Dhaa Ge Naa Dhaa TeRe KeTe Dhe Te Dhaa Ge Naa Dhaa Ga Ge Naa Dhaa Ga Ge Naa Naa

धा गे ना धा ते रे के टे धे ते धा ती घे ना धा ती धा ग तु ना के ना
Dhaa Ge Naa Dhaa TeRe KeTe Dhe Te Dhaa Tee Ghe Naa Dhaa Tee Dhaa Ga Tu Naa Ke Naa

ता के ना ता ते रे के टे थे ते ता के ना ता क के ना ता क के ना ना
Taa Ke Naa Taa TeRe KeTe The Te Taa Ke Naa Taa Ka Ke Naa Taa Ka Ke Naa Naa

धा गे ना धा ते रे के टे धे ते धा ती घे ना धा ती धा ग धी ना गे ना
Dhaa Ge Naa Dhaa TeRe KeTe Dhe Te Dhaa Tee Ghe Naa Dhaa Tee Dhaa Ga Dhee Naa Ge Naa

Variation #10

धा गे ना धा ते रे के टे धे ते धा गे ना धा ग धा ग धा ग गे ना ना
Dhaa Ge Naa Dhaa TeRe KeTe Dhe Te Dhaa Ge Naa Dhaa Ga Dhaa Ga Dhaa Ga Ge Naa Naa

धा गे ना धा ते रे के टे धे ते धा ती घे ना धा ती धा ग तु ना के ना
Dhaa Ge Naa Dhaa TeRe KeTe Dhe Te Dhaa Tee Ghe Naa Dhaa Tee Dhaa Ga Tu Naa Ke Naa

ता गे ना ता ते रे के टे थे ते ता के ना ता क ता क ता क के ना ना
Taa Ge Naa Taa TeRe KeTe The Te Taa Ke Naa Taa Ka Taa Ka Taa Ka Ke Naa Naa

धा गे ना धा ते रे के टे धे ते धा ती घे ना धा ती धा ग धी ना गे ना
Dhaa Ge Naa Dhaa TeRe KeTe Dhe Te Dhaa Tee Ghe Naa Dhaa Tee Dhaa Ga Dhee Naa Ge Naa

Ending (Tihai)

धा गे ना धा ते रे के टे धे ते धा गे ना धा ग गे ना ना ना - ना ना ना - ना ना ना
Dhaa Ge Naa Dhaa TeRe KeTe Dhe Te Dhaa Ge Naa Dhaa Ga Ge Naa Naa Naa - Naa Naa Naa - Naa Naa Naa

- - -
- - -

धा गे ना धा ते रे के टे धे ते धा गे ना धा ग गे ना ना ना - ना ना ना - ना ना ना
Dhaa Ge Naa Dhaa TeRe KeTe Dhe Te Dhaa Ge Naa Dhaa Ga Ge Naa Naa Naa - Naa Naa Naa - Naa Naa Naa

- - -
- - -

धा गे ना धा ते रे के टे धे ते धा गे ना धा ग गे ना ना ना - ना ना ना - ना ना | X ना
Dhaa Ge Naa Dhaa TeRe KeTe Dhe Te Dhaa Ge Naa Dhaa Ga Ge Naa Naa Naa - Naa Naa Naa - Naa Naa | Naa

Focus on the Kaidas of Tabla

Kaida in Jhaptal (S. Dawood Khan 1987 personal interview)
Theme

Dhaa TiRa KaTa Dhi Naa Ga Dhin Na Dhaa TiRa KaTa Dhi Naa Ga Tee Na Tin Naa Kin Naa

Taa TiRa KaTa Ti Naa Ga Dhin Naa Dhaa TiRa KaTa Dhee Naa Ga Dhee Na Dhin Naa Gin Naa

Variation #1

Dhaa TiRa KaTa Dhi Naa Ga Dhin Na Dhaa TiRa KaTa Dhi Naa Ga Dhin Na Dhaa TiRa KaTa Dhi

Naa Ga Dhee Na Dhin Naa Gin Naa Dhaa TiRa KaTa Dhi Naa Ga Tee Na Tin Naa Kin Naa

Taa TiRa KaTa Ti Naa Ga Tin Na Taa TiRa KaTa Dhi Naa Ga Dhin Na Dhaa TiRa KaTa Dhi

Naa Ga Dhee Na Dhin Naa Gin Naa Dhaa TiRa KaTa Dhi Naa Ga Dhee Na Dhin Naa Gin Naa

Variation #2

Dhaa TiRa KaTa Dhi Naa Ga Dhee Na Dhin Naa Gin Naa Dhaa TiRa KaTa Dhi Naa Ga Dhee Na

Dhin Naa Gin Naa Dhaa TiRa KaTa Dhi Naa Ga Dhin Na Dhaa TiRa KaTa Ti Naa Ga Tin Na

Taa TiRa KaTa Ti Naa Ga Tee Na Tin Naa Kin Naa Taa TiRa KaTa Dhi Naa Ga Dhee Na

Dhin Naa Gin Naa Dhaa TiRa KaTa Dhi Na Ga Dhin Na Dhaa TiRa KaTa Dhi Naa Ga Dhin Na

Variation #3

Dhaa TiRa KaTa Dhi Naa Ga Dhee Na Dhin Naa Gin Naa Dhaa TiRa KaTa Dhi Naa Ga Dhin Na

Dhaa TiRa KaTa Dhi Naa Ga Dhin Na Dhaa TiRa KaTa Dhi Naa Ga Tee Na Tin Naa Kin Naa

Taa TiRa KaTa Ti Naa Ga Tee Na Tin Naa Kin Naa Taa TiRa KaTa Dhi Naa Ga Dhin Na

Dhaa TiRa KaTa Dhi Naa Ga Dhin Na Dhaa TiRa KaTa Dhi Naa Ga Dhee Na Dhin Naa Gin Naa

Appendix 3 - 5, 10, & 20 Matra Kaidas

Ending (Tihai)

धा	तिर	कट	धि	ना	ग	धी	न	धिं	ना	गिं	ना	धा -
Dhaa	TiRa	KaTa	Dhi	Naa	Ga	Dhee	Na	Dhin	Naa	Gin	Naa	Dhaa -

धा	तिर	कट	धि	ना	ग	धी	न	धिं	ना	गिं	ना	धा -
Dhaa	TiRa	KaTa	Dhi	Naa	Ga	Dhee	Na	Dhin	Naa	Gin	Naa	Dhaa -

धा	तिर	कट	धि	ना	ग	धी	न	धिं	ना	गिं	ना	X धा
Dhaa	TiRa	KaTa	Dhi	Naa	Ga	Dhee	Na	Dhin	Naa	Gin	Naa	Dhaa

Kaida in Jhaptal (S. Dawood Khan, 1978, personal interview)

Theme

धा -	गे	गे	ना	क	धिं	न	धिं	ना	गिं	न	धा	गे	तिर	किट	तिं	ना	किं	ना
Dhaa -	Ge	Ge	Naa	Ka	Dhin	Na	Dhin	Naa	Gin	Na	Dhaa	Ge	TiRa	KiTa	Tin	Naa	Kin	Naa

ता -	के	के	ना	क	तिं	न	तिं	ना	किं	न	धा	गे	तिर	किट	धिं	ना	गिं	ना
Taa -	Ke	Ke	Naa	Ka	Tin	Na	Tin	Naa	Kin	Na	Dhaa	Ge	TiRa	KiTa	Dhin	Naa	Gin	Naa

Variation #1

धा -	गे	गे	ता -	गे	गे	ना	क	धिं	न	धिं	ना	गिं	ना	धा	गे	तिर	किट
Dhaa -	Ge	Ge	Taa -	Ge	Ge	Naa	Ka	Dhin	Na	Dhin	Naa	Gin	Naa	Dhaa	Ge	TiRa	KiTa

धिं	ना	गिं	ना	धा -	गे	गे	ना	क	धिं -	धा	गे	तिर	किट	तिं	ना	किं	ना
Dhin	Naa	Gin	Naa	Dhaa -	Ge	Ge	Naa	Ka	Dhin -	Dhaa	Ge	TiRa	KiTa	Tin	Naa	Kin	Naa

ता -	के	के	ता -	के	के	ना	क	तिं	न	तिं	ना	किं	ना	धा	गे	तिर	किट
Taa -	Ke	Ke	Taa -	Ke	Ke	Naa	Ka	Tin	Na	Tin	Naa	Kin	Naa	Dhaa	Ge	TiRa	KiTa

धिं	ना	गिं	ना	धा -	गे	गे	ना	क	धिं -	धा	गे	तिर	किट	धिं	ना	गिं	ना
Dhin	Naa	Gin	Naa	Dhaa -	Ge	Ge	Naa	Ka	Dhin -	Dhaa	Ge	TiRa	KiTa	Dhin	Naa	Gin	Naa

Variation #2

धा -	गे	गे	ना	क	धा -	गे	गे	ना	क	धा	गे	ना	क	धा	गे	धिं	ना	गिं	ना	धिं	ना
Dhaa -	Ge	Ge	Naa	Ka	Dhaa -	Ge	Ge	Naa	Ka	Dhaa	Ge	Naa	Ka	Dhaa	Ge	Dhin	Naa	Gin	Naa	Dhin	Naa

धा	गे	तिर	किट	धिं	ना	गिं	ना	धा	गे	तिर	किट	तिं	ना	किं	ना
Dhaa	Ge	TiRa	KiTa	Dhin	Naa	Gin	Naa	Dhaa	Ge	TiRa	KiTa	Tin	Naa	Kin	Naa

ता -	के	के	ना	क	ता -	के	के	ना	क	ता	के	ना	क	धा	गे	धिं	ना	गिं	ना	धिं	ना
Taa -	Ke	Ke	Naa	Ka	Taa -	Ke	Ke	Naa	Ka	Taa	Ke	Naa	Ka	Dhaa	Ge	Dhin	Naa	Gin	Naa	Dhin	Naa

धा	गे	तिर	किट	धिं	ना	गिं	ना	धा	गे	तिर	किट	धिं	ना	गिं	ना
Dhaa	Ge	TiRa	KiTa	Dhin	Naa	Gin	Naa	Dhaa	Ge	TiRa	KiTa	Dhin	Naa	Gin	Naa

Ending (Tihai)

धा – गे गे ना क धा – गे गे ना क धा गे ना गे धा
Dhaa - Ge Ge Naa Ka Dhaa - Ge Ge Naa Ka Dhaa Ge Naa Ge Dhaa

– १ – २ –
– 1 – 2 –

धा – गे गे ना क धा – गे ना क धा गे ना गे धा
Dhaa - Ge Ge Naa Ka Dhaa - Ge Ge Naa Ka Dhaa Ge Naa Ge Dhaa

– १ – २ –
– 1 – 2 –

धा – गे गे ना क धा – गे ना क धा गे ना गे | X धा
Dhaa - Ge Ge Naa Ka Dhaa - Ge Ge Naa Ka Dhaa Ge Naa Ge | Dhaa

Dilli Kaida in Jhaptal (Leake 1993:154-155)
Theme

धा गे ना धा ते टे गि ना धा गे तिर किट धा ती धा गे तिं ना कि ना
Dhaa Ge Naa Dhaa Te Te Gi Naa Dhaa Ge TiRa KiTa Dhaa Tee Dhaa Ge Tin Naa Ki Naa

ता के ना ता ते टे कि ना ता कि तिर किट धा ती धा गे धी ना गि ना
Taa Ke Naa Taa Te Te Ki Naa Taa Ki TiRa KiTa Dhaa Tee Dhaa Ge Dhee Naa Gi Naa

Variation #1

धा गे ना धा ते टे गि ना धा गे तिर किट धा गे ना धा ते टे गि ना
Dhaa Ge Naa Dhaa Te Te Gi Naa Dhaa Ge TiRa KiTa Dhaa Ge Naa Dhaa Te Te Gi Naa

धा गे तिर किट धा ती धा गे तिं ना कि ना धा ती धा गे तिं ना कि ना
Dhaa Ge TiRa KiTa Dhaa Tee Dhaa Ge Tin Naa Ki Naa Dhaa Tee Dhaa Ge Tin Naa Ki Naa

ता के ना ता ते टे कि ना ता के तिर किट धा गे ना धा ते टे गि ना
Taa Ke Naa Taa Te Te Ki Naa Taa Ke TiRa KiTa Dhaa Ge Naa Dhaa Te Te Gi Naa

धा गे तिर किट धा ती धा गे तिं ना गि ना धा ती धा गे धि ना गि ना
Dhaa Ge TiRa KiTa Dhaa Tee Dhaa Ge Tin Naa Gi Naa Dhaa Tee Dhaa Ge Dhi Naa Gi Naa

Appendix 3 - 5, 10, & 20 Matra Kaidas

Variation #2

धा गे ना धा ते टे धा गे ना धा ते टे धा गे तिर किट धा गे तिर किट
Dhaa Ge Naa Dhaa Te Te Dhaa Ge Naa Dhaa Te Te Dhaa Ge TiRa KiTa Dhaa Ge TiRa KiTa

धा गे ना धा ते टे गि ना धा गे तिर किट धा ती धा गे तिं ना कि ना
Dhaa Ge Naa Dhaa Te Te Gi Naa Dhaa Ge TiRa KiTa Dhaa Tee Dhaa Ge Tin Naa Ki Naa

ता के ना ता ते टे ता के ना ता ते टे ता के तिर किट ता के तिर किट
Taa Ke Naa Taa Te Te Taa Ke Naa Taa Te Te Taa Ke TiRa KiTa Taa Ke TiRa KiTa

धा गे ना धा ते टे गि ना धा गे तिर किट धा ती धा गे धी ना गि ना
Dhaa Ge Naa Dhaa Te Te Gi Naa Dhaa Ge TiRa KiTa Dhaa Tee Dhaa Ge Dhee Naa Gi Naa

Variation #3

धा गे ना धा ते टे गि ना ते टे गि ना ते टे गि ना धा गे तिर किट
Dhaa Ge Naa Dhaa Te Te Gi Naa Te Te Gi Naa Te Te Gi Naa Dhaa Ge TiRa KiTa

धा गे ना धा ते टे गि ना धा गे तिर किट धा ती धा गे तिं ना कि ना
Dhaa Ge Naa Dhaa Te Te Gi Naa Dhaa Ge TiRa KiTa Dhaa Tee Dhaa Ge Tin Naa Ki Naa

ता के ना ता ते टे कि ना ते टे कि ना ते टे कि ना ता के तिर किट
Taa Ke Naa Taa Te Te Ki Naa Te Te Ki Naa Te Te Ki Naa Taa Ke TiRa KiTa

धा गे ना धा ते टे गि ना धा गे तिर किट धा ती धा गे धी ना गि ना
Dhaa Ge Naa Dhaa Te Te Gi Naa Dhaa Ge TiRa KiTa Dhaa Tee Dhaa Ge Dhee Naa Gi Naa

Variation #4

धा गे ना धा ते टे धा ते टे धा ते टे ते टे गि ना धा गे तिर किट
Dhaa Ge Naa Dhaa Te Te Dhaa Te Te Dhaa Te Te Te Te Gi Naa Dhaa Ge TiRa KiTa

धा गे ना धा ते टे गि ना धा गे तिर किट धा ती धा गे तिं ना कि ना
Dhaa Ge Naa Dhaa Te Te Gi Naa Dhaa Ge TiRa KiTa Dhaa Tee Dhaa Ge Tin Naa Ki Naa

ता के ना ता ते टे ता ते टे ता ते टे ते टे कि ना ता के तिर किट
Taa Ke Naa Taa Te Te Taa Te Te Taa Te Te Te Te Ki Naa Taa Ke TiRa KiTa

धा गे ना धा ते टे गि ना धा गे तिर किट धा ती धा गे धी ना गि ना
Dhaa Ge Naa Dhaa Te Te Gi Naa Dhaa Ge TiRa KiTa Dhaa Tee Dhaa Ge Dhee Naa Gi Naa

Focus on the Kaidas of Tabla

Variation #5

ते टे गि ना धा गे ना धा ते टे गि ना ते टे गि ना धा गे तिर किट
Te Te Gi Naa Dhaa Ge Naa Dhaa Te Te Gi Naa Te Te Gi Naa Dhaa Ge TiRa KiTa

धा गे ना धा ते टे गि ना धा गे तिर किट धा ती धा गे तिं ना कि ना
Dhaa Ge Naa Dhaa Te Te Gi Naa Dhaa Ge TiRa KiTa Dhaa Tee Dhaa Ge Tin Naa Ki Naa

ते टे कि ना ता के ना ता ते टे कि ना ते टे कि ना ता के तिर किट
Te Te Ki Naa Taa Ke Naa Taa Te Te Ki Naa Te Te Ki Naa Taa Ke TiRa KiTa

धा गे ना धा ते टे गि ना धा गे तिर किट धा ती धा गे धी ना गि ना
Dhaa Ge Naa Dhaa Te Te Gi Naa Dhaa Ge TiRa KiTa Dhaa Tee Dhaa Ge Dhee Naa Gi Naa

Variation #6

ते टे ते टे ते टे गे ना धा गे ना धा ते टे गि ना धा गे तिर किट
Te Te Te Te Te Te Ge Naa Dhaa Ge Naa Dhaa Te Te Gi Naa Dhaa Ge TiRa KiTa

धा गे ना धा ते टे गि ना धा गे तिर किट धा ती धा गे तिं ना कि ना
Dhaa Ge Naa Dhaa Te Te Gi Naa Dhaa Ge TiRa KiTa Dhaa Tee Dhaa Ge Tin Naa Ki Naa

ते टे ते टे ते टे गे ना ता गे ना ता ते टे कि ना ता के तिर किट
Te Te Te Te Te Te Ge Naa Taa Ge Naa Taa Te Te Ki Naa Taa Ke TiRa KiTa

धा गे ना धा ते टे गि ना धा गे तिर किट धा ती धा गे धी ना गि ना
Dhaa Ge Naa Dhaa Te Te Gi Naa Dhaa Ge TiRa KiTa Dhaa Tee Dhaa Ge Dhee Naa Gi Naa

Ending (Tihai)

धा गे ना धा ते टे गि ना धा गे तिर किट धा ती धा गे तिं ना कि ना धा - तित् - धा
Dhaa Ge Naa Dhaa Te Te Gi Naa Dhaa Ge TiRa KiTa Dhaa Tee Dhaa Ge Tin Naa Ki Naa Dhaa - Tit - Dhaa

- - -
- - -

धा गे ना धा ते टे गि ना धा गे तिर किट धा ती धा गे तिं ना कि ना धा - तित् - धा
Dhaa Ge Naa Dhaa Te Te Gi Naa Dhaa Ge TiRa KiTa Dhaa Tee Dhaa Ge Tin Naa Ki Naa Dhaa - Tit - Dhaa

- - -
- - -

धा गे ना धा ते टे गि ना धा गे तिर किट धा ती धा गे तिं ना कि ना धा - तित् - | X धा
Dhaa Ge Naa Dhaa Te Te Gi Naa Dhaa Ge TiRa KiTa Dhaa Tee Dhaa Ge Tin Naa Ki Naa Dhaa - Tit - | Dhaa

Appendix 3 - 5, 10, & 20 Matra Kaidas

Kaida Rela in Jhaptal (Vashisht 1977:128) (Note - This *kaida* has some unusual rhythm changes. Therefore, we are departing from our usual habit of leaving the rhythm unspecified.)

Theme

KiRaNaGa	TiRaKiTa	TaGaTiRa	KiTaTaKa	Dhaa - TiTa
GhiRaNaGa	Dhaa - TiRa	GhiRaNaGa	Tee - Naa -	KiRaNaGa
KiRaNaGa	TiRaKiTa	TaKaTiRa	KiTaTaKa	Dhaa - TiTa
GhiRaNaGa	Dhaa - TiRa	GhiRaNaGa	Tee - Naa -	KiRaNaGa

Variation #1

Dhaa - TiRa	GhiRaNaGa	TaKaTiTa	GhiRaNaGa	TaKaTiTa
GhiRaNaGa	Dhaa - TiRa	GhiRaNaGa	Tee - Naa -	Gi - Naa -
Taa - TiRa	KiRaNaGa	TaKaTiTa	KiRaNaGa	TaKaTiTa
GhiRaNaGa	Dhaa - TiRa	GhiRaNaGa	Tee - Naa -	Gi - Naa -

Variation #2

Dhaa - TiRa	KiTaTaKa	Dhaa - TiRa	KiTaTaKa	Dhee - Naa -
Gi - Naa -	Dhaa - TiRa	KiTaTaKa	Taa - TiRa	KiTaTaKa
Taa - TiRa	KiTaTaKa	Taa - TiRa	KiTaTaKa	Dhee - Naa -
Gi - Naa -	Dhaa - TiRa	KiTaTaKa	Taa - TiRa	KiTaTaKa

Variation #3

तक् - - -	घिड़ां - - न	तिरकिट	तक् - - -	घिड़ां - - न
Tak - - -	Ghiraan - - Na	TiRaKiTa	Tak - - -	Ghiraan - - Na

धा - तिर	किट तक	तक् - - -	घिड़ां - - न	तिरकिट
Dhaa - TiRa	KiTaTaKa	Tak - - -	Ghiraan - - Na	TiRaKiTa

तक् - - -	किड़ां - - न	तिरकिट	तक् - - -	किड़ां - - न
Tak - - -	Kiraan - - Na	TiRaKiTa	Tak - - -	Kiraan - - Na

धा - तिर	किट तक	तक् - - -	घिड़ां - - न	तिरकिट
Dhaa - TiRa	KiTaTaKa	Tak - - -	Ghiraan - - Na	TiRaKiTa

Variation #4

धा - धा -	तिरकिट	तिरकिट	तकतिर	किट तक
Dhaa - Dhaa -	TiRaKiTa	TiRaKiTa	TaKaTiRa	KiTaTaKa

तिरकिट	धा - तिर	किट तक	धा - तिर	किट तक
TiRaKiTa	Dhaa - TiRa	KiTaTaKa	Dhaa - TiRa	KiTaTaKa

तकतिर	किट तक	तकतिर	किट तक	धा - तिर
TaKaTiRa	KiTaTaKa	TaKaTiRa	KiTaTaKa	Dhaa - TiRa

किट धा -	तिरकिट	तक् - - -	घिड़ां - - न	तिरकिट
KiTaDhaa -	TiRaKiTa	Tak - - -	Ghiraan - - Na	TiRaKiTa

ता - ता -	तिरकिट	तिरकिट	तकतिर	किट तक
Taa - Taa -	TiRaKiTa	TiRaKiTa	TaKaTiRa	KiTaTaKa

तिरकिट	धा - तिर	किट तक	धा - तिर	किट तक
TiRaKiTa	Dhaa - TiRa	KiTaTaKa	Dhaa - TiRa	KiTaTaKa

तकतिर	किट तक	तकतिर	किट तक	धा - तिर
TaKaTiRa	KiTaTaKa	TaKaTiRa	KiTaTaKa	Dhaa - TiRa

किट धा -	तिरकिट	तक् - - -	घिड़ां - - न	तिरकिट
KiTaDhaa -	TiRaKiTa	Tak - - -	Ghiraan - - Na	TiRaKiTa

Variation #5

धिं – ना –	तिरकिट	तकतिर	किटतक	तिरकिट
Dhin - Naa -	TiRaKiTa	TaKaTiRa	KiTaTaKa	TiRaKiTa

तिं – ना –	तिरकिट	तकतिर	किटतक	तिरकिट
Tin - Naa -	TiRaKiTa	TaKaTiRa	KiTaTaKa	TiRaKiTa

Variation #6 (Note - In this variation the *jati* changes. Please note that portions of this variation are in 3X and 6X)

तिरकिट	धीगन	धातिट	धीगन	तिरकिटतक
TiRaKiTa	DheeGaNa	DhaaTiTa	DheeGaNa	TiRaKiTaTaKa

तिरकिट	तीगन	धातिट	धीगन	तिरकिटतक
TiRaKiTa	TeeGaNa	DhaaTiTa	DheeGaNa	TiRaKiTaTaKa

Variation #7

धा – तिरकिटतक	कत् – तिरकिटतक
Dhaa - TiRaKiTaKa	Kat - TiRaKiTaTaKa

धा – तिरकिटतक	धा – तिरकिटतक	धीं – तिरकिटतक
Dhaa - TiRaKiTaTaKa	Dhaa - TiRaKiTaTaKa	Dheen - TiRaKiTaTaKa

ता – तिरकिटतक	कत् – तिरकिटतक
Taa - TiRaKiTaTaKa	Kat - TiRaKiTaTaKa

धा – तिरकिटतक	धा – तिरकिटतक	धीं – तिरकिटतक
Dhaa - TiRaKiTaTaKa	Dhaa - TiRaKiTaTaKa	Dhin - TiRaKiTaTaKa

Variation #8

धागेन	धागेन	धा – तिरकिट	धागेन	धा – तिरकिट
DhaaGeNa	DhaaGeNa	Dhaa - TiRaKiTa	DhaaGeNa	Dhaa - TiRaKiTa

धागेन	धागेती	नागेन	धागेन	धा – तिरकिट
DhaaGeNa	DhaaGeTee	NaaGeNa	DhaaGeNa	Dhaa - TiRaKiTa

ताकेन	ताकेन	ता – तिरकिट	ताकेन	धा – तिरकिट
TaaKeNa	TaaKeNa	Taa - TiRaKiTa	TaaKeNa	Dhaa - TiRaKiTa

तागेन	धागेती	नागेन	धागेन	धा – तिरकिट
TaaGeNa	DhaaGeTee	NaaGeNa	DhaaGeNa	Dhaa - TiRaKiTa

Variation #9

धा गे ति र	कि ट त क	धा ग धा ग	ति र कि ट	धा ग धा ग
DhaaGeTiRa	KiTaTaKa	DhaaGaDhaaGa	TiRaKiTa	DhaaGaDhaaGa

ति र कि ट	धा ग ति र	कि ट त क	ती – ना –	ति र कि ट
TiRaKiTa	DhaaGaTiRa	KiTaTaKa	Tee - Naa -	TiRaKiTa

त गे ति र	कि ट त क	ता ग ता ग	ति र कि ट	ता ग ता ग
TaGeTiRa	KiTaTaKa	TaaGaTaaGa	TiRaKiTa	TaaGaTaaGa

ति र कि ट	धा ग ति र	कि ट त क	ती – ना –	ति र कि ट
TiRaKiTa	DhaaGaTiRa	KiTaTaKa	Tee - Naa -	TiRaKiTa

Ending (Tihai) (Note - No *tihai* was given in Vashisht's work, however here is one which works fine.)

धा – ति र	कि ट त क	ति र कि ट	धा – धा –	ति र कि ट	त क ति र	कि ट धा –
Dhaa - TiRa	KiTaTaKa	TiRaKiTa	Dhaa - Dhaa -	TiRaKiTa	TaKaTiRa	KiTaDhaa -

धा – ति र	कि ट त क	ति र कि ट	X धा
Dhaa - TiRa	KiTaTaKa	TiRaKiTa	Dhaa

WORKS CITED

Courtney, David
1998   *Fundamentals of Tabla*. Houston: Sur Sangeet Services.
2000   *Advanced Theory of Tabla*. Houston: Sur Sangeet Services.

Godbole, Madhukar Ganesh
1967   *Tal Dipika*. Allahabad, India: Ashok Prakashan Mandir.

Gottlieb, Robert S.
1977   *The Major Traditions of North Indian Tabla Drumming (Vol. 1)*. Munich -Salzburg: Musikverlag Emil Katzbichler.

Dutta, Aloke
1984   *Tabla: Lessons and Practice*. Calcutta: Janabani Printers and Publishers.

Hussain, Zakir
1974-1975 Personal study.
1988   Personal study.

Khan, Shaik Dawood
1978-1980 Personal study.

Leake, Jerry
1993   *Indian Influence (Tabla Perspective), Series A.I.M. Percussion Text* (Second Edition). Boston: Rhombus Publishing.

Vashisht, Satyanarayan
1977   *Tal Martand.* (5th edition), Hathras, India: Sangeet Karyalay.
1981   *Kaida aur Peshkar*, Hathras, India: Sangeet Karyalay.Yadav, B. L.
1995   *Tabla Prakash (vol. 1)*. Allahabad: Sangit Sadan Prakashan.
1999a   *Tabla Prakash (vol. 2)*. Allahabad: Sangit Sadan Prakashan.

APPENDIX 4

ELEVEN, AND TWENTY-TWO MATRA KAIDAS

INTRODUCTION
There are only a few *tals* in five-and-half, 11 and 22 matras Two common examples are *Rudra* and *Chartal ki Savari*. For a better description and a complete list, please check *Fundamentals of Tabla* (Courtney 1998).

Kaida in Rudra Tal (Godbole 1967:230)
Theme

धा तिर किट धा गे न धा गे ति ना – धा गे न धा गे धि न गि न धा तिर
Dhaa TiRa KiTa Dhaa Ge Na Dhaa Ge Ti Naa - Dhaa Ge Na Dhaa Ge Dhi Na Gi Na Dhaa TiRa

किट धा गे न धा गे धि न गि न धा तिर किट धा गे न धा गे ति न कि न
KiTa Dhaa Ge Na Dhaa Ge Dhi Na Gi Na Dhaa TiRa KiTa Dhaa Ge Na Dhaa Ge Ti Na Ki Na

ता तिर किट ता के न ता गे ति ना – धा गे न धा गे धि न गि न धा तिर
Taa TiRa KiTa Taa Ke Na Taa Ge Ti Naa - Dhaa Ge Na Dhaa Ge Dhi Na Gi Naa Dhaa TiRa

किट धा गे न धा गे धि न गि न धा तिर किट धा गे न धा गे धि न गि न
KiTa Dhaa Ge Na Dhaa Ge Dhi Naa Gi Na Dhaa TiRa KiTa Dhaa Ge Na Dhaa Ge Dhi Na Gi Na

Variation #1 (note- there are no variations or *tihai* mentioned in Godbole's work. However these next few are some that work well)

धा तिर किट धा गे न धा गे ति ना धा तिर किट धा गे न धा गे ति ना धा तिर
Dhaa TiRa KiTa Dhaa Ge Na Dhaa Ge Ti Naa Dhaa TiRa KiTa Dhaa Ge Na Dhaa Ge Ti Naa Dhaa TiRa

किट धा गे न धा गे धि न गि न धा तिर किट धा गे न धा गे ति न कि न
KiTa Dhaa Ge Na Dhaa Ge Dhi Na Gi Na Dhaa TiRa KiTa Dhaa Ge Na Dhaa Ge Ti Na Ki Na

ता तिर किट ता के न ता के ति ना ता तिर किट ता के न ता गे ति ना धा तिर
Taa TiRa KiTa Taa Ke Na Taa Ke Ti Naa Taa TiRa KiTa Taa Ke Na Taa Ge Ti Naa Dhaa TiRa

किट धा गे न धा गे धि न गि न धा तिर किट धा गे न धा गे धि न गि न
KiTa Dhaa Ge Na Dhaa Ge Dhi Na Gi Na Dhaa TiRa KiTa Dhaa Ge Na Dhaa Ge Dhi Na Gi Na

Focus on the Kaidas of Tabla

Variation #2

Dhaa TiRa KiTa Dhaa Ge Dhaa Ge Na Dhaa Ge Dhi Na Gi Na Dhaa Ge Na Dhaa Ge Dhi Na Gi
Na Dhaa Ge Na Dhaa Ge Dhi Na Gi Na Dhaa TiRa KiTa Dhaa Ge Na Dhaa Ge Ti Na Ki Na
Taa TiRa KiTa Taa Ke Taa Ke Na Taa Ke Ti Na Ki Na Dhaa Ge Na Dhaa Ge Dhi Na Gi
Na Dhaa Ge Na Dhaa Ge Dhi Na Gi Na Dhaa TiRa KiTa Dhaa Ge Na Dhaa Ge Dhi Na Gi Na

Variation #3

Dhaa TiRa KiTa Dhaa Ge Na Dhaa TiRa KiTa Dhaa Ge Na Dhaa TiRa KiTa Dhaa Ge Na Dhaa Ge Dhaa TiRa
KiTa Dhaa Ge Na Dhaa Ge Dhi Na Gi Na Dhaa TiRa KiTa Dhaa Ge Na Dhaa Ge Ti Na Ki Na
Taa TiRa KiTa Taa Ke Na Taa TiRa KiTa Taa Ke Na Taa TiRa KiTa Dhaa Ge Na Dhaa Ge Dhaa TiRa
KiTa Dhaa Ge Na Dhaa Ge Dhi Na Gi Na Dhaa TiRa KiTa Dhaa Ge Na Dhaa Ge Dhi Na Gi Na

Ending (Bharan)

Dhaa Ge Dhaa Ge Dhi Na Gi Na Dhaa TiRa KiTa Dhaa Ge Na Dhaa Ge
Dhi Na Gi Na Dhaa TiRa KiTa Dhaa Ge Na Dhaa Ge Dhi Na Gi Na

(Tihai)

Dhi Na Gi Na Dhaa TiRa KiTa Dhaa Ge Na Dhaa Ge Dhi Na Gi Na Dhaa

- - -
- - -

Dhi Na Gi Na Dhaa TiRa KiTa Dhaa Ge Na Dhaa Ge Dhi Na Gi Na Dhaa

- - -
- - -

Dhi Na Gi Na Dhaa TiRa KiTa Dhaa Ge Na Dhaa Ge Dhi Na Gi Na | X Dhaa

Appendix 4 - 11 & 22 Matra Kaidas

Kaida in Nilkanth Tal (Yadav 1999:54-58)
Theme

धा तिर किट धा ते टे घे ना धा ती घे ना धा – धा ती धा गे ती ना गी ना
Dhaa TiRa KiTa Dhaa Te Te Ghe Naa Dhaa Tee Ghe Naa Dhaa - Dhaa Tee Dhaa Ge Tee Naa Gee Naa

ता तिर किट ता ते टे के ना ता ती के ना ता – धा ती धा गे धी ना गी ना
Taa TiRa KiTa Taa Te Te Ke Naa Taa Tee Ke Naa Taa - Dhaa Tee Dhaa Ge Dhee Naa Gee Naa

Variation #1

धा तिर किट धा ते टे धा तिर किट धा ते टे धा तिर किट धा ते टे घे ना ते टे
Dhaa TiRa KiTa Dhaa Te Te Dhaa TiRa KiTa Dhaa Te Te Dhaa TiRa KiTa Dhaa Te Te Ghe Naa Te Te

धा तिर किट धा ते टे घे ना धा ती घे ना धा – धा ती धा गे ती ना गी ना
Dhaa TiRa KiTa Dhaa Te Te Ghe Naa Dhaa Tee Ghe Naa Dhaa - Dhaa Tee Dhaa Ge Tee Naa Gee Naa

ता तिर किट ता ते टे ता तिर किट ता ते टे ता तिर किट ता ते टे के ना ते टे
Taa TiRa KiTa Taa Te Te Taa TiRa KiTa Taa Te Te Taa TiRa KiTa Taa Te Te Ke Naa Te Te

धा तिर किट धा ते टे घे ना धा ती घे ना धा – धा ती धा गे धी ना गी ना
Dhaa TiRa KiTa Dhaa Te Te Ghe Naa Dhaa Tee Ghe Naa Dhaa - Dhaa Tee Dhaa Ge Dhee Naa Gee Naa

Variation #2

धा तिर किट धा ते टे घे ना ते टे ते टे घे ना ते टे ते टे घे ना ते टे
Dhaa TiRa KiTa Dhaa Te Te Ghe Naa Te Te Te Te Ghe Naa Te Te Te Te Ghe Naa Te Te

धा तिर किट धा ते टे घे ना धा ती घे ना धा – धा ती धा गे ती ना गी ना
Dhaa TiRa KiTa Dhaa Te Te Ghe Naa Dhaa Tee Ghe Naa Dhaa - Dhaa Tee Dhaa Ge Tee Naa Gee Naa

ता तिर किट ता ते टे के ना ते टे ते टे के ना ते टे ते टे के ना ते टे
Taa TiRa KiTa Taa Te Te Ke Naa Te Te Te Te Ke Naa Te Te Te Te Ke Naa Te Te

धा तिर किट धा ते टे घे ना धा ती घे ना धा – धा ती धा गे धी ना गी ना
Dhaa TiRa KiTa Dhaa Te Te Ghe Naa Dhaa Tee Ghe Naa Dhaa - Dhaa Tee Dhaa Ge Dhee Naa Gee Naa

Variation #3

ते टे घे ना धा – घे ना धा – घे ना घे ना धा – घे ना ती ना गी ना
Te Te Ghe Naa Dhaa - Ghe Naa Dhaa - Ghe Naa Ghe Naa Dhaa - Ghe Naa Tee Naa Gee Naa

धा तिर किट धा ते टे घे ना धा ती घे ना धा – धा ती धा गे ती ना गी ना
Dhaa TiRa KiTa Dhaa Te Te Ghe Naa Dhaa Tee Ghe Naa Dhaa - Dhaa Tee Dhaa Ge Tee Naa Gee Naa

ते टे के ना ता – के ना ता – के ना के ना ता – के ना ती ना गी ना
Te Te Ke Naa Taa - Ke Naa Taa - Ke Naa Ke Naa Taa - Ke Naa Tee Naa Gee Naa

धा तिर किट धा ते टे घे ना धा ती घे ना धा – धा ती धा गे धी ना गी ना
Dhaa TiRa KiTa Dhaa Te Te Ghe Naa Dhaa Tee Ghe Naa Dhaa - Dhaa Tee Dhaa Ge Dhee Naa Gee Naa

Variation #4

धा तिर किट धा ते टे घे ना धा ती ते टे घे ना धा ती ते टे घे ना धा ती
Dhaa TiRa KiTa Dhaa Te Te Ghe Naa Dhaa Tee Te Te Ghe Naa Dhaa Tee Te Te Ghe Naa Dhaa Tee

धा तिर किट धा ते टे घे ना धा ती घे ना धा – धा ती धा गे ती ना गी ना
Dhaa TiRa KiTa Dhaa Te Te Ghe Naa Dhaa Tee Ghe Naa Dhaa - Dhaa Tee Dhaa Ge Tee Naa Gee Naa

ता तिर किट ता ते टे के ना ता ती ते टे के ना ता ती ते टे के ना ता ती
Taa TiRa KiTa Taa Te Te Ke Naa Taa Tee Te Te Ke Naa Taa Tee Te Te Ke Naa Taa Tee

धा तिर किट धा ते टे घे ना धा ती घे ना धा – धा ती धा गे धी ना गी ना
Dhaa TiRa KiTa Dhaa Te Te Ghe Naa Dhaa Tee Ghe Naa Dhaa - Dhaa Tee Dhaa Ge Dhee Naa Gee Naa

Variation #5

धा ती धा गे ती ना गी ना धा ती धा ती धा गे ती ना गी ना ती ना गी ना
Dhaa Tee Dhaa Ge Tee Naa Gee Naa Dhaa Tee Dhaa Tee Dhaa Ge Tee Naa Gee Naa Tee Naa Gee Naa

धा तिर किट धा ते टे घे ना धा ती घे ना धा – धा ती धा गे ती ना गी ना
Dhaa TiRa KiTa Dhaa Te Te Ghe Naa Dhaa Tee Ghe Naa Dhaa - Dhaa Tee Dhaa Ge Tee Naa Gee Naa

ता ती ता गे ती ना गी ना ता ती ता ती ता गे ती ना गी ना ती ना गी ना
Taa Tee Taa Ge Tee Naa Gee Naa Taa Tee Taa Tee Taa Ge Tee Naa Gee Naa Tee Naa Gee Naa

धा तिर किट धा ते टे घे ना धा ती घे ना धा – धा ती धा गे धी ना गी ना
Dhaa TiRa KiTa Dhaa Te Te Ghe Naa Dhaa Tee Ghe Naa Dhaa - Dhaa Tee Dhaa Ge Dhee Naa Gee Naa

Appendix 4 - 11 & 22 Matra Kaidas

Variation #6

ती ना गी ना धा ती ती ना ती ना धा ती ती ना धा ती ती ना गी ना धा ती
Tee Naa Gee Naa Dhaa Tee Tee Naa Tee Naa Dhaa Tee Tee Naa Dhaa Tee Tee Naa Gee Naa Dhaa Tee

धा तिर किट धा ते टे घे ना धा ती घे ना धा – धा ती धा गे ती ना गी ना
Dhaa TiRa KiTa Dhaa Te Te Ghe Naa Dhaa Tee Ghe Naa Dhaa - Dhaa Tee Dhaa Ge Tee Naa Gee Naa

ती ना गी ना ता ती ती ना ती ना ता ती ती ना ता ती ती ना गी ना ता ती
Tee Naa Gee Naa Taa Tee Tee Naa Tee Naa Taa Tee Tee Naa Taa Tee Tee Naa Gee Naa Taa Tee

धा तिर किट धा ते टे घे ना धा ती घे ना धा – धा ती धा गे धी ना गी ना
Dhaa TiRa KiTa Dhaa Te Te Ghe Naa Dhaa Tee Ghe Naa Dhaa - Dhaa Tee Dhaa Ge Dhee Naa Gee Naa

Ending (Tihai)

धा तिर किट धा ते टे घे ना धा ती घे ना धा ती घे ना धा – – –
Dhaa TiRa KiTa Dhaa Te Te Ghe Naa Dhaa Tee Ghe Naa Dhaa Tee Ghe Naa Dhaa - - -

धा ती घे ना धा ती घे ना धा – – – धा ती घे ना धा ती घे ना धा
Dhaa Tee Ghe Naa Dhaa Tee Ghe Naa Dhaa - - - Dhaa Tee Ghe Naa Dhaa Tee Ghe Naa Dhaa

– – – – –
– – – – –

धा तिर किट धा ते टे घे ना धा ती घे ना धा ती घे ना धा – – –
Dhaa TiRa KiTa Dhaa Te Te Ghe Naa Dhaa Tee Ghe Naa Dhaa Tee Ghe Naa Dhaa - - -

धा ती घे ना धा ती घे ना धा – – – धा ती घे ना धा ती घे ना धा
Dhaa Tee Ghe Naa Dhaa Tee Ghe Naa Dhaa - - - Dhaa Tee Ghe Naa Dhaa Tee Ghe Naa Dhaa

– – – – –
– – – – –

धा तिर किट धा ते टे घे ना धा ती घे ना धा ती घे ना धा – – –
Dhaa TiRa KiTa Dhaa Te Te Ghe Naa Dhaa Tee Ghe Naa Dhaa Tee Ghe Naa Dhaa - - -

धा ती घे ना धा ती घे ना धा – – – धा ती घे ना धा ती घे ना | X धा
Dhaa Tee Ghe Naa Dhaa Tee Ghe Naa Dhaa - - - Dhaa Tee Ghe Naa Dhaa Tee Ghe Naa | Dhaa

WORKS CITED

Courtney, David
1998 *Fundamentals of Tabla.* Houston: Sur Sangeet Services.
2000 *Advanced Theory of Tabla.* Houston: Sur Sangeet Services.

Godbole, Madhukar Ganesh
1967 *Tal Dipika.* Allahabad, India: Ashok Prakashan Mandir.

Yadav, B. L.
1999 *Tabla Prakash (Vol. 3).* Allahabad: Sangit Sadan Prakashan.

APPENDIX 5
SIX, TWELVE, AND TWENTY-FOUR MATRA KAIDAS

INTRODUCTION
There are a number of *tals* that have six, 12, or 24 *matras*. *Dadra, Chautal,* and *Ektal* are probably the most common. *Ektal* in particular, is second only to *Tintal* in being the favourite *tal* in which to perform *kaidas*. One reason why *Ektal* is so popular is because it is readily divisible by two, and four just as easily as it is divisible by three or six. This makes the job of developing permutations a relatively easy job. The *Ektal / Chautal kaidas* also have another utility; they are easily played against *Tintal* to create *kaidas* in the *dedh layakari* (Gottlieb 1977).

Kaida in Chautal (Zakir Hussain, 1975 personal interview)
Theme

धा गे ते टे ता गे ते टे क्डे धे ते टे धा गे ते टे क्डे धे ते टे धा गे ते टे
Dhaa Ge Te Te Taa Ge Te Te Kde Dhe Te Te Dhaa Ge Te Te Kde Dhe Te Te Dhaa Ge Te Te

ता के ते टे ता के ते टे क्डे धे ते टे धा गे ते टे क्डे धे ते टे धा गे ते टे
Taa Ke Te Te Taa Ke Te Te Kde Dhe Te Te Dhaa Ge Te Te Kde Dhe Te Te Dhaa Ge Te Te

Variation #1

धा गे ते टे ता गे ते टे धा गे ते टे ता गे ते टे क्डे धे ते टे धा गे ते टे
Dhaa Ge Te Te Taa Ge Te Te Dhaa Ge Te Te Taa Ge Te Te Kde Dhe Te Te Dhaa Ge Te Te

क्डे धे ते टे धा गे ते टे क्डे धे ते टे धा गे ते टे क्डे धे ते टे धा गे ते टे
Kde Dhe Te Te Dhaa Ge Te Te Kde Dhe Te Te Dhaa Ge Te Te Kde Dhe Te Te Dhaa Ge Te Te

ता के ते टे ता के ते टे ता के ते टे ता के ते टे क्डे धे ते टे धा गे ते टे
Taa Ke Te Te Taa Ke Te Te Taa Ke Te Te Taa Ke Te Te Kde Dhe Te Te Dhaa Ge Te Te

क्डे धे ते टे धा गे ते टे क्डे धे ते टे धा गे ते टे क्डे धे ते टे धा गे ते टे
Kde Dhe Te Te Dhaa Ge Te Te Kde Dhe Te Te Dhaa Ge Te Te Kde Dhe Te Te Dhaa Ge Te Te

Variation #2

धा गे ते टे ते टे धा गे ते टे ते टे धा गे ते टे क्डे धे ते टे धा गे ते टे
Dhaa Ge Te Te Te Te Dhaa Ge Te Te Te Te Dhaa Ge Te Te Kde Dhe Te Te Dhaa Ge Te Te

ता के ते टे ते टे ता के ते टे ते टे धा गे ते टे क्डे धे ते टे धा गे ते टे
Taa Ke Te Te Te Te Taa Ke Te Te Te Te Dhaa Ge Te Te Kde Dhe Te Te Dhaa Ge Te Te

Variation #3

Kde Dhe Te Te Dhaa Ge Te Te Kde Dhe Te Te Dhaa Ge Te Te Dhaa Ge Te Te Taa Ge Te Te

Kde Te Te Te Taa Ge Te Te Kde Te Te Te Dhaa Ge Te Te Dhaa Ge Te Te Taa Ge Te Te

Ending (Tihai)

Dhaa Ge Te Te Taa Ge Te Te Kde Dhe Te Te Dhaa

- Te Te Te Te

Dhaa Ge Te Te Taa Ge Te Te Kde Dhe Te Te Dhaa

- Te Te Te Te

Dhaa Ge Te Te Taa Ge Te Te Kde Dhe Te Te | X Dhaa

Gat Kaida in Ektal (Yadav 1995)
Theme

Dhaa TiRa KiTa TaKa Kdaan - Dhaa - Too Naa KiTa TaKa

Taa TiRa KiTa TaKa Kdaan - Dhaa - Too Naa KiTa TaKa

Variation #1

Dhaa TiRa KiTa TaKa Kdaan - Dhaa TiRa KiTa TaKa Kdaan -

Dhaa TiRa KiTa TaKa Kdaan - Dhaa - Too Naa KiTa TaKa

Taa TiRa KiTa TaKa Kdaan - Taa TiRa KiTa TaKa Kdaan -

Dhaa TiRa KiTa TaKa Kdaan - Dhaa - Too Naa KiTa TaKa

Appendix 5 - 12 & 24 Matra Kaidas

Variation #2

धा	तिर	किट	तक	धा	तिर	किट	तक	क्ड़ां	–	क्ड़ां	–
Dhaa	TiRa	KiTa	TaKa	Dhaa	TiRa	KiTa	TaKa	Kdaan	-	Kdaan	-

धा	तिर	किट	तक	क्ड़ां	–	धा	–	तू	ना	किट	तक
Dhaa	TiRa	KiTa	TaKa	Kdaan	-	Dhaa	-	Too	Naa	KiTa	TaKa

ता	तिर	किट	तक	ता	तिर	किट	तक	क्ड़ां	–	क्ड़ां	–
Taa	TiRa	KiTa	TaKa	Taa	TiRa	KiTa	TaKa	Kdaan	-	Kdaan	-

धा	तिर	किट	तक	क्ड़ां	–	धा	–	तू	ना	किट	तक
Dhaa	TiRa	KiTa	TaKa	Kdaan	-	Dhaa	-	Too	Naa	KiTa	TaKa

Variation #3

धा	तिर	किट	तक	क्ड़ां	–	क्ड़ां	–	क्ड़ां	–	धा	–
Dhaa	TiRa	KiTa	TaKa	Kdaan	-	Kdaan	-	Kdaan	-	Dhaa	-

धा	तिर	किट	तक	क्ड़ां	–	धा	–	तू	ना	किट	तक
Dhaa	TiRa	KiTa	TaKa	Kdaan	-	Dhaa	-	Too	Naa	KiTa	TaKa

ता	तिर	किट	तक	क्ड़ां	–	क्ड़ां	–	क्ड़ां	–	ता	–
Taa	TiRa	KiTa	TaKa	Kdaan	-	Kdaan	-	Kdaan	-	Taa	-

धा	तिर	किट	तक	क्ड़ां	–	धा	–	तू	ना	किट	तक
Dhaa	TiRa	KiTa	TaKa	Kdaan	-	Dhaa	-	Too	Naa	KiTa	TaKa

Variation #4

क्ड़ां	–	धा	–	क्ड़ां	–	धा	–	क्ड़ां	–	धा	–
Kdaan	-	Dhaa	-	Kdaan	-	Dhaa	-	Kdaan	-	Dhaa	-

धा	तिर	किट	तक	क्ड़ां	–	धा	–	तू	ना	किट	तक
Dhaa	TiRa	KiTa	TaKa	Kdaan	-	Dhaa	-	Too	Naa	KiTa	TaKa

क्ड़ां	–	ता	–	क्ड़ां	–	ता	–	क्ड़ां	–	ता	–
Kdaan	-	Taa	-	Kdaan	-	Taa	-	Kdaan	-	Taa	-

धा	तिर	किट	तक	क्ड़ां	–	धा	–	तू	ना	किट	तक
Dhaa	TiRa	KiTa	TaKa	Kdaan	-	Dhaa	-	Too	Naa	KiTa	TaKa

Ending (Tihai)

धा	तिर	किट	तक	क्ड़ां	-	धा	-	तू	ना	किट	तक	धा
Dhaa	TiRa	KiTa	TaKa	Kdaan	-	Dhaa	-	Too	Naa	KiTa	TaKa	Dhaa

- - - - -
- - - - -

धा	तिर	किट	तक	क्ड़ां	-	धा	-	तू	ना	किट	तक	धा
Dhaa	TiRa	KiTa	TaKa	Kdaan	-	Dhaa	-	Too	Naa	KiTa	TaKa	Dhaa

- - - - -
- - - - -

धा	तिर	किट	तक	क्ड़ां	-	धा	-	तू	ना	किट	तक	X धा
Dhaa	TiRa	KiTa	TaKa	Kdaan	-	Dhaa	-	Too	Naa	KiTa	TaKa	Dhaa

Kaida in Ektal (Yadav 1999a:140-141)

Theme

धा	ती	धा	तिर	किट	तक	तिर	किट	तू	ना	किट	तक
Dhaa	Tee	Dhaa	TiRa	KiTa	TaKa	TiRa	KiTa	Too	Naa	KiTa	TaKa

ता	ती	ता	तिर	किट	तक	तिर	किट	तू	ना	किट	तक
Taa	Tee	Taa	TiRa	KiTa	TaKa	TiRa	KiTa	Too	Naa	KiTa	TaKa

Variation #1

धा	ती	धा	तिर	किट	तक	धा	तिर	किट	तक	धा	ती
Dhaa	Tee	Dhaa	TiRa	KiTa	TaKa	Dhaa	TiRa	KiTa	TaKa	Dhaa	Tee

धा	ती	धा	तिर	किट	तक	तिर	किट	तू	ना	किट	तक
Dhaa	Tee	Dhaa	TiRa	KiTa	TaKa	TiRa	KiTa	Too	Naa	KiTa	TaKa

ता	ती	ता	तिर	किट	तक	ता	तिर	किट	तक	ता	ती
Taa	Tee	Taa	TiRa	KiTa	TaKa	Taa	TiRa	KiTa	TaKa	Taa	Tee

धा	ती	धा	तिर	किट	तक	तिर	किट	तू	ना	किट	तक
Dhaa	Tee	Dhaa	TiRa	KiTa	TaKa	TiRa	KiTa	Too	Naa	KiTa	TaKa

Variation #2

धा	ती	धा	ती	धा	तिर	किट	तक	धा	ती	धा	ती
Dhaa	Tee	Dhaa	Tee	Dhaa	TiRa	KiTa	TaKa	Dhaa	Tee	Dhaa	Tee

धा	ती	धा	तिर	किट	तक	तिर	किट	तू	ना	किट	तक
Dhaa	Tee	Dhaa	TiRa	KiTa	TaKa	TiRa	KiTa	Too	Naa	KiTa	TaKa

ता	ती	ता	ती	ता	तिर	किट	तक	ता	ती	ता	ती
Taa	Tee	Taa	Tee	Taa	TiRa	KiTa	TaKa	Taa	Tee	Taa	Tee

धा	ती	धा	तिर	किट	तक	तिर	किट	तू	ना	किट	तक
Dhaa	Tee	Dhaa	TiRa	KiTa	TaKa	TiRa	KiTa	Too	Naa	KiTa	TaKa

Appendix 5 - 12 & 24 Matra Kaidas

Variation #3

धा ती धा ती धा ती धा तिर किट तक धा ती
Dhaa Tee Dhaa Tee Dhaa Tee Dhaa TiRa KiTa TaKa Dhaa Tee

धा ती धा तिर किट तक तिर किट तू ना किट तक
Dhaa Tee Dhaa TiRa KiTa TaKa TiRa KiTa Too Naa KiTa TaKa

ता ती ता ती ता ती ता तिर किट तक ता ती
Taa Tee Taa Tee Taa Tee Taa TiRa KiTa TaKa Taa Tee

धा ती धा तिर किट तक तिर किट तू ना किट तक
Dhaa Tee Dhaa TiRa KiTa TaKa TiRa KiTa Too Naa KiTa TaKa

Variation #4

धा तिर किट तक धा ती धा ती धा तिर किट तक
Dhaa TiRa KiTa TaKa Dhaa Tee Dhaa Tee Dhaa TiRa KiTa TaKa

धा ती धा तिर किट तक तिर किट तू ना किट तक
Dhaa Tee Dhaa TiRa KiTa TaKa TiRa KiTa Too Naa KiTa TaKa

ता तिर किट तक ता ती ता ती ता तिर किट तक
Taa TiRa KiTa TaKa Taa Tee Taa Tee Taa TiRa KiTa TaKa

धा ती धा तिर किट तक तिर किट तू ना किट तक
Dhaa Tee Dhaa TiRa KiTa TaKa TiRa KiTa Too Naa KiTa TaKa

Ending (Tihai)

धा ती धा तिर किट तक तिर किट तू ना किट तक धा
Dhaa Tee Dhaa TiRa KiTa TaKa TiRa KiTa Too Naa KiTa TaKa Dhaa

\- \- \- \- \-
\- \- \- \- \-

धा ती धा तिर किट तक तिर किट तू ना किट तक धा
Dhaa Tee Dhaa TiRa KiTa TaKa TiRa KiTa Too Naa KiTa TaKa Dhaa

\- \- \- \- \-
\- \- \- \- \-

धा ती धा तिर किट तक तिर किट तू ना किट तक | X
Dhaa Tee Dhaa TiRa KiTa TaKa TiRa KiTa Too Naa KiTa TaKa | धा
| Dhaa

Kaida in Ektal (Sharma no date:58-60)
Theme

धा किट धा किट धी ना धा धा किट तक धी ना
Dhaa KiTa Dhaa KiTa Dhee Naa Dhaa Dhaa KiTa TaKa Dhee Naa

ता किट ता किट ती ना धा धा किट तक धी ना
Taa KiTa Taa KiTa Tee Naa Dhaa Dhaa KiTa TaKa Dhee Naa

Variation #1

धा किट तक धा धी ना धा किट तक धा धी ना
Dhaa KiTa TaKa Dhaa Dhee Naa Dhaa KiTa TaKa Dhaa Dhee Naa

ता किट तक ता ती ना धा किट तक धा धी ना
Taa KiTa TaKa Taa Tee Naa Dhaa KiTa TaKa Dhaa Dhee Naa

Variation #2

किट तक धा धा धी ना किट तक धा धा धी ना
KiTa TaKa Dhaa Dhaa Dhee Naa KiTa TaKa Dhaa Dhaa Dhee Naa

किट तक ता ता ती ना किट तक धा धा धी ना
KiTa TaKa Taa Taa Tee Naa KiTa TaKa Dhaa Dhaa Dhee Naa

Ending (Tihai)

धा किट धी न धा किट धी न धा धा किट तक धा
Dhaa KiTa Dhee Na Dhaa KiTa Dhee Na Dhaa Dhaa KiTa TaKa Dhaa

– – – – –
– – – – –

धा किट धी न धा किट धी न धा धा किट तक धा
Dhaa KiTa Dhee Na Dhaa KiTa Dhee Na Dhaa Dhaa KiTa TaKa Dhaa

– – – – –
– – – – –

धा किट धी न धा किट धी न धा धा किट तक | X
Dhaa KiTa Dhee Na Dhaa KiTa Dhee Na Dhaa Dhaa KiTa TaKa | धा
 | Dhaa

Appendix 5 - 12 & 24 Matra Kaidas

Kaida in Ektal (Godbole 1967:206-207)
Theme

धा गे त्र क धि न गि न धा गे न धा गि न धि न गि न धा गे ति न कि न
Dhaa Ge Tra Ka Dhi Na Gi Na Dhaa Ge Na Dhaa Gi Na Dhi Na Gi Na Dhaa Ge Ti Na Ki Na

ता के त्र क ति न कि न धा गे न धा गि न धि न गि न धा गे धि न गि न
Taa Ke Tra Ka Ti Na Ki Na Dhaa Ge Na Dhaa Gi Na Dhi Na Gi Na Dhaa Ge Dhi Na Gi Na

Variation #1

धा गे त्र क धा गे त्र क धि न गि न धा गे न धा गि न धा गे ति न कि न
Dhaa Ge Tra Ka Dhaa Ge Tra Ka Dhin Na Gi Na Dhaa Ge Na Dhaa Gi Na Dhaa Ge Ti Na Ki Na

ता गे त्र क ता गे त्र क ति न गि न धा गे न धा गि न धा गे धि न गि न
Taa Ge Tra Ka Taa Ge Tra Ka Ti Na Gi Na Dhaa Ge Na Dhaa Gi Na Dhaa Ge Dhi Na Gi Na

Variation #2

धा गे न धा त्र क धा गे न धा त्र क धि न गि न धा गे त्र क ति न कि न
Dhaa Ge Na Dhaa Tra Ka Dhaa Ge Na Dhaa Tra Ka Dhi Na Gi Na Dhaa Ge Tra Ka Ti Na Ki Na

ता गे न ता त्र क ता गे न ता त्र क धि न गि न धा गे त्र क धि न गि न
Taa Ge Na Taa Tra Ka Taa Ge Na Taa Tra Ka Dhi Na Gi Na Dhaa Ge Tra Ka Dhi Na Gi Na

Variation #3

धा गे त्र क धि न गि न धा गे न धा त्र क धि न धा गे त्र क ति न कि न
Dhaa Ge Tra Ka Dhi Na Gi Na Dhaa Ge Na Dhaa Tra Ka Dhi Na Dhaa Ge Tra Ka Ti Na Ki Na

ता गे त्र क ति न कि न धा गे न धा त्र क धि न धा गे त्र क धि न गि न
Taa Ge Tra Ka Ti Na Ki Na Dhaa Ge Na Dhaa Tra Ka Dhi Na Dhaa Ge Tra Ka Dhi Na Gi Na

Variation #4

धा गे त्र क धि न गि न धा – – – धा गे न धा गि न धा गे ति न कि न
Dhaa Ge Tra Ka Dhi Na Gi Na Dhaa – – – Dhaa Ge Na Dhaa Gi Na Dhaa Ge Ti Na Ki Na

ता गे त्र क ति न कि न धा – – – धा गे न धा गि न धा गे धि न गि न
Taa Ge Tra Ka Ti Na Ki Na Dhaa – – – Dhaa Ge Na Dhaa Gi Na Dhaa Ge Dhi Na Gi Na

Ending (Bharan)

धा	गे	न	धा	त्र	क	धा	गे	न	धा	त्र	क	धि	न	गि	न
Dhaa	Ge	Na	Dhaa	Tra	Ka	Dhaa	Ge	Na	Dhaa	Tra	Ka	Dhi	Na	Gi	Na

(Tihai)

धा	गे	त्र	क	ति	न	कि	न	धा
Dhaa	Ge	Tra	Ka	Ti	Na	Ki	Na	Dhaa

- - -
- - -

धा	गे	त्र	क	ति	न	कि	न	धा
Dhaa	Ge	Tra	Ka	Ti	Na	Ki	Na	Dhaa

- - -
- - -

धा	गे	त्र	क	ति	न	कि	न	X धा
Dhaa	Ge	Tra	Ka	Ti	Na	Ki	Na	Dhaa

Kaida in Ektal (Godbole 1967:208-210)
Theme

धा	त्र	क	धे	ते	टे	घि	न	धा	ति	गि	न	धा	त्र	क	धे	ते	टे	घि	न	ति	न	कि	न
Dhaa	Tra	Ka	Dhe	Te	Te	Ghi	Na	Dhaa	Ti	Gi	Na	Dhaa	Tra	Ka	Dhe	Te	Te	Ghi	Na	Ti	Na	Ki	Na

ता	त्र	क	ते	ते	टे	कि	न	ता	ति	कि	न	धा	त्र	क	धे	ते	टे	घि	न	धि	न	गि	न
Taa	Tra	Ka	Te	Te	Te	Ki	Na	Taa	Ti	Ki	Na	Dhaa	Tra	Ka	Dhe	Te	Te	Ghi	Na	Dhi	Na	Gi	Na

Variation #1

धा	त्र	क	धे	ते	टे	घि	न	धा	ति	गि	न	धा	त्र	क	धे	ते	टे	घि	न	धा	ति	गि	न
Dhaa	Tra	Ka	Dhe	Te	Te	Ghi	Na	Dhaa	Ti	Gi	Na	Dhaa	Tra	Ka	Dhe	Te	Te	Ghi	Na	Dhaa	Ti	Gi	Na

धा	त्र	क	धे	ते	टे	घि	न	धा	ति	गि	न	धा	त्र	क	धे	ते	टे	घि	न	ति	न	कि	न
Dhaa	Tra	Ka	Dhe	Te	Te	Ghi	Na	Dhaa	Ti	Gi	Na	Dhaa	Tra	Ka	Dhe	Te	Te	Ghi	Na	Ti	Na	Ki	Na

ता	त्र	क	ते	ते	टे	कि	न	ता	ति	कि	न	ता	त्र	क	ते	ते	टे	कि	न	ता	ति	कि	न
Taa	Tra	Ka	Te	Te	Te	Ki	Na	Taa	Ti	Ki	Na	Taa	Tra	Ka	Te	Te	Te	Ki	Na	Taa	Ti	Ki	Na

धा	त्र	क	धे	ते	टे	घि	न	धा	ति	गि	न	धा	त्र	क	धे	ते	टे	घि	न	धि	न	गि	न
Dhaa	Tra	Ka	Dhe	Te	Te	Ghi	Na	Dhaa	Ti	Gi	Na	Dhaa	Tra	Ka	Dhe	Te	Te	Ghi	Na	Dhi	Na	Gi	Na

Variation #2

धा	–	–	धे	ते	टे	घि	न	धा	ति	गि	न	धा	–	–	धे	ते	टे	घि	न	ति	न	कि	न
Dhaa	-	-	Dhe	Te	Te	Ghi	Na	Dhaa	Ti	Gi	Na	Dhaa	-	-	Dhe	Te	Te	Ghi	Na	Ti	Na	Ki	Na

ता	–	–	ते	ते	टे	कि	न	ता	ति	गि	न	धा	–	–	धे	ते	टे	घि	न	धि	न	गि	न
Taa	-	-	Te	Te	Te	Ki	Na	Taa	Ti	Gi	Na	Dhaa	-	-	Dhe	Te	Te	Ghi	Na	Dhi	Na	Gi	Na

Appendix 5 - 12 & 24 Matra Kaidas

Variation #3

धा त्र क धे ते टे घि न धा ति गि न धा - - - - - घि न धा ति गि न
Dhaa Tra Ka Dhe Te Te Ghi Na Dhaa Ti Gi Na Dhaa - - - - - Ghi Na Dhaa Ti Gi Na

धा त्र क धे ते टे घि न धा ति गि न धा त्र क धे ते टे घि न ति न कि न
Dhaa Tra Ka Dhe Te Te Ghi Na Dhaa Ti Gi Na Dhaa Tra Ka Dhe Te Te Ghi Na Ti Na Ki Na

ता त्र क ते ते टे कि न ता ति कि न ता - - - - - कि न ता ति गि न
Taa Tra Ka Te Te Te Ki Na Taa Ti Ki Na Taa - - - - - Ki Na Taa Ti Gi Na

धा त्र क धे ते टे घि न धा ति गि न धा त्र क धे ते टे घि न धि न गि न
Dhaa Tra Ka Dhe Te Te Ghi Na Dhaa Ti Gi Na Dhaa Tra Ka Dhe Te Te Ghi Na Dhi Na Gi Na

Variation #4

धा त्र क धे ते टे घि न धा ति गि न धा - - - - - घि न धा ति गि न
Dhaa Tra Ka Dhe Te Te Ghi Na Dhaa Ti Gi Na Dhaa - - - - - Ghi Na Dhaa Ti Gi Na

धा - - - - - घि न धा ति गि न धा त्र क धे ते टे घि न ति न कि न
Dhaa - - - - - Ghi Na Dhaa Ti Gi Na Dhaa Tra Ka Dhe Te Te Ghi Na Ti Na Ki Na

ता त्र क ते ते टे कि न ता ति कि न ता - - - - - कि न ता ति गि न
Taa Tra Ka Te Te Te Ki Na Taa Ti Ki Na Taa - - - - - Ki Na Taa Ti Gi Na

धा - - - - - घि न धा ति गि न धा त्र क धे ते टे घि न धि न गि न
Dhaa - - - - - Ghi Na Dhaa Ti Gi Na Dhaa Tra Ka Dhe Te Te Ghi Na Dhi Na Gi Na

Ending (Bharan)

धा त्र क धे ते टे घि न धा ति गि न ति न गि न
Dhaa Tra Ka Dhe Te Te Ghi Na Dhaa Ti Gi Na Ti Na Gi Na

Tihai

धा ति गि न ति न गि न धा
Dhaa Ti Gi Na Ti Na Gi Na Dhaa

- - -
- - -

धा ति गि न ति न गि न धा
Dhaa Ti Gi Na Ti Na Gi Na Dhaa

- - -
- - -

धा ति गि न ति न गि न | X धा
Dhaa Ti Gi Na Ti Na Gi Na | Dhaa

Focus on the Kaidas of Tabla

Kaida in Ektal (Tisra Jati) (Godbole 1967:210)
Theme

धा	–	धा	–	धा	–	घि	न	धा	–	घि	न	धा	–	घे	ड	न	ग
Dhaa	-	Dhaa	-	Dhaa	-	Ghi	Na	Dhaa	-	Ghi	Na	Dhaa	-	Ghe	Da	Na	Ga

ति	र	कि	ट	त	ग	धा	–	घे	ड	न	ग	ति	न	ति	न	कि	न
Ti	Ra	Ki	Ta	Ta	Ga	Dhaa	-	Ghe	Da	Na	Ga	Ti	Na	Ti	Na	Ki	Na

ता	–	ता	–	ता	–	कि	न	ता	–	कि	न	धा	–	घे	ड	न	ग
Taa	-	Taa	-	Taa	-	Ki	Na	Taa	-	Ki	Na	Dhaa	-	Ghe	Da	Na	Ga

ति	र	कि	ट	त	ग	धा	–	घे	ड	न	ग	दि	न	दि	न	गि	न
Ti	Ra	Ki	Ta	Ta	Ga	Dhaa	-	Ghe	Da	Na	Ga	Di	Na	Di	Na	Gi	Na

Variation #1

धा	–	धा	–	धा	–	घि	न	धा	–	घि	न	धा	–	–	–	–	–
Dhaa	-	Dhaa	-	Dhaa	-	Ghi	Na	Dhaa	-	Ghi	Na	Dhaa	-	-	-	-	-

ति	र	कि	ट	त	ग	धा	–	घे	ड	न	ग	ति	न	ति	न	कि	न
Ti	Ra	Ki	Ta	Ta	Ga	Dhaa	-	Ghe	Da	Na	Ga	Ti	Na	Ti	Na	Ki	Na

ता	–	ता	–	ता	–	कि	न	ता	–	कि	न	धा	–	–	–	–	–
Taa	-	Taa	-	Taa	-	Ki	Na	Taa	-	Ki	Na	Dhaa	-	-	-	-	-

ति	र	कि	ट	त	ग	धा	–	घे	ड	न	ग	दि	न	दि	न	गि	न
Ti	Ra	Ki	Ta	Ta	Ga	Dhaa	-	Ghe	Da	Na	Ga	Di	Na	Di	Na	Gi	Na

Variation #2

धा	–	घे	ड	न	ग	धा	–	धा	–	धा	–	धा	–	घे	ड	न	ग
Dhaa	-	Ghe	Da	Na	Ga	Dhaa	-	Dhaa	-	Dhaa	-	Dhaa	-	Ghe	Da	Na	Ga

ति	र	कि	ट	त	ग	धा	–	घे	ड	न	ग	ति	न	ति	न	कि	न
Ti	Ra	Ki	Ta	Ta	Ga	Dhaa	-	Ghe	Da	Na	Ga	Ti	Na	Ti	Na	Ki	Na

ता	–	के	ड	न	ग	ता	–	ता	–	ता	–	धा	–	घे	ड	न	ग
Taa	-	Ke	Da	Na	Ga	Taa	-	Taa	-	Taa	-	Dhaa	-	Ghe	Da	Na	Ga

ति	र	कि	ट	त	ग	धा	–	घे	ड	न	ग	दि	न	दि	न	गि	न
Ti	Ra	Ki	Ta	Ta	Ga	Dhaa	-	Ghi	Da	Na	Ga	Di	Na	Di	Na	Gi	Na

Appendix 5 - 12 & 24 Matra Kaidas

Variation #3

धा - धा - धि न धा - धा - धि न धा - घे ड न ग
Dhaa - Dhaa - Ghi Na Dhaa - Dhaa - Ghi Na Dhaa - Ghe Da Na Ga

धा - धा - धा - धा - घे ड न ग ति न ति न कि न
Dhaa - Dhaa - Dhaa - Dhaa - Ghe Da Na Ga Ti Na Ti Na Ki Na

ता - ता - कि न ता - ता - कि न धा - घे ड न ग
Taa - Taa - Ki Na Taa - Taa - Ki Na Dhaa - Ghe Da Na Ga

धा - धा - धा - धा - घे ड न ग दि न दि न गि न
Dhaa - Dhaa - Dhaa - Dhaa - Ghe Da Na Ga Di Na Di Na Gi Na

Variation #4

ति र कि ट त ग ति र कि ट त ग धा - घे ड न ग
Ti Ra Ki Ta Ta Ga Ti Ra Ki Ta Ta Ga Dhaa - Ghe Da Na Ga

ति र कि ट त ग धा - घे ड न ग ति न ति न कि न
Ti Ra Ki Ta Ta Ga Dhaa - Ghe Da Na Ga Ti Na Ti Na Ki Na

ति र कि ट त क ति र कि ट त ग धा - घे ड न ग
Ti Ra Ki Ta Ta Ka Ti Ra Ki Ta Ta Ga Dhaa - Ghe Da Na Ga

ति र कि ट त ग धा - घे ड न ग दि न दि न गि न
Ti Ra Ki Ta Ta Ga Dhaa - Ghe Da Na Ga Di Na Di Na Gi Na

Ending (Bharan)

धा - धा - धा - धि न धा - धि न धा - घे ड न ग ति र कि ट त ग
Dhaa - Dhaa - Dhaa - Ghi Na Dhaa - Ghi Na Dhaa - Ghe Da Na Ga Ti Ra Ki Ta Ta Ga

(Tihai)

धा - घे ड न ग ति न ति न कि न धा
Dhaa - Ghe Da Na Ga Ti Na Ti Na Ki Na Dhaa

- - - - -
- - - - -

धा - घे ड न ग ति न ति न कि न धा
Dhaa - Ghe Da Na Ga Ti Na Ti Na Ki Na Dhaa

- - - - -
- - - - -

धा - घे ड न ग ति न ति न कि न | X
Dhaa - Ghe Da Na Ga Ti Na Ti Na Ki Na | धा
　　　　　　　　　　　　　　　　　　　　 Dhaa

Focus on the Kaidas of Tabla

Kaida in Ektal (Zakir Hussain; 1988 personal interview)
Theme

धा – ति र क ट तक् क ति र क ट धा – ति र क ट तक् क ति र क ट
Dhaa - Ti Ra Ka Ta Tak Ka Ti Ra Ka Ta Dhaa - Ti Ra Ka Ta Tak Ka Ti Ra Ka Ta

धिं – ना – गिं – ना – धा – ती – धा – गे – तिं – ना – किं – ना –
Dhin - Naa - Gin - Naa - Dhaa - Tee - Dhaa - Ge - Tin - Naa - Kin - Naa -

ता – ति र क ट तक् क ति र क ट ता – ति र क ट तक् क ति र क ट
Taa - Ti Ra Ka Ta Tak Ka Ti Ra Ka Ta Taa - Ti Ra Ka Ta Tak Ka Ti Ra Ka Ta

धिं – ना – गिं – ना – धा – ती – धा – गे – धिं – ना – गिं – ना –
Dhin - Naa - Gin - Naa - Dhaa - Tee - Dhaa - Ge - Dhin - Naa - Gin - Naa -

Variation #1

धा – ति र क ट तक् क ति र क ट धिं – ना – गिं – ना – धा – ती –
Dhaa - Ti Ra Ka Ta Tak Ka Ti Ra Ka Ta Dhin - Naa - Gin - Naa - Dhaa - Tee -

धा – ति र क ट तक् क ति र क ट धिं – ना – गिं – ना – धा – ती –
Dhaa - Ti Ra Ka Ta Tak Ka Ti Ra Ka Ta Dhin - Naa - Gin - Naa - Dhaa - Tee -

धा – ति र क ट तक् क ति र क ट धा – ति र क ट तक् क ति र क ट
Dhaa - Ti Ra Ka Ta Tak Ka Ti Ra Ka Ta Dhaa - Ti Ra Ka Ta Tak Ka Ti Ra Ka Ta

धिं – ना – गिं – ना – धा – ती – धा – गे – तिं – ना – किं – ना –
Dhin - Naa - Gin - Naa - Dhaa - Tee - Dhaa - Ge - Tin - Naa - Kin - Naa -

ता – ति र क ट तक् क ति र क ट तिं – ना – किं – ना – ता – ती –
Taa - Ti Ra Ka Ta Tak Ka Ti Ra Ka Ta Tin - Naa - Kin - Naa - Taa - Tee -

ता – ति र क ट तक् क ति र क ट तिं – ना – किं – ना – ता – ती –
Taa - Ti Ra Ka Ta Tak Ka Ti Ra Ka Ta Tin - Naa - Kin - Naa - Taa - Tee -

धा – ति र क ट तक् क ति र क ट धा – ति र क ट तक् क ति र क ट
Dhaa - Ti Ra Ka Ta Tak Ka Ti Ra Ka Ta Dhaa - Ti Ra Ka Ta Tak Ka Ti Ra Ka Ta

धिं – ना – गिं – ना – धा – ती – धा – गे – धिं – ना – गिं – ना –
Dhin - Naa - Gin - Naa - Dhaa - Tee - Dhaa - Ge - Dhin - Naa - Gin - Naa -

Appendix 5 - 12 & 24 Matra Kaidas

Variation #2

धा – ति र क ट तक् क ति र क ट धा – ति र क ट तक् क ति र क ट
Dhaa - Ti Ra Ka Ta Tak Ka Ti Ra Ka Ta Dhaa - Ti Ra Ka Ta Tak Ka Ti Ra Ka Ta

धा – ति र क ट तक् क ति र क ट धिं – ना – गिं – ना – धा – ती –
Dhaa - Ti Ra Ka Ta Tak Ka Ti Ra Ka Ta Dhin - Naa - Gin - Naa - Dhaa - Tee -

धा – ति र क ट तक् क ति र क ट धा – ति र क ट तक् क ति र क ट
Dhaa - Ti Ra Ka Ta Tak Ka Ti Ra Ka Ta Dhaa - Ti Ra Ka Ta Tak Ka Ti Ra Ka Ta

धिं – ना – गिं – ना – धा – ती – धा – गे – तिं – ना – किं – ना –
Dhin - Naa - Gin - Naa - Dhaa - Tee - Dhaa - Ge - Tin - Naa - Kin - Naa -

ता – ति र क ट तक् क ति र क ट ता – ति र क ट तक् क ति र क ट
Taa - Ti Ra Ka Ta Tak Ka Ti Ra Ka Ta Taa - Ti Ra Ka Ta Tak Ka Ti Ra Ka Ta

ता – ति र क ट तक् क ति र क ट तिं – ना – किं – ना – ता – ती –
Taa - Ti Ra Ka Ta Tak Ka Ti Ra Ka Ta Tin - Naa - Kin - Naa - Taa - Tee -

धा – ति र क ट तक् क ति र क ट धा – ति र क ट तक् क ति र क ट
Dhaa - Ti Ra Ka Ta Tak Ka Ti Ra Ka Ta Dhaa - Ti Ra Ka Ta Tak Ka Ti Ra Ka Ta

धिं – ना – गिं – ना – धा – ती – धा – गे – धिं – ना – गिं – ना –
Dhin - Naa - Gin - Naa - Dhaa - Tee - Dhaa - Ge - Dhin - Naa - Gin - Naa -

Variation #3

धा – ति र क ट तक् क ति र क ट तक् क ति र क ट तक् क ति र क ट
Dhaa - Ti Ra Ka Ta Tak Ka Ti Ra Ka Ta Tak Ka Ti Ra Ka Ta Tak Ka Ti Ra Ka Ta

धा – ति र क ट तक् क ति र क ट धिं – ना – गिं – ना – धा – ती –
Dhaa - Ti Ra Ka Ta Tak Ka Ti Ra Ka Ta Dhin - Naa - Gin - Naa - Dhaa - Tee -

धा – ति र क ट तक् क ति र क ट धा – ति र क ट तक् क ति र क ट
Dhaa - Ti Ra Ka Ta Tak Ka Ti Ra Ka Ta Dhaa - Ti Ra Ka Ta Tak Ka Ti Ra Ka Ta

धिं – ना – गिं – ना – धा – ती – धा – गे – तिं – ना – किं – ना –
Dhin - Naa - Gin - Naa - Dhaa - Tee - Dhaa - Ge - Tin - Naa - Kin - Naa -

ता – ति र क ट तक् क ति र क ट तक् क ति र क ट तक् क ति र क ट
Taa - Ti Ra Ka Ta Tak Ka Ti Ra Ka Ta Tak Ka Ti Ra Ka Ta Tak Ka Ti Ra Ka Ta

ता – ति र क ट तक् क ति र क ट तिं – ना – किं – ना – ता – ती –
Taa - Ti Ra Ka Ta Tak Ka Ti Ra Ka Ta Tin - Naa - Kin - Naa - Taa - Tee -

धा – ति र क ट तक् क ति र क ट धा – ति र क ट तक् क ति र क ट
Dhaa - Ti Ra Ka Ta Tak Ka Ti Ra Ka Ta Dhaa - Ti Ra Ka Ta Tak Ka Ti Ra Ka Ta

धिं – ना – गिं – ना – धा – ती – धा – गे – धिं – ना – गिं – ना –
Dhin - Naa - Gin - Naa - Dhaa - Tee - Dhaa - Ge - Dhin - Naa - Gin - Naa -

Variation #4

धा – ति र क ट तक् क ति र क ट तक् क ति र क ट तक् क ति र क ट
Dhaa - Ti Ra Ka Ta Tak Ka Ti Ra Ka Ta Tak Ka Ti Ra Ka Ta Tak Ka Ti Ra Ka Ta

धा – ति र क ट तक् क ति र क ट तक् क ति र क ट तक् क ति र क ट
Dhaa - Ti Ra Ka Ta Tak Ka Ti Ra Ka Ta Tak Ka Ti Ra Ka Ta Tak Ka Ti Ra Ka Ta

धा – ति र क ट तक् क ति र क ट धा – ति र क ट तक् क ति र क ट
Dhaa - Ti Ra Ka Ta Tak Ka Ti Ra Ka Ta Dhaa - Ti Ra Ka Ta Tak Ka Ti Ra Ka Ta

धिं – ना – गिं – ना – धा – ती – धा – गे – तिं – ना – किं – ना –
Dhin - Naa - Gin - Naa - Dhaa - Tee - Dhaa - Ge - Tin - Naa - Kin - Naa -

ता – ति र क ट तक् क ति र क ट तक् क ति र क ट तक् क ति र क ट
Taa - Ti Ra Ka Ta Tak Ka Ti Ra Ka Ta Tak Ka Ti Ra Ka Ta Tak Ka Ti Ra Ka Ta

ता – ति र क ट तक् क ति र क ट तक् क ति र क ट तक् क ति र क ट
Taa - Ti Ra Ka Ta Tak Ka Ti Ra Ka Ta Tak Ka Ti Ra Ka Ta Tak Ka Ti Ra Ka Ta

धा – ति र क ट तक् क ति र क ट धा – ति र क ट तक् क ति र क ट
Dhaa - Ti Ra Ka Ta Tak Ka Ti Ra Ka Ta Dhaa - Ti Ra Ka Ta Tak Ka Ti Ra Ka Ta

धिं – ना – गिं – ना – धा – ती – धा – गे – धिं – ना – गिं – ना –
Dhin - Naa - Gin - Naa - Dhaa - Tee - Dhaa - Ge - Dhin - Naa - Gin - Naa -

Variation #5

धा – ति र क ट तक् क ति र क ट तक् क ति र क ट धा – ति र क ट
Dhaa - Ti Ra Ka Ta Tak Ka Ti Ra Ka Ta Tak Ka Ti Ra Ka Ta Dhaa - Ti Ra Ka Ta

तक् क ति र क ट तक् क ति र क ट धा – ति र क ट तक् क ति र क ट
Tak Ka Ti Ra Ka Ta Tak Ka Ti Ra Ka Ta Dhaa - Ti Ra Ka Ta Tak Ka Ti Ra Ka Ta

धा – ति र क ट तक् क ति र क ट धा – ति र क ट तक् क ति र क ट
Dhaa - Ti Ra Ka Ta Tak Ka Ti Ra Ka Ta Dhaa - Ti Ra Ka Ta Tak Ka Ti Ra Ka Ta

धिं – ना – गिं – ना – धा – ती – धा – गे – तिं – ना – किं – ना –
Dhin - Naa - Gin - Naa - Dhaa - Tee - Dhaa - Ge - Tin - Naa - Kin - Naa -

ता – ति र क ट तक् क ति र क ट तक् क ति र क ट ता – ति र क ट
Taa - Ti Ra Ka Ta Tak Ka Ti Ra Ka Ta Tak Ka Ti Ra Ka Ta Taa - Ti Ra Ka Ta

तक् क ति र क ट तक् क ति र क ट ता – ति र क ट तक् क ति र क ट
Tak Ka Ti Ra Ka Ta Tak Ka Ti Ra Ka Ta Taa - Ti Ra Ka Ta Tak Ka Ti Ra Ka Ta

धा – ति र क ट तक् क ति र क ट धा – ति र क ट तक् क ति र क ट
Dhaa - Ti Ra Ka Ta Tak Ka Ti Ra Ka Ta Dhaa - Ti Ra Ka Ta Tak Ka Ti Ra Ka Ta

धिं – ना – गिं – ना – धा – ती – धा – गे – धिं – ना – गिं – ना –
Dhin - Naa - Gin - Naa - Dhaa - Tee - Dhaa - Ge - Dhin - Naa - Gin - Naa -

Appendix 5 - 12 & 24 Matra Kaidas

Ending
(Tihai)

धा – ति र क ट तक् क ति र क ट धा – ति र क ट तक् क ति र क ट धा – ति र
Dhaa - Ti Ra Ka Ta Tak Ka Ti Ra Ka Ta Dhaa - Ti Ra Ka Ta Tak Ka Ti Ra Ka Ta Dhaa - Ti Ra

क ट तक् क ति र क ट धिं – ना – गिं – ना – धा – ती – धा – गे – तिं – ना – किं – ना – धा
Ka Ta Tak Ka Ti Ra Ka Ta Dhin - Naa - Gin - Naa - Dhaa - Tee - Dhaa - Ge - Tin - Naa - Kin - Naa - Dhaa

```
-  १  -  २  -
-  1  -  2  -
```

धा – ति र क ट तक् क ति र क ट धा – ति र क ट तक् क ति र क ट धा – ति र
Dhaa - Ti Ra Ka Ta Tak Ka Ti Ra Ka Ta Dhaa - Ti Ra Ka Ta Tak Ka Ti Ra Ka Ta Dhaa - Ti Ra

क ट तक् क ति र क ट धिं – ना – गिं – ना – धा – ती – धा – गे – तिं – ना – किं – ना – धा
Ka Ta Tak Ka Ti Ra Ka Ta Dhin - Naa - Gin - Naa - Dhaa - Tee - Dhaa - Ge - Tin - Naa - Kin - Naa - Dhaa

```
-  १  -  २  -
-  1  -  2  -
```

धा – ति र क ट तक् क ति र क ट धा – ति र क ट तक् क ति र क ट धा – ति र
Dhaa - Ti Ra Ka Ta Tak Ka Ti Ra Ka Ta Dhaa - Ti Ra Ka Ta Tak Ka Ti Ra Ka Ta Dhaa - Ti Ra

                                                                                                           X

क ट तक् क ति र क ट धिं – ना – गिं – ना – धा – ती – धा – गे – तिं – ना – किं – ना – | धा
Ka Ta Tak Ka Ti Ra Ka Ta Dhin - Naa - Gin - Naa - Dhaa - Tee - Dhaa - Ge - Tin - Naa - Kin - Naa - | Dhaa

Alternative Tihai

धा – ति र क ट तक् क ति र क ट धिं – ना – गिं – ना – धा – – –
Dhaa - Ti Ra Ka Ta Tak Ka Ti Ra Ka Ta Dhin - Naa - Gin - Naa - Dhaa - - -

धिं – ना – गिं – ना – धा – ती – धा – – – धिं – ना – गिं – ना – धा – ती – धा – गे –
Dhin - Naa - Gin - Naa - Dhaa - Tee - Dhaa - - - Dhin - Naa - Gin - Naa - Dhaa - Tee - Dhaa - Ge -

तिं – – – धिं – ना – गि – ना – धा – ती – धा – गे – तिं – ना – किं – ना – धा
Tin - - - Dhin - Naa - Gi - Naa - Dhaa - Tee - Dhaa - Ge - Tin - Naa - Kin - Naa - Dhaa

```
-  १  -  २  -  ३  -  ४  -  ५  -  ६  -  ७  -  ८  -
-  1  -  2  -  3  -  4  -  5  -  6  -  7  -  8  -
```

धा – ति र क ट तक् क ति र क ट धिं – ना – गिं – ना – धा – – –
Dhaa - Ti Ra Ka Ta Tak Ka Ti Ra Ka Ta Dhin - Naa - Gin - Naa - Dhaa - - -

धिं – ना – गिं – ना – धा – ती – धा – – – धिं – ना – गिं – ना – धा – ती – धा – गे –
Dhin - Naa - Gin - Naa - Dhaa - Tee - Dhaa - - - Dhin - Naa - Gin - Naa - Dhaa - Tee - Dhaa - Ge -

तिं – – – धिं – ना – गि – ना – धा – ती – धा – गे – तिं – ना – किं – ना – धा
Tin - - - Dhin - Naa - Gi - Naa - Dhaa - Tee - Dhaa - Ge - Tin - Naa - Kin - Naa - Dhaa

Focus on the Kaidas of Tabla

```
 -   १  -  २  -  ३  -  ४  -  ५  -  ६  -  ७  -  ८  -
 -   1  -  2  -  3  -  4  -  5  -  6  -  7  -  8  -
```

धा - ति र क ट तक् क ति र क ट धिं - ना - गिं - ना - धा - - -
Dhaa - Ti Ra Ka Ta Tak Ka Ti Ra Ka Ta Dhin - Naa - Gin - Naa - Dhaa - - -

धिं - ना - गिं - ना - धा - ती - धा - - - धिं - ना - गिं - ना - धा - ती - धा - गे -
Dhin - Naa - Gin - Naa - Dhaa - Tee - Dhaa - - - Dhin - Naa - Gin - Naa - Dhaa - Tee - Dhaa - Ge -

तिं - - - धिं - ना - गि - ना - धा - ती - धा - गे - तिं - ना - किं - ना - | X धा
Tin - - - Dhin - Naa - Gi - Naa - Dhaa - Tee - Dhaa - Ge - Tin - Naa - Kin - Naa - | Dhaa

Kaida-Rela in Ektal (Zakir Hussain 1988, personal interview)
Theme

| TiRa | KaTa | TaGa | Dhaa | Ge | Naa | Dhaa | Ge | Tin | Naa | Ke | Naa |

| TiRa | KaTa | TaKa | Taa | Ke | Naa | Taa | Ge | Dhin | Naa | Ge | Naa |

Variation #1

| TiRa | KaTa | TaGa | Dhaa | Ge | Naa | TiRa | KaTa | TaGa | Dhaa | Ge | Naa |

| TiRa | KaTa | TaGa | Dhaa | Ge | Naa | Dhaa | Ge | Tin | Naa | Ke | Naa |

| TiRa | KaTa | TaKa | Taa | Ke | Naa | TiRa | KaTa | TaKa | Taa | Ke | Naa |

| TiRa | KaTa | TaGa | Dhaa | Ge | Naa | Dhaa | Ge | Dhin | Naa | Ge | Naa |

Variation #2

| TiRa | KaTa | TaKa | TiRa | KaTa | TaKa | TiRa | KaTa | TaGa | Dhaa | Ge | Naa |

| TiRa | KaTa | TaGa | Dhaa | Ge | Naa | Dhaa | Ge | Tin | Naa | Ke | Naa |

| TiRa | KaTa | TaKa | TiRa | KaTa | TaKa | TiRa | KaTa | TaKa | Taa | Ke | Naa |

| TiRa | KaTa | TaGa | Dhaa | Ge | Naa | Dhaa | Ge | Dhin | Naa | Ge | Naa |

Appendix 5 - 12 & 24 Matra Kaidas

Ending
(Bharan)

तिर कट तग धा गे ना
TiRa KaTa TaGa Dhaa Ge Naa

(Tihai)

तिर कट तक तिर कट तक तिर कट तग धा गे ना धा
TiRa KaTa TaKa TiRa KaTa TaKa TiRa KaTa TaGa Dhaa Ge Naa Dhaa

१ २
1 2

तिर कट तक तिर कट तक तिर कट तग धा गे ना धा
TiRa KaTa TaKa TiRa KaTa TaKa TiRa KaTa TaGa Dhaa Ge Naa Dhaa

१ २
1 2

तिर कट तक तिर कट तक तिर कट तग धा गे ना | धा
TiRa KaTa TaKa TiRa KaTa TaKa TiRa KaTa TaGa Dhaa Ge Naa | Dhaa

                                                                                                                 X

Amir Hussain's Kaida in Ektal or Tintal (Zakir Hussain 1988, personal interview)
Theme

धा गे धिं ना गिं ना धा तिर कट तक तिर कट
Dhaa Ge Dhin Naa Gin Naa Dhaa TiRa KaTa TaKa TiRa KaTa

धा तिर कट तक तिर कट धा गे तिं ना किं ना
Dhaa TiRa KaTa TaKa TiRa KaTa Dhaa Ge Tin Naa Kin Naa

ता के तिं ना किं ना धा तिर कट तक तिर कट
Taa Ke Tin Naa Kin Naa Dhaa TiRa KaTa TaKa TiRa KaTa

धा तिर कट तक तिर कट धा गे धिं ना गिं ना
Dhaa TiRa KiTa TaKa TiRa KaTa Dhaa Ge Dhin Naa Gin Naa

Focus on the Kaidas of Tabla

Variation #1

धा गे धिं ना गिं ना धा तिर कट तक तिर कट
Dhaa Ge Dhin Naa Gin Naa Dhaa TiRa KaTa TaKa TiRa KaTa

धा गे धिं ना गिं ना धा तिर कट तक तिर कट
Dhaa Ge Dhin Naa Gin Naa Dhaa TiRa KaTa TaKa TiRa KaTa

धा गे धिं ना गिं ना धा तिर कट तक तिर कट
Dhaa Ge Dhin Naa Gin Naa Dhaa TiRa KaTa TaKa TiRa KaTa

धा तिर कट तक तिर कट धा गे तिं ना किं ना
Dhaa TiRa KaTa TaKa TiRa KaTa Dhaa Ge Tin Naa Kin Naa

ता के तिं ना किं ना ता तिर कट तक तिर कट
Taa Ke Tin Naa Kin Naa Taa TiRa KaTa TaKa TiRa KaTa

ता के तिं ना किं ना ता तिर कट तक तिर कट
Taa Ke Tin Naa Kin Naa Taa TiRa KaTa TaKa TiRa KaTa

धा गे धिं ना गिं ना धा तिर कट तक तिर कट
Dhaa Ge Dhin Naa Gin Naa Dhaa TiRa KaTa TaKa TiRa KaTa

धा तिर कट तक तिर कट धा गे धिं ना गिं ना
Dhaa TiRa KaTa TaKa TiRa KaTa Dhaa Ge Dhin Naa Gin Naa

Variation #2

धा गे धिं ना गिं ना धा तिर कट तक तिर कट
Dhaa Ge Dhin Naa Gin Naa Dhaa TiRa KaTa TaKa TiRa KaTa

धा तिर कट तक तिर कट धा तिर कट तक तिर कट
Dhaa TiRa KaTa TaKa TiRa KaTa Dhaa TiRa KaTa TaKa TiRa KaTa

धा गे धिं ना गिं ना धा तिर कट तक तिर कट
Dhaa Ge Dhin Naa Gin Naa Dhaa TiRa KaTa TaKa TiRa KaTa

धा तिर कट तक तिर कट धा गे तिं ना किं ना
Dhaa TiRa KaTa TaKa TiRa KaTa Dhaa Ge Tin Naa Kin Naa

ता के तिं ना किं ना ता तिर कट तक तिर कट
Taa Ke Tin Naa Kin Naa Taa TiRa KaTa TaKa TiRa KaTa

ता तिर कट तक तिर कट ता तिर कट तक तिर कट
Taa TiRa KaTa TaKa TiRa KaTa Taa TiRa KaTa TaKa TiRa KaTa

धा गे धिं ना गिं ना धा तिर कट तक तिर कट
Dhaa Ge Dhin Naa Gin Naa Dhaa TiRa KaTa TaKa TiRa KaTa

धा तिर कट तक तिर कट धा गे धिं ना गिं ना
Dhaa TiRa KaTa TaKa TiRa KaTa Dhaa Ge Dhin Naa Gin Naa

Appendix 5 - 12 & 24 Matra Kaidas

Variation #3

धा	गे	धिं	ना	गिं	ना	धा	गे	धिं	ना	गिं	ना
Dhaa	Ge	Dhin	Naa	Gin	Naa	Dhaa	Ge	Dhin	Naa	Gin	Naa

धा	गे	धिं	ना	गिं	ना	धा	तिर	कट	तक	तिर	कट
Dhaa	Ge	Dhin	Naa	Gin	Naa	Dhaa	TiRa	KaTa	TaKa	TiRa	KaTa

धा	गे	धिं	ना	गिं	ना	धा	तिर	कट	तक	तिर	कट
Dhaa	Ge	Dhin	Naa	Gin	Naa	Dhaa	TiRa	KaTa	TaKa	TiRa	KaTa

धा	तिर	कट	तक	तिर	कट	धा	गे	तिं	ना	किं	ना
Dhaa	TiRa	KaTa	TaKa	TiRa	KaTa	Dhaa	Ge	Tin	Naa	Kin	Naa

ता	के	तिं	ना	किं	ना	ता	के	तिं	ना	किं	ना
Taa	Ke	Tin	Naa	Kin	Naa	Taa	Ke	Tin	Naa	Kin	Naa

ता	के	तिं	ना	किं	ना	ता	तिर	कट	तक	तिर	कट
Taa	Ke	Tin	Naa	Kin	Naa	Taa	TiRa	KaTa	TaKa	TiRa	KaTa

धा	गे	धिं	ना	गिं	ना	धा	तिर	कट	तक	तिर	कट
Dhaa	Ge	Dhin	Naa	Gin	Naa	Dhaa	TiRa	KaTa	TaKa	TiRa	KaTa

धा	तिर	कट	तक	तिर	कट	धा	गे	धिं	ना	गिं	ना
Dhaa	TiRa	KaTa	TaKa	TiRa	KaTa	Dhaa	Ge	Dhin	Naa	Gin	Naa

Variation #4

धा	गे	धिं	ना	धा	गे	धिं	ना	धा	गे	धिं	ना
Dhaa	Ge	Dhin	Naa	Dhaa	Ge	Dhin	Naa	Dhaa	Ge	Dhin	Naa

धा	गे	धिं	ना	गिं	ना	धा	तिर	कट	तक	तिर	कट
Dhaa	Ge	Dhin	Naa	Gin	Naa	Dhaa	TiRa	KaTa	TaKa	TiRa	KaTa

धा	गे	धिं	ना	गिं	ना	धा	तिर	कट	तक	तिर	कट
Dhaa	Ge	Dhin	Naa	Gin	Naa	Dhaa	TiRa	KaTa	TaKa	TiRa	KaTa

धा	तिर	कट	तक	तिर	कट	धा	गे	तिं	ना	किं	ना
Dhaa	TiRa	KaTa	TaKa	TiRa	KaTa	Dhaa	Ge	Tin	Naa	Kin	Naa

ता	के	तिं	ना	ता	के	तिं	ना	ता	के	तिं	ना
Taa	Ke	Tin	Naa	Taa	Ke	Tin	Naa	Taa	Ke	Tin	Naa

ता	के	तिं	ना	किं	ना	ता	तिर	कट	तक	तिर	कट
Taa	Ke	Tin	Naa	Kin	Naa	Taa	TiRa	KaTa	TaKa	TiRa	KaTa

धा	गे	धिं	ना	गिं	ना	धा	तिर	कट	तक	तिर	कट
Dhaa	Ge	Dhin	Naa	Gin	Naa	Dhaa	TiRa	KaTa	TaKa	TiRa	KaTa

धा	तिर	कट	तक	तिर	कट	धा	गे	धिं	ना	गिं	ना
Dhaa	TiRa	KaTa	TaKa	TiRa	KaTa	Dhaa	Ge	Dhin	Naa	Gin	Naa

Focus on the Kaidas of Tabla

Ending (Tihai)

धा	गे	धिं	ना	धा	गे	धिं	ना	धा	गे	धिं	ना	धा
Dhaa	Ge	Dhin	Naa	Dhaa	Ge	Dhin	Naa	Dhaa	Ge	Dhin	Naa	Dhaa

- १ - २ -
- 1 - 2 -

धा	गे	धिं	ना	धा	गे	धिं	ना	धा	गे	धिं	ना	धा
Dhaa	Ge	Dhin	Naa	Dhaa	Ge	Dhin	Naa	Dhaa	Ge	Dhin	Naa	Dhaa

- १ - २ -
- 1 - 2 -

                                                                                        X

धा	गे	धिं	ना	धा	गे	धिं	ना	धा	गे	धिं	ना	धा
Dhaa	Ge	Dhin	Naa	Dhaa	Ge	Dhin	Naa	Dhaa	Ge	Dhin	Naa	Dhaa

Ektal Kaida (Vashisht 1977:183)

ध	ग	ति	ट	ध	ग	न	ग	ती	ना	क	ता
Dhaa	Ga	Ti	Ta	Dha	Ga	Na	Ga	Tee	Naa	Ka	Taa

त	ग	ति	ट	ध	ग	न	ग	ती	ना	क	ता
Ta	Ga	Ti	Ta	Dha	Ga	Na	Ga	Tee	Naa	Ka	Taa

Variation #1

ध	ग	ति	ट	ध	ग	ति	ट	ध	ग	न	ग	ती	ना	क	ता	ध	ग	न	ग	ती	ना	क	ता
Dhaa	Ga	Ti	Ta	Dhaa	Ga	Ti	Ta	Dhaa	Ga	Na	Ga	Tee	Naa	Ka	Taa	Dhaa	Ga	Na	Ga	Tee	Naa	Ka	Taa

त	ग	ति	ट	त	ग	ति	ट	त	ग	न	ग	ती	ना	क	ता	ध	ग	न	ग	ती	ना	क	ता
Ta	Ga	Ti	Ta	Ta	Ga	Ti	Ta	Ta	Ga	Na	Ga	Tee	Naa	Ka	Taa	Dha	Ga	Na	Ga	Tee	Naa	Ka	Taa

Variation #2

ध	ग	ति	ट	ध	ग	न	ग	ती	ना	क	ता	ध	ग	न	ग	ती	ना	क	ता	ध	ग	ति	ट
Dha	Ga	Ti	Ta	Dha	Ga	Na	Ga	Tee	Naa	Ka	Taa	Dha	Ga	Na	Ga	Tee	Naa	Ka	Taa	Dha	Ga	Ti	Ta

त	ग	ति	ट	त	ग	न	ग	ती	ना	क	ता	ध	ग	न	ग	ती	ना	क	ता	ध	ग	ति	ट
Ta	Ga	Ti	Ta	Ta	Ga	Na	Ga	Tee	Naa	Ka	Taa	Dha	Ga	Na	Ga	Tee	Naa	Ka	Taa	Dha	Ga	Ti	Ta

Variation #3

ध	ग	ति	ट	ध	ग	न	ग	ती	ना	क	ता	ध	ग	ति	ट	ध	ग	न	ग	ती	ना	क	ता
Dha	Ga	Ti	Ta	Dha	Ga	Na	Ga	Tee	Naa	Ka	Taa	Dha	Ga	Ti	Ta	Dha	Ga	Na	Ga	Tee	Naa	Ka	Taa

त	ग	ति	ट	त	ग	न	ग	ती	ना	क	ता	ध	ग	ति	ट	ध	ग	न	ग	ती	ना	क	ता
Ta	Ga	Ti	Ta	Ta	Ga	Na	Ga	Tee	Naa	Ka	Taa	Dha	Ga	Ti	Ta	Dha	Ga	Na	Ga	Tee	Naa	Ka	Taa

Appendix 5 - 12 & 24 Matra Kaidas

Variation #4

ध ग न ग ती ना क ता ध ग ति ट ध ग न ग ती ना क ता ध ग ति ट
Dha Ga Na Ga Tee Naa Ka Taa Dha Ga Ti Ta Dha Ga Na Ga Tee Naa Ka Taa Dha Ga Ti Ta

त ग न ग ती ना क ता त ग ति ट ध ग न ग ती ना क ता ध ग ति ट
Ta Ga Na Ga Tee Naa Ka Taa Ta Ga Ti Ta Dha Ga Na Ga Tee Naa Ka Taa Dha Ga Ti Ta

Variation #5

ध ग न ग ती ना क ता ध ग न ग ती ना क ता ध ग ति ट ध ग न ग
Dha Ga Na Ga Tee Naa Ka Taa Dha Ga Na Ga Tee Naa Ka Taa Dha Ga Ti Ta Dha Ga Na Ga

त ग न ग ती ना क ता त ग न ग ती ना क ता ध ग ति ट ध ग न ग
Ti Ga Na Ga Tee Naa Ka Taa Ta Ga Na Ga Tee Naa Ka Taa Dha Ga Ti Ta Dha Ga Na Ga

Variation #6

ध ग ति ट ध ग न ग ध ग ति ट ध ग न ग ती ना क ता ति ट क त
Dha Ga Ti Ta Dha Ga Na Ga Dha Ga Ti Ta Dha Ga Na Ga Tee Naa Ka Taa Ti Ta Ka Ta

त ग ति ट त ग न ग त ग ति ट ध ग न ग ती ना क ता ति ट क त
Ta Ga Ti Ta Ta Ga Na Ga Ta Ga Ti Ta Dha Ga Na Ga Tee Naa Ka Taa Ti Ta Ka Ta

Variation #7

ध ग ति ट कि ट त क ति ट क त ती ना क ता ध ग न ग ती ना क ता
Dha Ga Ti Ta Ki Ta Ta Ka Ti Ta Ka Ta Tee Naa Ka Taa Dha Ga Na Ga Tee Naa Ka Taa

त ग ति ट कि ट त क ति ट क त ती ना क ता ध ग न ग ती ना क ता
Ta Ga Ti Ta Ki Ta Ta Ka Ti Ta Ka Ta Tee Naa Ka Taa Dha Ga Na Ga Tee Naa Ka Taa

Variation #8

ध ग ति ट ध ग न ग ती ना क ता क्ड़ां – ति ट ध ग न ग ती ना क ता
Dha Ga Ti Ta Dha Ga Na Ga Tee Naa Ka Taa Kdaan - Ti Ta Dha Ga Na Ga Tee Naa Ka Taa

त ग ति ट त ग न ग ती ना क ता क्ड़ां – ति ट ध ग न ग ती ना क ता
Ta Ga Ti Ta Ta Ga Na Ga Tee Naa Ka Taa Kdaan - Ti Ta Dha Ga Na Ga Tee Naa Ka Taa

Variation #9

ध ग न ग ती ना क ता ध ग ति ट कि ट त क ति र कि ट ध ग न ग
Dha Ga Na Ga Tee Naa Ka Taa Dha Ga Ti Ta Ki Ta Ta Ka Ti Ra Ki Ta Dha Ga Na Ga

त ग न ग ती ना क ता त ग ति ट कि ट त क ति र कि ट ध ग न ग
Ta Ga Na Ga Tee Naa Ka Taa Ta Ga Ti Ta Ki Ta Ta Ka Ti Ra Ki Ta Dhaa Ga Na Ga

Focus on the Kaidas of Tabla

Variation #10

धगतिटकितधगतिटकितधगतिटधगनगतीनाकता
Dha Ga Ti Ta Ki Ta Dhaa Ga Ti Ta Ki Ta Dha Ga Ti Ta Dha Ga Na Ga Tee Naa Ka Taa

तगतिटकिततगतिटकितधगतिटधगनगतीनाकता
Ta Ga Ti Ta Ki Ta Ta Ga Ti Ta Ki Ta Dha Ga Ti Ta Dha Ge Na Ga Tee Naa Ka Taa

Variation #11

धगतिटधगतिटक्ड़ां - तिटधगतिटधगनगतीनाकता
Dha Ga Ti Ta Dha Ga Ti Ta Kdaan - Ti Ta Dha Ga Ti Ta Dha Ga Na Ga Tee Naa Ka Taa

तगतिटतगतिटक्ड़ां - तिटधगतिटधगनगतीनाकता
Ta Ga Ti Ta Ta Ga Ti Ta Kdaan - Ti Ta Dha Ga Ti Ta Dha Ga Na Ga Tee Naa Ka Taa

Ending (Tihai)

ध ग ति ट ध ग ति ट धा
Dha Ga Ti Ta Dha Ga Ti Ta Dhaa

- - - अ - - - अ - - -
- - - A - - - A - - -

ध ग ति ट ध ग ति ट धा
Dha Ga Ti Ta Dha Ga Ti Ta Dhaa

- - - अ - - - अ - - -
- - - A - - - A - - -

                                X
ध ग ति ट ध ग ति ट | धा
Dha Ga Ti Ta Dha Ga Ti Ta | Dhaa

Ektal Kaida (Vashisht 1977:184)

धा तिर किट धि न ग धी क धी ना गि न
Dhaa TiRa KiTa Dhi Na Ga Dhee Ka Dhee Naa Gi Na

ता तिर किट ति न क धी क धी ना गि न
Taa TiRa KiTa Ti Na Ka Dhee Ka Dhee Naa Gi Na

Variation #1

धा तिर किट धि न ग धा तिर किट धि न ग
Dhaa TiRa KiTa Dhi Na Ga Dhaa TiRa KiTa Dhi Na Ga

धा तिर किट धि न ग धी क धी ना गि न
Dhaa TiRa KiTa Dhi Na Ga Dhee Ka Dhee Naa Gi Na

ता तिर किट ति न क ता तिर किट ति न क
Taa TiRa KiTa Ti Na Ka Taa TiRa KiTa Ti Na Ka

धा तिर किट धि न ग धी क धी ना गि न
Dhaa TiRa KiTa Dhi Na Ga Dhee Ka Dhee Naa Gi Na

Variation #2

धा	तिर	किट	धि	न	ग	धा	तिर	किट	धि	न	ग
Dhaa	TiRa	KiTa	Dhi	Na	Ga	Dhaa	TiRa	KiTa	Dhi	Na	Ga

धी	क	धी	ना	गि	न	धी	क	धी	ना	गि	न
Dhee	Ka	Dhee	Naa	Gi	Na	Dhee	Ka	Dhee	Naa	Gi	Na

ता	तिर	किट	ति	न	क	ता	तिर	किट	ति	न	क
Taa	TiRa	KiTa	Ti	Na	Ka	Taa	TiRa	KiTa	Ti	Na	Ka

धी	क	धी	ना	गि	न	धी	क	धी	ना	गि	न
Dhee	Ka	Dhee	Naa	Gi	Na	Dhee	Ka	Dhee	Naa	Gi	Na

Variation #3

धी	क	धी	ना	गि	न	धी	क	धी	ना	गि	न
Dhee	Ka	Dhee	Naa	Gi	Na	Dhee	Ka	Dhee	Naa	Gi	Na

ती	क	ती	ना	गि	न	धी	क	धी	ना	गि	न
Tee	Ka	Tee	Naa	Gi	Na	Dhee	Ka	Dhee	Naa	Gi	Na

Variation #4

धीक	धीना	गिन	धीक	धीना	गिन	धीक	धीना	गिन	धीक	धीना	गिन
DheeKa	DheeNaa	GiNa	DheeKa	DheeNaa	GiNa	DheeKa	DheeNaa	GiNa	DheeKa	DheeNaa	GiNa

तीक	तीना	किन	तीक	तीना	किन	धीक	धीना	गिन	धीक	धीना	गिन
TeeKa	TeeNaa	KiNa	TeeKa	TeeNaa	KiNa	DheeKa	DheeNaa	GiNa	DheeKa	DheeNaa	GiNa

Variation #5

धीक	धीना	गिन	धीना	गिन	धीक	धीना	गिन	धीना	गिन	धीना	गिन
DheeKa	DheeNaa	GiNa	DheeNaa	GiNa	DheeKa	DheeNaa	GiNa	DheeNaa	GiNa	DheeNaa	GiNa

तीक	तीना	किन	तीना	किन	तीक	धीना	गिन	धीना	गिन	धीना	गिन
TeeKa	TeeNaa	KiNa	TeeNaa	KiNa	TeeKa	DheeNaa	GiNa	DheeNaa	GiNa	DheeNaa	GiNa

Variation #6

धा	तिर	किट	धि	न	ग	धा	तिर	किट	धि	न	ग
Dhaa	TiRa	KiTa	Dhi	Na	Ga	Dhaa	TiRa	KiTa	Dhi	Na	Ga

ता	तिर	किट	ति	न	क	धा	तिर	किट	धि	न	ग
Taa	TiRa	KiTa	Ti	Na	Ka	Dhaa	TiRa	KiTa	Dhi	Na	Ga

Focus on the Kaidas of Tabla

Variation #7

| Dhaa | TiRa | KiTa | Dhi | Na | Ga | Dhaa | TiRa | KiTa | Dhi | Na | Ga |

| Dhaa | TiRa | KiTa | Dhi | Na | Ga | Dhaa | TiRa | KiTa | Dhi | Na | Ga |

| Taa | TiRa | KiTa | Ti | Na | Ka | Taa | TiRa | KiTa | Ti | Na | Ka |

| Dhaa | TiRa | KiTa | Dhi | Na | Ga | Dhaa | TiRa | KiTa | Dhi | Na | Ga |

Variation #8

| Dhee | Ka | Dhee | Naa | Gi | Na | Dhaa | TiRa | KiTa | Dhi | Na | Ga |

| Tee | Ka | Tee | Naa | Ki | Na | Dhaa | TiRa | KiTa | Dhi | Na | Ga |

Variation #9

| Dhee | Ka | Dhee | Naa | Gi | Na | Dhaa | TiRa | KiTa | Dhi | Na | Ga |

| Dhaa | TiRa | KiTa | Taa | TiRa | KiTa | Dhee | Ka | Dhee | Naa | Gi | Na |

| Tee | Ka | Tee | Naa | Ki | Na | Taa | TiRa | KiTa | Dhi | Na | Ga |

| Dhaa | TiRa | KiTa | Taa | TiRa | KiTa | Dhee | Ka | Dhee | Naa | Gi | Na |

Variation #10

| Dhaa | TiRa | KiTa | Taa | TiRa | KiTa | Dhee | Ka | Dhee | Naa | Gi | Na |

| Dhaa | TiRa | KiTa | Taa | TiRa | KiTa | Dhee | Ka | Dhee | Naa | Gi | Na |

| Taa | TiRa | KiTa | Taa | TiRa | KiTa | Tee | Ka | Tee | Naa | Ki | Na |

| Dhaa | TiRa | KiTa | Taa | TiRa | KiTa | Dhee | Ka | Dhee | Naa | Gi | Na |

Variation #11

धी क धी ना गि न धा तिर किट ता तिर किट
Dhee Ka Dhee Naa Gi Na Dhaa TiRa KiTa Taa TiRa KiTa

धा तिर किट ता तिर किट धी क धी ना गि न
Dhaa TiRa KiTa Taa TiRa KiTa Dhee Ka Dhee Naa Gi Na

ती क ती ना कि न ता तिर किट ता तिर किट
Tee Ka Tee Naa Ki Na Taa TiRa KiTa Taa TiRa KiTa

धा तिर किट ता तिर किट धी क धी ना गि न
Dhaa TiRa KiTa Taa TiRa KiTa Dhee Ka Dhee Naa Gi Na

Ending (Tihai)

धा तिर किट ता तिर किट धा
Dhaa TiRa KiTa Taa TiRa KiTa Dhaa

- -
- -

धा तिर किट ता तिर किट धा
Dhaa TiRa KiTa Taa TiRa KiTa Dhaa

- -
- -

धा तिर किट ता तिर किट | X धा
Dhaa TiRa KiTa Taa TiRa KiTa | Dhaa

Ektal Kaida (Vashisht 1977:187)

धा गे ति ट क त धा गे तिर किट ती ना क त धा गे ति ट क त धा गे तिर किट
Dhaa Ge Ti Ta Ka Ta Dhaa Ge TiRa KiTa Tee Naa Ka Ta Dhaa Ge Ti Ta Ka Ta Dhaa Ge TiRa KiTa

ता गे ति ट क त ता गे तिर किट ती ना क त धा गे ति ट क त धा गे तिर किट
Taa Ge Ti Ta Ka Ta Taa Ge TiRa KiTa Tee Naa Ka Ta Dhaa Ge Ti Ta Ka Ta Dhaa Ge TiRa KiTa

Variation #1

धा गे ति ट क त धा गे ति ट क त धा गे ति ट धा गे तिर किट ती ना क ता
Dhaa Ge Ti Ta Ka Ta Dhaa Ge Ti Ta Ka Ta Dhaa Ge Ti Ta Dhaa Ge TiRa KiTa Tee Naa Ka Taa

ता गे ति ट क त ता गे ति ट क त धा गे ति ट धा गे तिर किट ती ना क ता
Taa Ge Ti Ta Ka Ta Taa Ge Ti Ta Ka Ta Dhaa Ge Ti Ta Dhaa Ge TiRa KiTa Tee Naa Ka Taa

Variation #2

धा गे तिट धागे तिर किट तीनाकता धा गे तिर किट धा गे तिर किट तीनाकता
Dhaa Ge Ti Ta Dhaa Ge TiRa KiTa Tee Naa Ka Taa Dhaa Ge TiRa KiTa Dhaa Ge TiRa KiTa Tee Naa KaTaa

त गेतिट ता गे तिर किट ती ना क ता धागे तिर किट धागे तिर किट ती ना क ता
Ta Ge Ti Ta Taa Ge TiRa KiTa Tee Naa Ka Taa Dhaa Ge TiRa KiTa Dhaa Ge TiRa KiTa Tee Naa Ka Taa

Variation #3

क त धा गे तिर किट ती ना क त धा गे तिट क त धा गे तिर किट ती ना क ता
Ka Ta Dhaa Ge TiRa KiTa Tee Naa Ka Ta Dhaa Ge Ti Ta Ka Ta Dhaa Ge TiRa KiTa Tee Naa Ka Taa

क त ता गे तिर किट ती ना क त धा गे तिट क त धा गे तिर किट ती ना क ता
Ka Ta Taa Ge TiRa KiTa Tee Naa Ka Ta Dhaa Ge Ti Ta Ka Ta Dhaa Ge TiRa KiTa Tee Naa Ka Taa

Variation #4

धा गे तिर किट धा गे तिर किट ती ना क ता
Dhaa Ge TiRa KiTa Dhaa Ge TiRa KiTa Tee Naa Ka Taa

धा गे तिर किट धा गे तिर किट ती ना क ता
Dhaa Ge TiRa KiTa Dhaa Ge TiRa KiTa Tee Naa Ka Taa

ता गे तिर किट ता गे तिर किट ती ना क ता
Taa Ge TiRa KiTa Taa Ge TiRa KiTa Tee Naa Ka Taa

धा गे तिर किट धा गे तिर किट ती ना क ता
Dhaa Ge TiRa KiTa Dhaa Ge TiRa KiTa Tee Naa Ka Taa

Variation #5

तिर किट ती ना क ता तिर किट ती ना क ता
TiRa KiTa Tee Naa Ka Taa TiRa KiTa Tee Naa Ka Taa

ती ना क ता धा गे तिर किट ती ना क ता
Tee Naa Ka Taa Dhaa Ge TiRa KiTa Tee Naa Ka Taa

तिर किट ती ना क ता तिर किट ती ना क ता
TiRa KiTa Tee Naa Ka Taa TiRa KiTa Tee Naa Ka Taa

ती ना क ता धा गे तिर किट ती ना क ता
Tee Naa Ka Taa Dhaa Ge TiRa KiTa Tee Naa Ka Taa

Appendix 5 - 12 & 24 Matra Kaidas

Variation #6

तीनाकताधा - - - धागेतिटधागे तिर किट तीनाकता तीनाकता
Tee Naa Ka Taa Dhaa - - - Dhaa Ge Ti Ta Dhaa Ge TiRa KiTa Tee Naa Ka Taa Tee Naa Ka Taa

तीनाकताता - - - ता गेतिटधागे तिर किट तीनाकता तीनाकता
Tee Naa Ka Taa Taa - - - Taa Ge Ti Ta Dhaa Ge TiRa KiTa Tee Naa Ka Taa Tee Naa Ka Taa

Variation #7

तीनाकता तिर किट तीनाकता तिर किट धा - - - धा गे तिर किट तीनाकता
Tee Naa Ka Taa TiRa KiTa Tee Naa Ka Taa TiRa KiTa Dhaa - - - Dhaa Ge TiRa KiTa Tee Naa Ka Taa

तीनाकता तिर किट तीनाकता तिर किट धा - - - धा गे तिर किट तीनाकता
Tee Naa Ka Taa TiRa KiTa Tee Naa Ka Taa TiRa KiTa Dhaa - - - Dhaa Ge TiRa KiTa Tee Naa Ka Taa

Variation #8

धा गेतिटधागे तिर किट तीनाकता तिर किट तीनाकता तिर किट तीनाकता
Dhaa Ge Ti Ta Dhaa Ge TiRa KiTa Tee Naa Ka Taa TiRa KiTa Tee Naa Ka Taa TiRa KiTa Tee Naa Ka Taa

ता गेतिटता गे तिर किट तीनाकता तिर किट तीनाकता तिर किट तीनाकता
Taa Ge Ti Ta Taa Ge TiRa KiTa Tee Naa Ka Taa TiRa KiTa Tee Naa Ka Taa TiRa KiTa Tee Naa Ka Taa

Variation #9

धा - - - धा गे ति ट धा गे तिर किट
Dhaa - - - Dhaa Ge Ti Ta Dhaa Ge TiRa KiTa

ती ना क ता कत् तिर किट तक ता तिर किट तक
Tee Naa Ka Taa Kat TiRa KiTa TaKa Taa TiRa KiTa TaKa

ता - - - ता गे ति ट ता गे तिर किट
Taa - - - Taa Ge Ti Ta Taa Ge TiRa KiTa

ती ना क ता कत् तिर किट तक ता तिर किट तक
Tee Naa Ka Taa Kat TiRa KiTa TaKa Taa TiRa KiTa TaKa

Variation #10

धा तिर किट तक धा - - - धा गेतिटधा गे तिर किट तीनाकता तीनाकता
Dhaa TiRa KiTa TaKa Dhaa - - - Dhaa Ge Ti Ta Dhaa Ge TiRa KiTa Tee Naa Ka Taa Tee Naa Ka Taa

ता तिर किट तक ता - - - ता गेतिटधा गे तिर किट तीना कता तीनाकता
Taa TiRa KiTa TaKa Taa - - - Taa Ge Ti Ta Dhaa Ge TiRa KiTa Tee Naa Ka Taa Tee Naa Ka Taa

Focus on the Kaidas of Tabla

Variation #11

धा गे ति ट क त धा गे तिर किट ती ना क ता धा गे ति ट क त धा गे तिर किट
Dhaa Ge Ti Ta Ka Ta Dhaa Ge TiRa KiTa Tee Naa Ka Taa Dhaa Ge Ti Ta Ka Ta Dhaa Ge TiRa KiTa

ता गे ति ट क त ता गे तिर किट ती ना क ता धा गे ति ट क त धा गे तिर किट
Taa Ge Ti Ta Ka Ta Taa Ge TiRa KiTa Tee Naa Ka Taa Dhaa Ge Ti Ta Ka Ta Dhaa Ge TiRa KiTa

Ending (Tihai) (no *tihai* was given in Vashisht's work. but here is one that works)

धा गे ति ट धा गे तिर किट ती ना क ता धा
Dhaa Ge Ti Ta Dhaa Ge TiRa KiTa Tee Naa Ka Taa Dhaa

- - - -
- - - -

धा गे ति ट धा गे तिर किट ती ना क ता धा
Dhaa Ge Ti Ta Dhaa Ge TiRa KiTa Tee Naa Ka Taa Dhaa

- - - -
- - - -

धा गे ति ट धा गे तिर किट ती ना क ता | X धा
Dhaa Ge Ti Ta Dhaa Ge TiRa KiTa Tee Naa Ka Taa | Dhaa

Dadra Kaida (Vashisht 1977:213)

धीं - - धा गे ना धा - धा गे ना धा - धा तिर किट धा गे ना धा - धा तिर किट
Dheen - - Dhaa Ge Naa Dhaa - Dhaa Ge Naa Dhaa - Dhaa TiRa KiTa Dhaa Ge Naa Dhaa - Dhaa TiRa KiTa

तीं - - ता के ना ता - ता गे ना ता - धा तिर किट धा गे ना धा - धा तिर किट
Teen - - Taa Ke Naa Taa - Taa Ge Naa Taa - Dhaa TiRa KiTa Dhaa Ge Naa Dhaa - Dhaa TiRa KiTa

Variation #1

धा गे ना धा - धा तिर किट धीं - - धा गे ना धा - धीं - - धा गे ना धा -
Dhaa Ge Naa Dhaa - Dhaa TiRa KiTa Dheen - - Dhaa Ge Naa Dhaa - Dheen - - Dhaa Ge Naa Dhaa -

ता के ना ता - ता तिर किट तीं - - ता गे ना धा - धीं - - धा गे ना धा -
Taa Ke Naa Taa - Taa TiRa KiTa Teen - - Taa Ge Naa Dhaa - Dheen - - Dhaa Ge Naa Dhaa -

Variation #2

धीं - - धा गे ना धा - - - धा गे ना धा - धा गे ना धा - धा तिर किट
Dheen - - Dhaa Ge Naa Dhaa - - - Dhaa Ge Naa Dhaa - Dhaa Ge Naa Dhaa - Dhaa TiRa KiTa

तीं - - ता के ना ता - - - ता गे ना धा - धा गे ना धा - धा तिर किट
Teen - - Taa Ke Naa Taa - - - Taa Ge Naa Dhaa - Dhaa Ge Naa Dhaa - Dhaa TiRa KiTa

Appendix 5 - 12 & 24 Matra Kaidas

Variation #3

तिर किट तक ता कत् तिर किट तक धा गे ना ता
TiRa KiTa TaKa Taa Kat TiRa KiTa TaKa Dhaa Ge Naa Taa

- धा तिर किट धा धा तिर किट धा धा तिर किट
- Dhaa TiRa KiTa Dhaa Dhaa TiRa KiTa Dhaa Dhaa TiRa KiTa

तिर किट तक ता कत् तिर किट तक ता गे ना ता
TiRa KiTa TaKa Taa Kat TiRa KiTa TaKa Taa Ge Naa Taa

- धा तिर किट धा धा तिर किट धा धा तिर किट
- Dhaa TiRa KiTa Dhaa Dhaa TiRa KiTa Dhaa Dhaa TiRa KiTa

Variation #4

- धा तिर किट धा गे ना धा - धा तिर किट धा गे ना धा धीं - - धा गे ना धा -
- Dhaa TiRa KiTa Dhaa Ge Naa Dhaa - Dhaa TiRa KiTa Dhaa Ge Naa Dhaa Dheen - - Dhaa Ge Naa Dhaa -

- ता तिर किट ता गे ना ता - ता तिर किट धा गे ना धा धीं - - धा गे ना धा -
- Taa TiRa KiTa Taa Ge Naa Taa - Taa TiRa KiTa Dhaa Ge Naa Dhaa Dheen - - Dhaa Ge Naa Dhaa -

Variation #5

धा गे ना धा तिर किट धि ना धा गे ना धीं - धा गे ना - - धा - गि ना धीं -
Dhaa Ge Naa Dhaa TiRa KiTa Dhin Naa Dhaa Ge Naa Dheen - Dhaa Ge Naa - - Dhaa - Gi Naa Dheen -

ता के ना ता तिर किट ति ना ता के ना तीं - धा गे ना - - धा - गि ना धीं -
Taa Ke Naa Taa TiRa KiTa Tin Naa Taa Ke Naa Teen - Dhaa Ge Naa - - Dhaa - Gin Naa Dheen -

Ending (Tihai) (no *tihai* was given in Vashisht's work, but here is one that will work)

धा गे ना धा तिर किट धा
Dhaa Ge Naa Dhaa TiRa KiTa Dhaa

- -
- -

धा गे ना धा तिर किट धा
Dhaa Ge Naa Dhaa TiRa KiTa Dhaa

- -
- -

                          X
धा गे ना धा तिर किट | धा
Dhaa Ge Naa Dhaa TiRa KiTa | Dhaa

WORKS CITED

Courtney, David
1998 *Fundamentals of Tabla*. Houston: Sur Sangeet Services.
2000 *Advanced Theory of Tabla*. Houston: Sur Sangeet Services.

Godbole, Madhukar Ganesh
1967 *Tal Dipika*. Allahabad, India: Ashok Prakashan Mandir.

Gottlieb, Robert S.
1977 *The Major Traditions of North Indian Tabla Drumming (Vol. 1)*. Munich - Salzburg: Musikverlag Emil Katzbichler.

Hussain, Zakir
1974-1975 Personal study.
1988 Personal study.

Sharma, Rakesh
(no date) *Sat Din Ka Tabla Va Kongo, Bongo Vadan Kors*. New Delhi, India: Creative Publication.

Vashisht, Satyanarayan
1977 *Tal Martand* (5th edition). Hathras, India: Sangeet Karyalay.

Yadav, B. L.
1995 *Tabla Prakash (vol. 1)*. Allahabad: Sangit Sadan Prakashan.
1999a *Tabla Prakash (vol. 2)*. Allahabad: Sangit Sadan Prakashan.

APPENDIX 6

THIRTEEN MATRA KAIDA

INTRODUCTION

These compositions work in 13 *matra tals* such as *Anima tal, Udaybham,* or *Chandrachautal*. They also work for 26 *matra tals* such as *Basantshikhir* or *Salvanth tal*. Furthermore it works well for six-and-half *matras* (please see *Fundamentals of Tabla* for more information on these various obscure *tals*). Although they are not very common they have become more accessible in recent years due to the efforts of modern *tabla* players to extend their artistic boundaries.

Kaida in Udaybhan Tal (Yadav 1999:82-86)
Theme

धा	तिर	किट	धा	गे	ना	तिर	किट	धी	ना	तिर	किट	धी
Dhaa	TiRa	KiTa	Dhaa	Ge	Naa	TiRa	KiTa	Dhee	Naa	TiRa	KiTa	Dhee

ना	गी	ना	तिर	किट	तक	ता	तिर	किट	ती	ना	गी	ना
Naa	Gee	Naa	TiRa	KiTa	TaKa	Taa	TiRa	KiTa	Tee	Naa	Gee	Naa

ता	तिर	किट	ता	गे	ना	तिर	किट	ती	ना	तिर	किट	ती
Taa	TiRa	KiTa	Taa	Ge	Naa	TiRa	TiRa	Tee	Naa	TiRa	KiTa	Tee

ना	गी	ना	तिर	किट	तक	ता	तिर	किट	धी	ना	गी	ना
Naa	Gee	Naa	TiRa	KiTa	TaKa	Taa	TiRa	KiTa	Dhee	Naa	Gee	Naa

Focus on the Kaidas of Tabla

Variation #1

धा तिर किट धा गे ना धा तिर किट धा गे ना धा
Dhaa TiRa KiTa Dhaa Ge Naa Dhaa TiRa KiTa Dhaa Ge Naa Dhaa

तिर किट धा गे ना तिर किट धी ना धी ना गी ना
TiRa KiTa Dhaa Ge Naa TiRa KiTa Dhee Naa Dhee Naa Gee Naa

धा तिर किट धा गे ना तिर किट धी ना तिर किट धी
Dhaa TiRa KiTa Dhaa Ge Naa TiRa KiTa Dhee Naa TiRa KiTa Dhee

ना गी ना तिर किट तक ता तिर किट ती ना गी ना
Naa Gee Naa TiRa KiTa TaKa Taa TiRa KiTa Tee Naa Gee Naa

ता तिर किट ता गे ना ता तिर किट ता गे ना ता
Taa TiRa KiTa Taa Ge Naa Taa TiRa KiTa Taa Ge Naa Taa

तिर किट ता गे ना तिर किट ती ना ती ना गी ना
TiRa KiTa Taa Ge Naa TiRa KiTa Tee Naa Tee Naa Gee Naa

धा तिर किट धा गे ना तिर किट धी ना तिर किट धी
Dhaa TiRa KiTa Dhaa Ge Naa TiRa KiTa Dhee Naa TiRa KiTa Dhee

ना गी ना तिर किट तक ता तिर किट धी ना गी ना
Naa Gee Naa TiRa KiTa TaKa Taa TiRa KiTa Dhee Naa Gee Naa

Variation #2

धा तिर किट धा गे ना धा – – धा गे ना धा
Dhaa TiRa KiTa Dhaa Ge Naa Dhaa – – Dhaa Ge Naa Dhaa

– – धा गे ना धा – धी ना गी ना धा –
– – Dhaa Ge Naa Dhaa – Dhee Naa Gee Naa Dhaa –

धा तिर किट धा गे ना तिर किट धी ना तिर किट धी
Dhaa TiRa KiTa Dhaa Ge Naa TiRa KiTa Dhee Naa TiRa KiTa Dhee

ना गी ना तिर किट तक ता तिर किट ती ना गी ना
Naa Gee Naa TiRa KiTa TaKa Taa TiRa KiTa Tee Naa Gee Naa

ता तिर किट ता गे ना ता – – ता गे ना ता
Taa TiRa KiTa Taa Ge Naa Taa – – Taa Ge Naa Taa

– – ता गे ना ता – ती ना गी ना ता –
– – Taa Ge Naa Taa – Tee Naa Gee Naa Taa –

धा तिर किट धा गे ना तिर किट धी ना तिर किट धी
Dhaa TiRa KiTa Dhaa Ge Naa TiRa KiTa Dhee Naa TiRa KiTa Dhee

ना गी ना तिर किट तक ता तिर किट धी ना गी ना
Naa Gee Naa TiRa KiTa TaKa Taa TiRa KiTa Dhee Naa Gee Naa

Appendix 6 - 13 Matra Kaidas

Variation #3

Dhaa TiRa KiTa Dhaa Ge Naa Dhaa - TiRa KiTa Dhee Naa Gee
Naa TiRa KiTa Dhee Naa Gee Naa TiRa KiTa Dhee Naa Gee Naa
Dhaa TiRa KiTa Dhaa Ge Naa TiRa KiTa Dhee Naa TiRa KiTa Dhee
Naa Gee Naa TiRa KiTa TaKa Taa TiRa KiTa Tee Naa Gee Naa
Taa TiRa KiTa Taa Ge Naa Taa - TiRa KiTa Tee Naa Gee
Naa TiRa KiTa Tee Naa Gee Naa TiRa KiTa Tee Naa Gee Naa
Dhaa TiRa KiTa Dhaa Ge Naa TiRa KiTa Dhee Naa TiRa KiTa Dhee
Naa Gee Naa TiRa KiTa TaKa Taa TiRa KiTa Dhee Naa Gee Naa

Variation #4

Dhaa TiRa KiTa Dhaa Ge Naa TiRa KiTa Dhee Naa Gee Naa Dhaa
- Dhee Naa Gee Naa Dhaa - Dhee Naa Gee Naa Dhaa -
Dhaa TiRa KiTa Dhaa Ge Naa TiRa KiTa Dhee Naa TiRa KiTa Dhee
Naa Gee Naa TiRa KiTa TaKa Taa TiRa KiTa Tee Naa Gee Naa
Taa TiRa KiTa Taa Ge Naa TiRa KiTa Tee Naa Gee Naa Taa
- Tee Naa Gee Naa Taa - Tee Naa Gee Naa Taa -
Dhaa TiRa KiTa Dhaa Ge Naa TiRa KiTa Dhee Naa TiRa KiTa Dhee
Naa Gee Naa TiRa KiTa TaKa Taa TiRa KiTa Dhee Naa Gee Naa

Focus on the Kaidas of Tabla

Variation #5

TiRa KiTa Dhee Naa Gee Naa Dhee Naa Gee Naa Dhaa - TiRa
KiTa Dhee Naa TiRa KiTa Dhee Naa TiRa KiTa Dhee Naa Gee Naa
Dhaa TiRa KiTa Dhaa Ge Naa TiRa KiTa Dhee Naa TiRa KiTa Dhee
Naa Gee Naa TiRa KiTa TaKa Taa TiRa KiTa Tee Naa Gee Naa
TiRa KiTa Tee Naa Gee Naa Tee Naa Gee Naa Taa - TiRa
KiTa Tee Naa TiRa KiTa Tee Naa TiRa KiTa Tee Naa Gee Naa
Dhaa TiRa KiTa Dhaa Ge Naa TiRa KiTa Dhee Naa TiRa KiTa Dhee
Naa Gee Naa TiRa KiTa TaKa Taa TiRa KiTa Dhee Naa Gee Naa

Variation #6

Dhee Naa TiRa KiTa Dhee Naa Gee Naa Dhee Naa TiRa KiTa Dhee
Naa Gee Naa TiRa KiTa Dhee Naa TiRa KiTa Dhee Naa Gee Naa
Dhaa TiRa KiTa Dhaa Ge Naa TiRa KiTa Dhee Naa TiRa KiTa Dhee
Naa Gee Naa TiRa KiTa TaKa Taa TiRa KiTa Tee Naa Gee Naa
Tee Naa TiRa KiTa Tee Naa Gee Naa Tee Naa TiRa KiTa Tee
Naa Gee Naa TiRa KiTa Tee Naa TiRa KiTa Tee Naa Gee Naa
Dhaa TiRa KiTa Dhaa Ge Naa TiRa KiTa Dhee Naa TiRa KiTa Dhee
Naa Gee Naa TiRa KiTa TaKa Taa TiRa KiTa Dhee Naa Gee Naa

Ending (Tihai)

धा तिर किट धा गे ना तिर किट धा – तिर किट धी ना गी ना धा
Dhaa TiRa KiTa Dhaa Ge Naa TiRa KiTa Dhaa - TiRa KiTa Dhee Naa Gee Naa Dhaa

– तिर किट धी ना गी ना धा – तिर किट धी ना गी ना धा
- TiRa KiTa Dhee Naa Gee Naa Dhaa - TiRa KiTa Dhee Naa Gee Naa Dhaa

– – –
- - -

धा तिर किट धा गे ना तिर किट धा – तिर किट धी ना गी ना धा
Dhaa TiRa KiTa Dhaa Ge Naa TiRa KiTa Dhaa - TiRa KiTa Dhee Naa Gee Naa Dhaa

– तिर किट धी ना गी ना धा – तिर किट धी ना गी ना धा
- TiRa KiTa Dhee Naa Gee Naa Dhaa - TiRa KiTa Dhee Naa Gee Naa Dhaa

– – –
- - -

धा तिर किट धा गे ना तिर किट धा – तिर किट धी ना गी ना धा
Dhaa TiRa KiTa Dhaa Ge Naa TiRa KiTa Dhaa - TiRa KiTa Dhee Naa Gee Naa Dhaa

	X
– तिर किट धी ना गी ना धा – तिर किट धी ना गी ना	धा
- TiRa KiTa Dhee Naa Gee Naa Dhaa - TiRa KiTa Dhee Naa Gee Naa	Dhaa

WORKS CITED

Courtney, David
1998   *Fundamentals of Tabla*. Houston: Sur Sangeet Services.
2000   *Advanced Theory of Tabla*. Houston: Sur Sangeet Services.

Yadav, B. L.
1999   *Tabla Prakash (Vol. 3)*. Allahabad: Sangit Sadan Prakashan.

APPENDIX 7

FIFTEEN-MATRA KAIDAS

INTRODUCTION
This class of *tals* is not very popular. They include such obscure examples as as *Adapanna* and *Garugi Panchak tal*. However there are also some better known examples such as *Pancham Savari* or *Jagajhampa tal* (please see *Fundamentals of Tabla* for more information on these various obscure *tals*). Here are some *kaidas* to use in these *tals*.

Kaida in Pancham Savari (Yadav 1999a: 259-263)
Theme

धा गे ते टे धा गे तिर किट धी ना गी ना धा – धा
Dhaa Ge Te Te Dhaa Ge TiRa KiTa Dhee Naa Gee Naa Dhaa - Dhaa

गे न धा गे न ते टे धा गे तिर किट ती ना गी ना
Ge Na Dhaa Ge Na Te Te Dhaa Ge TiRa KiTa Tee Naa Gee Naa

ता गे ते टे ता गे तिर किट ती ना गी ना ता – धा
Taa Ge Te Te Taa Ge TiRa KiTa Tee Naa Gee Naa Taa - Dhaa

गे न धा गे न ते टे धा गे तिर किट धी ना गी ना
Ge Na Dhaa Ge Na Te Te Dhaa Ge TiRa KiTa Dhee Naa Gee Naa

Focus on the Kaidas of Tabla

Variation #1

धा गे ते टे धा गे तिर किट धा गे ते टे धा गे तिर
Dhaa Ge Te Te Dhaa Ge TiRa KiTa Dhaa Ge Te Te Dhaa Ge TiRa

किट धा गे ते टे धा गे तिर किट धा - धी ना गी ना
KiTa Dhaa Ge Te Te Dhaa Ge TiRa KiTa Dhaa - Dhee Naa Gee Naa

धा गे ते टे धा गे तिर किट धी ना गी ना धा - धा
Dhaa Ge Te Te Dhaa Ge TiRa KiTa Dhee Naa Gee Naa Dhaa - Dhaa

गे न धा गे न ते टे धा गे तिर किट ती ना गी ना
Ge Na Dhaa Ge Na Te Te Dhaa Ge TiRa KiTa Tee Naa Gee Naa

ता गे ते टे ता गे तिर किट ता गे ते टे ता गे तिर
Taa Ge Te Te Taa Ge TiRa KiTa Taa Ge Te Te Taa Ge TiRa

किट ता गे ते टे ता गे तिर किट ता - ती ना गी ना
KiTa Taa Ge Te Te Taa Ge TiRa KiTa Taa - Tee Naa Gee Naa

धा गे ते टे धा गे तिर किट धी ना गी ना धा - धा
Dhaa Ge Te Te Dhaa Ge TiRa KiTa Dhee Naa Gee Naa Dhaa - Dhaa

गे न धा गे न ते टे धा गे तिर किट धी ना गी ना
Ge Na Dhaa Ge Na Te Te Dhaa Ge TiRa KiTa Dhee Naa Gee Naa

Variation #2

धा गे ते टे धा गे तिर किट धा - ते टे धा गे तिर
Dhaa Ge Te Te Dhaa Ge TiRa KiTa Dhaa - Te Te Dhaa Ge TiRa

किट धा - ते टे धा गे तिर किट धा - धी ना गी ना
KiTa Dhaa - Te Te Dhaa Ge TiRa KiTa Dhaa - Dhee Naa Gee Naa

धा गे ते टे धा गे तिर किट धी ना गी ना धा - धा
Dhaa Ge Te Te Dhaa Ge TiRa KiTa Dhee Naa Gee Naa Dhaa - Dhaa

गे न धा गे न ते टे धा गे तिर किट ती ना गी ना
Ge Na Dhaa Ge Na Te Te Dhaa Ge TiRa KiTa Tee Naa Gee Naa

ता गे ते टे ता गे तिर किट ता - ते टे ता गे तिर
Taa Ge Te Te Taa Ge TiRa KiTa Taa - Te Te Taa Ge TiRa

किट ता - ते टे ता गे तिर किट ता - ती ना गी ना
KiTa Taa - Te Te Taa Ge TiRa KiTa Taa - Tee Naa Gee Naa

धा गे ते टे धा गे तिर किट धी ना गी ना धा - धा
Dhaa Ge Te Te Dhaa Ge TiRa KiTa Dhee Naa Gee Naa Dhaa - Dhaa

गे न धा गे न ते टे धा गे तिर किट धी ना गी ना
Ge Na Dhaa Ge Na Te Te Dhaa Ge TiRa KiTa Dhee Naa Gee Naa

Variation #3

ते	टे	धा	गे	तिर	किट	ते	टे	धा	गे	तिर	किट	ते	टे	धा
Te	Te	Dhaa	Ge	TiRa	KiTa	Te	Te	Dhaa	Ge	TiRa	KiTa	Te	Te	Dhaa

गे	तिर	किट	धी	ना	गी	ना	धी	ना	गी	ना	धी	ना	गी	ना
Ge	TiRa	KiTa	Dhee	Naa	Gee	Naa	Dhee	Naa	Gee	Naa	Dhee	Naa	Gee	Naa

धा	गे	ते	टे	धा	गे	तिर	किट	धी	ना	गी	ना	धा	–	धा
Dhaa	Ge	Te	Te	Dhaa	Ge	TiRa	KiTa	Dhee	Naa	Gee	Naa	Dhaa	-	Dhaa

गे	न	धा	गे	न	ते	टे	धा	गे	तिर	किट	ती	ना	गी	ना
Ge	Na	Dhaa	Ge	Na	Te	Te	Dhaa	Ge	TiRa	KiTa	Tee	Naa	Gee	Naa

ते	टे	ता	गे	तिर	किट	ते	टे	ता	गे	तिर	किट	ते	टे	ता
Te	Te	Taa	Ge	TiRa	KiTa	Te	Te	Taa	Ge	TiRa	KiTa	Te	Te	Taa

गे	तिर	किट	ती	ना	गी	ना	ती	ना	गी	ना	ती	ना	गी	ना
Ge	TiRa	KiTa	Tee	Naa	Gee	Naa	Tee	Naa	Gee	Naa	Tee	Naa	Gee	Naa

धा	गे	ते	टे	धा	गे	तिर	किट	धी	ना	गी	ना	धा	–	धा
Dhaa	Ge	Te	Te	Dhaa	Ge	TiRa	KiTa	Dhee	Naa	Gee	Naa	Dhaa	-	Dhaa

गे	न	धा	गे	न	ते	टे	धा	गे	तिर	किट	धी	ना	गी	ना
Ge	Na	Dhaa	Ge	Na	Te	Te	Dhaa	Ge	TiRa	KiTa	Dhee	Naa	Gee	Naa

Variation #4

धी	ना	तिर	किट	धी	ना	गी	ना	धा	–	तिर	किट	धी	ना	गी
Dhee	Naa	TiRa	KiTa	Dhee	Naa	Gee	Naa	Dhaa	-	TiRa	KiTa	Dhee	Naa	Gee

ना	धा	–	तिर	किट	धी	ना	गी	ना	तिर	किट	धी	ना	गी	ना
Na	Dhaa	-	TiRa	KiTa	Dhee	Naa	Gee	Naa	TiRa	KiTa	Dhee	Naa	Gee	Naa

धा	गे	ते	टे	धा	गे	तिर	किट	धी	ना	गी	ना	धा	–	धा
Dhaa	Ge	Te	Te	Dhaa	Ge	TiRa	KiTa	Dhee	Naa	Gee	Naa	Dhaa	-	Dhaa

गे	न	धा	गे	न	ते	टे	धा	गे	तिर	किट	ती	ना	गी	ना
Ge	Na	Dhaa	Ge	Na	Te	Te	Dhaa	Ge	TiRa	KiTa	Tee	Naa	Gee	Naa

ती	ना	तिर	किट	ती	ना	गी	ना	ता	–	तिर	किट	ती	ना	गी
Tee	Naa	TiRa	KiTa	Tee	Naa	Gee	Naa	Taa	-	TiRa	KiTa	Tee	Naa	Gee

ना	ता	–	तिर	किट	ती	ना	गी	ना	तिर	किट	ती	ना	गी	ना
Naa	Taa	-	TiRa	KiTa	Tee	Naa	Gee	Naa	TiRa	KiTa	Tee	Naa	Gee	Naa

धा	गे	ते	टे	धा	गे	तिर	किट	धी	ना	गी	ना	धा	–	धा
Dhaa	Ge	Te	Te	Dhaa	Ge	TiRa	KiTa	Dhee	Naa	Gee	Naa	Dhaa	-	Dhaa

गे	न	धा	गे	न	ते	टे	धा	गे	तिर	किट	धी	ना	गी	ना
Ge	Na	Dhaa	Ge	Na	Te	Te	Dhaa	Ge	TiRa	KiTa	Dhee	Naa	Gee	Naa

Variation #5

तिर किट धी ना गी ना धा – धी ना गी ना धा – तिर
TiRa KiTa Dhee Naa Gee Naa Dhaa - Dhee Naa Gee Naa Dhaa - TiRa

किट धी ना तिर किट धी ना गी ना तिर किट धी ना गी ना
KiTa Dhee Naa TiRa KiTa Dhee Naa Gee Naa TiRa KiTa Dhee Naa Gee Naa

धा गे ते टे धा गे तिर किट धी ना गी ना धा – धा
Dhaa Ge Te Te Dhaa Ge TiRa KiTa Dhee Naa Gee Naa Dhaa - Dhaa

गे न धा गे न ते टे धा गे तिर किट ती ना गी ना
Ge Na Dhaa Ge Na Te Te Dhaa Ge TiRa KiTa Tee Naa Gee Naa

तिर किट ती ना गी ना ता – ती ना गी ना ता – तिर
TiRa KiTa Tee Naa Gee Naa Taa - Tee Naa Gee Naa Taa - TiRa

किट ती ना तिर किट ती ना गी ना तिर किट ती ना गी ना
KiTa Tee Naa TiRa KiTa Tee Naa Gee Naa TiRa KiTa Tee Naa Gee Naa

धा गे ते टे धा गे तिर किट धी ना गी ना धा – धा
Dhaa Ge Te Te Dhaa Ge TiRa KiTa Dhee Naa Gee Naa Dhaa - Dhaa

गे न धा गे न ते टे धा गे तिर किट धी ना गी ना
Ge Na Dhaa Ge Na Te Te Dhaa Ge TiRa KiTa Dhee Naa Gee Naa

Ending (Tihai)

धा गे ते टे धा गे तिर किट धी ना गी ना धा – – –
Dhaa Ge Te Te Dhaa Ge TiRa KiTa Dhee Naa Gee Naa Dhaa - - -

धा गे तिर किट धी ना गी ना धा – – – धा गे तिर किट धी ना गी ना धा
Dhaa Ge TiRa KiTa Dhee Naa Gee Naa Dhaa - - - Dhaa Ge TiRa KiTa Dhee Naa Gee Naa Dhaa

– – – – –
- - - - -

धा गे ते टे धा गे तिर किट धी ना गी ना धा – – –
Dhaa Ge Te Te Dhaa Ge TiRa KiTa Dhee Naa Gee Naa Dhaa - - -

धा गे तिर किट धी ना गी ना धा – – – धा गे तिर किट धी ना गी ना धा
Dhaa Ge TiRa KiTa Dhee Naa Gee Naa Dhaa - - - Dhaa Ge TiRa KiTa Dhee Naa Gee Naa Dhaa

– – – – –
- - - - -

धा गे ते टे धा गे तिर किट धी ना गी ना धा – – –
Dhaa Ge Te Te Dhaa Ge TiRa KiTa Dhee Naa Gee Naa Dhaa - - -

धा गे तिर किट धी ना गी ना धा – – – धा गे तिर किट धी ना गी ना | X
Dhaa Ge TiRa KiTa Dhee Naa Gee Naa Dhaa - - - Dhaa Ge TiRa KiTa Dhee Naa Gee Naa | धा
                                                                                                                            Dhaa

Appendix 7 - 15 Matra Kaidas

Kaida in 15 matra (Godbole 1967:240)
Theme

धा	गे	ति	ट	धा	गे	त्र	क	धि	न	गि	न	धा	गे	ति	ट
Dhaa	Ge	Ti	Ta	Dhaa	Ge	Tra	Ka	Dhi	Na	Gi	Na	Dhaa	Ge	Ti	Ta

धा	गे	ति	ट	धा	गे	त्र	क	धि	न	गि	न	धा	गे
Dhaa	Ge	Ti	Ta	Dhaa	Ge	Tra	Ka	Dhi	Na	Gi	Na	Dhaa	Ge

ति	ट	धा	गे	त्र	क	धि	न	गि	न	धा	गे	ति	ट	धा	गे	न
Ti	Ta	Dhaa	Ge	Tra	Ka	Dhi	Na	Gi	Na	Dhaa	Ge	Ti	Ta	Dhaa	Ge	Na

धा	त्र	क	धि	ट	धा	गे	त्र	क	ति	न	कि	न
Dhaa	Tra	Ka	Dhi	Ta	Dhaa	Ge	Tra	Ka	Ti	Na	Ki	Na

ता	गे	ति	ट	ता	गे	त्र	क	ति	न	कि	न	ता	गे	ति	ट
Taa	Ge	Ti	Ta	Taa	Ge	Tra	Ka	Ti	Na	Ki	Na	Taa	Ge	Ti	Ta

ता	गे	ति	ट	ता	गे	त्र	क	ति	न	कि	न	धा	गे
Taa	Ge	Ti	Ta	Taa	Ge	Tra	Ka	Ti	Na	Ki	Na	Dhaa	Ge

ति	ट	धा	गे	त्र	क	धि	न	गि	न	धा	गे	ति	ट	धा	गे	न
Ti	Ta	Dhaa	Ge	Tra	Ka	Dhi	Na	Gi	Na	Dhaa	Ge	Ti	Ta	Dhaa	Ge	Na

धा	त्र	क	धि	ट	धा	गे	त्र	क	धि	न	गि	न
Dhaa	Tra	Ka	Dhi	Ta	Dhaa	Ge	Tra	Ka	Dhi	Na	Gi	Na

Variation #1 (Godbole's work does not include variations or a *tihai*. However here are some that work.)

धा	गे	ति	ट	धा	गे	त्र	क	धि	न	गि	न	धा	गे	ति	ट
Dhaa	Ge	Ti	Ta	Dhaa	Ge	Tra	Ka	Dhi	Na	Gi	Na	Dhaa	Ge	Ti	Ta

धा	गे	ति	ट	धा	गे	त्र	क	धि	न	गि	न	धा	गे
Dhaa	Ge	Ti	Ta	Dhaa	Ge	Tra	Ka	Dhi	Na	Gi	Na	Dhaa	Ge

ति	ट	धा	गे	त्र	क	धि	न	गि	न	धा	गे	ति	ट	धा	गे	न
Ti	Ta	Dhaa	Ge	Tra	Ka	Dhi	Na	Gi	Na	Dhaa	Ge	Ti	Ta	Dhaa	Ge	Na

धा	त्र	क	धि	ट	धा	गे	त्र	क	ति	न	कि	न
Dhaa	Tra	Ka	Dhi	Ta	Dhaa	Ge	Tra	Ka	Ti	Na	Ki	Na

ता	गे	ति	ट	ता	गे	त्र	क	ति	न	कि	न	ता	गे	ति	ट
Taa	Ge	Ti	Ta	Taa	Ge	Tra	Ka	Ti	Na	Ki	Na	Taa	Ge	Ti	Ta

ता	गे	ति	ट	ता	गे	त्र	क	ति	न	कि	न	धा	गे
Taa	Ge	Ti	Ta	Taa	Ge	Tra	Ka	Ti	Na	Ki	Na	Dhaa	Ge

ति	ट	धा	गे	त्र	क	धि	न	गि	न	धा	गे	ति	ट	धा	गे	न
Ti	Ta	Dhaa	Ge	Tra	Ka	Dhi	Na	Gi	Na	Dhaa	Ge	Ti	Ta	Dhaa	Ge	Na

धा	त्र	क	धि	ट	धा	गे	त्र	क	धि	न	गि	न
Dhaa	Tra	Ka	Dhi	Ta	Dhaa	Ge	Tra	Ka	Dhi	Na	Gi	Na

Focus on the Kaidas of Tabla

Variation #2

Dhaa Ge Ti Ta Dhaa Ge Ti Ta Dhaa Ge Tra Ka Dhi Na Gi Na

Dhaa Ge Ti Ta Dhaa Ge Tra Ka Dhi Na Gi Na Dhaa Ge

Ti Ta Dhaa Ge Tra Ka Dhi Na Gi Na Dhaa Ge Ti Ta Dhaa Ge Na

Dhaa Tra Ka Dhi Ta Dhaa Ge Tra Ka Ti Na Ki Na

Taa Ge Ti Ta Taa Ge Ti Ta Taa Ge Tra Ka Ti Na Ki Na

Taa Ge Ti Ta Taa Ge Tra Ka Ti Na Ki Na Dhaa Ge

Ti Ta Dhaa Ge Tra Ka Dhi Na Gi Na Dhaa Ge Ti Ta Dhaa Ge Na

Dhaa Tra Ka Dhi Ta Dhaa Ge Tra Ka Dhi Na Gi Na

Variation #3

Dhaa Ge Ti Ta Dhaa Ge Tra Ka Dhi Na Gi Na Dhaa Ge Ti Ta

Dhaa Ge Ti Ta Dhaa Ge Ti Ta Dhaa Ge Tra Ka Dhi Na

Gi Na Dhaa Ge Ti Ta Dhaa Ge Tra Ka Dhi Na Gi Na Dhaa Ge Na

Dhaa Tra Ka Dhi Ta Dhaa Ge Tra Ka Ti Na Ki Na

Taa Ge Ti Ta Taa Ge Tra Ka Ti Na Ki Na Taa Ge Ti Ta

Taa Ge Ti Ta Taa Ge Ti Ta Taa Ge Tra Ka Dhi Na

Gi Na Dhaa Ge Ti Ta Dhaa Ge Tra Ka Dhi Na Gi Na Dhaa Ge Na

Dhaa Tra Ka Dhi Ta Dhaa Ge Tra Ka Dhi Na Gi Na

Ending (Bharan)

धा	गे	ति	ट	धा	गे	त्र	क	धा	गे	ति	ट	धा	गे	न
Dhaa	Ge	Ti	Ta	Dhaa	Ge	Tra	Ka	Dhaa	Ge	Ti	Ta	Dhaa	Ge	Na

धा	त्र	क	धि	ट	धा	गे	त्र	क	धि	न	गि	न
Dhaa	Tra	Ka	Dhi	Ta	Dhaa	Ge	Tra	Ka	Dhi	Na	Gi	Na

धा	गे	ति	ट	धा	गे	त्र	क	धा	गे	ति	ट	धा	गे	न
Dhaa	Ge	Ti	Ta	Dhaa	Ge	Tra	Ka	Dhaa	Ge	Ti	Ta	Dhaa	Ge	Na

धा	त्र	क	धि	ट	धा	गे	त्र	क	धि	न	गि	न
Dhaa	Tra	Ka	Dhi	Ta	Dhaa	Ge	Tra	Ka	Dhi	Na	Gi	Na

(Tihai)

धा	गे	ति	ट	धा	गे	ति	ट	धा	गे	त्र	क	ति	न	कि	न	धा
Dhaa	Ge	Ti	Ta	Dhaa	Ge	Ti	Ta	Dhaa	Ge	Tra	Ka	Ti	Na	Ki	Na	Dhaa

-	-	-	ति	न	कि	न
-	-	-	Ti	Na	Ki	Na

धा	गे	ति	ट	धा	गे	ति	ट	धा	गे	त्र	क	ति	न	कि	न	धा
Dhaa	Ge	Ti	Ta	Dhaa	Ge	Ti	Ta	Dhaa	Ge	Tra	Ka	Ti	Na	Ki	Na	Dhaa

-	-	-	ति	न	कि	न
-	-	-	Ti	Na	Ki	Na

धा	गे	ति	ट	धा	गे	ति	ट	धा	गे	त्र	क	ति	न	कि	न	X धा
Dhaa	Ge	Ti	Ta	Dhaa	Ge	Ti	Ta	Dhaa	Ge	Tra	Ka	Ti	Na	Ki	Na	Dhaa

WORKS CITED

Courtney, David
1998   *Fundamentals of Tabla*. Houston, Sur Sangeet Services.
2000   *Advanced Theory of Tabla*. Houston. Sur Sangeet Services.

Godbole, Madhukar Ganesh
1967   *Tal Dipika*. Allahabad, India, Ashok Prakashan Mandir.

Yadav, B. L.
1999a   *Tabla Prakash (vol. 2)*. Allahabad: Sangit Sadan Prakashan.

APPENDIX 8

EIGHT AND SIXTEEN-MATRA KAIDAS

INTRODUCTION

Eight and 16 *matra* compositions form the bulk of the corpus of *tabla* material. One of the most notable is *Tintal*. *Tintal* is one of the most popular *tals* for performing *kaidas*. Originally *kaidas* were only performed in this *tal*.

One of the reasons why *Tintal* has been so popular is its symmetry. It is readily divisible by two, four, or eight, to produce workable units for permutations. Furthermore, one may produce delightful *layakaris* (counter rhythms) by placing compositions from other *tals* over *Tintal*. For instance *dherd layakari* is easily produced by playing *Ektal* compositions over *Tintal*; *savai* is produced by playing *Jhaptal* compositions over *Tintal*, and *paune duggan* is produced by playing *Rupak* or *Dipchandi* compositions over *Tintal* (Gottlieb 1977).

Tisra Jati Kaida in Tintal (Zakir Hussain -1988 personal interview)
Theme

धा – ति र क ट तक् क ति र क ट धा – ति र क ट तक् क ति र क ट
Dhaa - Ti Ra Ka Ta Tak Ka Ti Ra Ka Ta Dhaa - Ti Ra Ka Ta Tak Ka Ti Ra Ka Ta

धिं – ना – गिं – ना – धा – ती – धा – गे – तिं – ना – किं – ना –
Dhin - Naa - Gin - Naa - Dhaa - Tee - Dhaa - Ge - Tin - Naa - Kin - Naa -

ता – ति र क ट तक् क ति र क ट ता – ति र क ट तक् क ति र क ट
Taa - Ti Ra Ka Ta Tak Ka Ti Ra Ka Ta Taa - Ti Ra Ka Ta Tak Ka Ti Ra Ka Ta

धिं – ना – गिं – ना – धा – ती – धा – गे – धिं – ना – गिं – ना –
Dhin - Naa - Gin - Naa - Dhaa - Tee - Dhaa - Ge - Dhin - Naa - Gin - Naa -

Focus on the Kaidas of Tabla

Variation #1

धा – ति र क ट तक् क ति र क ट धिं – ना – गिं – ना – धा – ती –
Dhaa - Ti Ra Ka Ta Tak Ka Ti Ra Ka Ta Dhin - Naa - Gin - Naa - Dhaa - Tee -

धा – ति र क ट तक् क ति र क ट धिं – ना – गिं – ना – धा – ती –
Dhaa - Ti Ra Ka Ta Tak Ka Ti Ra Ka Ta Dhin - Naa - Gin - Naa - Dhaa - Tee -

धा – ति र क ट तक् क ति र क ट धा – ति र क ट तक् क ति र क ट
Dhaa - Ti Ra Ka Ta Tak Ka Ti Ra Ka Ta Dhaa - Ti Ra Ka Ta Tak Ka Ti Ra Ka Ta

धिं – ना – गिं – ना – धा – ती – धा – गे – तिं – ना – किं – ना –
Dhin - Naa - Gin - Naa - Dhaa - Tee - Dhaa - Ge - Tin - Naa - Kin - Naa -

ता – ति र क ट तक् क ति र क ट तिं – ना – किं – ना – ता – ती –
Taa - Ti Ra Ka Ta Tak Ka Ti Ra Ka Ta Tin - Naa - Kin - Naa - Taa - Tee -

ता – ति र क ट तक् क ति र क ट तिं – ना – किं – ना – ता – ती –
Taa - Ti Ra Ka Ta Tak Ka Ti Ra Ka Ta Tin - Naa - Kin - Naa - Taa - Tee -

धा – ति र क ट तक् क ति र क ट धा – ति र क ट तक् क ति र क ट
Dhaa - Ti Ra Ka Ta Tak Ka Ti Ra Ka Ta Dhaa - Ti Ra Ka Ta Tak Ka Ti Ra Ka Ta

धिं – ना – गिं – ना – धा – ती – धा – गे – धिं – ना – गिं – ना –
Dhin - Naa - Gin - Naa - Dhaa - Tee - Dhaa - Ge - Dhin - Naa - Gin - Naa -

Variation #2

धा – ति र क ट तक् क ति र क ट धा – ति र क ट तक् क ति र क ट
Dhaa - Ti Ra Ka Ta Tak Ka Ti Ra Ka Ta Dhaa - Ti Ra Ka Ta Tak Ka Ti Ra Ka Ta

धा – ति र क ट तक् क ति र क ट धिं – ना – गिं – ना – धा – ती –
Dhaa - Ti Ra Ka Ta Tak Ka Ti Ra Ka Ta Dhin - Naa - Gin - Naa - Dhaa - Tee -

धा – ति र क ट तक् क ति र क ट धा – ति र क ट तक् क ति र क ट
Dhaa - Ti Ra Ka Ta Tak Ka Ti Ra Ka Ta Dhaa - Ti Ra Ka Ta Tak Ka Ti Ra Ka Ta

धिं – ना – गिं – ना – धा – ती – धा – गे – तिं – ना – किं – ना –
Dhin - Naa - Gin - Naa - Dhaa - Tee - Dhaa - Ge - Tin - Naa - Kin - Naa -

ता – ति र क ट तक् क ति र क ट ता – ति र क ट तक् क ति र क ट
Taa - Ti Ra Ka Ta Tak Ka Ti Ra Ka Ta Taa - Ti Ra Ka Ta Tak Ka Ti Ra Ka Ta

ता – ति र क ट तक् क ति र क ट तिं – ना – किं – ना – ता – ती –
Taa - Ti Ra Ka Ta Tak Ka Ti Ra Ka Ta Tin - Naa - Kin - Naa - Taa - Tee -

धा – ति र क ट तक् क ति र क ट धा – ति र क ट तक् क ति र क ट
Dhaa - Ti Ra Ka Ta Tak Ka Ti Ra Ka Ta Dhaa - Ti Ra Ka Ta Tak Ka Ti Ra Ka Ta

धिं – ना – गिं – ना – धा – ती – धा – गे – धिं – ना – गिं – ना –
Dhin - Naa - Gin - Naa - Dhaa - Tee - Dhaa - Ge - Dhin - Naa - Gin - Naa -

Appendix 8 - 8 & 16 Matra Kaidas

Variation #3

धा – ति र क ट तक् क ति र क ट तक् क ति र क ट तक् क ति र क ट
Dhaa - Ti Ra Ka Ta Tak Ka Ti Ra Ka Ta Tak Ka Ti Ra Ka Ta Tak Ka Ti Ra Ka Ta

धा – ति र क ट तक् क ति र क ट धिं – ना – गिं – ना – धा – ती –
Dhaa - Ti Ra Ka Ta Tak Ka Ti Ra Ka Ta Dhin - Naa - Gin - Naa - Dhaa - Tee -

धा – ति र क ट तक् क ति र क ट धा – ति र क ट तक् क ति र क ट
Dhaa - Ti Ra Ka Ta Tak Ka Ti Ra Ka Ta Dhaa - Ti Ra Ka Ta Tak Ka Ti Ra Ka Ta

धिं – ना – गिं – ना – धा – ती – धा – गे – तिं – ना – किं – ना –
Dhin - Naa - Gin - Naa - Dhaa - Tee - Dhaa - Ge - Tin - Naa - Kin - Naa -

ता – ति र क ट तक् क ति र क ट तक् क ति र क ट तक् क ति र क ट
Taa - Ti Ra Ka Ta Tak Ka Ti Ra Ka Ta Tak Ka Ti Ra Ka Ta Tak Ka Ti Ra Ka Ta

ता – ति र क ट तक् क ति र क ट तिं – ना – किं – ना – ता – ती –
Taa - Ti Ra Ka Ta Tak Ka Ti Ra Ka Ta Tin - Naa - Kin - Naa - Taa - Tee -

धा – ति र क ट तक् क ति र क ट धा – ति र क ट तक् क ति र क ट
Dhaa - Ti Ra Ka Ta Tak Ka Ti Ra Ka Ta Dhaa - Ti Ra Ka Ta Tak Ka Ti Ra Ka Ta

धिं – ना – गिं – ना – धा – ती – धा – गे – धिं – ना – गिं – ना –
Dhin - Naa - Gin - Naa - Dhaa - Tee - Dhaa - Ge - Dhin - Naa - Gin - Naa -

Variation #4

धा – ति र क ट तक् क ति र क ट तक् क ति र क ट तक् क ति र क ट
Dhaa - Ti Ra Ka Ta Tak Ka Ti Ra Ka Ta Tak Ka Ti Ra Ka Ta Tak Ka Ti Ra Ka Ta

धा – ति र क ट तक् क ति र क ट तक् क ति र क ट तक् क ति र क ट
Dhaa - Ti Ra Ka Ta Tak Ka Ti Ra Ka Ta Tak Ka Ti Ra Ka Ta Tak Ka Ti Ra Ka Ta

धा – ति र क ट तक् क ति र क ट धा – ति र क ट तक् क ति र क ट
Dhaa - Ti Ra Ka Ta Tak Ka Ti Ra Ka Ta Dhaa - Ti Ra Ka Ta Tak Ka Ti Ra Ka Ta

धिं – ना – गिं – ना – धा – ती – धा – गे – तिं – ना – किं – ना –
Dhin - Naa - Gin - Naa - Dhaa - Tee - Dhaa - Ge - Tin - Naa - Kin - Naa -

ता – ति र क ट तक् क ति र क ट तक् क ति र क ट तक् क ति र क ट
Taa - Ti Ra Ka Ta Tak Ka Ti Ra Ka Ta Tak Ka Ti Ra Ka Ta Tak Ka Ti Ra Ka Ta

ता – ति र क ट तक् क ति र क ट तक् क ति र क ट तक् क ति र क ट
Taa - Ti Ra Ka Ta Tak Ka Ti Ra Ka Ta Tak Ka Ti Ra Ka Ta Tak Ka Ti Ra Ka Ta

धा – ति र क ट तक् क ति र क ट धा – ति र क ट तक् क ति र क ट
Dhaa - Ti Ra Ka Ta Tak Ka Ti Ra Ka Ta Dhaa - Ti Ra Ka Ta Tak Ka Ti Ra Ka Ta

धिं – ना – गिं – ना – धा – ती – धा – गे – धिं – ना – गिं – ना –
Dhin - Naa - Gin - Naa - Dhaa - Tee - Dhaa - Ge - Dhin - Naa - Gin - Naa -

Focus on the Kaidas of Tabla

Variation #5

धा - ति र क ट तक् क ति र क ट तक् क ति र क ट धा - ति र क ट
Dhaa - Ti Ra Ka Ta Tak Ka Ti Ra Ka Ta Tak Ka Ti Ra Ka Ta Dhaa - Ti Ra Ka Ta

तक् क ति र क ट तक् क ति र क ट धा - ति र क ट तक् क ति र क ट
Tak Ka Ti Ra Ka Ta Tak Ka Ti Ra Ka Ta Dhaa - Ti Ra Ka Ta Tak Ka Ti Ra Ka Ta

धा - ति र क ट तक् क ति र क ट धा - ति र क ट तक् क ति र क ट
Dhaa - Ti Ra Ka Ta Tak Ka Ti Ra Ka Ta Dhaa - Ti Ra Ka Ta Tak Ka Ti Ra Ka Ta

धिं - ना - गिं - ना - धा - ती - धा - गे - तिं - ना - किं - ना -
Dhin - Naa - Gin - Naa - Dhaa - Tee - Dhaa - Ge - Tin - Naa - Kin - Naa -

ता - ति र क ट तक् क ति र क ट तक् क ति र क ट ता - ति र क ट
Taa - Ti Ra Ka Ta Tak Ka Ti Ra Ka Ta Tak Ka Ti Ra Ka Ta Taa - Ti Ra Ka Ta

तक् क ति र क ट तक् क ति र क ट ता - ति र क ट तक् क ति र क ट
Tak Ka Ti Ra Ka Ta Tak Ka Ti Ra Ka Ta Taa - Ti Ra Ka Ta Tak Ka Ti Ra Ka Ta

धा - ति र क ट तक् क ति र क ट धा - ति र क ट तक् क ति र क ट
Dhaa - Ti Ra Ka Ta Tak Ka Ti Ra Ka Ta Dhaa - Ti Ra Ka Ta Tak Ka Ti Ra Ka Ta

धिं - ना - गिं - ना - धा - ती - धा - गे - धिं - ना - गिं - ना -
Dhin - Naa - Gin - Naa - Dhaa - Tee - Dhaa - Ge - Dhin - Naa - Gin - Naa -

Ending (Tihai)

धा - ति र क ट तक् क ति र क ट धा - ति र क ट तक् क ति र क ट
Dhaa - Ti Ra Ka Ta Tak Ka Ti Ra Ka Ta Dhaa - Ti Ra Ka Ta Tak Ka Ti Ra Ka Ta

धा - ति र क ट तक् क ति र क ट धिं - ना - गिं - ना - धा - ती - धा - गे - तिं - ना - किं - ना - धा
Dhaa - Ti Ra Ka Ta Tak Ka Ti Ra Ka Ta Dhin - Naa - Gin - Naa - Dhaa - Tee - Dhaa - Ge - Tin - Naa - Kin - Naa - Dhaa

- १ - २ -
- 1 - 2 -

धा - ति र क ट तक् क ति र क ट धा - ति र क ट तक् क ति र क ट
Dhaa - Ti Ra Ka Ta Tak Ka Ti Ra Ka Ta Dhaa - Ti Ra Ka Ta Tak Ka Ti Ra Ka Ta

धा - ति र क ट तक् क ति र क ट धिं - ना - गिं - ना - धा - ती - धा - गे - तिं - ना - किं - ना - धा
Dhaa - Ti Ra Ka Ta Tak Ka Ti Ra Ka Ta Dhin - Naa - Gin - Naa - Dhaa - Tee - Dhaa - Ge - Tin - Naa - Kin - Naa - Dhaa

- १ - २ -
- 1 - 2 -

धा - ति र क ट तक् क ति र क ट धा - ति र क ट तक् क ति र क ट
Dhaa - Ti Ra Ka Ta Tak Ka Ti Ra Ka Ta Dhaa - Ti Ra Ka Ta Tak Ka Ti Ra Ka Ta

धा - ति र क ट तक् क ति र क ट धिं - ना - गिं - ना - धा - ती - धा - गे - तिं - ना - किं - ना - | X धा
Dhaa - Ti Ra Ka Ta Tak Ka Ti Ra Ka Ta Dhin - Naa - Gin - Naa - Dhaa - Tee - Dhaa - Ge - Tin - Naa - Kin - Naa - | Dhaa

Appendix 8 - 8 & 16 Matra Kaidas

Alternate Tihai

धा - तिर कट तक् कतिर क ट धिं - ना - गिं - ना - धा - - -
Dhaa - Ti Ra Ka Ta Tak Ka Ti Ra Ka Ta Dhin - Naa - Gin - Naa - Dhaa - - -

धिं - ना - गिं - ना - धा - ती - धा - - - धिं - ना - गिं - ना - धा - ती - धा - गे -
Dhin - Naa - Gin - Naa - Dhaa - Tee - Dhaa - - - Dhin - Naa - Gin - Naa - Dhaa - Tee - Dhaa - Ge -

तिं - - - धिं - ना - गिं - ना - धा - ती - धा - गे - तिं - ना - किं - ना - धा
Tin - - - Dhin - Naa - Gin - Naa - Dhaa - Tee - Dhaa - Ge - Tin - Naa - Kin - Naa - Dhaa

- - - - - १ - - - - - २ - - - - -
- - - - - 1 - - - - - 2 - - - - -

धा - तिर कट तक् कतिर क ट धिं - ना - गिं - ना - धा - - -
Dhaa - Ti Ra Ka Ta Tak Ka Ti Ra Ka Ta Dhin - Naa - Gin - Naa - Dhaa - - -

धिं - ना - गिं - ना - धा - ती - धा - - - धिं - ना - गिं - ना - धा - ती - धा - गे -
Dhin - Naa - Gin - Naa - Dhaa - Tee - Dhaa - - - Dhin - Naa - Gin - Naa - Dhaa - Tee - Dhaa - Ge -

तिं - - - धिं - ना - गिं - ना - धा - ती - धा - गे - तिं - ना - किं - ना - धा
Tin - - - Dhin - Naa - Gin - Naa - Dhaa - Tee - Dhaa - Ge - Tin - Naa - Kin - Naa - Dhaa

- - - - - १ - - - - - २ - - - - -
- - - - - 1 - - - - - 2 - - - - -

धा - तिर कट तक् कतिर क ट धिं - ना - गिं - ना - धा - - -
Dhaa - Ti Ra Ka Ta Tak Ka Ti Ra Ka Ta Dhin - Naa - Gin - Naa - Dhaa - - -

धिं - ना - गिं - ना - धा - ती - धा - - - धिं - ना - गिं - ना - धा - ती - धा - गे -
Dhin - Naa - Gin - Naa - Dhaa - Tee - Dhaa - - - Dhin - Naa - Gin - Naa - Dhaa - Tee - Dhaa - Ge -

तिं - - - धिं - ना - गिं - ना - धा - ती - धा - गे - तिं - ना - किं - ना - | X धा
Tin - - - Dhin - Naa - Gin - Naa - Dhaa - Tee - Dhaa - Ge - Tin - Naa - Kin - Naa - | Dhaa

Focus on the Kaidas of Tabla

Kaida Rela in Tintal (S. Dawood Khan 1976, personal interview)

Dhaa - Ti Ta Ghi Da Naa Ga Dhin Na Ta Ga Dhaa - Ti Ta

Ghi Da Naa Ga Dhaa - Ti Ta Ghi Da Naa Ga Tin Na Ta Ka

Taa - Ti Ta Ki Da Naa Ga Tin Na Ta Ka Dhaa - Ti Ta

Ghi Da Naa Ga Dhaa - Ti Ta Ghi Da Naa Ga Dhin Na Ta Ga

Variation #1

Dhaa - Ti Ta Ghi Da Naa Ga Dhaa - Ti Ta Ghi Da Naa Ga

Dhaa - Ti Ta Ghi Da Naa Ga Dhaa - Ti Ta Ghi Da Naa Ga

Dhaa - Ti Ta Ghi Da Naa Ga Dhin Na Ta Ga Dhaa - Ti Ta

Ghi Da Naa Ga Dhaa - Ti Ta Ghi Da Naa Ga Tin Na Ta Ka

Taa - Ti Ta Ki Da Naa Ga Taa - Ti Ta Ki Da Naa Ga

Taa - Ti Ta Ki Da Naa Ga Taa - Ti Ta Ki Da Naa Ga

Dhaa - Ti Ta Ghi Da Naa Ga Dhin Na Ta Ga Dhaa - Ti Ta

Ghi Da Naa Ga Dhaa - Ti Ta Ghi Da Naa Ga Dhin Na Ta Ga

Appendix 8 - 8 & 16 Matra Kaidas

Variation #2

धिं	न	त	ग	धा	–	ति	ट	घि	ड	ना	ग	धा	–	ति	ट
Dhin	Na	Ta	Ga	Dhaa	–	Ti	Ta	Ghi	Da	Naa	Ga	Dhaa	–	Ti	Ta

घि	ड	ना	ग	धिं	न	त	का	ता	–	ति	ट	कि	ड	ना	क
Ghi	Da	Naa	Ga	Dhin	Na	Ta	Ka	Taa	–	Ti	Ta	Ki	Da	Naa	Ka

तिं	न	त	का	ता	–	ति	ट	कि	ड	ना	ग	धा	–	ति	ट
Tin	Na	Ta	Ka	Taa	–	Ti	Ta	Ki	Da	Naa	Ga	Dhaa	–	Ti	Ta

घि	ड	ना	ग	धिं	न	त	ग	धा	–	ति	ट	घि	ड	ना	ग
Ghi	Da	Naa	Ga	Dhin	Na	Ta	Ga	Dhaa	–	Ti	Ta	Ghi	Da	Naa	Ga

Variation #3

घि	ड	ना	ग	धिं	न	त	ग	धा	–	ति	ट	घि	ड	ना	ग
Ghi	Da	Naa	Ga	Dhin	Na	Ta	Ga	Dhaa	–	Ti	Ta	Ghi	Da	Naa	Ga

धा	–	ति	ट	घि	ड	ना	ग	तिं	न	त	क	ता	–	ति	ट
Dhaa	–	Ti	Ta	Ghi	Da	Naa	Ga	Tin	Na	Ta	Ka	Taa	–	Ti	Ta

कि	ड	ना	ग	तिं	न	त	क	ता	–	ति	ट	घि	ड	ना	ग
Ki	Da	Naa	Ga	Tin	Na	Ta	Ka	Taa	–	Ti	Ta	Ghi	Da	Naa	Ga

धा	–	ति	ट	घि	ड	ना	ग	धिं	न	त	ग	धा	–	ति	ट
Dhaa	–	Ti	Ta	Ghi	Da	Naa	Ga	Dhin	Na	Ta	Ga	Dhaa	–	Ti	Ta

Focus on the Kaidas of Tabla

Gat

धा	–	–	–	–	धा	–	घि	ड	ना	ग	धिं	न	त	क
Dhaa	-	-	-	-	Dhaa	-	Ghi	Da	Naa	Ga	Dhin	Na	Ta	Ka

तीद्	–	–	–	–	धा	–	घि	ड	ना	ग	धिं	न	त	ग
Tid	-	-	-	-	Dhaa	-	Ghi	Da	Naa	Ga	Dhin	Na	Ta	Ga

धा	–	ति	ट	घि	ड	ना	ग	धिं	न	त	ग	धा	–	ति	ट
Dhaa	-	Ti	Ta	Ghi	Da	Naa	Ga	Dhin	Na	Ta	Ga	Dhaa	-	Ti	Ta

घि	ड	ना	ग	धा	–	ति	ट	घि	ड	ना	ग	धिं	न	त	ग
Ghi	Da	Naa	Ga	Dhaa	-	Ti	Ta	Ghi	Da	Naa	Ga	Dhin	Na	Ta	Ga

धा	–	ति	ट	घि	ड	ना	ग	धि	र	धि	र	गि	ड	ना	ग
Dhaa	-	Ti	Ta	Ghi	Da	Naa	Ga	Dhi	Ra	Dhi	Ra	Gi	Da	Naa	Ga

धा	–	ति	ट	घि	ड	ना	ग	धि	र	धि	र	गि	ड	ना	ग
Dhaa	-	Ti	Ta	Ghi	Da	Naa	Ga	Dhi	Ra	Dhi	Ra	Gi	Da	Naa	Ga

धा	–	ति	ट	घि	ड	ना	ग	धिं	न	त	ग	धा	–	ति	ट
Dhaa	-	Ti	Ta	Ghi	Da	Naa	Ga	Dhin	Na	Ta	Ga	Dhaa	-	Ti	Ta

घि	ड	ना	ग	धा	–	ति	ट	घि	ड	ना	ग	तिं	न	त	क
Ghi	Da	Naa	Ga	Dhaa	-	Ti	Ta	Ghi	Da	Naa	Ga	Tin	Na	Ta	Ka

ता	–	–	–	–	ता	–	कि	ड	ना	ग	तिं	न	त	क
Taa	-	-	-	-	Taa	-	Ki	Da	Naa	Ga	Tin	Na	Ta	Ka

तीद्	–	–	–	–	धा	–	घि	ड	ना	ग	धिं	न	त	ग
Tid	-	-	-	-	Dhaa	-	Ghi	Da	Naa	Ga	Dhin	Na	Ta	Ga

धा	–	ति	ट	घि	ड	ना	ग	धिं	न	त	ग	धा	–	ति	ट
Dhaa	-	Ti	Ta	Ghi	Da	Naa	Ga	Dhin	Na	Ta	Ga	Dhaa	-	Ti	Ta

घि	ड	ना	ग	धा	–	ति	ट	घि	ड	ना	ग	धिं	न	त	ग
Ghi	Da	Naa	Ga	Dhaa	-	Ti	Ta	Ghi	Da	Naa	Ga	Dhin	Na	Ta	Ga

धा	–	ति	ट	घि	ड	ना	ग	धि	र	धि	र	गि	ड	ना	ग
Dhaa	-	Ti	Ta	Ghi	Da	Naa	Ga	Dhi	Ra	Dhi	Ra	Gi	Da	Naa	Ga

धा	–	ति	ट	घि	ड	ना	ग	धि	र	धि	र	गि	ड	ना	ग
Dhaa	-	Ti	Ta	Ghi	Da	Naa	Ga	Dhi	Ra	Dhi	Ra	Gi	Da	Naa	Ga

धा	–	ति	ट	घि	ड	ना	ग	धिं	न	त	ग	धा	–	ति	ट
Dhaa	-	Ti	Ta	Ghi	Da	Naa	Ga	Dhin	Na	Ta	Ga	Dhaa	-	Ti	Ta

घि	ड	ना	ग	धा	–	ति	ट	घि	ड	ना	ग	धिं	न	त	ग
Ghi	Da	Naa	Ga	Dhaa	-	Ti	Ta	Ghi	Da	Naa	Ga	Dhin	Na	Ta	Ga

Ending (Bharan)

धा	–	ति	ट	घि	ड	ना	ग	धिं	न	त	ग	धा	–	ति	ट
Dhaa	-	Ti	Ta	Ghi	Da	Naa	Ga	Dhin	Na	Ta	Ga	Dhaa	-	Ti	Ta

घि	ड	ना	ग	धा	–	ति	ट	घि	ड	ना	ग	तिं	न	त	क
Ghi	Da	Naa	Ga	Dhaa	-	Ti	Ta	Ghi	Da	Naa	Ga	Tin	Na	Ta	Ka

ता	–	ति	ट	कि	ड	ना	ग	तिं	न	त	क	धा	–	ति	ट
Taa	-	Ti	Ta	Ki	Da	Naa	Ga	Tin	Na	Ta	Ka	Dhaa	-	Ti	Ta

घि	ड	ना	ग	धा	–	ति	ट	घि	ड	ना	ग	धिं	न	त	ग
Ghi	Da	Naa	Ga	Dhaa	-	Ti	Ta	Ghi	Da	Naa	Ga	Dhin	Na	Ta	Ga

Ending (Tihai)

धा	–	ति	ट	घि	ड	ना	ग	धा	–	ति	ट	घि	ड	ना	ग	धा
Dhaa	-	Ti	Ta	Ghi	Da	Naa	Ga	Dhaa	-	Ti	Ta	Ghi	Da	Naa	Ga	Dhaa

– – – – – – –
– – – – – – –

धा	–	ति	ट	घि	ड	ना	ग	धा	–	ति	ट	घि	ड	ना	ग	धा
Dhaa	-	Ti	Ta	Ghi	Da	Naa	Ga	Dhaa	-	Ti	Ta	Ghi	Da	Naa	Ga	Dhaa

– – – – – – –
– – – – – – –

धा	–	ति	ट	घि	ड	ना	ग	धा	–	ति	ट	घि	ड	ना	ग	X धा
Dhaa	-	Ti	Ta	Ghi	Da	Naa	Ga	Dhaa	-	Ti	Ta	Ghi	Da	Naa	Ga	Dhaa

Dilli Kaida in Tintal (S. Dawood Khan 1978 personal interview)

Theme

धा	गे	ना	धी	ट	धा	गे	ना	धि	ट	धा	गे	ती	ना	की	ना
Dhaa	Ge	Naa	Dhee	Ta	Dhaa	Ge	Naa	Dhi	Ta	Dhaa	Ge	Tee	Naa	Kee	Naa

ता	के	ना	ती	ट	धा	गे	ना	धि	ट	धा	गे	धी	ना	गी	ना
Taa	Ke	Naa	Tee	Ta	Dhaa	Ge	Naa	Dhi	Ta	Dhaa	Ge	Dhee	Naa	Gee	Naa

Variation #1

धी	ट	धी	ट	धा	गे	ना	धा	धि	ट	धा	गे	ती	ना	की	ना
Dhee	Ta	Dhee	Ta	Dhaa	Ge	Naa	Dhaa	Dhi	Ta	Dhaa	Ge	Tee	Naa	Kee	Naa

ती	ट	ती	ट	ता	के	ना	ता	धि	ट	धा	गे	धी	ना	गी	ना
Tee	Ta	Tee	Ta	Taa	Ke	Naa	Taa	Dhi	Ta	Dhaa	Ge	Dhee	Naa	Gee	Naa

Variation #2

धा गे ना धी ट धी ट धा गे ना धा गे ती ना की ना
Dhaa Ge Naa Dhee Ta Dhee Ta Dhaa Ge Naa Dhaa Ge Tee Naa Kee Naa

ता के ना धी ट धी ट धा गे ना धा गे धी ना गी ना
Taa Ke Naa Dhee Ta Dhee Ta Dhaa Ge Naa Dhaa Ge Dhee Naa Gee Naa

Variation #3

धी ट ता धी ट धा गे ना धि ट धा गे ती ना की ना
Dhee Ta Taa Dhee Ta Dhaa Ge Naa Dhi Ta Dhaa Ge Tee Naa Kee Naa

ती ट ता धी ट धा गे ना धि ट धा गे धी ना गी ना
Tee Ta Taa Dhee Ta Dhaa Ge Naa Dhi Ta Dhaa Ge Dhee Naa Gee Naa

Ending (Bharan)

धा गे ना धी ट ता धी ट गी ना धा गे धी ना गी ना
Dhaa Ge Naa Dhee Ta Taa Dhee Ta Gee Naa Dhaa Ge Dhee Naa Gee Naa

धी ट ता धी ट धी ट धा गे ना धा गे ती ना की ना
Dhee Ta Taa Dhee Ta Dhee Ta Dhaa Ge Naa Dhaa Ge Tee Naa Kee Naa

(Tihai)

धि ट धा गे ती ना की ना धा
Dhi Ta Dhaa Ge Tee Naa Kee Naa Dhaa

- धी ट
- Dhee Ta

धि ट धा गे ती ना की ना धा
Dhi Ta Dhaa Ge Tee Naa Kee Naa Dhaa

- धी ट
- Dhee Ta

धि ट धा गे ती ना की ना | X धा
Dhi Ta Dhaa Ge Tee Naa Kee Naa | Dhaa

Appendix 8 - 8 & 16 Matra Kaidas

Beginner's Kaida in Tintal (Yadav 1995:69-71)
Theme

धा	ती	धा	ती	धी	ना	गी	ना
Dhaa	Tee	Dhaa	Tee	Dhee	Naa	Gee	Naa

ता	ती	ता	ती	धी	ना	गी	ना
Taa	Tee	Taa	Tee	Dhee	Naa	Gee	Naa

Variation #1

धा	ती	धी	ना	गी	ना	धा	ती	धी	ना	गी	ना	धी	ना	गी	ना
Dhaa	Tee	Dhee	Naa	Gee	Naa	Dhaa	Tee	Dhee	Naa	Gee	Naa	Dhee	Naa	Gee	Naa

धा	ती	धा	ती	धी	ना	गी	ना	ता	ती	ता	ती	धी	ना	गी	ना
Dhaa	Tee	Dhaa	Tee	Dhee	Naa	Gee	Naa	Taa	Tee	Taa	Tee	Dhee	Naa	Gee	Naa

ता	ती	ती	ना	गी	ना	ता	ती	ती	ना	गी	ना	ती	ना	गी	ना
Taa	Tee	Tee	Naa	Gee	Naa	Taa	Tee	Tee	Naa	Gee	Naa	Tee	Naa	Gee	Naa

धा	ती	धा	ती	धी	ना	गी	ना	ता	ती	ता	ती	धी	ना	गी	ना
Dhaa	Tee	Dhaa	Tee	Dhee	Naa	Gee	Naa	Taa	Tee	Taa	Tee	Dhee	Naa	Gee	Naa

Variation #2

धा	ती	धा	–	धा	ती	धा	–	धा	ती	धा	धा	धा	ती	धा	–
Dhaa	Tee	Dhaa	-	Dhaa	Tee	Dhaa	-	Dhaa	Tee	Dhaa	Dhaa	Dhaa	Tee	Dhaa	-

धा	ती	धा	ती	धी	ना	गी	ना	ता	ती	ता	ती	धी	ना	गी	ना
Dhaa	Tee	Dhaa	Tee	Dhee	Naa	Gee	Naa	Taa	Tee	Taa	Tee	Dhee	Naa	Gee	Naa

ता	ती	ता	–	ता	ती	ता	–	ता	ती	ता	ता	ता	ती	ता	–
Taa	Tee	Taa	-	Taa	Tee	Taa	-	Taa	Tee	Taa	Taa	Taa	Tee	Taa	-

धा	ती	धा	ती	धी	ना	गी	ना	ता	ती	ता	ती	धी	ना	गी	ना
Dhaa	Tee	Dhaa	Tee	Dhee	Naa	Gee	Naa	Taa	Tee	Taa	Tee	Dhee	Naa	Gee	Naa

Variation #3

धा	धा	धा	ती	धा	ती	धा	धा	धा	ती	धा	–	धा	ती	धा	–
Dhaa	Dhaa	Dhaa	Tee	Dhaa	Tee	Dhaa	Dhaa	Dhaa	Tee	Dhaa	-	Dhaa	Tee	Dhaa	-

धा	ती	धा	ती	धी	ना	गी	ना	ता	ती	ता	ती	धी	ना	गी	ना
Dhaa	Tee	Dhaa	Tee	Dhee	Naa	Gee	Naa	Taa	Tee	Taa	Tee	Dhee	Naa	Gee	Naa

ता	ता	ता	ती	ता	ती	ता	ता	ता	ती	ता	–	ता	ती	ता	–
Taa	Taa	Taa	Tee	Taa	Tee	Taa	Taa	Taa	Tee	Taa	-	Taa	Tee	Taa	-

धा	ती	धा	ती	धी	ना	गी	ना	ता	ती	ता	ती	धी	ना	गी	ना
Dhaa	Tee	Dhaa	Tee	Dhee	Naa	Gee	Naa	Taa	Tee	Taa	Tee	Dhee	Naa	Gee	Naa

Focus on the Kaidas of Tabla

Variation #4

धा	ती	–	धा	ती	–	धा	ती	धा	ती	–	धा	–	धा	धा	ती
Dhaa	Tee	–	Dhaa	Tee	–	Dhaa	Tee	Dhaa	Tee	–	Dhaa	–	Dhaa	Dhaa	Tee

धा	ती	धा	ती	धी	ना	गी	ना	ता	ती	ता	ती	धी	ना	गी	ना
Dhaa	Tee	Dhaa	Tee	Dhee	Naa	Gee	Naa	Taa	Tee	Taa	Tee	Dhee	Naa	Gee	Naa

ता	ती	–	ता	ती	–	ता	ती	ता	ती	–	ता	–	ता	ता	ती
Taa	Tee	–	Taa	Tee	–	Taa	Tee	Taa	Tee	–	Taa	–	Taa	Taa	Tee

धा	ती	धा	ती	धी	ना	गी	ना	ता	ती	ता	ती	धी	ना	गी	ना
Dhaa	Tee	Dhaa	Tee	Dhee	Naa	Gee	Naa	Taa	Tee	Taa	Tee	Dhee	Naa	Gee	Naa

Ending (Tihai)

धा	ती	धा	ती	धी	ना	गी	ना	धा
Dhaa	Tee	Dhaa	Tee	Dhee	Naa	Gee	Naa	Dhaa

– – –
– – –

धा	ती	धा	ती	धी	ना	गी	ना	धा
Dhaa	Tee	Dhaa	Tee	Dhee	Naa	Gee	Naa	Dhaa

– – –
– – –

धा	ती	धा	ती	धी	ना	गी	ना	X धा
Dhaa	Tee	Dhaa	Tee	Dhee	Naa	Gee	Naa	Dhaa

Kaida in Tintal (Sharma 2002:78-79)

Theme

धा	ति	ट	धा	ति	ट	धा	धा	ति	ट	धा	ति	ट	धा	ति	ट
Dhaa	Ti	Ta	Dhaa	Ti	Ta	Dhaa	Dhaa	Ti	Ta	Dhaa	Ti	Ta	Dhaa	Ti	Ta

ता	ति	ट	ता	ति	ट	ता	ता	ति	ट	धा	ति	ट	धा	ति	ट
Taa	Ti	Ta	Taa	Ti	Ta	Taa	Taa	Ti	Ta	Dhaa	Ti	Ta	Dhaa	Ti	Ta

Variation #1

ति	ट	ति	ट	धा	धा	ति	ट	ति	ट	ति	ट	धा	धा	ति	ट
Ti	Ta	Ti	Ta	Dhaa	Dhaa	Ti	Ta	Ti	Ta	Ti	Ta	Dhaa	Dhaa	Ti	Ta

धा	ति	ट	धा	ति	ट	धा	धा	ति	ट	धा	ति	ट	धा	ति	ट
Dhaa	Ti	Ta	Dhaa	Ti	Ta	Dhaa	Dhaa	Ti	Ta	Dhaa	Ti	Ta	Dhaa	Ti	Ta

ति	ट	ति	ट	ता	ता	ति	ट	ति	ट	ति	ट	ता	ता	ति	ट
Ti	Ta	Ti	Ta	Taa	Taa	Ti	Ta	Ti	Ta	Ti	Ta	Taa	Taa	Ti	Ta

धा	ति	ट	धा	ति	ट	धा	धा	ति	ट	धा	ति	ट	धा	ति	ट
Dhaa	Ti	Ta	Dhaa	Ti	Ta	Dhaa	Dhaa	Ti	Ta	Dhaa	Ti	Ta	Dhaa	Ti	Ta

Appendix 8 - 8 & 16 Matra Kaidas

Variation #2

धा	धा	–	धा	ति	ट	धा	धा	–	धा	ति	ट	धा	धा	ति	ट
Dhaa	Dhaa	-	Dhaa	Ti	Ta	Dhaa	Dhaa	-	Dhaa	Ti	Ta	Dhaa	Dhaa	Ti	Ta

धा	धा	–	धा	ति	ट	धा	धा	ति	ट	धा	ती	–	धा	ति	ट
Dhaa	Dhaa	-	Dhaa	Ti	Ta	Dhaa	Dhaa	Ti	Ta	Dhaa	Tee	-	Dhaa	Ti	Ta

ता	ता	–	ता	ति	ट	ता	ता	–	ता	ति	ट	ता	ता	ति	ट
Taa	Taa	-	Taa	Ti	Ta	Taa	Taa	-	Taa	Ti	Ta	Taa	Taa	Ti	Ta

धा	धा	–	धा	ति	ट	धा	धा	ति	ट	धा	ती	–	धा	ति	ट
Dhaa	Dhaa	-	Dhaa	Ti	Ta	Dhaa	Dhaa	Ti	Ta	Dhaa	Tee	-	Dhaa	Ti	Ta

Variation #3

धा	धा	–	धा	ति	ट	धा	धा	ति	ट	धा	ति	ट	धा	ति	ट
Dhaa	Dhaa	-	Dhaa	Ti	Ta	Dhaa	Dhaa	Ti	Ta	Dhaa	Ti	Ta	Dhaa	Ti	Ta

धा	धा	–	धा	ति	ट	धा	धा	ति	ट	धा	ति	ट	धा	ति	ट
Dhaa	Dhaa	-	Dhaa	Ti	Ta	Dhaa	Dhaa	Ti	Ta	Dhaa	Ti	Ta	Dhaa	Ti	Ta

ता	ता	–	ता	ति	ट	ता	ता	ति	ट	ता	ति	ट	ता	ति	ट
Taa	Taa	-	Taa	Ti	Ta	Taa	Taa	Ti	Ta	Taa	Ti	Ta	Taa	Ti	Ta

धा	धा	–	धा	ति	ट	धा	धा	ति	ट	धा	ति	ट	धा	ति	ट
Dhaa	Dhaa	-	Dhaa	Ti	Ta	Dhaa	Dhaa	Ti	Ta	Dhaa	Ti	Ta	Dhaa	Ti	Ta

Ending (Bharan)

धा	ति	ट	धा	ति	ट	धा	धा	धा	ति	ट	धा	ति	ट	धा	धा
Dhaa	Ti	Ta	Dhaa	Ti	Ta	Dhaa	Dhaa	Dhaa	Ti	Ta	Dhaa	Ti	Ta	Dhaa	Dhaa

ता	ति	ट	ता	ति	ट	धा	धा	धा	ति	ट	धा	ति	ट	धा	धा
Taa	Ti	Ta	Taa	Ti	Ta	Dhaa	Dhaa	Dhaa	Ti	Ta	Dhaa	Ti	Ta	Dhaa	Dhaa

(Tihai)

धा	ति	ट	धा	ति	ट	धा	धा	धा
Dhaa	Ti	Ta	Dhaa	Ti	Ta	Dhaa	Dhaa	Dhaa

- - -
- - -

धा	ति	ट	धा	ति	ट	धा	धा	धा
Dhaa	Ti	Ta	Dhaa	Ti	Ta	Dhaa	Dhaa	Dhaa

- - -
- - -

								X
धा	ति	ट	धा	ति	ट	धा	धा	धा
Dhaa	Ti	Ta	Dhaa	Ti	Ta	Dhaa	Dhaa	Dhaa

Focus on the Kaidas of Tabla

Kaida in Tintal (Yadav 1999a:75-77)
Theme

धा	तिर	किट	धा	गे	ना	धा	ती	धा	तिर	किट	तक	ता	तिर	किट	तक
Dhaa	TiRa	KiTa	Dhaa	Ge	Naa	Dhaa	Tee	Dhaa	TiRa	KiTa	TaKa	Taa	TiRa	KiTa	TaKa

ता	तिर	किट	ता	गे	ना	ता	ती	धा	तिर	किट	तक	ता	तिर	किट	तक
Taa	TiRa	KiTa	Taa	Ge	Naa	Taa	Tee	Dhaa	TiRa	KiTa	TaKa	Taa	TiRa	KiTa	TaKa

Variation #1

धा	तिर	किट	धा	गे	ना	धा	ती	धा	तिर	किट	धा	गे	ना	धा	ती
Dhaa	TiRa	KiTa	Dhaa	Ge	Naa	Dhaa	Tee	Dhaa	TiRa	KiTa	Dhaa	Ge	Naa	Dhaa	Tee

धा	तिर	किट	धा	गे	ना	धा	ती	धा	तिर	किट	तक	ता	तिर	किट	तक
Dhaa	TiRa	KiTa	Dhaa	Ge	Naa	Dhaa	Tee	Dhaa	TiRa	KiTa	TaKa	Taa	TiRa	KiTa	TaKa

ता	तिर	किट	ता	गे	ना	ता	ती	ता	तिर	किट	ता	गे	ना	ता	ती
Taa	TiRa	KiTa	Taa	Ge	Naa	Taa	Tee	Taa	TiRa	KiTa	Taa	Ge	Naa	Taa	Tee

धा	तिर	किट	धा	गे	ना	धा	ती	धा	तिर	किट	तक	ता	तिर	किट	तक
Dhaa	TiRa	KiTa	Dhaa	Ge	Naa	Dhaa	Tee	Dhaa	TiRa	KiTa	TaKa	Taa	TiRa	KiTa	TaKa

Variation #2

धा	तिर	किट	धा	गे	ना	धा	ती	धा	गे	ना	धा	गे	ना	धा	ती
Dhaa	TiRa	KiTa	Dhaa	Ge	Naa	Dhaa	Tee	Dhaa	Ge	Naa	Dhaa	Ge	Naa	Dhaa	Tee

धा	तिर	किट	धा	गे	ना	धा	ती	धा	तिर	किट	तक	ता	तिर	किट	तक
Dhaa	TiRa	KiTa	Dhaa	Ge	Naa	Dhaa	Tee	Dhaa	TiRa	KiTa	TaKa	Taa	TiRa	KiTa	TaKa

ता	तिर	किट	ता	गे	ना	ता	ती	ता	गे	ना	ता	गे	ना	ता	ती
Taa	TiRa	KiTa	Taa	Ge	Naa	Taa	Tee	Taa	Ge	Naa	Taa	Ge	Naa	Taa	Tee

धा	तिर	किट	धा	गे	ना	धा	ती	धा	तिर	किट	तक	ता	तिर	किट	तक
Dhaa	TiRa	KiTa	Dhaa	Ge	Naa	Dhaa	Tee	Dhaa	TiRa	KiTa	TaKa	Taa	TiRa	KiTa	TaKa

Variation #3

धा	तिर	किट	धा	गे	ना	धा	ती	धा	-	-	धा	गे	ना	धा	ती
Dhaa	TiRa	KiTa	Dhaa	Ge	Naa	Dhaa	Tee	Dhaa	-	-	Dhaa	Ge	Naa	Dhaa	Tee

धा	तिर	किट	धा	गे	ना	धा	ती	धा	तिर	किट	तक	ता	तिर	किट	तक
Dhaa	TiRa	KiTa	Dhaa	Ge	Naa	Dhaa	Tee	Dhaa	TiRa	KiTa	TaKa	Taa	TiRa	KiTa	TaKa

ता	तिर	किट	ता	गे	ना	ता	ती	ता	-	-	ता	गे	ना	ता	ती
Taa	TiRa	KiTa	Taa	Ge	Naa	Taa	Tee	Taa	-	-	Taa	Ge	Naa	Taa	Tee

धा	तिर	किट	धा	गे	ना	धा	ती	धा	तिर	किट	तक	ता	तिर	किट	तक
Dhaa	TiRa	KiTa	Dhaa	Ge	Naa	Dhaa	Tee	Dhaa	TiRa	KiTa	TaKa	Taa	TiRa	KiTa	TaKa

Appendix 8 - 8 & 16 Matra Kaidas

Variation #4

धा	गे	ना	धा	गे	ना	धा	ती	धा	–	–	धा	गे	ना	धा	ती
Dhaa	Ge	Naa	Dhaa	Ge	Naa	Dhaa	Tee	Dhaa	-	-	Dhaa	Ge	Naa	Dhaa	Ti

धा	तिर	किट	धा	गे	ना	धा	ती	धा	तिर	किट	तक	ता	तिर	किट	तक
Dhaa	TiRa	KiTa	Dhaa	Ge	Naa	Dhaa	Tee	Dhaa	TiRa	KiTa	TaKa	Taa	TiRa	KiTa	TaKa

ता	गे	ना	ता	गे	ना	ता	ती	ता	–	–	ता	गे	ना	ता	ती
Taa	Ge	Naa	Taa	Ge	Naa	Taa	Tee	Taa	-	-	Taa	Ge	Naa	Taa	Tee

धा	तिर	किट	धा	गे	ना	धा	ती	धा	तिर	किट	तक	ता	तिर	किट	तक
Dhaa	TiRa	KiTa	Dhaa	Ge	Naa	Dhaa	Tee	Dhaa	TiRa	KiTa	TaKa	Taa	TiRa	KiTa	TaKa

Ending (Tihai)

धा	तिर	किट	धा	गे	ना	धा	ती	धा
Dhaa	TiRa	KiTa	Dhaa	Ge	Naa	Dhaa	Tee	Dhaa

– – –
– – –

धा	तिर	किट	धा	गे	ना	धा	ती	धा
Dhaa	TiRa	KiTa	Dhaa	Ge	Naa	Dhaa	Tee	Dhaa

– – –
– – –

धा	तिर	किट	धा	गे	ना	धा	ती		X
Dhaa	TiRa	KiTa	Dhaa	Ge	Naa	Dhaa	Tee		धा
									Dhaa

Dilli Baj Kaida in Tintal (S. Dawood Khan 1978, personal interview)

Theme

धा	तिर	किट	धि	ट	त	घिं	ना	धा	ते	घिं	ना	तिं	ना	किं	ना
Dhaa	TiRa	KiTa	Dhi	Ta	Ta	Ghin	Naa	Dhaa	Te	Ghin	Naa	Tin	Naa	Kin	Naa

ता	तिर	किट	धि	ट	त	घिं	ना	धा	ते	घिं	ना	धिं	ना	गिं	ना
Taa	TiRa	KiTa	Dhi	Ta	Ta	Ghin	Naa	Dhaa	Te	Ghin	Naa	Dhin	Naa	Gin	Naa

Transition in Tisra Jati

धा	तिर	किट	धि	ट	त	घिं	ना	धा	ते	घिं	ना	धा	तिर	किट	धि	ट	त	घिं	ना	तिं	ना	किं	ना
Dhaa	TiRa	KiTa	Dhi	Ta	Ta	Ghin	Naa	Dhaa	Te	Ghin	Naa	Dhaa	TiRa	KiTa	Dhi	Ta	Ta	Ghin	Naa	Tin	Naa	Kin	Naa

ता	तिर	किट	ति	ट	त	किं	ना	ता	ते	किं	ना	धा	तिर	किट	धि	ट	त	घिं	ना	धिं	ना	गिं	ना
Taa	TiRa	KiTa	Ti	Ta	Ta	Kin	Naa	Taa	Te	Kin	Naa	Dhaa	TiRa	KiTa	Dhi	Ta	Ta	Ghin	Naa	Dhin	Naa	Gin	Naa

Focus on the Kaidas of Tabla

Theme

धा	तिर	किट	धि	ट	त	घिं	ना	धा	ते	घिं	ना	तिं	ना	किं	ना
Dhaa	TiRa	KiTa	Dhi	Ta	Ta	Ghin	Naa	Dhaa	Te	Ghin	Naa	Tin	Naa	Kin	Naa

ता	तिर	किट	धि	ट	त	घिं	ना	धा	ते	घिं	ना	धिं	ना	गिं	ना
Taa	TiRa	KiTa	Dhi	Ta	Ta	Ghin	Naa	Dhaa	Te	Ghin	Naa	Dhin	Naa	Gin	Naa

(Bharan)

धा	तिर	किट	धि	ट	त	घिं	ना	धा	ते	घिं	ना	तिं	ना	किं	ना
Dhaa	TiRa	KiTa	Dhi	Ta	Ta	Ghin	Naa	Dhaa	Te	Ghin	Naa	Tin	Naa	Kin	Naa

ता	तिर	किट	धि	ट	त	घिं	ना	धा	ते	घिं	ना	धिं	ना	गिं	ना
Taa	TiRa	KiTa	Dhi	Ta	Ta	Ghin	Naa	Dhaa	Te	Ghin	Naa	Dhin	Naa	Gin	Naa

Variation #1

धा	तिर	किट	धि	ट	त	घिं	ना	धा	तिर	किट	धि	ट	त	घिं	ना
Dhaa	TiRa	KiTa	Dhi	Ta	Ta	Ghin	Naa	Dhaa	TiRa	KiTa	Dhi	Ta	Ta	Ghin	Naa

धा	तिर	किट	धि	ट	त	घिं	ना	धा	ते	घिं	ना	तिं	ना	किं	ना
Dhaa	TiRa	KiTa	Dhi	Ta	Ta	Ghin	Naa	Dhaa	Te	Ghin	Naa	Tin	Naa	Kin	Naa

ता	तिर	किट	ति	ट	त	किं	ना	ता	तिर	किट	ति	ट	त	किं	ना
Taa	TiRa	KiTa	Ti	Ta	Ta	Kin	Naa	Taa	TiRa	KiTa	Ti	Ta	Ta	Kin	Naa

धा	तिर	किट	धि	ट	त	घिं	ना	धा	ते	घिं	ना	धिं	ना	गिं	ना
Dhaa	TiRa	KiTa	Dhi	Ta	Ta	Ghin	Naa	Dhaa	Te	Ghin	Naa	Dhin	Naa	Gin	Naa

Variation #2

धा	तिर	किट	धि	ट	त	घिं	ना	धा	ते	घिं	ना	तिं	ना	किं	ना
Dhaa	TiRa	KiTa	Dhi	Ta	Ta	Ghin	Naa	Dhaa	Te	Ghin	Naa	Tin	Naa	Kin	Naa

धा	ते	घिं	ना	धिं	ना	गिं	ना	धा	ते	घिं	ना	तिं	ना	किं	ना
Dhaa	Te	Ghin	Naa	Dhin	Naa	Gin	Naa	Dhaa	Te	Ghin	Naa	Tin	Naa	Kin	Naa

ता	तिर	किट	ति	ट	त	किं	ना	धा	ते	घिं	ना	धिं	ना	गिं	ना
Taa	TiRa	KiTa	Ti	Ta	Ta	Kin	Naa	Dhaa	Te	Ghin	Naa	Dhin	Naa	Gin	Naa

धा	ते	घिं	ना	तिं	ना	किं	ना	धा	ते	घिं	ना	धिं	ना	गिं	ना
Dhaa	Te	Ghin	Naa	Tin	Naa	Kin	Naa	Dhaa	Te	Ghin	Naa	Dhin	Naa	Gin	Naa

Appendix 8 - 8 & 16 Matra Kaidas

Variation #3

धा तिर किट धि ट त घिं ना धा ते घिं ना धा ते घिं ना
Dhaa TiRa KiTa Dhi Ta Ta Ghin Naa Dhaa Te Ghin Naa Dhaa Te Ghin Naa

धा तिर किट धि ट त घिं ना धा ते घिं ना तिं ना किं ना
Dhaa TiRa KiTa Dhi Ta Ta Ghin Naa Dhaa Te Ghin Naa Tin Naa Kin Naa

ता तिर किट ति ट त किं ना धा ते घिं ना धा ते घिं ना
Taa TiRa KiTa Ti Ta Ta Kin Naa Dhaa Te Ghin Naa Dhaa Te Ghin Naa

धा तिर किट धि ट त घिं ना धा ते घिं ना धिं ना गिं ना
Dhaa TiRa KiTa Dhi Ta Ta Ghin Naa Dhaa Te Ghin Naa Dhin Naa Gin Naa

Variation #4

धा तिर किट धि ट त धा तिर किट धि ट त किट धि ट त
Dhaa TiRa KiTa Dhi Ta Ta Dhaa TiRa KiTa Dhi Ta Ta KiTa Dhi Ta Ta

धा तिर किट धि ट त घिं ना धा ते घिं ना तिं ना किं ना
Dhaa TiRa KiTa Dhi Ta Ta Ghin Naa Dhaa Te Ghin Naa Tin Naa Kin Naa

ता तिर किट ति ट त ता तिर किट ति ट त किट धि ट त
Taa TiRa KiTa Ti Ta Ta Taa TiRa KiTa Ti Ta Ta KiTa Dhi Ti Ta

धा तिर किट धि ट त घिं ना धा ते घिं ना धिं ना गिं ना
Dhaa TiRa KiTa Dhi Ta Ta Ghin Naa Dhaa Te Ghin Naa Dhin Naa Gin Naa

Ending (Tihai)

धा तिर किट धि ट त घिं ना धा ते घिं ना धिं ना गिं ना धा
Dhaa TiRa KiTa Dhi Ta Ta Ghin Naa Dhaa Te Ghin Naa Dhin Naa Gin Naa Dhaa

– – – तिर किट
– – – Ti Ra Ki Ta

धा तिर किट धि ट त घिं ना धा ते घिं ना धिं ना गिं ना धा
Dhaa TiRa KiTa Dhi Ta Ta Ghin Naa Dhaa Te Ghin Naa Dhin Naa Gin Naa Dhaa

– – – तिर किट
– – – Ti Ra Ki Ta

धा तिर किट धि ट त घिं ना धा ते घिं ना धिं ना गिं ना | X धा
Dhaa TiRa KiTa Dhi Ta Ta Ghin Naa Dhaa Te Ghin Naa Dhin Naa Gin Naa | Dhaa

Focus on the Kaidas of Tabla

Kaida in Tintal (Rao & Feldman 1995:44) (notice change in *bol* between introduction and double time, variations, etc.)

Theme

धा	-	किट	धा	ति	ट	धा	धा	ति	ट	धा	गि	धिं	ना	गि	ना
Dhaa	-	KiTa	Dhaa	Ti	Ta	Dhaa	Dhaa	Ti	Ta	Dhaa	Gi	Dhin	Naa	Gi	Naa
धा	ति	ट	धा	ति	ट	धा	धा	ति	ट	धा	गि	तिं	ना	कि	ना
Dhaa	Ti	Ta	Dhaa	Ti	Ta	Dhaa	Dhaa	Ti	Ta	Dhaa	Gi	Tin	Naa	Ki	Naa
ता	-	किट	ता	ति	ट	ता	ता	ति	ट	ता	कि	तिं	ना	कि	ना
Taa	-	KiTa	Taa	Ti	Ta	Taa	Taa	Ti	Ta	Taa	Ki	Tin	Naa	Ki	Naa
धा	ति	ट	धा	ति	ट	धा	धा	ति	ट	धा	गि	धिं	ना	गि	ना
Dhaa	Ti	Ta	Dhaa	Ti	Ta	Dhaa	Dhaa	Ti	Ta	Dhaa	Gi	Dhin	Naa	Gi	Naa

Variation #1

धा	-	किड	धा	ति	ट	धा	ति	ट	धा	ति	ट	धा	धा	ति	ट
Dhaa	-	Kida	Dhaa	Ti	Ta	Dhaa	Ti	Ta	Dhaa	Ti	Ta	Dhaa	Dhaa	Ti	Ta
धा	ति	ट	धा	ति	ट	धा	धा	ति	ट	धा	गि	तिं	ना	कि	ना
Dhaa	Ti	Ta	Dhaa	Ti	Ta	Dhaa	Dhaa	Ti	Ta	Dhaa	Gi	Tin	Naa	Ki	Naa
ता	-	किड	ता	ति	ट	ता	ति	ट	ता	ति	ट	ता	ता	ति	ट
Taa	-	Kida	Taa	Ti	Ta	Taa	Ti	Ta	Taa	Ti	Ta	Taa	Taa	Ti	Ta
धा	ति	ट	धा	ति	ट	धा	धा	ति	ट	धा	गि	धिं	ना	गि	ना
Dhaa	Ti	Ta	Dhaa	Ti	Ta	Dhaa	Dhaa	Ti	Ta	Dhaa	Gi	Dhin	Naa	Gi	Naa

Variation #2

किड	धा	ति	ट	ति	ट	धा	ति	ट	धा	ति	ट	धा	धा	ति	ट
Kida	Dhaa	Ti	Ta	Ti	Ta	Dhaa	Ti	Ta	Dhaa	Ti	Ta	Dhaa	Dhaa	Ti	Ta
धा	ति	ट	धा	ति	ट	धा	धा	ति	ट	धा	गि	तिं	ना	कि	ना
Dhaa	Ti	Ta	Dhaa	Ti	Ta	Dhaa	Dhaa	Ti	Ta	Dhaa	Gi	Tin	Naa	Ki	Naa
किड	ता	ति	ट	ति	ट	ता	ति	ट	ता	ति	ट	धा	धा	ति	ट
Kida	Taa	Ti	Ta	Ti	Ta	Taa	Ti	Ta	Taa	Ti	Ta	Dhaa	Dhaa	Ti	Ta
धा	ति	ट	धा	ति	ट	धा	धा	ति	ट	धा	गि	धिं	ना	गि	ना
Dhaa	Ti	Ta	Dhaa	Ti	Ta	Dhaa	Dhaa	Ti	Ta	Dhaa	Gi	Dhin	Naa	Gi	Naa

Variation #3

क्रिड	धा	ति	ट	ति	ट	क्रिड	धा	ति	ट	ति	ट	क्रिड	धा	ति	ट
Kida	Dhaa	Ti	Ta	Ti	Ta	Kida	Dhaa	Ti	Ta	Ti	Ta	Kida	Dhaa	Ti	Ta

धा	ति	ट	धा	ति	ट	धा	धा	ति	ट	धा	गि	तिं	ना	कि	ना
Dhaa	Ti	Ta	Dhaa	Ti	Ta	Dhaa	Dhaa	Ti	Ta	Dhaa	Gi	Tin	Naa	Ki	Naa

क्रिड	ता	ति	ट	ति	ट	क्रिड	ता	ति	ट	ति	ट	क्रिड	धा	ति	ट
Kida	Taa	Ti	Ta	Ti	Ta	Kida	Taa	Ti	Ta	Ti	Ta	Kida	Dhaa	Ti	Ta

धा	ति	ट	धा	ति	ट	धा	धा	ति	ट	धा	गि	धिं	ना	गि	ना
Dhaa	Ti	Ta	Dhaa	Ti	Ta	Dhaa	Dhaa	Ti	Ta	Dhaa	Gi	Dhin	Naa	Gi	Naa

Variation #4

क्रिड	धा	ति	ट	क्रिड	धा	ति	ट	ति	ट	ति	ट	क्रिड	धा	ति	ट
Kida	Dhaa	Ti	Ta	Kida	Dhaa	Ti	Ta	Ti	Ta	Ti	Ta	Kida	Dhaa	Ti	Ta

धा	ति	ट	धा	ति	ट	धा	धा	ति	ट	धा	गि	तिं	ना	कि	ना
Dhaa	Ti	Ta	Dhaa	Ti	Ta	Dhaa	Dhaa	Ti	Ta	Dhaa	Gi	Tin	Naa	Ki	Naa

क्रिड	ता	ति	ट	क्रिड	ता	ति	ट	ति	ट	ति	ट	क्रिड	धा	ति	ट
Kida	Taa	Ti	Ta	Kida	Taa	Ti	Ta	Ti	Ta	Ti	Ta	Kida	Dhaa	Ti	Ta

धा	ति	ट	धा	ति	ट	धा	धा	ति	ट	धा	गि	धिं	ना	गि	ना
Dhaa	Ti	Ta	Dhaa	Ti	Ta	Dhaa	Dhaa	Ti	Ta	Dhaa	Gi	Dhin	Naa	Gi	Naa

Variation #5

ति	ट	क्रिड	धा	ति	ट	ति	ट	क्रिड	धा	ति	ट	धा	धा	ति	ट
Ti	Ta	Kida	Dhaa	Ti	Ta	Ti	Ta	Kida	Dhaa	Ti	Ta	Dhaa	Dhaa	Ti	Ta

धा	ति	ट	धा	ति	ट	धा	धा	ति	ट	धा	गि	तिं	ना	कि	ना
Dhaa	Ti	Ta	Dhaa	Ti	Ta	Dhaa	Dhaa	Ti	Ta	Dhaa	Gi	Tin	Naa	Ki	Naa

ति	ट	क्रिड	ता	ति	ट	ति	ट	क्रिड	ता	ति	ट	ता	ता	ति	ट
Ti	Ta	Kida	Taa	Ti	Ta	Ti	Ta	Kida	Taa	Ti	Ta	Taa	Taa	Ti	Ta

धा	ति	ट	धा	ति	ट	धा	धा	ति	ट	धा	गि	धिं	ना	गि	ना
Dhaa	Ti	Ta	Dhaa	Ti	Ta	Dhaa	Dhaa	Ti	Ta	Dhaa	Gi	Dhin	Naa	Gi	Naa

Focus on the Kaidas of Tabla

Variation #6

ति	ट	धा	धा	ति	ट	क्रिड	धा	ति	ट	क्रिड	धा	ति	ट	क्रिड	धा
Ti	Ta	Dhaa	Dhaa	Ti	Ta	Kida	Dhaa	Ti	Ta	Kida	Dhaa	Ti	Ta	Kida	Dhaa

ति	ट	क्रिड	धा	ति	ट	धा	धा	ति	ट	धा	गि	ति	ना	कि	ना
Ti	Ta	Kida	Dhaa	Ti	Ta	Dhaa	Dhaa	Ti	Ta	Dhaa	Gi	Tin	Naa	Ki	Naa

ति	ट	ता	ता	ति	ट	क्रिड	ता	ति	ट	क्रिड	ता	ति	ट	क्रिड	ता
Ti	Ta	Taa	Taa	Ti	Ta	Kid	Taa	Ti	Ta	Kid	Taa	Ti	Ta	Kid	Taa

ति	ट	क्रिड	धा	ति	ट	धा	धा	ति	ट	धा	गि	धिं	ना	गि	ना
Ti	Ta	Kid	Dhaa	Ti	Ta	Dhaa	Dhaa	Ti	Ta	Dhaa	Gi	Dhin	Naa	Gi	Naa

Ending (Tihai)

ति	ट	धा	धा	ति	ट	क्रिड	धा	ति	ट	ति	ट	धा	ति	ति	धा	ति	ट	धा	धा	धा
Ti	Ta	Dhaa	Dhaa	Ti	Ta	Kid	Dhaa	Ti	Ta	Ti	Ta	Dhaa	Ti	Ti	Dhaa	Ti	Ta	Dhaa	Dhaa	Dhaa

-
-

ति	ट	धा	धा	ति	ट	क्रिड	धा	ति	ट	ति	ट	धा	ति	ति	धा	ति	ट	धा	धा	धा
Ti	Ta	Dhaa	Dhaa	Ti	Ta	Kid	Dhaa	Ti	Ta	Ti	Ta	Dhaa	Ti	Ti	Dhaa	Ti	Ta	Dhaa	Dhaa	Dhaa

-
-

ति	ट	धा	धा	ति	ट	क्रिड	धा	ति	ट	ति	ट	धा	ति	ट	धा	ति	ट	धा	धा	‖ X धा
Ti	Ta	Dhaa	Dhaa	Ti	Ta	Kid	Dhaa	Ti	Ta	Ti	Ta	Dhaa	Ti	Ti	Dhaa	Ti	Ta	Dhaa	Dhaa	Dhaa

Dilli Baj Kaida in Tintal (S. Dawood Khan 1979, personal interview)
Theme

धा	तिर	किट	धिं	ना	ग	धिं	ना	गिं	ना	धा	गे	तिं	ना	किं	ना
Dhaa	TiRa	KiTa	Dhin	Naa	Ga	Dhin	Naa	Gin	Naa	Dhaa	Ge	Tin	Naa	Kin	Naa

ता	तिर	किट	धिं	ना	ग	धिं	ना	गिं	ना	धा	गे	धिं	ना	गिं	ना
Taa	TiRa	KiTa	Dhin	Naa	Ga	Dhin	Naa	Gin	Naa	Dhaa	Ge	Dhin	Naa	Gin	Naa

Appendix 8 - 8 & 16 Matra Kaidas

Variation #1

धा तिर किट धिं ना ग धिं ना धा तिर किट धिं ना ग धिं ना
Dhaa TiRa KiTa Dhin Naa Ga Dhin Naa Dhaa TiRa KiTa Dhin Naa Ga Dhin Naa

धा तिर किट धिं ना ग धिं ना गिं ना धा गे तिं ना किं ना
Dhaa TiRa KiTa Dhin Naa Ga Dhin Naa Gin Naa Dhaa Ge Tin Naa Kin Naa

ता तिर किट तिं ना ग तिं ना ता तिर किट तिं ना ग तिं ना
Taa TiRa KiTa Tin Naa Ga Tin Naa Taa TiRa KiTa Tin Naa Ga Tin Naa

धा तिर किट धिं ना ग धिं ना गिं ना धा गे धिं ना गिं ना
Dhaa TiRa KiTa Dhin Naa Ga Dhin Naa Gin Naa Dhaa Ge Dhin Naa Gin Naa

Variation #2

धा तिर किट धिं ना ग धिं ना गिं ना धा गे तिं ना किं ना
Dhaa TiRa KiTa Dhin Naa Ga Dhin Naa Gin Naa Dhaa Ge Tin Naa Kin Naa

गिं ना धा गे धिं ना गिं ना गिं ना धा गे तिं ना किं ना
Gin Naa Dhaa Ge Dhin Naa Gin Naa Gin Naa Dhaa Ge Tin Naa Kin Naa

ता तिर किट तिं ना ग तिं ना गिं ना धा गे धिं ना गिं ना
Taa TiRa KiTa Tin Naa Ga Tin Naa Gin Naa Dhaa Ge Dhin Naa Gin Naa

गिं ना धा गे तिं ना किं ना गिं ना धा गे धिं ना गिं ना
Gin Naa Dhaa Ge Tin Naa Kin Naa Gin Naa Dhaa Ge Dhin Naa Gin Naa

Variation #3

धा तिर किट धिं ना ग धा तिर किट धिं ना ग धिं ना गिं ना
Dhaa TiRa KiTa Dhin Naa Ga Dhaa TiRa KiTa Dhin Naa Ga Dhin Naa Gin Naa

धा तिर किट धिं ना ग धिं ना गिं ना धा गे तिं ना किं ना
Dhaa TiRa KiTa Dhin Naa Ga Dhin Naa Gin Naa Dhaa Ge Tin Naa Kin Naa

ता तिर किट तिं ना क ता तिर किट तिं ना क धिं ना गिं ना
Taa TiRa KiTa Tin Naa Ka Taa TiRa KiTa Tin Naa Ka Dhin Naa Gin Naa

धा तिर किट धिं ना ग धिं ना गिं ना धा गे धिं ना गिं ना
Dhaa TiRa KiTa Dhin Naa Ga Dhin Naa Gin Naa Dhaa Ge Dhin Naa Gin Naa

Variation #4

| Dhaa | TiRa | KiTa | Dhin | Naa | Ga | Dheen | - | - | - | Dheen | - | - | - | Dhin | Naa |

| Dhaa | TiRa | KiTa | Dhin | Naa | Ga | Dhin | Naa | Gin | Naa | Dhaa | Ge | Tin | Naa | Kin | Naa |

| Taa | TiRa | KiTa | Tin | Naa | Ka | Teen | - | - | - | Teen | - | - | - | Tin | Naa |

| Dhaa | TiRa | KiTa | Dhin | Naa | Ga | Dhin | Naa | Gin | Naa | Dhaa | Ge | Dhin | Naa | Gin | Naa |

Ending (Tihai)

| Dhaa | TiRa | KiTa | Dhin | Naa | Ga | Dhin | Naa | Gin | Naa | Dhaa | Ge | Tin | Naa | Kin | Naa | Dhaa |

| - | - | - | Ti | Ra | Ki | Ta |

| Dhaa | TiRa | KiTa | Dhin | Naa | Ga | Dhin | Naa | Gin | Naa | Dhaa | Ge | Tin | Naa | Kin | Naa | Dhaa |

| - | - | - | Ti | Ra | Ki | Ta |

| Dhaa | TiRa | KiTa | Dhin | Naa | Ga | Dhin | Naa | Gin | Naa | Dhaa | Ge | Tin | Naa | Kin | Naa | **X** Dhaa |

Ajrada Kaida in Tisra Jati (Godbole 1967:58)
Theme

| Dhaa | Tra | Ka | Dhe | Ke | Ta | Ghi | Na | Dhaa | Ti | Gi | Na | Dhaa | Tra | Ka | Dhe | Ke | Ta | Ghi | Na | Ti | Na | Ki | Na |

| Taa | Tra | Ka | Te | Ke | Ta | Ki | Na | Taa | Ti | Gi | Na | Dhaa | Tra | Ka | Dhe | Ke | Ta | Ghi | Na | Dhin | Na | Gi | Na |

Appendix 8 - 8 & 16 Matra Kaidas

Variation #1

धा त्र क धे के ट घि न धा ति गि न धा त्र क धे के ट घि न धा ति गि न
Dhaa Tra Ka Dhe Ke Ta Ghi Na Dhaa Ti Gi Na Dhaa Tra Ka Dhe Ke Ta Ghi Na Dhaa Ti Gi Na

धा त्र क धे के ट घि न धा ति गि न धा त्र क धे के ट घि न ति न कि न
Dhaa Tra Ka Dhe Ke Ta Ghi Na Dhaa Ti Gi Na Dhaa Tra Ka Dhe Ke Ta Ghi Na Tin Na Ki Na

ता त्र क ते के ट कि न ता ति गि न ता त्र क ते के ट कि न ता ति गि न
Taa Tra Ka Te Ke Ta Ki Na Taa Ti Gi Na Taa Tra Ka Te Ke Ta Ki Na Taa Ti Gi Na

धा त्र क धे के ट घि न धा ति गि न धा त्र क धे के ट घि न धि न गि न
Dhaa Tra Ka Dhe Ke Ta Ghi Na Dhaa Ti Gi Na Dhaa Tra Ka Dhe Ke Ta Ghi Na Dhin Na Gi Na

Variation #2

धा त्र क धे के ट धा त्र क धे के ट धा त्र क धे के ट घि न धा ति गि न
Dhaa Tra Ka Dhe Ke Ta Dhaa Tra Ka Dhe Ke Ta Dhaa Tra Ka Dhe Ke Ta Ghi Na Dhaa Ti Gi Na

धा त्र क धे के ट घि न धा ति गि न धा त्र क धे के ट घि न ति न कि न
Dhaa Tra Ka Dhe Ke Ta Ghi Na Dhaa Ti Gi Na Dhaa Tra Ka Dhe Ke Ta Ghi Na Tin Na Ki Na

ता त्र क ते के ट ता त्र क ते के ट ता त्र क ते के ट कि न ता ति गि न
Taa Tra Ka Te Ke Ta Taa Tra Ka Te Ke Ta Taa Tra Ka Te Ke Ta Ki Na Taa Ti Gi Na

धा त्र क धे के ट घि न धा ति गि न धा त्र क धे के ट घि न धि न गि न
Dhaa Tra Ka Dhe Ke Ta Ghi Na Dhaa Ti Gi Na Dhaa Tra Ka Dhe Ke Ta Ghi Na Dhin Na Gi Na

Variation #3

धा त्र क धे के ट धा त्र क धे के ट घि न धा ति गि न धा त्र क धे के ट
Dhaa Tra Ka Dhe Ke Ta Dhaa Tra Ka Dhe Ke Ta Ghi Na Dhaa Ti Gi Na Dhaa Tra Ka Dhe Ke Ta

धा त्र क धे के ट घि न धा ति गि न धा त्र क धे के ट घि न ति न कि न
Dhaa Tra Ka Dhe Ke Ta Ghi Na Dhaa Ti Gi Na Dhaa Tra Ka Dhe Ke Ta Ghi Na Tin Na Ki Na

ता त्र क ते के ट ता त्र क ते के ट कि न ता ति गि न धा त्र क धे के ट
Taa Tra Ka Te Ke Ta Taa Tra Ka Te Ke Ta Ki Na Taa Ti Gi Na Dhaa Tra Ka Dhe Ke Ta

धा त्र क धे के ट घि न धा ति गि न धा त्र क धे के ट घि न धि न गि न
Dhaa Tra Ka Dhe Ke Ta Ghi Na Dhaa Ti Gi Na Dhaa Tra Ka Dhe Ke Ta Ghi Na Dhin Na Gi Na

Focus on the Kaidas of Tabla

Variation #4

धा त्र क धे के ट घि न धा ति गि न धा – – – – घि न धा ति गि न
Dhaa Tra Ka Dhe Ke Ta Ghi Na Dhaa Ti Gi Na Dhaa – – – – Ghi Na Dhaa Ti Gi Na

धा – – – – घि न धा ति गि न धा त्र क धे के ट घि न ति न कि न
Dhaa – – – – Ghi Na Dhaa Ti Gi Na Dhaa Tra Ka Dhe Ke Ta Ghi Na Tin Na Ki Na

ता त्र क ते के ट कि न ता ति कि न ता – – – – कि न ता ति गि न
Taa Tra Ka Te Ke Ta Ki Na Taa Ti Ki Na Taa – – – – Ki Na Taa Ti Gi Na

धा – – – – घि न धा ति गि न धा त्र क धे के ट घि न धि न गि न
Dhaa – – – – Ghi Na Dhaa Ti Gi Na Dhaa Tra Ka Dhe Ke Ta Ghi Na Dhin Na Gi Na

Variation #5

धा त्र क धे के ट घि न धा ति गि न धा – – – धा – घि न धा ति गि न
Dhaa Tra Ka Dhe Ke Ta Ghi Na Dhaa Ti Gi Na Dhaa – – – Dhaa – Ghi Na Dhaa Ti Gi Na

धा त्र क धे के ट घि न धा ति गि न धा – – – धा – घि न ति न कि न
Dhaa Tra Ka Dhe Ke Ta Ghi Na Dhaa Ti Gi Na Dhaa – – – Dhaa – Ghi Na Ti Na Ki Na

ता त्र क ते के ट कि न ता ति कि न ता – – – ता – कि न ता ति गि न
Taa Tra Ka Te Ke Ta Ki Na Taa Ti Ki Na Taa – – – Taa – Ki Na Taa Ti Gi Na

धा त्र क धे के ट घि न धा ति गि न धा – – – धा – घि न धि न गि न
Dhaa Tra Ka Dhe Ke Ta Ghi Na Dhaa Ti Gi Na Dhaa – – – Dhaa – Ghi Na Dhi Na Gi Na

Variation #6

धा त्र क धे के ट घि न धा ति गि न धा ति गि न धा ति गि न धा ति गि न
Dhaa Tra Ka Dhe Ke Ta Ghi Na Dhaa Ti Gi Na Dhaa Ti Gi Na Dhaa Ti Gi Na Dhaa Ti Gi Na

धा त्र क धे के ट घि न धा ति गि न धा त्र क धे के ट घि न ति न कि न
Dhaa Tra Ka Dhe Ke Ta Ghi Na Dhaa Ti Gi Na Dhaa Tra Ka Dhe Ke Ta Ghi Na Tin Na Ki Na

ता त्र क ते के ट कि न ता ति कि न ता ति कि न ता ति कि न ता ति कि न
Taa Tra Ka Te Ke Ta Ki Na Taa Ti Ki Na Taa Ti Ki Na Taa Ti Ki Na Taa Ti Ki Na

धा त्र क धे के ट घि न धा ति गि न धा त्र क धे के ट घि न धि न ग न
Dhaa Tra Ka Dhe Ke Ta Ghi Na Dhaa Ti Gi Na Dhaa Tra Ka Dhe Ke Ta Ghi Na Dhin Na Gi Na

Variation #7

धा त्र क धे के ट ति ट क्ड धे के ट धा त्र क धे के ट घि न धा ति गि न
Dhaa Tra Ka Dhe Ke Ta Ti Ta Kda Dhe Ke Ta Dhaa Tra Ka Dhe Ke Ta Ghi Na Dhaa Ti Gi Na

धा त्र क धे के ट घि न धा ति गि न धा त्र क धे के ट घि न तिन कि न
Dhaa Tra Ka Dhe Ke Ta Ghi Na Dhaa Ti Gi Na Dhaa Tra Ka Dhe Ke Ta Ghi Na Tin Na Ki Na

ता त्र क ते के ट ति ट क्ड ते के ट ता त्र क ते के ट कि न ता ति गि न
Taa Tra Ka Te Ke Ta Ti Ta Kda Te Ke Ta Taa Tra Ka Te Ke Ta Ki Na Taa Ti Gi Na

धा त्र क धे के ट घि न धा ति गि न धा त्र क धे के ट घि न धिन गि न
Dhaa Tra Ka Dhe Ke Ta Ghi Na Dhaa Ti Gi Na Dhaa Tra Ka Dhe Ke Ta Ghi Na Dhin Na Gi Na

Tihai
(Bharan)

धा त्र क धे के ट घि न धा धा घि न धा त्र क धे के ट घि न धा ति गि न
Dhaa Tra Ka Dhe Ke Ta Gi Na Dhaa Dhaa Ghi Na Dhaa Tra Ka Dhe Ke Ta Ghi Na Dhaa Ti Gi Na

धा त्र क धे के ट घि न धा ति गि न धा त्र क धे के ट घि न तिन कि न
Dhaa Tra Ka Dhe Ke Ta Ghi Na Dhaa Ti Gi Na Dhaa Tra Ka Dhe Ke Ta Ghi Na Tin Na Gi Na

(Tihai)

धा त्र क धे के ट घि न ति न गि न धा
Dhaa Tra Ka Dhe Ke Ta Ghi Na Ti Na Gi Na Dhaa

- - - - -
- - - - -

धा त्र क धे के ट घि न ति न गि न धा
Dhaa Tra Ka Dhe Ke Ta Ghi Na Ti Na Gi Na Dhaa

- - - - -
- - - - -

धा त्र क धे के ट घि न ति न गि न | X धा
Dhaa Tra Ka Dhe Ke Ta Ghi Na Ti Na Gi Na | Dhaa

Focus on the Kaidas of Tabla

Kaida in Tintal (traditional)
Theme

धा ते टे धा धा तुं धा ते टे धा धा ते टे
Dhaa TeTe Dhaa DhaaTun Dhaa TeTe DhaaDhaa TeTe

कृ धा ते टे धा धा तुं धा ते टे धा धा ते टे
KraDhaa TeTe Dhaa DhaaTun Dhaa TeTe DhaaDhaa TeTe

ता ते टे ता ता तुं ता ते टे ता ता ते टे
Taa TeTe Taa TaaTun Taa TeTe TaaTaa TeTe

कृ धा ते टे धा धा तुं धा ते टे धा धा ते टे
KraDhaa TeTe Dhaa DhaaTun Dhaa TeTe DhaaDhaa TeTe

Variation #1

धा ते टे धा धा तुं धा ते टे धा धा ते टे
Dhaa TeTe Dhaa DhaaTun Dhaa TeTe DhaaDhaa TeTe

धा धा तुं धा ते टे धा धा ते टे कृ धा ते टे
Dhaa DhaaTun Dhaa TeTe DhaaDhaa TeTe KraDhaa TeTe

धा ते टे धा धा तुं धा ते टे धा धा ते टे
Dhaa TeTe Dhaa DhaaTun Dhaa TeTe DhaaDhaa TeTe

कृ धा ते टे धा धा तुं धा ते टे धा धा ते टे
KraDhaa TeTe Dhaa DhaaTun Dhaa TeTe DhaaDhaa TeTe

ता ते टे ता ता तुं ता ते टे ता ता ते टे
Taa TeTe Taa TaaTun Taa TeTe TaaTaa TeTe

ता ता तुं ता ते टे ता ता ते टे कृ ता ते टे
Taa TaaTun Taa TeTe TaaTaa TeTe KraTaa TeTe

धा ते टे धा धा तुं धा ते टे धा धा ते टे
Dhaa TeTe Dhaa DhaaTun Dhaa TeTe DhaaDhaa TeTe

कृ धा ते टे धा धा तुं धा ते टे धा धा ते टे
KraDhaa TeTe Dhaa DhaaTun Dhaa TeTe DhaaDhaa TeTe

Variation #2

धा तेटे	धा	धा तुं	धा	धा तुं	धा	धा तुं
Dhaa TeTe	Dhaa	DhaaTun	Dhaa	DhaaTun	Dhaa	DhaaTun

धा धा तुं	धा	तेटे	धा धा	तेटे	कृ धा	तेटे
Dhaa DhaaTun	Dhaa	TeTe	DhaaDhaa	TeTe	KraDhaa	TeTe

धा तेटे	धा	धा तुं	धा	तेटे	धा धा	तेटे
Dhaa TeTe	Dhaa	DhaaTun	Dhaa	TeTe	DhaaDhaa	TeTe

कृ धा	तेटे	धा	धा तुं	धा	तेटे	धा धा	तेटे
KraDhaa	TeTe	Dhaa	DhaaTun	Dhaa	TeTe	DhaaDhaa	TeTe

ता तेटे	ता	ता तुं	ता	ता तुं	ता	ता तुं
Taa TeTe	Taa	TaaTun	Taa	TaaTun	Taa	TaaTun

ता ता तुं	ता	तेटे	ता ता	तेटे	कृ ता	तेटे
Taa TaaTun	Taa	TeTe	TaaTaa	TeTe	KraTaa	TeTe

धा तेटे	धा	धा तुं	धा	तेटे	धा धा	तेटे
Dhaa TeTe	Dhaa	DhaaTun	Dhaa	TeTe	DhaaDhaa	TeTe

कृ धा	तेटे	धा	धा तुं	धा	तेटे	धा धा	तेटे
KraDhaa	TeTe	Dhaa	DhaaTun	Dhaa	TeTe	DhaaDhaa	TeTe

Focus on the Kaidas of Tabla

Ending (Tihai)

Dhaa TeTe Dhaa DhaaTun Dhaa TeTe DhaaDhaa TeTe KraDhaa TeTe

Dhaa DhaaTun Dhaa TeTe DhaaDhaa TeTe Dhaa TeTe Dhaa TeTe Dhaa

-
-

Dhaa TeTe Dhaa DhaaTun Dhaa TeTe DhaaDhaa TeTe KraDhaa TeTe

Dhaa DhaaTun Dhaa TeTe DhaaDhaa TeTe Dhaa TeTe Dhaa TeTe Dhaa

-
-

Dhaa TeTe Dhaa DhaaTun Dhaa TeTe DhaaDhaa TeTe KraDhaa TeTe

Dhaa DhaaTun Dhaa TeTe DhaaDhaa TeTe Dhaa TeTe Dhaa TeTe | X Dhaa

Dilli Baj Kaida in Tintal (S. Dawood 1978, personal interview)
Theme

Dhaa Ti Dhaa Ge Naa Dhaa TiRa KiTa Dhaa Ti Dhaa Ge Tin Naa Kin Naa

Taa Ti Taa Ke Naa Dhaa TiRa KiTa Dhaa Ti Dhaa Ge Dhin Naa Gin Naa

Appendix 8 - 8 & 16 Matra Kaidas

Variation #1

धा ति धा गे ना धा तिर किट धा ति धा गे ना धा तिर किट
Dhaa Ti Dhaa Ge Naa Dhaa TiRa KiTa Dhaa Ti Dhaa Ge Naa Dhaa TiRa KiTa

धा ति धा गे ना धा तिर किट धा ति धा गे तिं ना किं ना
Dhaa Ti Dhaa Ge Naa Dhaa TiRa KiTa Dhaa Ti Dhaa Ge Tin Naa Kin Naa

ता ति ता के ना ता तिर किट ता ति ता के ना ता तिर किट
Taa Ti Taa Ke Naa Taa TiRa KiTa Taa Ti Taa Ke Naa Taa TiRa KiTa

धा ति धा गे ना धा तिर किट धा ति धा गे धिं ना गिं ना
Dhaa Ti Dhaa Ge Naa Dhaa TiRa KiTa Dhaa Ti Dhaa Ge Dhin Naa Gin Naa

Variation #2

धा ति धा गे ना धा तिर किट धा ति धा गे तिं ना किं ना
Dhaa Ti Dhaa Ge Naa Dhaa TiRa KiTa Dhaa Ti Dhaa Ge Tin Naa Kin Naa

धा ति धा गे धिं ना गिं ना धा ति धा गे तिं ना किं ना
Dhaa Ti Dhaa Ge Dhin Naa Gin Naa Dhaa Ti Dhaa Ge Tin Naa Kin Naa

ता ति ता के ना ता तिर किट धा ति धा गे धिं ना गिं ना
Taa Ti Taa Ke Naa Taa TiRa KiTa Dhaa Ti Dhaa Ge Dhin Naa Gin Naa

धा ति धा गे तिं ना किं ना धा ति धा गे धिं ना गिं ना
Dhaa Ti Dhaa Ge Tin Naa Kin Naa Dhaa Ti Dhaa Ge Dhin Naa Gin Naa

Variation #3

धा ति धा गे धा ति धा गे धा ति धा गे धिं ना गिं ना
Dhaa Ti Dhaa Ge Dhaa Ti Dhaa Ge Dhaa Ti Dhaa Ge Dhin Naa Gin Naa

धा ति धा गे ना धा तिर किट धा ति धा गे तिं ना किं ना
Dhaa Ti Dhaa Ge Naa Dhaa TiRa KiTa Dhaa Ti Dhaa Ge Tin Naa Kin Naa

ता ति ता के ता ति ता के ता ति ता के तिं ना किं ना
Taa Ti Taa Ke Taa Ti Taa Ke Taa Ti Taa Ke Tin Naa Kin Naa

धा ति धा गे ना धा तिर किट धा ति धा गे धिं ना गिं ना
Dhaa Ti Dhaa Ge Naa Dhaa TiRa KiTa Dhaa Ti Dhaa Ge Dhin Naa Gin Naa

Variation #4

धा	ति	धा	-	आ	-	धा	ति	धा	-	आ	-	धा	ति	धा	-
Dhaa	Ti	Dhaa	-	Aa	-	Dhaa	Ti	Dhaa	-	Aa	-	Dhaa	Ti	Dhaa	-

धा	ति	धा	गे	ना	धा	तिर	किट	धा	ति	धा	गे	तिं	ना	किं	ना
Dhaa	Ti	Dhaa	Ge	Naa	Dhaa	TiRa	KiTa	Dhaa	Ti	Dhaa	Ge	Tin	Naa	Kin	Naa

ता	ति	ता	-	आ	-	ता	ति	ता	-	आ	-	ता	ति	ता	-
Taa	Ti	Taa	-	Aa	-	Taa	Ti	Taa	-	Aa	-	Taa	Ti	Taa	-

धा	ति	धा	गे	ना	धा	तिर	किट	धा	ति	धा	गे	धिं	ना	गिं	ना
Dhaa	Ti	Dhaa	Ge	Naa	Dhaa	TiRa	KiTa	Dhaa	Ti	Dhaa	Ge	Dhin	Naa	Gin	Naa

Variation #5

धा	ति	धा	गे	ना	धा	तिर	किट	धा	ति	धा	गे	धिं	ना	गिं	ना
Dhaa	Ti	Dhaa	Ge	Naa	Dhaa	TiRa	KiTa	Dhaa	Ti	Dhaa	Ge	Dhin	Naa	Gin	Naa

धा	तिर	किट	तक	तक	धा	तिर	किट	धा	ति	धा	गे	तिं	ना	किं	ना
Dhaa	TiRa	KiTa	TaKa	TaKa	Dhaa	TiRa	KiTa	Dhaa	Ti	Dhaa	Ge	Tin	Naa	Kin	Naa

ता	ति	ता	के	ना	ता	तिर	किट	ता	ति	ता	के	तिं	ना	किं	ना
Taa	Ti	Taa	Ke	Naa	Taa	TiRa	KiTa	Taa	Ti	Taa	Ke	Tin	Naa	Kin	Naa

धा	तिर	किट	तक	तक	धा	तिर	किट	धा	ति	धा	गे	धिं	ना	गिं	ना
Dhaa	TiRa	KiTa	TaKa	TaKa	Dhaa	TiRa	KiTa	Dhaa	Ti	Dhaa	Ge	Dhin	Naa	Gin	Naa

Variation #6

धा	ति	धा	गे	ना	धा	तिर	किट	धा	-	तिर	किट	तक	ता	तिर	किट
Dhaa	Ti	Dhaa	Ge	Naa	Dhaa	TiRa	KiTa	Dhaa	-	TiRa	KiTa	TaKa	Taa	TiRa	KiTa

धा	ति	धा	गे	ना	धा	तिर	किट	धा	ति	धा	गे	तिं	ना	किं	ना
Dhaa	Ti	Dhaa	Ge	Naa	Dhaa	TiRa	KiTa	Dhaa	Ti	Dhaa	Ge	Tin	Naa	Kin	Naa

ता	ति	ता	के	ना	ता	तिर	किट	ता	-	तिर	किट	तक	ता	तिर	किट
Taa	Ti	Taa	Ke	Naa	Taa	TiRa	KiTa	Taa	-	TiRa	KiTa	TaKa	Taa	TiRa	KiTa

धा	ति	धा	गे	ना	धा	तिर	किट	धा	ति	धा	गे	धिं	ना	गिं	ना
Dhaa	Ti	Dhaa	Ge	Naa	Dhaa	TiRa	KiTa	Dhaa	Ti	Dhaa	Ge	Dhin	Naa	Gin	Naa

Variation #7

धा ति धा गे ना धा तिर किट धा - तिर किट तक ता तिर किट
Dhaa Ti Dhaa Ge Naa Dhaa TiRa KiTa Dhaa - TiRa KiTa TaKa Taa TiRa KiTa

ता - तिर किट तक ता तिर किट धा - तिर किट तक ता तिर किट
Taa - TiRa KiTa TaKa Taa TiRa KiTa Dhaa - TiRa KiTa TaKa Taa TiRa KiTa

धा ति धा गे ना धा तिर किट धा - तिर किट तक ता तिर किट
Dhaa Ti Dhaa Ge Naa Dhaa TiRa KiTa Dhaa - TiRa KiTa TaKa Taa TiRa KiTa

धा ति धा गे ना धा तिर किट धा ति धा गे तिं ना किं ना
Dhaa Ti Dhaa Ge Naa Dhaa TiRa KiTa Dhaa Ti Dhaa Ge Tin Naa Kin Naa

ता ति ता के ना ता तिर किट ता - तिर किट तक ता तिर किट
Taa Ti Taa Ke Naa Taa TiRa KiTa Taa - TiRa KiTa TaKa Taa TiRa KiTa

धा - तिर किट तक ता तिर किट ता - तिर किट तक ता तिर किट
Dhaa - TiRa KiTa TaKa Taa TiRa KiTa Taa - TiRa KiTa TaKa Taa TiRa KiTa

धा ति धा गे ना धा तिर किट धा - तिर किट तक ता तिर किट
Dhaa Ti Dhaa Ge Naa Dhaa TiRa KiTa Dhaa - TiRa KiTa TaKa Taa TiRa KiTa

धा ति धा गे ना धा तिर किट धा ति धा गे धिं ना गिं ना
Dhaa Ti Dhaa Ge Naa Dhaa TiRa KiTa Dhaa Ti Dhaa Ge Dhin Naa Gin Naa

Ending (Tihai)

धा ति धा गे ना धा तिर किट धा ति धा गे तिं ना किं ना धा
Dhaa Ti Dhaa Ge Naa Dhaa TiRa KiTa Dhaa Ti Dhaa Ge Tin Naa Kin Naa Dhaa

- - - - - - -
- - - - - - -

धा ति धा गे ना धा तिर किट धा ति धा गे तिं ना किं ना धा
Dhaa Ti Dhaa Ge Naa Dhaa TiRa KiTa Dhaa Ti Dhaa Ge Tin Naa Kin Naa Dhaa

- - - - - - -
- - - - - - -

धा ति धा गे ना धा तिर किट धा ति धा गे तिं ना किं ना | X
Dhaa Ti Dhaa Ge Naa Dhaa TiRa KiTa Dhaa Ti Dhaa Ge Tin Naa Kin Naa | धा
                                                                     Dhaa

Focus on the Kaidas of Tabla

Tisra Jati Kaida Rela in Tintal (S. Dawood Khan 1978 personal interview)
Theme

धा गे ना धा तिर किट धि ति ट धा गे ना धा तिर किट धि ना ग ती न ती ना की ना
Dhaa Ge Naa Dhaa TiRa KiTa Dhi Ti Ta Dhaa Ge Naa Dhaa TiRa KiTa Dhi Naa Ga Tee Na Tee Naa Kee Naa

ता के ना ता तिर किट धि ति ट धा गे ना धा तिर किट धि ना ग धी न धी ना गी ना
Taa Ke Naa Taa TiRa KiTa Dhi Ti Ta Dhaa Ge Naa Dhaa TiRa KiTa Dhi Naa Ga Dhee Na Dhee Naa Gee Naa

Variation #1

धा गे ना धा तिर किट धि ति ट धा गे ना धा गे ना धा तिर किट धि ति ट धा गे ना
Dhaa Ge Naa Dhaa TiRa KiTa Dhi Ti Ta Dhaa Ge Naa Dhaa Ge Naa Dhaa TiRa KiTa Dhi Ti Ta Dhaa Ge Naa

धा गे ना धा तिर किट धि ति ट धा गे ना धा तिर किट धि ना ग ती न ती ना की ना
Dhaa Ge Naa Dhaa TiRa KiTa Dhi Ti Ta Dhaa Ge Naa Dhaa TiRa KiTa Dhi Naa Ga Tee Na Tee Naa Kee Naa

ता के ना ता तिर किट ति ति ट ता के ना धा गे ना धा तिर किट धि ति ट धा गे ना
Taa Ke Naa Ta TiRa KiTa Ti Ti Ta Taa Ke Naa Dhaa Ge Naa Dhaa TiRa KiTa Dhi Ti Ta Dhaa Ge Naa

धा गे ना धा तिर किट धि ति ट धा गे ना धा तिर किट धि ना ग धी न धी ना गी ना
Dhaa Ge Naa Dhaa TiRa KiTa Dhi Ti Ta Dhaa Ge Naa Dhaa TiRa KiTa Dhi Naa Ga Dhee Na Dhee Naa Gee Naa

Variation #2

धा गे ना धा तिर किट धि ति ट धा गे ना धा तिर किट धि ना ग ती न ती ना की ना
Dhaa Ge Naa Dhaa TiRa KiTa Dhi Ti Ta Dhaa Ge Naa Dhaa TiRa KiTa Dhi Naa Ga Tee Na Tee Naa Kee Naa

धा तिर किट धि ना ग धी न धी ना गी ना धा तिर किट धि ना ग ती न ती ना की ना
Dhaa TiRa KiTa Dhi Naa Ga Dhee Na Dhee Naa Gee Naa Dhaa TiRa KiTa Dhi Naa Ga Tee Na Tee Naa Kee Naa

ता के ना ता तिर किट ति ति ट ता के ना धा तिर किट धि ना ग धी न धी ना गी ना
Taa Ke Naa Taa TiRa KiTa Ti Ti Ta Taa Ke Naa Dhaa TiRa KiTa Dhi Naa Ga Dhee Na Dhee Naa Gee Naa

धा तिर किट धि ना ग ती न ती ना की ना धा तिर किट धि ना ग धी न धी ना गी ना
Dhaa TiRa KiTa Dhi Naa Ga Tee Na Tee Naa Kee Naa Dhaa TiRa KiTa Dhi Naa Ga Dhee Na Dhee Naa Gee Naa

Variation #3

धा गे ना धा तिर किट धि ति ट धा गे ना धा तिर किट धि ति ट धा तिर किट धि ति ट
Dhaa Ge Naa Dhaa TiRa KiTa Dhi Ti Ta Dhaa Ge Naa Dhaa TiRa KiTa Dhi Ti Ta Dhaa TiRa KiTa Dhi Ti Ta

धा गे ना धा तिर किट धि ति ट धा गे ना धा तिर किट धि ना ग ती न ती ना की ना
Dhaa Ge Naa Dhaa TiRa KiTa Dhi Ti Ta Dhaa Ge Naa Dhaa TiRa KiTa Dhi Naa Ga Tee Na Tee Naa Kee Naa

ता के ना ता तिर किट ति ति ट ता के ना ता तिर किट ति ति ट धा तिर किट धि ति ट
Taa Ke Naa Taa TiRa KiTa Ti Ti Ta Taa Ke Naa Taa TiRa KiTa Ti Ti Ta Dhaa TiRa KiTa Dhi Ti Ta

धा गे ना धा तिर किट धि ति ट धा गे ना धा तिर किट धि ना ग धी न धी ना गी ना
Dhaa Ge Naa Dhaa TiRa KiTa Dhi Ti Ta Dhaa Ge Naa Dhaa TiRa KiTa Dhi Naa Ga Dhee Na Dhee Naa Gee Naa

Appendix 8 - 8 & 16 Matra Kaidas

Variation #4

Dhaa Ge Naa Dhaa TiRa KiTa Dhi Ti Ta Dhaa Ge Naa Dhaa - - Aa - - Dhaa Ge Naa Dhaa Ge Naa

Dhaa Ge Naa Dhaa TiRa KiTa Dhi Ti Ta Dhaa Ge Naa Dhaa TiRa KiTa Dhi Naa Ga Tee Na Tee Naa Kee Naa

Taa Ke Naa Taa TiRa KiTa Ti Ti Ta Taa Ke Naa Taa - - Aa - - Dhaa Ge Naa Dhaa Ge Naa

Dhaa Ge Naa Dhaa TiRa KiTa Dhi Ti Ta Dhaa Ge Naa Dhaa TiRa KiTa Dhi Naa Ga Dhee Na Dhee Naa Gee Naa

Variation #5

Dhaa Ge Naa Dhaa TiRa KiTa Dhi Ti Ta Dhaa Ge Naa Dhaa TiRa KiTa Dhi Naa Ga Dhee Na Dhee Naa Gee Naa

Dhi Naa Ga Dhee Na Dhee Naa Gee Naa Dhaa Ge Naa Dhaa TiRa KiTa Dhi Naa Ga Tee Na Tee Naa Kee Naa

Taa Ke Naa Taa TiRa KiTa Ti Ti Ta Taa Ke Naa Dhaa TiRa KiTa Dhi Naa Ga Dhee Na Dhee Naa Gee Naa

Dhi Naa Ga Dhee Na Dhee Naa Gee Naa Dhaa Ge Naa Dhaa TiRa KiTa Dhi Naa Ga Dhee Na Dhee Naa Gee Naa

Ending (Tihai)

Dhaa TiRa KiTa Dhi Naa Ga Dhee Na Dhee Naa Gee Naa Dhaa

- Ti Ra Ki Ta

Dhaa TiRa KiTa Dhi Naa Ga Dhee Na Dhee Naa Gee Naa Dhaa

- Ti Ra Ki Ta

Dhaa TiRa KiTa Dhi Naa Ga Dhee Na Dhee Naa Gee Naa | X Dhaa

Focus on the Kaidas of Tabla

Dilli Baj Kaida in Tintal (S. Dawood Khan 1987, personal interview)
Theme

Dhaa - TiRa KiTa Dhin Naa Gin Naa Dhaa Ge TiRa KiTa Dhin Naa Gin Naa
Dhaa Ge Naa Dhaa TiRa KiTa Dhee Na Dhaa Ge TiRa KiTa Dhin Naa Gin Naa
Taa Ke Ti Ta Taa Ke Ti Ta Dhaa Ge TiRa KiTa Dhin Naa Gin Naa
Dhaa Ge Naa Dhaa TiRa KiTa Dhee Na Dhaa Ge TiRa KiTa Tin Naa Kin Naa
Taa - TiRa KiTa Tin Naa Kin Naa Taa Ke TiRa KiTa Tin Naa Kin Naa
Taa Ke Naa Taa TiRa KiTa Tee Na Taa Ke TiRa KiTa Dhin Naa Gin Naa
Taa Ke Ti Ta Taa Ke Ti Ta Dhaa Ge TiRa KiTa Dhin Naa Gin Naa
Dhaa Ge Naa Dhaa TiRa KiTa Dhee Na Dhaa Ge TiRa KiTa Dhin Naa Gin Naa

Variation #1

Dhaa Ge Naa Dhaa TiRa KiTa Dhee Na Dhaa Ge Naa Dhaa TiRa KiTa Dhee Na
Dhaa Ge Naa Dhaa TiRa KiTa Dhee Na Dhaa Ge TiRa KiTa Dhin Naa Gin Naa
Taa Ke Ti Ta Taa Ke Ti Ta Dhaa Ge TiRa KiTa Dhin Naa Gin Naa
Dhaa Ge Naa Dhaa TiRa KiTa Dhee Na Dhaa Ge TiRa KiTa Tin Naa Kin Naa
Taa Ke Naa Taa TiRa KiTa Tee Na Taa Ke Naa Taa TiRa KiTa Tee Na
Taa Ke Naa Taa TiRa KiTa Tee Na Taa Ke TiRa KiTa Dhin Naa Gin Naa
Taa Ke Ti Ta Taa Ke Ti Ta Dhaa Ge TiRa KiTa Dhin Naa Gin Naa
Dhaa Ge Naa Dhaa TiRa KiTa Dhee Na Dhaa Ge TiRa KiTa Dhin Naa Gin Naa

Appendix 8 - 8 & 16 Matra Kaidas

Variation #2

Dhin Na Dhaa Ge TiRa KiTa Dhin Na Dhaa Ge TiRa KiTa Dhin Na Gin Naa

Dhaa Ge Naa Dhaa TiRa KiTa Dhee Na Dhaa Ge TiRa KiTa Dhin Naa Gin Naa

Taa Ke Ti Ta Taa Ke Ti Ta Dhaa Ge TiRa KiTa Dhin Naa Gin Naa

Dhaa Ge Naa Dhaa TiRa KiTa Dhee Na Dhaa Ge TiRa KiTa Tin Naa Kin Naa

Tin Na Taa Ke TiRa KiTa Tin Na Taa Ke TiRa KiTa Tin Na Kin Naa

Taa Ke Naa Taa TiRa KiTa Tee Na Taa Ke TiRa KiTa Dhin Naa Gin Naa

Taa Ke Ti Ta Taa Ke Ti Ta Dhaa Ge TiRa KiTa Dhin Naa Gin Naa

Dhaa Ge Naa Dhaa TiRa KiTa Dhee Na Dhaa Ge TiRa KiTa Dhin Naa Gin Naa

Ending (Tihai) (use bharan if necessary)

Dhaa Ge Naa Dhaa TiRa KiTa Dhee Na Dhaa Ge TiRa KiTa Dhin Naa Gin Naa Dhaa

\- Aa - Ti Ra Ki Ta

Dhaa Ge Naa Dhaa TiRa KiTa Dhee Na Dhaa Ge TiRa KiTa Dhin Naa Gin Naa Dhaa

\- Aa - Ti Ra Ki Ta

Dhaa Ge Naa Dhaa TiRa KiTa Dhee Na Dhaa Ge TiRa KiTa Dhin Naa Gin Naa | X Dhaa

Focus on the Kaidas of Tabla

Gat Kaida in Tintal (Yadav 1995:71-73)
Theme

धा गे ते टे ता गे ते टे धा गे ना गे तू ना कत् ता
Dhaa Ge Te Te Taa Ge Te Te Dhaa Ge Naa Ge Too Naa Kat Taa

ता गे ते टे ता गे ते टे धा गे ना गे तू ना कत् ता
Taa Ge Te Te Taa Ge Te Te Dhaa Ge Naa Ge Too Naa Kat Taa

Variation #1

धा गे ते टे धा ते टे धा – धा ते टे धा गे ते टे
Dhaa Ge Te Te Dhaa Te Te Dhaa – Dhaa Te Te Dhaa Ge Te Te

धा गे ते टे ता गे ते टे धा गे ना गे तू ना कत् ता
Dhaa Ge Te Te Taa Ge Te Te Dhaa Ge Naa Ge Too Naa Kat Taa

ता गे ते टे ता ते टे ता – ता ते टे ता गे ते टे
Taa Ge Te Te Taa Te Te Taa – Taa Te Te Taa Ge Te Te

धा गे ते टे ता गे ते टे धा गे ना गे तू ना कत् ता
Dhaa Ge Te Te Taa Ge Te Te Dhaa Ge Naa Ge Too Naa Kat Taa

Variation #2

धा गे ते टे ते टे ते टे धा गे ते टे ता गे ते टे
Dhaa Ge Te Te Te Te Te Te Dhaa Ge Te Te Taa Ge Te Te

धा गे ते टे ता गे ते टे धा गे ना गे तू ना कत् ता
Dhaa Ge Te Te Taa Ge Te Te Dhaa Ge Naa Ge Too Naa Kat Taa

ता गे ते टे ते टे ते टे ता गे ते टे ता गे ते टे
Taa Ge Te Te Te Te Te Te Taa Ge Te Te Taa Ge Te Te

धा गे ते टे ता गे ते टे धा गे ना गे तू ना कत् ता
Dhaa Ge Te Te Taa Ge Te Te Dhaa Ge Naa Ge Too Naa Kat Taa

Appendix 8 - 8 & 16 Matra Kaidas

Variation #3

ते	टे	धा	गे	धा	गे	ते	टे	धा	गे	ते	टे	ते	टे	धा	गे
Te	Te	Dhaa	Ge	Dhaa	Ge	Te	Te	Dhaa	Ge	Te	Te	Te	Te	Dhaa	Ge

धा	गे	ते	टे	ता	गे	ते	टे	धा	गे	ना	गे	तू	ना	कत्	ता
Dhaa	Ge	Te	Te	Taa	Ge	Te	Te	Dhaa	Ge	Naa	Ge	Too	Naa	Kat	Taa

ते	टे	ता	गे	ता	गे	ते	टे	ता	गे	ते	टे	ते	टे	ता	गे
Te	Te	Taa	Ge	Taa	Ge	Te	Te	Taa	Ge	Te	Te	Te	Te	Taa	Ge

धा	गे	ते	टे	ता	गे	ते	टे	धा	गे	ना	गे	तू	ना	कत्	ता
Dhaa	Ge	Te	Te	Taa	Ge	Te	Te	Dhaa	Ge	Naa	Ge	Too	Naa	Kat	Taa

Variation #4

धा	गे	ते	टे	-	धा	ते	टे	-	धा	ते	टे	ते	टे	ते	टे
Dhaa	Ge	Te	Te	-	Dhaa	Te	Te	-	Dhaa	Te	Te	Te	Te	Te	Te

धा	गे	ते	टे	ता	गे	ते	टे	धा	गे	ना	गे	तू	ना	कत्	ता
Dhaa	Ge	Te	Te	Taa	Ge	Te	Te	Dhaa	Ge	Naa	Ge	Too	Naa	Kat	Taa

ता	गे	ते	टे	-	ता	ते	टे	-	ता	ते	टे	ते	टे	ते	टे
Taa	Ge	Te	Te	-	Taa	Te	Te	-	Taa	Te	Te	Te	Te	Te	Te

धा	गे	ते	टे	ता	गे	ते	टे	धा	गे	ना	गे	तू	ना	कत्	ता
Dhaa	Ge	Te	Te	Taa	Ge	Te	Te	Dhaa	Ge	Naa	Ge	Too	Naa	Kat	Taa

Variation #5

धा	ते	टे	धा	ते	टे	ते	टे	-	धा	ते	टे	-	धा	ते	टे
Dhaa	Te	Te	Dhaa	Te	Te	Te	Te	-	Dhaa	Te	Te	-	Dhaa	Te	Te

धा	गे	ते	टे	ता	गे	ते	टे	धा	गे	ना	गे	तू	ना	कत्	ता
Dhaa	Ge	Te	Te	Taa	Ge	Te	Te	Dhaa	Ge	Naa	Ge	Too	Naa	Kat	Taa

ता	ते	टे	ता	ते	टे	ते	टे	-	ता	ते	टे	-	ता	ते	टे
Taa	Te	Te	Taa	Te	Te	Te	Te	-	Taa	Te	Te	-	Taa	Te	Te

धा	गे	ते	टे	ता	गे	ते	टे	धा	गे	ना	गे	तू	ना	कत्	ता
Dhaa	Ge	Te	Te	Taa	Ge	Te	Te	Dhaa	Ge	Naa	Ge	Too	Naa	Kat	Taa

Focus on the Kaidas of Tabla

Ending (Tihai)

धा	गे	ते	टे	ता	गे	ते	टे	धा	गे	ना	गे	तू	ना	कत्	ता
Dhaa	Ge	Te	Te	Taa	Ge	Te	Te	Dhaa	Ge	Naa	Ge	Too	Naa	Kat	Taa

धा
Dhaa

- - - - - - -
- - - - - - -

धा	गे	ते	टे	ता	गे	ते	टे	धा	गे	ना	गे	तू	ना	कत्	ता
Dhaa	Ge	Te	Te	Taa	Ge	Te	Te	Dhaa	Ge	Naa	Ge	Too	Naa	Kat	Taa

धा
Dhaa

- - - - - - -
- - - - - - -

X

धा	गे	ते	टे	ता	गे	ते	टे	धा	गे	ना	गे	तू	ना	कत्	ता	धा
Dhaa	Ge	Te	Te	Taa	Ge	Te	Te	Dhaa	Ge	Naa	Ge	Too	Naa	Kat	Taa	Dhaa

Kaida in Tintal (Leake 1993:100-101)(This *kaida* is reputed to be from Ustad Keramatullah Khan)
Theme

धा	तिर	किट	धा	गि	ना	धा	गे	तिं	ना	-	धा	गि	ना	धा	गे
Dhaa	TiRa	KiTa	Dhaa	Gi	Naa	Dhaa	Ge	Tin	Naa	-	Dhaa	Gi	Naa	Dhaa	Ge

तिं	ना	क	ट	धा	तिर	किट	धा	गि	ना	धा	गे	तिं	ना	कि	ना
Tin	Naa	Ka	Ta	Dhaa	TiRa	KiTa	Dhaa	Gi	Naa	Dhaa	Ge	Tin	Naa	Ki	Naa

ता	तिर	किट	ता	कि	ना	ता	के	तिं	ना	-	ता	कि	ना	ता	के
Taa	TiRa	KiTa	Taa	Ki	Naa	Taa	Ke	Tin	Naa	-	Taa	Ki	Naa	Taa	Ke

तिं	ना	क	ट	धा	तिर	किट	धा	गि	ना	धा	गे	धी	ना	गि	ना
Ti	Naa	Ka	Ta	Dhaa	TiRa	KiTa	Dhaa	Gi	Naa	Dhaa	Ge	Dhee	Naa	Gi	Naa

Variation #1

धा	तिर	किट	धा	गि	ना	धा	तिर	किट	धा	गि	ना	धा	गे	तिं	ना
Dhaa	TiRa	KiTa	Dhaa	Gi	Naa	Dhaa	TiRa	KiTa	Dhaa	Gi	Naa	Dhaa	Ge	Tin	Naa

क	ता	क	ट	धा	तिर	किट	धा	गि	ना	धा	गे	तिं	ना	कि	ना
Ka	Taa	Ka	Ta	Dhaa	TiRa	KiTa	Dhaa	Gi	Naa	Dhaa	Ge	Tin	Naa	Ki	Naa

ता	तिर	किट	ता	कि	ना	ता	तिर	किट	ता	कि	ना	ता	के	तिं	ना
Taa	TiRa	KiTa	Taa	Ki	Naa	Taa	TiRa	KiTa	Taa	Ki	Naa	Taa	Ke	Tin	Naa

क	ता	क	ट	धा	तिर	किट	धा	गि	ना	धा	गे	धी	ना	गि	ना
Ka	Taa	Ka	Ta	Dhaa	TiRa	KiTa	Dhaa	Gi	Naa	Dhaa	Ge	Dhee	Naa	Gi	Naa

Appendix 8 - 8 & 16 Matra Kaidas

Variation #2

धा	तिर	किट	धा	गि	ना	धा	–	–	–	धा	ना	ना	–	धा	तिर
Dhaa	TiRa	KiTa	Dhaa	Gi	Naa	Dhaa	–	–	–	Dhaa	Naa	Naa	–	Dhaa	TiRa

किट	तक	तिर	किट	धा	–	क	ट	धा	–	गि	ना	तिं	ना	कि	ना
KiTa	TaKa	TiRa	KiTa	Dhaa	–	Ka	Ta	Dhaa	–	Gi	Naa	Tin	Naa	Ki	Naa

ता	तिर	किट	ता	कि	ना	ता	–	–	–	ता	ना	ना	–	ता	तिर
Taa	TiRa	KiTa	Taa	Ki	Naa	Taa	–	–	–	Taa	Naa	Naa	–	Taa	TiRa

किट	तक	तिर	किट	धा	–	क	ट	धा	–	गि	ना	धिं	ना	गि	ना
KiTa	TaKa	TiRa	KiTa	Dhaa	–	Ka	Ta	Dhaa	–	Gi	Naa	Dhin	Naa	Gi	Naa

Variation #3

धा	तिर	किट	धा	गि	ना	धा	–	गिट	ताग	धा	तिर	किट	तक	तिर	किट
Dhaa	TiRa	KiTa	Dhaa	Gi	Naa	Dhaa	–	GiTa	TaaGa	Dhaa	TiRa	KiTa	TaKa	TiRa	KiTa

धा	–	क	ट	धा	–	क	ट	धा	–	गि	ना	तिं	ना	कि	ना
Dhaa	–	Ka	Ta	Dhaa	–	Ka	Ta	Dhaa	–	Gi	Naa	Tin	Naa	Ki	Naa

ता	तिर	किट	ता	कि	ना	ता	–	किट	ताक	ता	तिर	किट	तक	तिर	किट
Taa	TiRa	KiTa	Taa	Ki	Naa	Taa	–	KiTa	TaaKa	Taa	TiRa	KiTa	TaKa	TiRa	KiTa

धा	–	क	ट	धा	–	क	ट	धा	–	गि	ना	धी	ना	गि	ना
Dhaa	–	Ka	Ta	Dhaa	–	Ka	Ta	Dhaa	–	Gi	Naa	Dhee	Naa	Gi	Naa

Focus on the Kaidas of Tabla

Ending (Tihai)

Dhaa TiRa KiTa Dhaa Gi Naa Dhaa - - - Dhaa TiRa KiTa TaKa TiRa KiTa Dhaa - - - - -

Dhaa TiRa KiTa TaaKa TiRa KiTa Dhaa - - - - - Dhaa TiRa KiTa TaKa TiRa KiTa Dhaa

- - -
- - -

Dhaa TiRa KiTa Dhaa Gi Naa Dhaa - - - Dhaa TiRa KiTa TaKa TiRa KiTa Dhaa - - - - -

Dhaa TiRa KiTa TaaKa TiRa KiTa Dhaa - - - - - Dhaa TiRa KiTa TaKa TiRa KiTa Dhaa

- - -
- - -

Dhaa TiRa KiTa Dhaa Gi Naa Dhaa - - - Dhaa TiRa KiTa TaKa TiRa KiTa Dhaa - - - - -

Dhaa TiRa KiTa TaaKa TiRa KiTa Dhaa - - - - - Dhaa TiRa KiTa TaKa TiRa KiTa | X Dhaa

Kaida Rela In Tintal (S. Dawood Khan 1977 personal interview)
Theme

Dhaa - Ghi Da Na Ga Dhi Na Dhin Naa Gin Na Naa Ga Dhi Na

Dhin Naa Gin Naa Dhaa - Ghi Da Na Ga Ti Na Tin Naa Kin Naa

Taa - Ki Da Na Ga Ti Na Tin Na Kin Na Naa Ga Dhi Na

Dhin Naa Gin Naa Dhaa - Ghi Da Na Ga Dhi Na Dhin Naa Gin Naa

Appendix 8 - 8 & 16 Matra Kaidas

Variation #1

धा – घि ड न ग धि न न ग धि न धिं ना गिं ना
Dhaa - Ghi Da Na Ga Dhi Na Na Ga Dhi Na Dhi Naa Gin Naa

धा – घि ड न ग धि न न ग धि न धिं ना गिं ना
Dhaa - Ghi Da Na Ga Dhi Na Na Ga Dhi Na Dhi Naa Gin Naa

धा – घि ड न ग धि न धिं ना गिं ना न ग धि न
Dhaa - Ghi Da Na Ga Dhi Na Dhin Naa Gin Naa Na Ga Dhi Na

धिं ना गिं ना धा – घि ड न ग ति न तिं ना किं ना
Dhin Naa Gin Naa Dhaa - Ghi Da Na Ga Ti Na Tin Naa Kin Naa

ता – कि ड न ग ति न न ग ति न तिं ना किं ना
Taa - Ki Da Na Ga Ti Na Na Ga Ti Na Tin Naa Kin Naa

धा – घि ड न ग धि न न ग धि न धिं ना गिं ना
Dhaa - Ghi Da Na Ga Dhi Na Na Ga Dhi Na Dhin Naa Gin Naa

धा – घि ड न ग धि न धिं ना गिं ना न ग धि न
Dhaa - Ghi Da Na Ga Dhi Na Dhin Naa Gin Naa Na Ga Dhi Na

धिं ना गिं ना धा – घि ड न ग धि न धिं ना गिं ना
Dhin Naa Gin Naa Dhaa - Ghi Da Na Ga Dhi Na Dhin Naa Gin Naa

Variation #2

न ग धि न धिं ना गिं ना न ग ति न तिं ना किं ना
Na Ga Dhi Na Dhin Naa Gin Naa Na Ga Ti Na Tin Naa Kin Naa

न ग धि न धिं ना गिं ना न ग ति न तिं ना किं ना
Na Ga Dhi Na Dhin Naa Gin Naa Na Ga Ti Na Tin Naa Kin Naa

धा – घि ड न ग धि न धिं ना गिं ना न ग धि न
Dhaa - Ghi Da Na Ga Dhi Na Dhin Naa Gin Naa Na Ga Dhi Na

धिं ना गिं ना धा – घि ड न ग ति न तिं ना किं ना
Dhin Naa Gin Naa Dhaa - Ghi Da Na Ga Ti Na Tin Naa Kin Naa

न ग ति न तिं ना किं ना न ग धि न धिं ना गिं ना
Na Ga Ti Na Tin Naa Kin Naa Na Ga Dhi Na Dhin Naa Gin Naa

न ग ति न तिं ना किं ना न ग धि न धिं ना गिं ना
Na Ga Ti Na Tin Naa Kin Naa Na Ga Dhi Na Dhin Naa Gin Naa

धा – घि ड न ग धि न धिं ना गिं ना न ग धि न
Dhaa - Ghi Da Na Ga Dhi Na Dhin Naa Gin Naa Na Ga Dhi Na

धिं ना गिं ना धा – घि ड न ग धि न धिं ना गिं ना
Dhin Naa Gin Naa Dhaa - Ghi Da Na Ga Dhi Na Dhin Naa Gin Naa

Focus on the Kaidas of Tabla

Ending (Tihai)

न	ग	धि	न	धिं	ना	गिं	ना	न	ग	धि	न	धिं	ना	गिं	ना	धा
Na	Ga	Dhi	Na	Dhin	Naa	Gin	Naa	Na	Ga	Dhi	Na	Dhin	Naa	Gin	Naa	Dhaa

-	-	-	कत्	-	त	-
-	-	-	Kat	-	Ta	-

न	ग	धि	न	धिं	ना	गिं	ना	न	ग	धि	न	धिं	ना	गिं	ना	धा
Na	Ga	Dhi	Na	Dhin	Naa	Gin	Naa	Na	Ga	Dhi	Na	Dhin	Naa	Gin	Naa	Dhaa

-	-	-	कत्	-	त	-
-	-	-	Kat	-	Ta	-

																X
न	ग	धि	न	धिं	ना	गिं	ना	न	ग	धि	न	धिं	ना	गिं	ना	धा
Na	Ga	Dhi	Na	Dhin	Naa	Gin	Naa	Na	Ga	Dhi	Na	Dhin	Naa	Gin	Naa	Dhaa

Lucknow Kaida in Tintal (Godbole 1967:25)

धी	क	धि	ना	त्र	क	धि	ना	गि	ना	ती	क	ति	ना	कि	ना
Dhee	Ka	Dhi	Naa	Tra	Ka	Dhi	Naa	Gi	Naa	Tee	Ka	Ti	Naa	Ki	Naa

ती	क	ति	ना	त्र	क	धि	ना	गि	ना	धी	क	धि	ना	गि	ना
Tee	Ka	Ti	Naa	Tra	Ka	Dhi	Naa	Gi	Naa	Dhee	Ka	Dhi	Naa	Gi	Naa

Variation #1

धी	क	धि	ना	त्र	क	धि	ना	धी	क	धि	ना	त्र	क	धि	ना
Dhee	Ka	Dhi	Naa	Tra	Ka	Dhi	Naa	Dhee	Ka	Dhi	Naa	Tra	Ka	Dhi	Naa

धी	क	धि	ना	त्र	क	धि	ना	गि	ना	ती	क	ति	ना	कि	ना
Dhee	Ka	Dhi	Naa	Tra	Ka	Dhi	Naa	Gi	Naa	Tee	Ka	Ti	Naa	Ki	Naa

ती	क	ति	ना	त्र	क	ति	ना	ती	क	ति	ना	त्र	क	ति	ना
Tee	Ka	Ti	Naa	Tra	Ka	Ti	Naa	Tee	Ka	Ti	Naa	Tra	Ka	Ti	Naa

धी	क	धि	ना	त्र	क	धि	ना	गि	ना	धी	क	धि	ना	गि	ना
Dhee	Ka	Dhi	Naa	Tra	Ka	Dhi	Naa	Gi	Naa	Dhee	Ka	Dhi	Naa	Gi	Naa

Appendix 8 - 8 & 16 Matra Kaidas

Variation #2

धी	क	धि	ना	धी	क	धि	ना	धी	क	धि	ना	त्र	क	धि	ना
Dhee	Ka	Dhi	Naa	Dhee	Ka	Dhi	Naa	Dhee	Ka	Dhi	Naa	Tra	Ka	Dhi	Naa

धी	क	धि	ना	त्र	क	धि	ना	गि	ना	ती	क	ति	ना	कि	ना
Dhee	Ka	Dhi	Naa	Tra	Ka	Dhi	Naa	Gi	Naa	Tee	Ka	Ti	Naa	Ki	Naa

ती	क	ति	ना	ती	क	ति	ना	ती	क	ति	ना	त्र	क	ति	ना
Tee	Ka	Ti	Naa	Tee	Ka	Ti	Naa	Tee	Ka	Ti	Naa	Tra	Ka	Ti	Naa

धी	क	धि	ना	त्र	क	धि	ना	गि	ना	धी	क	धि	ना	गि	ना
Dhee	Ka	Dhi	Naa	Tra	Ka	Dhi	Naa	Gi	Naa	Dhee	Ka	Dhi	Naa	Gi	Naa

Variation #3

धी	क	धि	ना	त्र	क	धि	ना	त्र	क	धि	ना	त्र	क	धि	ना
Dhee	Ka	Dhi	Naa	Tra	Ka	Dhi	Naa	Tra	Ka	Dhi	Naa	Tra	Ka	Dhi	Naa

धी	क	धि	ना	त्र	क	धि	ना	गि	ना	ती	क	ति	ना	कि	ना
Dhee	Ka	Dhi	Naa	Tra	Ka	Dhi	Naa	Gi	Naa	Tee	Ka	Ti	Naa	Ki	Naa

ती	क	ति	ना	त्र	क	ति	ना	त्र	क	ति	ना	त्र	क	ति	ना
Tee	Ka	Ti	Naa	Tra	Ka	Ti	Naa	Tra	Ka	Ti	Naa	Tra	Ka	Ti	Naa

धी	क	धि	ना	त्र	क	धि	ना	गि	ना	धी	क	धि	ना	गि	ना
Dhee	Ka	Dhi	Naa	Tra	Ka	Dhi	Naa	Gi	Naa	Dhee	Ka	Dhi	Naa	Gi	Naa

Variation #4

धी	क	धि	ना	त्र	क	धि	ना	–	–	त्र	क	धि	ना	गि	ना
Dhee	Ka	Dhi	Naa	Tra	Ka	Dhi	Naa	-	-	Tra	Ka	Dhi	Naa	Gi	Naa

धी	क	धि	ना	त्र	क	धि	ना	गि	ना	ती	क	ति	ना	कि	ना
Dhee	Ka	Dhi	Naa	Tra	Ka	Dhi	Naa	Gi	Naa	Tee	Ka	Ti	Naa	Ki	Naa

ती	क	ति	ना	त्र	क	ति	ना	–	–	त्र	क	ति	ना	कि	ना
Tee	Ka	Ti	Naa	Tra	Ka	Ti	Naa	-	-	Tra	Ka	Ti	Naa	Ki	Naa

धी	क	धि	ना	त्र	क	धि	ना	गि	ना	धी	क	धि	ना	गि	ना
Dhee	Ka	Dhi	Naa	Tra	Ka	Dhi	Naa	Gi	Naa	Dhee	Ka	Dhi	Naa	Gi	Naa

Focus on the Kaidas of Tabla

Variation #5

| Tra | Ka | Dhi | Naa | Gi | Naa | Tra | Ka | Dhi | Naa | Gi | Naa | Dhi | Naa | Gi | Naa |

| Dhee | Ka | Dhi | Naa | Tra | Ka | Dhi | Naa | Gi | Naa | Tee | Ka | Ti | Naa | Ki | Naa |

| Tra | Ka | Ti | Naa | Ki | Naa | Tra | Ka | Ti | Naa | Ki | Naa | Ti | Naa | Ki | Naa |

| Dhee | Ka | Dhi | Naa | Tra | Ka | Dhi | Naa | Gi | Naa | Dhee | Ka | Dhi | Naa | Gi | Naa |

Variation #6

| Dhee | Ka | Dhi | Naa | - | Dhaa | Dhee | Ka | Dhi | Naa | - | Dhaa | Tra | Ka | Dhi | Naa |

| Dhee | Ka | Dhi | Naa | Tra | Ka | Dhi | Naa | Gi | Naa | Tee | Ka | Ti | Naa | Ki | Naa |

| Tee | Ka | Ti | Naa | - | Taa | Tee | Ka | Ti | Naa | - | Taa | Tra | Ka | Ti | Naa |

| Dhee | Ka | Dhi | Naa | Tra | Ka | Dhi | Naa | Gi | Naa | Dhee | Ka | Dhi | Naa | Gi | Naa |

Variation #7

| Dhee | Ka | Dhi | Naa | Tra | Ka | Dhee | Ka | Dhi | Naa | Tra | Ka | Dhi | Naa | Tra | Ka |

| Dhee | Ka | Dhi | Naa | Tra | Ka | Dhi | Naa | Gi | Naa | Tee | Ka | Ti | Naa | Ki | Naa |

| Tee | Ka | Ti | Naa | Tra | Ka | Tee | Ka | Ti | Naa | Tra | Ka | Ti | Naa | Tra | Ka |

| Dhee | Ka | Dhi | Naa | Tra | Ka | Dhi | Naa | Gi | Naa | Dhee | Ka | Dhi | Naa | Gi | Naa |

Variation #8

| Dhee | Ka | Dhee | Ka | Dhi | Naa | Gi | Naa | Dhee | Ka | Dhee | Ka | Dhi | Naa | Gi | Naa |

| Dhee | Ka | Dhi | Naa | Tra | Ka | Dhi | Naa | Gi | Naa | Tee | Ka | Ti | Naa | Ki | Naa |

| Tee | Ka | Tee | Ka | Ti | Naa | Ki | Naa | Tee | Ka | Tee | Ka | Ti | Naa | Ki | Naa |

| Dhee | Ka | Dhi | Naa | Tra | Ka | Dhi | Naa | Gi | Naa | Dhee | Ka | Dhi | Naa | Gi | Naa |

Appendix 8 - 8 & 16 Matra Kaidas

Variation #9

Dhee Ka Dhi Naa Gi Naa Dhee Ka Dhi Naa Gi Naa Dhi Naa Gi Naa

Dhee Ka Dhi Naa Tra Ka Dhi Naa Gi Naa Tee Ka Ti Naa Ki Naa

Tee Ka Ti Naa Ki Naa Tee Ka Ti Naa Ki Naa Ti Naa Ki Naa

Dhee Ka Dhi Naa Tra Ka Dhi Naa Gi Naa Dhee Ka Dhi Naa Gi Naa

Variation #10

Dhee Ka Dhi Naa Tra Ka Tee Ka Ti Naa Tra Ka Dhee Ka Dhi Naa

Tra Ka Tee Ka Ti Naa Tra Ka Dhee Ka Dhee Ka Dhi Naa Tra Ka

Tee Ka Ti Naa Tra Ka Dhee Ka Dhi Naa Tra Ka Tee Ka Ti Naa

Tra Ka Dhee Ka Dhi Naa Tra Ka Dhee Ka Dhee Ka Dhi Naa Tra Ka

Ending (Tihai)

Dhee Ka Dhi Naa Tra Ka Dhi Naa Gi Naa Tee Ka Ti Naa Ki Naa Dhaa

– – – Kat – – –

Dhee Ka Dhi Naa Tra Ka Dhi Naa Gi Naa Tee Ka Ti Naa Ki Naa Dhaa

– – – Kat – – –

Dhee Ka Dhi Naa Tra Ka Dhi Naa Gi Naa Tee Ka Ti Naa Ki Naa | X Dhaa

Lucknow Kaida in Tintal (Godbole 1967:35)

Dhaa Tra Ka Dhi Na Ka Dhi Na Gi Na Dhaa Ge Ti Na Ki Na

Taa Tra Ka Dhi Na Ka Dhi Na Gi Na Dhaa Ge Dhi Na Gi Na

Variation #1

Dhaa Tra Ka Dhi Na Ka Dhi Na Dhaa Tra Ka Dhi Na Ka Dhi Na

Dhaa Tra Ka Dhi Na Ka Dhi Na Gi Na Dhaa Ge Ti Na Ki Na

Taa Tra Ka Ti Na Ka Ti Na Taa Tra Ka Ti Na Ka Ti Na

Dhaa Tra Ka Dhi Na Ka Dhi Na Gi Na Dhaa Ge Dhi Na Gi Na

Variation #2

Dhaa Tra Ka Dhi Na Ka Dhi Na Dhaa – – Dhi Na Ka Dhi Na

Dhaa Tra Ka Dhi Na Ka Dhi Na Gi Na Dhaa Ge Ti Na Ki Na

Taa Tra Ka Ti Na Ka Ti Na Taa – – Ti Na Ka Ti Na

Dhaa Tra Ka Dhi Na Ka Dhi Na Gi Na Dhaa Ge Dhi Na Gi Na

Variation #3

Dhaa Tra Ka Dhi Na Ka Dhi Na Dhaa – Ghe Ghe Na Ka Dhi Na

Dhaa Tra Ka Dhi Na Ka Dhi Na Gi Na Dhaa Ge Ti Na Ki Na

Taa Tra Ka Ti Na Ka Ti Na Taa – Ke Ke Na Ka Ti Na

Dhaa Tra Ka Dhi Na Ka Dhi Na Gi Na Dhaa Ge Dhi Na Gi Na

Appendix 8 - 8 & 16 Matra Kaidas

Variation #4

धा त्र क धि न क धि न धा - घे घे न क धि न
Dhaa Tra Ka Dhi Na Ka Dhi Na Dhaa - Ghe Ghe Na Ka Dhi Na

धा - घे घे न क धि न गि न धा गे ति न कि न
Dhaa - Ghe Ghe Na Ka Dhi Na Gi Na Dhaa Ge Ti Na Ki Na

ता त्र क ति न क ति न ता - के के न क ति न
Taa Tra Ka Ti Na Ka Ti Na Taa - Ke Ke Na Ka Ti Na

धा - घे घे न क धि न गि न धा गे धि न गि न
Dhaa - Ghe Ghe Na Ka Dhi Na Gi Na Dhaa Ge Dhi Na Gi Na

Variation #5

धा त्र क धि न क धा त्र क धि न क धि न गि न
Dhaa Tra Ka Dhi Na Ka Dhaa Tra Ka Dhi Na Ka Dhi Na Gi Na

धा त्र क धि न क धि न गि न धा गे ति न कि न
Dhaa Tra Ka Dhi Na Ka Dhi Na Gi Na Dhaa Ge Ti Na Ki Na

ता त्र क ति न क ता त्र क ति न क ति न गि न
Taa Tra Ka Ti Na Ka Taa Tra Ka Ti Na Ka Ti Na Gi Na

धा त्र क धि न क धि न गि न धा गे धि न गि न
Dhaa Tra Ka Dhi Na Ka Dhi Na Gi Na Dhaa Ge Dhi Na Gi Na

Variation #6

धा त्र क धि न क धि न गि न धा गे धा त्र क धि
Dhaa Tra Ka Dhi Na Ka Dhi Na Gi Na Dhaa Ge Dhaa Tra Ka Dhi

न क धि न गि न धा गे गि न धा गे ति न कि न
Na Ka Dhi Na Gi Na Dhaa Ge Gi Na Dhaa Ge Ti Na Ki Na

ता त्र क ति न क ति न कि न ता गे धा त्र क धि
Taa Tra Ka Ti Na Ka Ti Na Ki Na Taa Ge Dhaa Tra Ka Dhi

न क धि न गि न धा गे गि न धा गे धि न गि न
Na Ka Dhi Na Gi Na Dhaa Ge Gi Na Dhaa Ge Dhi Na Gi Na

Variation #7

धि	न	धा	गे	धि	न	गि	न	धि	न	धा	गे	धि	न	गि	न
Dhi	Na	Dhaa	Ge	Dhi	Na	Gi	Na	Dhi	Na	Dhaa	Ge	Dhi	Na	Gi	Na

धा	त्र	क	धि	न	क	धि	न	गि	न	धा	गे	ति	न	कि	न
Dhaa	Tra	Ka	Dhi	Na	Ka	Dhi	Na	Gi	Na	Dhaa	Ge	Ti	Na	Ki	Na

ति	न	ता	गे	ति	न	कि	न	ति	न	ता	गे	ति	न	कि	न
Ti	Na	Taa	Ge	Ti	Na	Ki	Na	Ti	Na	Taa	Ge	Ti	Na	Ki	Na

धा	त्र	क	धि	न	क	धि	न	गि	न	धा	गे	धि	न	गि	न
Dhaa	Tra	Ka	Dhi	Na	Ka	Dhi	Na	Gi	Na	Dhaa	Ge	Dhi	Na	Gi	Na

Variation #8

धि	न	धा	गे	धि	न	गि	न	धा	–	–	–	धि	न	गि	न
Dhi	Na	Dhaa	Ge	Dhi	Na	Gi	Na	Dhaa	–	–	–	Dhi	Na	Gi	Na

धा	त्र	क	धि	न	क	धि	न	गि	न	धा	गे	ति	न	कि	न
Dhaa	Tra	Ka	Dhi	Na	Ka	Dhi	Na	Gi	Na	Dhaa	Ge	Ti	Na	Ki	Na

ति	न	ता	गे	ति	न	कि	न	ता	–	–	–	ति	न	कि	न
Ti	Na	Taa	Ge	Ti	Na	Ki	Na	Taa	–	–	–	Ti	Na	Ki	Na

धा	त्र	क	धि	न	क	धि	न	गि	न	धा	गे	धि	न	गि	न
Dhaa	Tra	Ka	Dhi	Na	Ka	Dhi	Na	Gi	Na	Dhaa	Ge	Dhi	Na	Gi	Na

Variation #9

धा	त्र	क	धि	न	क	धि	न	धा	गे	न	धि	न	क	धि	न
Dhaa	Tra	Ka	Dhi	Na	Ka	Dhi	Na	Dhaa	Ge	Na	Dhi	Na	Ka	Dhi	Na

धा	–	घे	घे	ना	ना	धा	–	घे	घे	ना	ग	ति	न	गि	न
Dhaa	–	Ghe	Ghe	Na	Na	Dhaa	–	Ghe	Ghe	Na	Ga	Ti	Na	Gi	Na

ता	त्र	क	ति	न	क	ति	न	ता	गे	न	ति	न	क	ति	न
Taa	Tra	Ka	Ti	Na	Ka	Ti	Na	Taa	Ge	Na	Ti	Na	Ka	Ti	Na

धा	–	घे	घे	ना	ना	धा	–	घे	घे	ना	ग	धि	न	गि	न
Dhaa	–	Ghe	Ghe	Naa	Na	Dhaa	–	Ghe	Ghe	Naa	Ga	Dhi	Na	Gi	Na

Ending (Tihai)

| Dhaa | Tra | Ka | Dhi | Na | Ka | Dhaa | Tra | Ka | Dhi | Na | Ka | Dhi | Na | Gi | Na | Dhaa |

| - | - | - | Dhin | Na | Gi | Na |

| Dhaa | Tra | Ka | Dhi | Na | Ka | Dhaa | Tra | Ka | Dhi | Na | Ka | Dhi | Na | Gi | Na | Dhaa |

| - | - | - | Dhin | Na | Gi | Na |

| Dhaa | Tra | Ka | Dhi | Na | Ka | Dhaa | Tra | Ka | Dhi | Na | Ka | Dhi | Na | Gi | Na | **X** Dhaa |

Beginner's Kaida in Tintal (traditional)

Theme

| Dhaa | Dhaa | TiRa | KiTa | Dhaa | Dhaa | Tun | Naa |

| Taa | Taa | TiRa | KiTa | Dhaa | Dhaa | Dhin | Naa |

Variation #1

| Dhaa | Dhaa | TiRa | KiTa | Dhaa | Dhaa | TiRa | KiTa | Dhaa | Dhaa | TiRa | KiTa | Dhaa | Dhaa | Tun | Naa |

| Taa | Taa | TiRa | KiTa | Taa | Taa | TiRa | KiTa | Dhaa | Dhaa | TiRa | KiTa | Dhaa | Dhaa | Dhin | Naa |

Variation #2

| Dhaa | Dhaa | TiRa | KiTa | Dhaa | Dhaa | Tun | Naa | Dhaa | Dhaa | Dhin | Naa | Dhaa | Dhaa | Tun | Naa |

| Taa | Taa | TiRa | KiTa | Dhaa | Dhaa | Dhin | Naa | Dhaa | Dhaa | Tun | Naa | Dhaa | Dhaa | Dhin | Naa |

Variation #3

धा तिर	किट	धा तिर	किट	धा ती	धा	धा तिर	किट	धा	धा	तुं	ना
Dhaa TiRa	KiTa	Dhaa TiRa	KiTa	Dhaa Tee	Dhaa	Dhaa TiRa	KiTa	Dhaa	Dhaa	Tun	Naa

ता तिर	किट	ता तिर	किट	धा ती	धा	धा तिर	किट	धा	धा	धिं	ना
Taa TiRa	KiTa	Taa TiRa	KiTa	Dhaa Tee	Dhaa	Dhaa TiRa	KiTa	Dhaa	Dhaa	Dhin	Naa

Ending (Tihai)

धा धा तिर किट धा धा तुं ना धा
Dhaa Dhaa TiRa KiTa Dhaa Dhaa Tun Naa Dhaa

- - -
- - -

धा धा तिर किट धा धा तुं ना धा
Dhaa Dhaa TiRa KiTa Dhaa Dhaa Tun Naa Dhaa

- - -
- - -

                                                  X
धा धा तिर किट धा धा तुं ना धा
Dhaa Dhaa TiRa KiTa Dhaa Dhaa Tun Naa Dhaa

WORKS CITED

Courtney, David
1998   *Fundamentals of Tabla.* Houston: Sur Sangeet Services.
2000   *Advanced Theory of Tabla.* Houston: Sur Sangeet Services.

Dutta, Aloke
1984   *Tabla: Lessons and Practice.* Calcutta: Janabani Printers and Publishers.

Godbole, Madhukar Ganesh
1967   *Tal Dipika.* Allahabad, India: Ashok Prakashan Mandir.

Gottlieb, Robert S.
1977   *The Major Traditions of North Indian Tabla Drumming (Vol. 1).* Munich-Salzburg: Musikverlag Emil Katzbichler.

Hussain, Zakir
1974-1975 Personal study.
1988   Personal study.

Khan, Shaik Dawood
1978-1980 Personal study.

Leake, Jerry
1993   *Indian Influence (Tabla Perspective), Series A.I.M. Percussion Text* (Second Edition). Boston: Rhombus Publishing.

Rao, Taranath and J. Feldman
1995   *The Tabla Legacy of Taranath Rao ; Pranava Tal Prajna.* Venice CA: Digitala, Edited by Jeffrey Feldman.

Sharma, Bhagavat Sharan
2002   *Tal Prakash*. Hathras: Sangeet Karyalaya (11th edition).

Vashisht, Satyanarayan
1977   *Tal Martand*. (5th edition), Hathras: India: Sangeet Karyalay.

Yadav, B. L.
1995   *Tabla Prakash (vol. 1)*. Allahabad: Sangit Sadan Prakashan.
1999a   *Tabla Prakash (vol. 2)*. Allahabad: Sangit Sadan Prakashan.

APPENDIX 9
SEVENTEEN-MATRA KAIDA

INTRODUCTION
There are numerous *tals* which are based upon 17 *matras,* yet none of them are commonly played. Some examples are *Bhagavan tal* (Mridangacharya & Das 1977:71), *Chudamani tal* (Sharma 1973:114), *Trushank tal* (Yadav 1999) and *Makarandakirti tal* (Vashisht 1977:353).   There are many others. Please refer to *Fundamentals of Tabla* for more examples (Courtney 1998). It is interesting to note that these 17 *matra kaidas* are not limited to 17 *matra tals*. One extremely interesting application is for 8 ½ *matra tals* such as *rupam*.

Kaida in Trushankh Tal (Yadav 1999:109-113)
Theme

धा	गे	ते	टे	धा	गे	तिर	किट	धी	ना	गी	ना	धा	–	धी	ना	गी
Dhaa	Ge	Te	Te	Dhaa	Ge	TiRa	KiTa	Dhee	Naa	Gee	Naa	Dhaa	-	Dhee	Naa	Gee

ना	धा	गे	न	धा	गे	न	ते	टे	धा	गे	तिर	किट	ती	ना	गी	ना
Naa	Dhaa	Ge	Na	Dhaa	Ge	Na	Te	Te	Dhaa	Ge	TiRa	KiTa	Tee	Naa	Gee	Naa

ता	गे	ते	टे	ता	गे	तिर	किट	ती	ना	गी	ना	ता	–	ती	ना	गी
Taa	Ge	Te	Te	Taa	Ge	TiRa	KiTa	Tee	Naa	Gee	Naa	Taa	-	Tee	Naa	Gee

ना	धा	गे	न	धा	गे	न	ते	टे	धा	गे	तिर	किट	धी	ना	गी	ना
Naa	Dhaa	Ge	Na	Dhaa	Ge	Na	Te	Te	Dhaa	Ge	TiRa	KiTa	Dhee	Naa	Gee	Naa

Focus on the Kaidas of Tabla

Variation #1

धा	गे	ते	टे	धा	गे	तिर	किट	धा	गे	ते	टे	धा	गे	तिर	किट	धा
Dhaa	Ge	Te	Te	Dhaa	Ge	TiRa	KiTa	Dhaa	Ge	Te	Te	Dhaa	Ge	TiRa	KiTa	Dhaa

गे	ते	टे	धा	गे	तिर	किट	धी	ना	गी	ना	धा	–	धी	ना	गी	ना
Ge	Te	Te	Dhaa	Ge	TiRa	KiTa	Dhee	Naa	Gee	Naa	Dhaa	–	Dhee	Naa	Gee	Naa

धा	गे	ते	टे	धा	गे	तिर	किट	धी	ना	गी	ना	धा	–	धी	ना	गी
Dhaa	Ge	Te	Te	Dhaa	Ge	TiRa	KiTa	Dhee	Naa	Gee	Naa	Dhaa	–	Dhee	Naa	Gee

ना	धा	गे	न	धा	गे	न	ते	टे	धा	गे	तिर	किट	ती	ना	गी	ना
Naa	Dhaa	Ge	Na	Dhaa	Ge	Na	Te	Te	Dhaa	Ge	TiRa	KiTa	Tee	Naa	Gee	Naa

ता	गे	ते	टे	ता	गे	तिर	किट	ता	गे	ते	टे	ता	गे	तिर	किट	ता
Taa	Ge	Te	Te	Taa	Ge	TiRa	KiTa	Taa	Ge	Te	Te	Taa	Ge	TiRa	KiTa	Taa

गे	ते	टे	ता	गे	तिर	किट	ती	ना	गी	ना	ता	–	ती	ना	गी	ना
Ge	Te	Te	Taa	Ge	TiRa	KiTa	Tee	Naa	Gee	Naa	Taa	–	Tee	Naa	Gee	Naa

धा	गे	ते	टे	धा	गे	तिर	किट	धी	ना	गी	ना	धा	–	धी	ना	गी
Dhaa	Ge	Te	Te	Dhaa	Ge	TiRa	KiTa	Dhee	Naa	Gee	Naa	Dhaa	–	Dhee	Naa	Gee

ना	धा	गे	न	धा	गे	न	ते	टे	धा	गे	तिर	किट	धी	ना	गी	ना
Naa	Dhaa	Ge	Na	Dhaa	Ge	Na	Te	Te	Dhaa	Ge	TiRa	KiTa	Dhee	Naa	Gee	Naa

Variation #2

धा	गे	ते	टे	धा	गे	तिर	किट	धी	ना	गी	ना	धा	–	तिर	किट	धी
Dhaa	Ge	Te	Te	Dhaa	Ge	TiRa	KiTa	Dhee	Naa	Gee	Naa	Dhaa	–	TiRa	KiTa	Dhee

ना	गी	ना	धा	–	तिर	किट	धी	ना	गी	ना	धा	–	धी	ना	गी	ना
Naa	Gee	Naa	Dhaa	–	TiRa	KiTa	Dhee	Naa	Gee	Naa	Dhaa	–	Dhee	Naa	Gee	Naa

धा	गे	ते	टे	धा	गे	तिर	किट	धी	ना	गी	ना	धा	–	धी	ना	गी
Dhaa	Ge	Te	Te	Dhaa	Ge	TiRa	KiTa	Dhee	Naa	Gee	Naa	Dhaa	–	Dhee	Naa	Gee

ना	धा	गे	न	धा	गे	न	ते	टे	धा	गे	तिर	किट	ती	ना	गी	ना
Naa	Dhaa	Ge	Na	Dhaa	Ge	Na	Te	Te	Dhaa	Ge	TiRa	KiTa	Tee	Naa	Gee	Naa

ता	गे	ते	टे	ता	गे	तिर	किट	ती	ना	गी	ना	ता	–	तिर	किट	ती
Taa	Ge	Te	Te	Taa	Ge	TiRa	KiTa	Tee	Naa	Gee	Naa	Taa	–	TiRa	KiTa	Tee

ना	गी	ना	ता	–	तिर	किट	ती	ना	गी	ना	ता	–	ती	ना	गी	ना
Naa	Gee	Naa	Taa	–	TiRa	KiTa	Tee	Naa	Gee	Naa	Taa	–	Tee	Naa	Gee	Naa

धा	गे	ते	टे	धा	गे	तिर	किट	धी	ना	गी	ना	धा	–	धी	ना	गी
Dhaa	Ge	Te	Te	Dhaa	Ge	TiRa	KiTa	Dhee	Naa	Gee	Naa	Dhaa	–	Dhee	Naa	Gee

ना	धा	गे	न	धा	गे	न	ते	टे	धा	गे	तिर	किट	धी	ना	गी	ना
Naa	Dhaa	Ge	Na	Dhaa	Ge	Na	Te	Te	Dhaa	Ge	TiRa	KiTa	Dhee	Naa	Gee	Naa

Appendix 9 - 17 Matra Kaida

Variation #3

धा गे ते टे धा गे तिर किट धी ना गी ना धा – ते टे धी
Dhaa Ge Te Te Dhaa Ge TiRa KiTa Dhee Naa Gee Naa Dhaa - Te Te Dhee

ना गी ना धा – ते टे धी ना गी ना धा – धी ना गी ना
Naa Gee Naa Dhaa - Te Te Dhee Naa Gee Naa Dhaa - Dhee Naa Gee Naa

धा गे ते टे धा गे तिर किट धी ना गी ना धा – धी ना गी
Dhaa Ge Te Te Dhaa Ge TiRa KiTa Dhee Naa Gee Naa Dhaa - Dhee Naa Gee

ना धा गे न धा गे न ते टे धा गे तिर किट ती ना गी ना
Naa Dhaa Ge Na Dhaa Ge Na Te Te Dhaa Ge TiRa KiTa Tee Naa Gee Naa

ता गे ते टे ता गे तिर किट ती ना गी ना ता – ते टे ती
Taa Ge Te Te Taa Ge TiRa KiTa Tee Naa Gee Naa Taa - Te Te Tee

ना गी ना ता – ते टे ती ना गी ना ता – ती ना गी ना
Naa Gee Naa Taa - Te Te Tee Naa Gee Naa Taa - Tee Naa Gee Naa

धा गे ते टे धा गे तिर किट धी ना गी ना धा – धी ना गी
Dhaa Ge Te Te Dhaa Ge TiRa KiTa Dhee Naa Gee Naa Dhaa - Dhee Naa Gee

ना धा गे न धा गे न ते टे धा गे तिर किट धी ना गी ना
Naa Dhaa Ge Na Dhaa Ge Na Te Te Dhaa Ge TiRa KiTa Dhee Naa Gee Naa

Variation #4

धा गे न धा गे न तिर किट धा गे न धा गे न तिर किट धा
Dhaa Ge Na Dhaa Ge Na TiRa KiTa Dhaa Ge Na Dhaa Ge Na TiRa KiTa Dhaa

गे न धा गे न तिर किट धी ना गी ना धा – धी ना गी ना
Ge Na Dhaa Ge Na TiRa KiTa Dhee Naa Gee Naa Dhaa - Dhee Naa Gee Naa

धा गे ते टे धा गे तिर किट धी ना गी ना धा – धी ना गी
Dhaa Ge Te Te Dhaa Ge TiRa KiTa Dhee Naa Gee Naa Dhaa - Dhee Naa Gee

ना धा गे न धा गे न ते टे धा गे तिर किट ती ना गी ना
Naa Dhaa Ge Na Dhaa Ge Na Te Te Dhaa Ge TiRa KiTa Tee Naa Gee Naa

ता गे न ता गे न तिर किट ता गे न ता गे न तिर किट ता
Taa Ge Na Taa Ge Na TiRa KiTa Taa Ge Na Taa Ge Na TiRa KiTa Taa

गे न ता गे न तिर किट ती ना गी ना ता – ती ना गी ना
Ge Na Taa Ge Na TiRa KiTa Tee Naa Gee Naa Taa - Tee Naa Gee Naa

धा गे ते टे धा गे तिर किट धी ना गी ना धा – धी ना गी
Dhaa Ge Te Te Dhaa Ge TiRa KiTa Dhee Naa Gee Naa Dhaa - Dhee Naa Gee

ना धा गे न धा गे न ते टे धा गे तिर किट धी ना गी ना
Naa Dhaa Ge Na Dhaa Ge Na Te Te Dhaa Ge TiRa KiTa Dhee Naa Gee Naa

Focus on the Kaidas of Tabla

Variation #5

ते टे ते टे धी ना गी ना धा – धी ना गी ना धा – धी
Te Te Te Te Dhee Naa Gee Naa Dhaa - Dhee Naa Gee Naa Dhaa - Dhee

ना गी ना ते टे ता – ते टे ता – ते टे धी ना गी ना
Naa Gee Naa Te Te Taa - Te Te Taa - Te Te Dhee Naa Gee Naa

धा गे ते टे धा गे तिर किट धी ना गी ना धा – धी ना गी
Dhaa Ge Te Te Dhaa Ge TiRa KiTa Dhee Naa Gee Naa Dhaa - Dhee Naa Gi

ना धा गे न धा गे न ते टे धा गे तिर किट ती ना गी ना
Naa Dhaa Ge Na Dhaa Ge Na Te Te Dhaa Ge TiRa KiTa Tee Naa Gee Naa

ते टे ते टे ती ना गी ना ता – ती ना गी ना ता – ती
Te Te Te Te Tee Naa Gee Naa Taa - Tee Naa Gee Naa Taa - Tee

ना गी ना ते टे ता – ते टे ता – ते टे ती ना गी ना
Naa Gee Naa Te Te Taa - Te Te Taa - Te Te Tee Naa Gee Naa

धा गे ते टे धा गे तिर किट धी ना गी ना धा – धी ना गी
Dhaa Ge Te Te Dhaa Ge TiRa KiTa Dhee Naa Gee Naa Dhaa - Dhee Naa Gee

ना धा गे न धा गे न ते टे धा गे तिर किट धी ना गी ना
Naa Dhaa Ge Na Dhaa Ge Na Te Te Dhaa Ge TiRa KiTa Dhee Naa Gee Naa

Ending (Tihai)

ते टे ते टे धी ना गी ना धा – धी ना गी ना धा – धी ना गी ना धा
Te Te Te Te Dhee Naa Gee Naa Dhaa - Dhee Naa Gee Naa Dhaa - Dhee Naa Gee Naa Dhaa

– – –

– – –

ते टे ते टे धी ना गी ना धा – धी ना गी ना धा – धी ना गी ना धा
Te Te Te Te Dhee Naa Gee Naa Dhaa - Dhee Naa Gee Naa Dhaa - Dhee Naa Gee Naa Dhaa

– – –

– – –

ते टे ते टे धी ना गी ना धा – धी ना गी ना धा – धी ना गी ना | X धा
Te Te Te Te Dhee Naa Gee Naa Dhaa - Dhee Naa Gee Naa Dhaa - Dhee Naa Gee Naa | Dhaa

WORKS CITED

Courtney, David
1998 *Fundamentals of Tabla*. Houston: Sur Sangeet Services.
2000 *Advanced Theory of Tabla*. Houston: Sur Sangeet Services.

Mridangacharya, Bhagavan and Ram Shankar Das
1977 *Mridang - Tabla Prabhakar (vol 2)*. Hathras, India: Sangeet Kayalaya.

Sharma, Bhagavat Sharan
1973 *Tal Prakash*. Hathras, India: Sangeet Karyalaya.

Yadav, B. L.
1999 *Tabla Prakash (Vol. 3)*. Allahabad: Sangit Sadan Prakashan.

Vashisht, Satya Narayan
1977 *Tal Martand*. Hathras, India: Sangeet Karyalaya.

APPENDIX 10

KAIDA FINDER

INTRODUCTION
This *kaida* finder is a specialised index that will allow you to find an appropriate piece with the minimum of effort. This is designed to be used in the manner which is consistent with the process that most musicians go through when they are putting a solo together.

This is a three step index. The three steps proceed in the following manner:

Step #1 - In the first step you choose the *tal* that you are looking for. The various tals are listed in alphabetical order starting on this page. We have highlighted *Ektal*, *Tintal*, *Jhaptal*, and *Rupak tal* in bold to facilitate finding these popular *tals* quickly. When one finds the desired *tal* this will then refer you to the second step of the index.

Step 2 - In this section you will select the *jati* in which you want to play the *kaida*. Examples of the *jati* are *chatusra* (i.e., duple / quadruple), *tisra jati* (i.e., triplets) etc. When you have selected the *jati*, this will refer you to the third level of the index.

Step 3 - Select the *bol*. This index contains the theme, or at least a significant section of the theme. This will allow you to quickly scan through and select a *bol* that appeals to you. When you have decided on a *bol*, the index will refer you to the appropriate page of the book where the complete theme/ variations, and *tihais* are located. Please note that these sections are in alphabetical order. All timing information (i.e., rests, *matra*-signs) is ignored when alphabetising.

STEP 1	MATRAS (Beats)	INDEX GROUP	PAGES
Abhinandan Tal	20	Group #3	300
Abhiram Tal	24	Group #2	297
Ada Chautal	14	Group #4	302
Ada Pech Tal	9	Group #5	303
Adapanna Tal	15	Group #8	305
Addha Tal	16	Group #1	289
Anima Tal	13	Group #7	304
Ank Tal	9	Group #5	303
Antarakrida Tal	7	Group #4	302
Arapan Tal	15	Group #8	305
Arjun Tal	20	Group #3	300
Arya Tal	16	Group #1	289
Aryun Tal	24	Group #2	297
Ashtamangal Tal	11/22	Group #6	30

Focus on the Kaidas of Tabla

STEP 1	MATRAS (Beats)	INDEX GROUP	PAGES
At Tal #1	10	Group #3	300
At Tal #2	12/24	Group #2	297
At Tal #3	14	Group #4	302
At Tal #4	18	Group #5	303
At Tal #5	22	Group #6	304
Badi Sawari Tal	16	Group #1	289
Basant Tal	9/18	Group #5	303
Basant Shikhir Tal	26	Group #7	304
Bhadaua Dadra Tal	6	Group #2	297
Bhagavan Tal	17	Group #9	305
Bhairav Tal	22	Group #6	304
Bhanumati Tal	11	Group #6	304
Bhargavi Tal	22	Group #6	304
Bhrang Tal	15	Group #8	305
Bhrangi Tal	16	Group #1	289
Brahma Tal	14/28	Group #4	302
Brahmayog Tal #1	15	Group #8	305
Brahmayog Tal #2	18	Group #5	303
Chakra Tal #1	5	Group #3	300
Chakra Tal #2	30	Group #8	305
Champak Tal	14	Group #4	302
Champak Sawari Tal	11	Group #6	304
Chandra Tal	18	Group #5	303
Chandrachautal Tal	13	Group #7	304
Chandrakala Tal	15	Group #8	305
Chandrakrida Tal	9	Group #5	303
Chandramani Tal	11	Group #6	304
Chandrawal Tal	18	Group #5	303
Chang Tal	8	Group #1	289
Champaka Tal	8	Group #1	289
Chartal ki Sawari Tal	11	Group #6	304
Chat Tal	12	Group #2	297
Chatur Tal	15	Group #8	305
Chaturput Tal	9	Group #5	303
Chatrus Tal	10	Group #3	300
Chautal Tal	12	Group #2	297
Chekka Tal	18	Group #5	303
Chitra Tal #1	2	Group #1	289
Chitra Tal #2	15	Group #8	305
Choti Sawari Tal	15	Group #8	305
Chudaman1 Tal #1	17	Group #9	305
Chudamani Tal #2	32	Group #1	289
Dadra Tal	6	Group #2	297
Dakshaman Tal	21	Group #10	306
Damodar Tal	9	Group #5	303
Das Syandan Tal	10	Group #3	300
Devadhwani Tal	17	Group #9	305
Devaguna Tal	12	Group #2	297
Dhamar Punjabi Tal	14	Group #4	302
Dhammar Tal	14	Group #4	302
Dhruva Tal #1	11	Group #6	304
Dhruva Tal #2	14	Group #4	302
Dhruva Tal #3	21	Group #10	306
Dhumali Tal	8	Group #1	289
Dipchandi Tal	14	Group #4	302
Dobahar Tal	13	Group #7	304

Appendix 10 - Kaida Finder

STEP 1	MATRAS (Beats)	INDEX GROUP	PAGES
Ektal (Standard)	12	Group #2	297
Ektal (Non-satndard) #1	4	Group #1	289
Ektal (Non-satndard) #2	5	Group #3	300
Ektal (Non-satndard) #3	7	Group #4	302
Ektal (Non-satndard) #4	9	Group #5	303
Farodast Tal #1	7/14	Group #4	302
Farodast Tal #2	13	Group #7	304
Gajajhampa Tal	15	Group #8	305
Gajalila Tal #1	17	Group #9	305
Gajalila Tal #2	18	Group #5	303
Gajarishch Tal	20	Group #3	300
Ganesh Tal #1	18	Group #5	303
Ganesh Tal #2	20	Group #3	300
Ganesh Tal #3	21	Group #10	306
Garugi Tal	9	Group #5	303
Garugi Panchak Tal	15	Group #8	305
Ghat Tal	8	Group #1	289
Grah Tal	9	Group #5	303
Grahagrah Tal	20	Group #3	300
Hamsalol Tal	5	Group #3	300
Hans Tal	9	Group #5	303
Hanuman Tal	22	Group #6	304
Hanumant Mat Tal	9	Group #5	303
Hemavati Tal	21	Group #10	306
Himanshu Tal Tal	15	Group #8	305
Ikavai Tal	16	Group #1	289
Iktali Tal	11	Group #6	304
Indra Tal	15	Group #8	305
Indralin Tal	11	Group #6	304
Indranil Tal	17	Group #9	305
Jagajhampa Tal	15	Group #8	305
Jagpal Tal	11	Group #6	304
Jai Tal	13	Group #7	304
Jalad Trital	16	Group #1	289
Jat Tal #1	8/16	Group #1	289
Jat Tal #2	12	Group #2	297
Jat Dipchandi Tal	14	Group #4	302
Jayamangal Tal #1	13	Group #7	304
Jayamangal Tal #2	14	Group #4	302
Jhampa Tal #1	5/10	Group #3	300
Jhampa Tal #2	6/12	Group #2	297
Jhampa Tal #3	7	Group #4	302
Jhampa Tal #4	8	Group #1	289
Jhampak Tal	11	Group #6	304
Jhaptal Tal	10	Group #3	300
Jhumra Tal	14	Group #4	302
Kaherawa Tal	8	Group #1	289
Kandarp Tal	24	Group #2	297
Kapalbhrat Tal	10	Group #3	300
Karalmanch Tal	5/10	Group #3	300
Kaushik Tal	18	Group #5	303
Kawali Tal	8	Group #1	289
Khaid Tal	10	Group #3	300
Khamsa Tal	8	Group #1	289
Khandapurna Tal	16	Group #1	289

Focus on the Kaidas of Tabla

STEP 1	MATRAS (Beats)	INDEX GROUP	PAGES
Khatta Tal	9	Group #5	303
Khayal ka Theka	8	Group #1	289
Khemta Tal	6	Group #2	297
Kheta Tal	9	Group #5	303
Kokila Tal #1	7	Group #4	302
Kokila Tal #2	17	Group #9	305
Krishna Tal	20	Group #3	300
Krishna Mat Tal #1	5	Group #3	300
Krishna Mat Tal #2	9	Group #5	303
Kul Tal	9	Group #5	303
Kumbh Tal	11	Group #6	304
Laghushekhar Tal #1	5	Group #3	300
Laghushekhar Tal #2	7	Group #4	302
Lakshmi Tal	18/36	Group #5	303
Langalul Tal	14	Group #4	302
Lavani Tal	8	Group #1	289
Lilawati Tal	13	Group #7	304
Madan Tal	3/12	Group #2	297
Madhumalati Tal	16	Group #1	289
Mahanat Tal #1	14	Group #4	302
Mahanat Tal #2	16	Group #1	289
Mahasen Tal	20	Group #3	300
Mahavraj Tal #1	8	Group #1	289
Mahavraj Tal #2	12	Group #2	297
Mahavraj Tal #3	20	Group #3	300
Mahesh Tal	9	Group #5	303
Makarandakirti Tal	17	Group #9	305
Malla Tal	21	Group #10	306
Mallikatamod Tal	16	Group #1	289
Mani Tal	11	Group #6	304
Manmath Tal	20	Group #3	300
Mansij Tal	21	Group #10	306
Manthika Tal	13	Group #7	304
Marichi Tal	26	Group #7	304
Mathya Tal #1	8/16	Group #1	289
Mathya Tal #2	10	Group #3	300
Matt Tal	9/18	Group #5	303
Mattavijay Tal	13	Group #7	304
Mayur Tal	17	Group #9	305
Mithilesh Tal	20	Group #3	300
Mohan Tal	12	Group #2	297
Mohini Tal	3	Group #2	297
Nandi Tal #1	24	Group #2	297
Nandi Tal #2	32	Group #1	289
Nat Tal	4	Group #1	289
Nilakusum Tal	15	Group #8	305
Nilanbuj Tal	13	Group #7	304
Nirdosh Tal	5	Group #3	300
Nisaru Tal	10	Group #3	300
Nishoruk Tal	9	Group #5	303
Pancham Tal	16	Group #1	289
Pancham Sawari Tal	15	Group #8	305
Paran Tal	12	Group #2	297
Pashtu Tal	7	Group #4	302

Appendix 10 - Kaida Finder

STEP 1	MATRAS (Beats)	INDEX GROUP	PAGES
Pashupati Tal	26	Group #7	304
Pat Tal	2	Group #1	289
Prabhatkiran Tal	11	Group #6	304
Praman Tal	17	Group #9	305
Pratap Shikhar Tal #1	13	Group #7	304
Pratap Shikhar Tal #2	17	Group #9	305
Puran Tal	18	Group #5	303
Punam Tal	4	Group #1	289
Punjabi Theka	16	Group #1	289
Rajamandit Tal	14	Group #4	302
Rajasingh Tal	40	Group #3	300
Rajnarayan Tal	28	Group #4	302
Ramanik Tal	$10^{1}/_{2}$	Group #10	306
Rang Tal	16	Group #1	289
Ras Tal	13	Group #7	304
Rati Tal	12	Group #2	297
Ravinandani Tal	14	Group #4	302
Rayabank Tal	24	Group #2	297
Rudra Tal #1	11	Group #6	304
Rudra Tal #2	15	Group #8	305
Rudra Tal #3	16	Group #1	289
Rudra Tal #4	17	Group #9	305
Rupak Tal	7	Group #4	302
Rupak Tal (non-standard) #1	5	Group #3	300
Rupak Tal (non-standard) #2	6	Group #2	297
Rupak Tal (non-standard) #3	9	Group #5	303
Rupak Tal (non-standard) #4	11	Group #6	304
Rupam Tal	$8^{1}/_{2}$	Group #9	305
Sadanand Tal	3	Group #2	297
Sagar Tal	17	Group #9	305
Salvanth Tal	26	Group #7	304
Samadarshan Tal	24	Group #2	297
Samir Tal	7	Group #4	302
Sangavikram Tal	64	Group #1	289
Sanghalila Tal	14	Group #4	302
Sar Tal	8	Group #1	289
Saraswaswati Tal	18	Group #5	303
Saroj Tal	12	Group #2	297
Savari Tal (Standard)	15/30	Group #8	305
Savari Tal (Non-Standard) #1	14	Group #4	302
Savari Tal (Non-Standard) #2	32	Group #1	289
Shadtal	12	Group #2	297
Shakti Tal	10	Group #3	300
Shambu Tal	16	Group #1	289
Shankar Tal	11	Group #6	304
Shankh Tal #1	10	Group #3	300
Shankh Tal #2	13	Group #7	304
Shanmukh Tal	10	Group #3	300
Sharabhalila Tal	21	Group #10	306
Sharajanma Tal	15	Group #8	305
Shavarni Tal	7	Group #4	302
Shikhir Tal	17	Group #9	305
Shikhiravahan Tal	12	Group #2	297
Shiva Tal #1	13	Group #7	304
Shiva Tal #2	17	Group #9	305
Shivarni Tal	7	Group #4	302

Focus on the Kaidas of Tabla

STEP 1	MATRAS (Beats)	INDEX GROUP	PAGES
Shobhadham Tal	22	Group #6	304
Shravannil Tal	21	Group #10	306
Shruti Tal	22	Group #6	304
Singhnad Tal	40	Group #3	300
Sir Tal	6	Group #2	297
Sitarkhani	16	Group #1	289
Sooltal	10	Group #3	300
Sudarshani Tal	10/20	Group #3	300
Tamir Tal	14	Group #4	302
Tamrakarni Tal	9	Group #5	303
Tappa Tal	16	Group #1	289
Thumri Tal	8/16	Group #1	289
Tilwada Tal	16	Group #1	289
Tintal	16	Group #1	289
Tir Tal	6	Group #2	297
Tivra Tal	7	Group #4	302
Triputa Tal #1	8	Group #1	289
Triputa Tal #2	9	Group #5	303
Triputa Tal #3	11	Group #6	304
Triputa Tal #4	13	Group #7	304
Tritiya Tal	7	Group #4	302
Turanglila Tal	10	Group #3	300
Uday Tal	12	Group #2	297
Udirn Tal	16	Group #1	289
Ukshav Tal	10	Group #3	300
Ushakiran Tal	16	Group #1	289

Appendix 10 - Kaida Finder

GROUP #1

This group of *tals* include such common examples as *Tintal, punjabi theka*, and *tilwada*. These are probably going to be the most commonly used examples.

Chatusra Jati (double-time, quadruple time etc.)

Dhaa Dhaa TiRa KiTa Dhaa Dhaa Tun Naa - pg 273
धा धा तिर किट धा धा तुं ना
Dhaa Dhaa TiRa KiTa Dhaa Dhaa Tun Naa

Dhaa Dhaa Te Te - see Dhaa Dhaa Ti Ta

Dhaa Dhaa Ti Ta Dhaa Dhaa Tun Naa - pg 4
धा धा ति ट धा धा तुं ना
Dhaa Dhaa Ti Ta Dhaa Dhaa Tun Naa

Dhaa Ge Na Dhaa TiRa KiTa Dhi Na Gi Na - pg 101
धा गे न धा तिर किट धि न गि न धा गे न धा तिर किट
Dhaa Ge Na Dhaa TiRa KiTa Dhi Na Gi Na Dhaa Ge Na Dhaa TiRa KiTa

Dhaa Ge Naa Dhi Ta Dhaa - pg 233
धा गे ना धी ट धा गे ना धि ट धा गे ती ना की ना
Dhaa Ge Naa Dhee Ta Dhaa Ge Naa Dhi Ta Dhaa Ge Tee Naa Kee Naa

Dhaa Ge Te Te - see also Dhaa Ge Ti Ta

Dhaa Ge Te Te Dhaa Ge TiRa KiTa - pg 95
धा गे ते टे धा गे तिर किट धी ना गि ना धा गे ते टे
Dhaa Ge Te Te Dhaa Ge TiRa KiTa Dhee Naa Gi Naa Dhaa Ge Te Te

धा गे ना धा तिर किट धे टे धा गे तिर किट तिं ना कि ना
Dhaa Ge Naa Dhaa TiRa KiTa Dhe Te Dhaa Ge TiRa KiTa Tin Naa Ki Naa

Dhaa Ge Te Te Ka Te Te Ka - pg 114
धा गे ते टे क ते टे क ते टे क ता तिर किट क ता क ता क ट धा गे ते टे क ता तिर किट
Dhaa Ge Te Te Ka Te Te Ka Te Te Ka Taa Ti Ra Ki Ta Ka Taa Ka Taa Ka Ta Dhaa Ge Te Te Ka Taa Ti Ra Ki Ta

Dhaa Ge Te Te Ta Ge Te Te - pg 260
धा गे ते टे ता गे ते टे धा गे ना गे तू ना कत् ता
Dhaa Ge Te Te Taa Ge Te Te Dhaa Ge Naa Ge Too Naa Kat Taa

Dhaa Ge Ti Ta - see also Dhaa Ge Te Te

Focus on the Kaidas of Tabla

Dhaa Ge Ti Ta Kra Dhaa Ti Ta - pg 54

धा गे ति ट कृ धा ति ट धा तिर किट धी न क धि न
Dhaa Ge Ti Ta Kra Dhaa Ti Ta Dhaa TiRa KiTa Dhee Na Ka Dhi Na

क ट क धी न क त क धिर धिर किट तक ता तिर किट तक
Ka Ta Ka Dhee Na Ka Ta Ka DhiRa DhiRa KiTa TaKa Taa TiRa KiTa TaKa

Dhaa - Ghi Da Na Ga Dhi Na Gi Na - pg 264

धा - घि ड न ग धि न धिं ना गिं न ना ग धि न
Dhaa - Ghi Da Na Ga Dhi Na Dhin Naa Gin Naa Naa Ga Dhi Na

धिं ना गिं ना धा - घि ड न ग ति न तिं ना किं ना
Dhin Naa Gin Naa Dhaa - Ghi Da Na Ga Ti Na Tin Naa Kin Naa

Dhaa - Ghi Ra Naa Ga - see also Dhaa - Ghi Da Naa Ga

Dhaa - Gi Da Naa Ga - see also Dhaa - Ghi Da Naa Ga

Dhaa - Gi Ra Naa Ga - see also Dhaa - Ghi Da Naa Ga

Dhaa - KiTa Dhaa Ti Ta Dhaa - pg 242

धा - किट धा ति ट धा धा ति ट धा गि धिं ना गि ना
Dhaa - KiTa Dhaa Ti Ta Dhaa Dhaa Ti Ta Dhaa Gi Dhin Naa Gi Naa

धा ति ट धा ति ट धा धा ति ट धा गि तिं ना कि ना
Dhaa Ti Ta Dhaa Ti Ta Dhaa Dhaa Ti Ta Dhaa Gi Tin Naa Ki Naa

Dhaa - Kra Dhaa Te Te Gi Naa - pg 105

धा - कृ धा ते टे गि ना धा ती धा गे धी ना गि ना
Dhaa - Kra Dhaa Te Te Gi Naa Dhaa Tee Dhaa Ge Dhee Naa Gi Naa

ते टे कृ धा ते टे गि ना धा ती धा गे ति ना कि ना
Te Te Kra Dhaa Te Te Gi Naa Dhaa Tee Dhaa Ge Ti Naa Ki Naa

Dhaa - Kra Dhaa Ti Dhaa TiRa KiTa - pg 41

धा - कृ धा ती धा तिर किट धा ती धा धा ती धा धा धिं ना
Dhaa - Kra Dhaa Tee Dhaa TiRa KiTa Dhaa Tee Dhaa Dhaa Tee Dhaa Dhaa Dhin Naa

- - कृ धा ती धा तिर किट धा ती धा धा गे तिं ना कि ना
- - Kra Dhaa Tee Dhaa TiRa KiTa Dhaa Tee Dhaa Dhaa Ge Tin Naa Ki Naa

Dhaa TeTe Dhaa - see also Dhaa Ti Ta Dhaa

Dhaa TeTe Dhaa DhaaTun Dhaa - pg 250

धा तेटे धा धातुं धा तेटे धाधा तेटे
Dhaa TeTe Dhaa DhaaTun Dhaa TeTe DhaaDhaa TeTe

कृधा तेटे धा धातुं धा तेटे धाधा तेटे
KraDhaa TeTe Dhaa DhaaTun Dhaa TeTe DhaaDhaa TeTe

Dhaa Ti Dhaa Ge Naa Dhaa TiRa KiTa - 252

धा ति धा गे ना धा तिर किट धा ति धा गे तिं ना किं ना
Dhaa Ti Dhaa Ge Naa Dhaa TiRa KiTa Dhaa Ti Dhaa Ge Tin Naa Kin Naa

Dhaa Ti Dhaa Naa Dhaa Tun Naa Naa - pg 48

धा ती धा ना धा तूं ना ना
Dhaa Tee Dhaa Naa Dhaa Toon Naa Naa

Dhaa Ti Dhaa Ti - pg 235

धा ती धा ती धी ना गी ना
Dhaa Tee Dhaa Tee Dhee Naa Gee Naa

Dhaa TiRa KiTa Dhaa Ge - pg 238

धा तिर किट धा गे ना धा ती धा तिर किट तक ता तिर किट तक
Dhaa TiRa KiTa Dhaa Ge Naa Dhaa Tee Dhaa TiRa KiTa TaKa Taa TiRa KiTa TaKa

Dhaa TiRa KiTa Dhaa Gi Naa Dhaa - pg 262

धा तिर किट धा गि ना धा गे तिं ना - धा गि ना धा गे
Dhaa TiRa KiTa Dhaa Gi Naa Dhaa Ge Tin Naa - Dhaa Gi Naa Dhaa Ge

तिं ना क ट धा तिर किट धा गि ना धा गे तिं ना कि ना
Tin Naa Ka Ta Dhaa TiRa KiTa Dhaa Gi Naa Dhaa Ge Tin Naa Ki Naa

Dhaa TiRa KiTa Dhi - see also Dhaa Tra Ka Dhi

Dhaa TiRa KiTa Dhi Ti Ta - pg 239

धा तिर किट धि ट त घिं ना धा ते घिं ना तिं ना किं ना
Dhaa TiRa KiTa Dhi Ta Ta Ghin Naa Dhaa Te Ghin Naa Tin Naa Kin Naa

Dhaa TiRa KiTa Dhin Naa Ga Dhin - pg 244

धा तिर किट धिं ना ग धिं ना गिं ना धा गे तिं ना किं ना
Dhaa TiRa KiTa Dhin Naa Ga Dhin Naa Gin Naa Dhaa Ge Tin Naa Kin Naa

Dhaa - TiRa KiTa Dhin Naa Gin Naa - pg 258

धा – तिर किट धिं ना गिं ना धा गे तिर किट धिं ना गिं ना
Dhaa - TiRa KiTa Dhin Naa Gin Naa Dhaa Ge TiRa KiTa Dhin Naa Gin Naa

धा गे ना धा तिर किट धी न धा गे तिर किट धिं ना गिं ना
Dhaa Ge Naa Dhaa TiRa KiTa Dhee Na Dhaa Ge TiRa KiTa Dhin Naa Gin Naa

ता के ति ट ता के ति ट धा गे तिर किट धिं ना गिं ना
Taa Ke Ti Ta Taa Ke Ti Ta Dhaa Ge TiRa KiTa Dhin Naa Gin Naa

धा गे ना धा तिर किट धी न धा गे तिर किट तिं ना किं ना
Dhaa Ge Naa Dhaa TiRa KiTa Dhee Na Dhaa Ge TiRa KiTa Tin Naa Kin Naa

Dhaa Ti Ta Dhaa - see also Dhaa Te Te Dhaa

Focus on the Kaidas of Tabla

Dhaa Ti Ta Dhaa Ti Ta Dhaa Dhaa Ti Ta Dhaa Ge - 69
धा तिट धा तिट धा धा तिट धा गे तिं ना किं ना
Dhaa Ti Ta Dhaa Ti Ta Dhaa Dhaa Ti Ta Dhaa Ge Tin Naa Kin Naa

Dhaa Ti Ta Dhaa Ti Ta Dhaa Dhaa Ti Ta Dhaa Ti Ta - pg 236
धा तिट धा तिट धा धा तिट धा तिट धा तिट
Dhaa Ti Ta Dhaa Ti Ta Dhaa Dhaa Ti Ta Dhaa Ti Ta Dhaa Ti Ta

Dhaa - Ti Ta Ghi Da Naa Ga - see also Dhaa - Ti Ta Gi Da Naa Ga

Dhaa - Ti Ta Ghi Da Naa Ga Dhin Naa - pg. 230
धा - तिट घि ड ना ग धिं न त ग धा - तिट
Dhaa - Ti Ta Ghi Da Naa Ga Dhin Na Ta Ga Dhaa - Ti Ta

घि ड ना ग धा - तिट घि ड ना ग तिं न त क
Ghi Da Naa Ga Dhaa - Ti Ta Ghi Da Naa Ga Tin Na Ta Ka

Dhaa - Ti Ta Gi Da Naa Ga - see also Dhaa - Ti Ta Ghi Da Naa Ga

Dhaa - Ti Ta Gi Da Naa Ga Dhi Ra Dhi Ra Gi Da Naa Ga - pg 32
धा - तिट गि ड ना ग धिर धिर गि ड ना ग धा - तिट गि ड ना ग तू - ना - कि ड ना क
Dhaa - Ti Ta Gi Da Naa Ga Dhi Ra Dhi Ra Gi Da Naa Ga Dhaa - Ti Ta Gi Da Naa Ga Too - Naa - Ki Da Naa Ka

Dhaa Tra Ka Dhaa Ti Ta Ghi Na - pg 88
धा त्र क धा तिट घि न धा ति गि न तू ना कत् ता
Dhaa Tra Ka Dhaa Ti Ta Ghi Na Dhaa Ti Gi Na Too Naa Kat Taa

Dhaa Tra Ka Dhi - see also Dhaa TiRa KiTa Dhi

Dhaa Tra Ka Dhi Na Ka - pg 270
धा त्र क धि न क धि न गि न धा गे ति न कि न
Dhaa Tra Ka Dhi Na Ka Dhi Na Gi Na Dhaa Ge Ti Na Ki Na

Dhi Ka Dhi Naa Tra Ka - pg 266
धी क धि ना त्र क धि ना गि ना ती क ति ना कि ना
Dhee Ka Dhi Naa Tra Ka Dhi Naa Gi Naa Tee Ka Ti Naa Ki Naa

Tisra Jati (triple-time, Sextuple etc.)

Dhaa - Dhaa - Dhaa - Ghi Na Dhaa - pg 76
धा - धा - धा - घि न धा - घि न धा त्र क धे के ट घि न ति न गि न
Dhaa - Dhaa - Dhaa - Ghi Na Dhaa - Ghi Na Dhaa Tra Ka Dhe Ke Ta Ghi Na Ti Na Gi Na

Dhaa - - Dhaa Ge Naa Dhaa - Dhaa Ge Naa - pg 208
धीं - - धा गे ना धा - धा गे ना धा - धा तिर किट
Dheen - - Dhaa Ge Naa Dhaa - Dhaa Ge Naa Dhaa - Dhaa TiRa KiTa

धा गे ना धा - धा तिर किट
Dhaa Ge Naa Dhaa - Dhaa TiRa KiTa

Dhaa Ge Dhin Naa Gin Naa Dhaa TiRa KaTa TaKa TiRa KaTa - pg 197

धा गे धिं ना गिं ना धा तिर कट तक तिर कट
Dhaa Ge Dhin Naa Gin Naa Dhaa TiRa KaTa TaKa TiRa KaTa

धा तिर कट तक तिर कट धा गे तिं ना किं ना
Dhaa TiRa KaTa TaKa TiRa KaTa Dhaa Ge Tin Naa Kin Naa

Dhaa Ge Naa Dhaa TiRa KiTa - pg 256

धा गे ना धा तिर किट धि ति ट धा गे ना
Dhaa Ge Naa Dhaa TiRa KiTa Dhi Ti Ta Dhaa Ge Naa

धा तिर किट धि ना ग ती न ती ना की ना
Dhaa TiRa KiTa Dhi Naa Ga Tee Naa Tee Naa Kee Naa

Dhaa Ge Na Dhaa Tra Ka Dhe Te Ta - pg 276

धा गे न धा त्र क धे ते ट धा गे न धा त्र क धिन क तिं ग ति न किन
Dhaa Ge Na Dhaa Tra Ka Dhe Te Ta Dhaa Ge Na Dhaa Tra Ka Dhi Na Ka Tin Ga Ti Na Ki Na

Dhaa Ge Te Te - see also Dhaa Ge Ti Ta

Dhaa Ge Te Te Ta Ge Te Te - pg 181

धा गे ते टे ता गे ते टे क्डे धे ते टे धा गे ते टे क्डे धे ते टे धा गे ते टे
Dhaa Ge Te Te Taa Ge Te Te Kde Dhe Te Te Dhaa Ge Te Te Kde Dhe Te Te Dhaa Ge Te Te

Dhaa Ge Ti Ta - see also Dhaa Ge Te Te

Dha Ga Ti Ta Dhaa Ga Naa Ga Ti Naa Ka Ta - pg 200

ध ग ति ट ध ग न ग ती ना क ता
Dha Ga Ti Ta Dha Ga Na Ga Tee Naa Ka Taa

Dhaa Ge Ti Ta Ka Ta Dhaa Ge TiRa KiTa - pg 205

धा गे ति ट क त धा गे तिर किट ती ना क त धा गे ति ट क त धा गे तिर किट
Dhaa Ge Ti Ta Ka Ta Dhaa Ge TiRa KiTa Tee Naa Ka Ta Dhaa Ge Ti Ta Ka Ta Dhaa Ge TiRa KiTa

Dhaa Ge Tra Ka Dhi Na Gi Na - pg 187

धा गे त्र क धि न गि न धा गे न धा गि न धि न गि न धा गे ति न किन
Dhaa Ge Tra Ka Dhi Na Gi Na Dhaa Ge Na Dhaa Gi Na Dhi Na Gi Na Dhaa Ge Ti Na Ki Na

Dhaa KiTa Dhaa KiTa Dhi Naa - pg 186

धा किट धा किट धी ना धा धा किट तक धी ना
Dhaa KiTa Dhaa KiTa Dhee Naa Dhaa Dhaa KiTa TaKa Dhee Naa

Dhaa Ti Dhaa TiRa KiTa TaKa TiRa KiTa - pg 184

धा ती धा तिर किट तक तिर किट तू ना किट तक
Dhaa Tee Dhaa TiRa KiTa TaKa TiRa KiTa Too Naa KiTa TaKa

Dhaa - Ti Ra Ka Ta Tak Ka Ti Ra Ki Ta - pg 225

धा - तिर कट तक् क तिर कट धा - तिर कट तक् क तिर कट
Dhaa - Ti Ra Ka Ta Tak Ka Ti Ra Ka Ta Dhaa - Ti Ra Ka Ta Tak Ka Ti Ra Ka Ta

Dhaa TiRa KiTa Dhi Na Ga - pg 202

धा तिर किट धि न ग धी क धी ना गि न
Dhaa TiRa KiTa Dhi Na Ga Dhee Ka Dhee Naa Gi Na

Dhaa TiRa KiTa TaKa Kdan - pg 182

धा तिर किट तक क्ड़ां - धा - तू ना किट तक
Dhaa TiRa KiTa TaKa Kdaan - Dhaa - Too Naa KiTa TaKa

Dhaa Tra Ka Dhe Ke Ta - pg 246

धा त्र क धे के ट घि न धा ति गि न धा त्र क धे के ट घि न ति न कि न
Dhaa Tra Ka Dhe Ke Ta Ghi Na Dhaa Ti Gi Na Dhaa Tra Ka Dhe Ke Ta Ghi Na Ti Na Ki Na

Dhaa Tra Ka Dhe Te Te - pg 188

धा त्र क धे ते टे घि न धा ति गि न धा त्र क धे ते टे घि न ति न कि न
Dhaa Tra Ka Dhe Te Te Ghi Na Dhaa Ti Gi Na Dhaa Tra Ka Dhe Te Te Ghi Na Ti Na Ki Na

TiRa KaTa TaGa Dhaa Ge Naa - pg 196

तिर कट तग धा गे ना धा गे तिं ना के ना
TiRa KaTa TaGa Dhaa Ge Naa Dhaa Ge Tin Naa Ke Naa

Khand Jati (2 ½ times, 5 times, ten- times, etc,)

Dhaa - Ge Ge Naa Ka Dhin Naa Dhin Naa - pg 165

धा - गे गे ना क धिं न धिं ना गिं न धा गे तिर किट तिं ना किं ना
Dhaa - Ge Ge Naa Ka Dhin Na Dhin Naa Gin Na Dhaa Ge TiRa KiTa Tin Naa Kin Naa

Dhaa Ge Naa Dhaa TeRe KeTa - pg 160

धा गे ना धा तेरे केटे धे ते धा ती घे ना धा ती धा ग तु ना के ना
Dhaa Ge Naa Dhaa TeRe KeTe Dhe Te Dhaa Tee Ghe Naa Dhaa Tee Dhaa Ga Tu Naa Ke Naa

Dhaa Ge Naa Dhaa Te Te Gi Naa - pg 166

धा गे ना धा ते टे गि ना धा गे तिर किट धा ती धा गे तिं ना कि ना
Dhaa Ge Naa Dhaa Te Te Gi Naa Dhaa Ge TiRa KiTa Dhaa Tee Dhaa Ge Tin Naa Ki Naa

Dhaa TiRa KaTa - see also Dhaa TiRa KiTa

Dhaa TiRa KaTa Dhin Naa Ga - pg 163

धा तिर कट धि ना ग धिं न धा तिर कट धि ना ग ती न तिं ना किं ना
Dhaa TiRa KaTa Dhi Naa Ga Dhin Na Dhaa TiRa KaTa Dhi Naa Ga Tee Na Tin Naa Kin Naa

Dhaa TiRa KiTa - see also Dhaa TiRa KaTa

Dhaa TiRa KiTa Dhaa Te Te - pg 150

धा तिर किट धा ते टे घे ना धा - धा ते टे घे ना ती ना गी ना
Dhaa TiRa KiTa Dhaa Te Te Ghe Naa Dhaa - Dhaa Te Te Ghe Naa Tee Naa Gee Naa

Appendix 10 - Kaida Finder

Dhaa - Ti Ra Ki Ta Ta Ka - pg 149

धा - ति र कि ट त क ति र कि ट तू - ना - कि ट त क
Dhaa - Ti Ra Ki Ta Ta Ka Ti Ra Ki Ta Too - Naa - Ki Ta Ta Ka

Dhaa Ti Ta Dhaa Ti Ta Ti Ta - pg 159

धा ति ट धा ति ट ति ट धा ति ट धा ति ट धा गे ति न कि न
Dhaa Ti Ta Dhaa Ti Ta Ti Ta Dhaa Ti Ta Dhaa Ti Ta Dhaa Ge Ti Na Ki Na

KiRaNaGa TiRaKiTa TaGaTiRa KiTaTaKa - pg 169

किड़नग तिरकिट तगतिर किटतक धा-तिट
KiRaNaGa TiRaKiTa TaGaTiRa KiTaTaKa Dhaa - TiTa

घिड़नग धा-तिर घिड़नग ती-ना- किड़नग
GhiRaNaGa Dhaa - TiRa GhiRaNaGa Tee - Naa - KiRaNaGa

Misra Jati (3 ½ times, 7- times, etc.)

Dhaa Ge TiRa KiTa Dhaa Ge - pg 119

धा गे तिर किट धा गे त्र क धि न गि न धा गे
Dhaa Ge TiRa KiTa Dhaa Ge Tra Ka Dhi Na Gi Na Dhaa Ge

न धा तिर किट धि ट धा गे त्र क धि न गि न
Na Dhaa TiRa KiTa Dhi Ta Dhaa Ge Tra Ka Dhi Na Gi Na

Dhaa Ge TiRa KiTa Dhi Naa - pg 124

धा गे तिर किट धी ना तिर किट धी ना गी ना ती ना
Dhaa Ge TiRa KiTa Dhee Naa TiRa KiTa Dhee Naa Gee Naa Tee Naa

Dhaa Ge Ti Ta Dhaa Ge Tra Ka - pg 129

धा गे ति ट धा गे त्र क धि न गि न धा गे न धा त्र क धि ट धा गे त्र क ति न कि न
Dhaa Ge Ti Ta Dhaa Ge Tra Ka Dhi Na Gi Na Dhaa Ge Na Dhaa Tra Ka Dhi Ta Dhaa Ge Tra Ka Ti Na Ki Na

Dhaa - Te Te Dhaa Dhaa Te Te - pg 131

धा - ते टे धा धा ते टे धा गे ति ना कि ना ते टे ते टे धा - ते टे धा गे ति ना कि ना
Dhaa - Te Te Dhaa Dhaa Te Te Dhaa Ge Ti Naa Ki Naa Te Te Te Te Dhaa - Te Te Dhaa Ge Ti Naa Ki Naa

Dhaa - Ti Ta - see also Dhaa - Te Te

Dhaa - Ti Ta Ghi Ra Na Ga Ti - pg 136

धा - ति ट घिड़नग ती - ना - किड़नग धा - ति ट घिड़नग ति र कि ट
Dhaa - Ti Ta Ghi Ra Na Ga Tee - Naa - Ki Ra Na Ga Dhaa - Ti Ta Ghi Ra Na Ga Ti Ra Ti Ra

Focus on the Kaidas of Tabla

Dhaa TiRa KiTa Dhaa Ge Naa - pg 125

धा तिर किट धा गे ना तिर किट धी ना गी ना तिर किट
Dhaa TiRa KiTa Dhaa Ge Naa TiRa KiTa Dhee Naa Gee Naa TiRa KiTa

तक ता तिर किट धी ना गी ना तिर किट धी ना गी ना
TaKa Taa TiRa KiTa Dhee Naa Gee Naa TiRa KiTa Dhee Naa Gi Naa

Dhaa TiRa KiTa Dhaa Ti Dhaa - pg 134

धा तिर किट धा ति धा तिर किट धा ते - धा तिर किट
Dhaa TiRa KiTa Dhaa Ti Dhaa TiRa KiTa Dhaa Te - Dhaa TiRa KiTa

Dhaa TiRa KiTa Dhaa TiTa - pg 140

धा तिर किट धा ति ट ति ट धा - क्र धा ति ट
Dhaa TiRa KiTa Dhaa Ti Ta Ti Ta Dhaa - Kra Dhaa Ti Ta

ति ट धा तिर किट धा ति ट घि न ती ना क ता
Ti Ta Dhaa TiRa KiTa Dhaa Ti Ta Ghin Na Tee Naa Ka Taa

Sankirna Jat (4 ½ times, nine-times, etc.)

Dhaa - Dhaa - Dhaa - pg 190

धा - धा - धा - घि न धा - घि न धा - घे ड न ग
Dhaa - Dhaa - Dhaa - Ghi Na Dhaa - Ghi Na Dhaa - Ghe Da Na Ga

ति र कि ट त ग धा - घे ड न ग ति न ति न कि न
Ti Ra Ki Ta Ta Ga Dhaa - Ghe Da Na Ga Ti Na Ti Na Ki Na

Dhaa Te Te Dhaa Te Te - pg 145

धा ते टे धा ते टे ते टे धा धा ते टे धा गे ती ना गी ना
Dhaa Te Te Dhaa Te Te Te Te Dhaa Dhaa Te Te Dhaa Ge Tee Naa Gee Naa

GROUP #2

This group is composed of six, 12, and 24 *matra tals*. Common examples are *Ektal*, *Dadra* and *Chautal*.

Chatusra Jati (double-time, quadruple time etc.)

Dhin - - Dhaa Ge Naa Dhaa - Dhaa Ge Naa - pg 208
धीं - - धा गे ना धा - धा गे ना धा -
Dheen - - Dhaa Ge Naa Dhaa - Dhaa Ge Naa Dhaa -

धा तिर किट धा गे ना धा - धा तिर किट
Dhaa TiRa KiTa Dhaa Ge Naa Dhaa - Dhaa TiRa KiTa

Dhaa Ga - see also Dhaa Ge

Dha Ga Ti Ta Dha Ga Na Ga - pg 200
ध ग ति ट ध ग न ग ती ना क ता
Dhaa Ga Ti Ta Dhaa Ga Na Ga Tee Naa Ka Taa

Dhaa Ge Dhin Naa Gin Naa Dhaa TiRa KaTa TaKa TiRa KaTa - pg 197
धा गे धिं ना गिं ना धा तिर कट तक तिर कट
Dhaa Ge Dhin Naa Gin Naa Dhaa TiRa KaTa TaKa TiRa KaTa

धा तिर कट तक तिर कट धा गे तिं ना किं ना
Dhaa TiRa KaTa TaKa TiRa KaTa Dhaa Ge Tin Naa Kin Naa

Dhaa Ge Te Te - see also Dhaa Ge Ti Ta

Dhaa Ge Te Te Ta Ge Te Te - pg 181
धा गे ते टे ता गे ते टे क्डे धे ते टे धा गे ते टे क्डे धे ते टे धा गे ते टे
Dhaa Ge Te Te Taa Ge Te Te Kde Dhe Te Te Dhaa Ge Te Te Kde Dhe Te Te Dhaa Ge Te Te

Dhaa Ge Ti Ta - see also Dhaa Ge Te Te

Dhaa Ge Ti Ta Ka Ta Dhaa Ge TiRa KiTa - pg 205
धा गे ति ट क त धा गे तिर किट ती ना क त धा गे ति ट क त धा गे तिर किट
Dhaa Ge Ti Ta Ka Ta Dhaa Ge TiRa KiTa Tee Naa Ka Ta Dhaa Ge Ti Ta Ka Ta Dhaa Ge TiRa KiTa

Dhaa Ge Tra Ka Dhi Na Gi Na - pg 187
धा गे त्र क धिं न गिं न धा गे न धा गि न धिं न गि न धा गे ति न किं न
Dhaa Ge Tra Ka Dhi Na Gi Na Dhaa Ge Na Dhaa Gi Na Dhi Na Gi Na Dhaa Ge Ti Na Ki Na

Dhaa KiTa Dhaa KiTa Dhi Naa - pg 186
धा किट धा किट धी ना धा धा किट तक धी ना
Dhaa KiTa Dhaa KiTa Dhee Naa Dhaa Dhaa KiTa TaKa Dhee Naa

Dhaa Ti Dhaa TiRa KiTa TaKa TiRa KiTa - pg 184
धा ती धा तिर किट तक तिर किट तू ना किट तक
Dhaa Tee Dhaa TiRa KiTa TaKa TiRa KiTa Too Naa KiTa TaKa

Focus on the Kaidas of Tabla

Dhaa - Ti Ra Ka Ta - see also Dhaa TiRa KiTa or Dhaa Tra Ka

Dhaa - Ti Ra Ka Ta Tak Ka Ti Ra Ka Ta - pg 192

धा - तिरकट तक् क तिरकट धा - तिरकट तक् तिरकट
Dhaa - Ti Ra Ka Ta Tak Ka Ti Ra Ka Ta Dhaa - Ti Ra Ka Ta Tak Ka Ti Ra Ka Ta

धिं - ना - गिं - ना - धा - ती - धा - गे - तिं - ना - किं - ना -
Dhin - Naa - Gin - Naa - Dhaa - Tee - Dhaa - Ge - Tin - Naa - Kin - Naa -

Dhaa - Ti Ra Ki Ta - see also Dhaa TiRa KaTa or Dhaa Tra Ka

Dhaa TiRa KiTa Dhi Na Ga - pg 202

धा तिर किट धि न ग धी क धी ना गि न
Dhaa TiRa KiTa Dhi Na Ga Dhee Ka Dhee Naa Gi Na

Dhaa TiRa KiTa TaKa Kdan - Dhaa - pg 182

धा तिर किट तक क्ड़ां - धा - तू ना किट तक
Dhaa TiRa KiTa TaKa Kdaan - Dhaa - Too Naa KiTa TaKa

Dhaa Tra Ka - see also Dhaa TiRa KiTa or Dhaa TiRa KaTa

Dhaa Tra Ka Dhe Te Te Ghi Na - pg 188

धा त्र क धे ते टे घि न धा ति गि न धा त्र क धे ते टे घि न ति न कि न
Dhaa Tra Ka Dhe Te Te Ghi Na Dhaa Ti Gi Na Dhaa Tra Ka Dhe Te Te Ghi Na Ti Na Ki Na

TiRa KaTa TaGa Dhaa Ge Naa - pg 196

तिर कट तग धा गे ना धा गे तिं ना के ना
TiRa KaTa TaGa Dhaa Ge Naa Dhaa Ge Tin Naa Ke Naa

Tisra Jati (triple-time, Sextuple etc.)

Dhaa - Dhaa - Dhaa - Ghi Na - pg 190

धा - धा - धा - घि न धा - घि न धा - घे ड न ग
Dhaa - Dhaa - Dhaa - Ghi Na Dhaa - Ghi Na Dhaa - Ghe Da Na Ga

तिर कि ट त ग धा - घे ड न ग ति न ति न कि न
Ti Ra Ki Ta Ta Ga Dhaa - Ghe Da Na Ga Ti Na Ti Na Ki Na

Dhaa Te Te Dhaa Te Te Te Te - pg 145

धा ते टे धा ते टे ते टे धा धा ते टे धा गे ती ना गी ना
Dhaa Te Te Dhaa Te Te Te Te Dhaa Dhaa Te Te Dhaa Ge Tee Naa Gee Naa

Appendix 10 - Kaida Finder

Khand Jati (2 ½ times, 5 times, ten- times, etc,)

Dhaa Ge Te Te Dhaa Ge TiRa KiTa - pg 217

धा गे ते टे धा गे तिर किट धी ना गी ना धा – धा
Dhaa Ge Te Te Dhaa Ge TiRa KiTa Dhee Naa Gee Naa Dhaa - Dhaa

गे न धा गे न ते टे धा गे तिर किट ती ना गी ना
Ge Na Dhaa Ge Na Te Te Dhaa Ge TiRa KiTa Tee Naa Gee Naa

Dhaa TiRa KiTa Dhi Na Ka - pg 152

धा तिर किट धि न क धा तिर किट धि न क धी क धि
Dhaa TiRa KiTa Dhi Na Ka Dhaa TiRa KiTa Dhi Na Ka Dhee Ka Dhi

न गि न धा तिर किट धि न क धी क धि न गि न
Na Gi Na Dhaa TiRa KiTa Dhi Na Ka Dhee Ka Dhi Na Gi Na

Misra Jati (3 ½ times, 7- times, etc.)

Dhaa - Dhaa - Dhaa Ghi Na Dhaa - pg 130

धा – धा – धा – घि न धा – घि न धा – घि ड न ग दि न दि
Dhaa - Dhaa - Dhaa - Ghi Na Dhaa - Ghi Na Dhaa - Ghi Da Na Ga Di Na Di

न गि न धा गे ति र कि ट धा गे ति ट धा गे त्र क ति न कि न
Na Gi Na Dhaa Ge Ti Ra Ki Ta Dhaa Ge Ti Ta Dhaa Ge Tra Ka Ti Na Ki Na

Focus on the Kaidas of Tabla

GROUP #3

This group of *kaidas* works with a variety of *tals* in five, 10, and 20 *matras*. Common examples are *Jhaptal* and *sultal*.

Chatusra Jati (double-time, quadruple time etc.)

Dhaa - Ge Ge Naa Ka Dhin Naa Dhin Naa - pg 165

धा - गे गे ना क धिं ना धिं ना गिं ना धा गे तिर किट तिं ना किं ना
Dhaa - Ge Ge Naa Ka Dhin Na Dhin Naa Gin Na Dhaa Ge TiRa KiTa Tin Naa Kin Naa

Dhaa Ge Naa Dhaa TeRe KeTe Dhe Te - pg 160

धा गे ना धा तेरे केटे धे ते धा ती घे ना धा ती धा ग तु ना के ना
Dhaa Ge Naa Dhaa TeRe KeTe Dhe Te Dhaa Tee Ghe Naa Dhaa Tee Dhaa Ga Tu Naa Ke Naa

Dhaa Ge Naa Dhaa Te Te Gi Naa Dhaa - pg 166

धा गे ना धा ते टे गि ना धा गे तिर किट धा ती धा गे तिं ना कि ना
Dhaa Ge Naa Dhaa Te Te Gi Naa Dhaa Ge TiRa KiTa Dhaa Tee Dhaa Ge Tin Naa Ki Naa

Dhaa TiRa KaTa - see also Dhaa TiRa KiTa

Dhaa TiRa KaTa Dhi Naa Ga Dhin Na - pg 164

धा तिर कट धि ना ग धिं न धा तिर कट धि ना ग ती न तिं ना किं ना
Dhaa TiRa KaTa Dhi Naa Ga Dhin Na Dhaa TiRa KaTa Dhi Naa Ga Tee Na Tin Naa Kin Naa

Dhaa TiRa KiTa - see also Dhaa TiRa KaTa

Dhaa TiRa KiTa Dhaa Te Te - pg 150

धा तिर किट धा ते टे घे ना धा - - धा ते टे घे ना ती ना गी ना
Dhaa TiRa KiTa Dhaa Te Te Ghe Naa Dhaa - - Dhaa Te Te Ghe Naa Tee Naa Gee Naa

Dhaa - Ti Ra Ki Ta Ta Ka Ti Ra Ki Ta - pg 149

धा - तिर किट त क तिर किट तू - ना - कि ट त क
Dhaa - Ti Ra Ki Ta Ta Ka Ti Ra Ki Ta Too - Naa - Ki Ta Ta Ka

Dhaa Ti Ta Dhaa Ti Ta Ti Ta - pg 159

धा ति ट धा ति ट ति ट धा ति ट धा ति ट धा गे ति न कि न
Dhaa Ti Ta Dhaa Ti Ta Ti Ta Dhaa Ti Ta Dhaa Ti Ta Dhaa Ge Ti Na Ki Na

KiRaNaGa TiRaKiTa TaGaTiRa KiTaTaKa - pg 169

किड़नग तिरकिट तगतिर किटतक धा - तिट
KiRaNaGa TiRaKiTa TaGaTiRa KiTaTaKa Dhaa - TiTa

घिड़नग धा - तिर घिड़नग ती - ना - किड़नग
GhiRaNaGa Dhaa - TiRa GhiRaNaGa Tee - Naa - KiRaNaGa

Tisra Jati (triple-time, Sextuple etc.)

Dhaa Ge Te Te Dhaa Ge TiRa KiTa - pg 217

धा गे ते टे धा गे तिर किट धी ना गी ना धा – धा
Dhaa Ge Te Te Dhaa Ge TiRa KiTa Dhee Naa Gee Naa Dhaa - Dhaa

गे न धा गे न ते टे धा गे तिर किट ती ना गी ना
Ge Na Dhaa Ge Na Te Te Dhaa Ge TiRa KiTa Tee Naa Gee Naa

Dhaa Ge Ti Ta Dhaa Ge Tra Ka Dhi Na Gi Na - pg 221

धा गे ति ट धा गे त्र क धि न गि न धा गे ति ट
Dhaa Ge Ti Ta Dhaa Ge Tra Ka Dhi Na Gi Na Dhaa Ge Ti Ta

धा गे ति ट धा गे त्र क धि न गि न धा गे
Dhaa Ge Ti Ta Dhaa Ge Tra Ka Dhi Na Gi Na Dhaa Ge

ति ट धा गे त्र क धि न गि न धा गे ति ट धा गे न
Ti Ta Dhaa Ge Tra Ka Dhi Na Gi Na Dhaa Ge Ti Ta Dhaa Ge Na

धा त्र क धि ट धा गे त्र क ति न कि न
Dhaa Tra Ka Dhi Ta Dhaa Ge Tra Ka Ti Na Ki Na

Dhaa TiRa KiTa Dhi Na Ka Dhaa - pg 152

धा तिर किट धि न क धा तिर किट धि न क धी क धि
Dhaa TiRa KiTa Dhi Na Ka Dhaa TiRa KiTa Dhi Na Ka Dhee Ka Dhi

न गि न धा तिर किट धि न क धी क धि न गि न
Na Gi Na Dhaa TiRa KiTa Dhi Na Ka Dhee Ka Dhi Na Gi Na

Focus on the Kaidas of Tabla

GROUP #4

This group of *kaidas* works well for seven, 14, and 28 *matra tals*. Common examples are *Rupak*, or *Dipchandi tal*.

Chatusra Jati (double-time, quadruple time etc.)

Dhaa Ge TiRa KiTa Dhaa Ge Tra Ka - pg 119

धा गे तिर किट धा गे त्र क धि न गि न धा गे
Dhaa Ge TiRa KiTa Dhaa Ge Tra Ka Dhi Na Gi Na Dhaa Ge

न धा तिर किट धि ट धा गे त्र क धि न गि न
Na Dhaa TiRa KiTa Dhi Ta Dhaa Ge Tra Ka Dhi Na Gi Na

Dhaa Ge TiRa KiTa Dhi Naa - pg 124

धा गे तिर किट धी ना तिर किट धी ना गी ना ती ना
Dhaa Ge TiRa KiTa Dhee Naa TiRa KiTa Dhee Naa Gee Naa Tee Naa

ता गे तिर किट ती ना तिर किट धी ना गी ना धी ना
Taa Ge TiRa KiTa Tee Naa TiRa KiTa Dhee Naa Gee Naa Dhee Naa

Dhaa Ge Ti Ta Dhaa Ge Tra Ka Dhi Na - pg 129

धा गे ति ट धा गे त्र क धि न गि न धा गे न धा त्र क धि ट धा गे त्र क ति न कि न
Dhaa Ge Ti Ta Dhaa Ge Tra Ka Dhi Na Gi Na Dhaa Ge Na Dhaa Tra Ka Dhi Ta Dhaa Ge Tra Ka Ti Na Ki Na

Dhaa - Te Te Dhaa Dhaa Te Te Dhaa Ge - pg 132

धा – ते टे धा धा ते टे धा गे ति ना कि ना ते टे टे टे धा – ते टे धा गे ति ना कि ना
Dhaa - Te Te Dhaa Dhaa Te Te Dhaa Ge Ti Naa Ki Naa Te Te Te Te Dhaa - Te Te Dhaa Ge Ti Naa Ki Naa

Dhaa TiRa KaTa - see Dhaa TiRa KiTa

Dhaa TiRa KiTa Dhaa Ge Naa - pg 125

धा तिर किट धा गे ना तिर किट धी ना गी ना तिर किट
Dhaa TiRa KiTa Dhaa Ge Naa TiRa KiTa Dhee Naa Gee Naa TiRa KiTa

तक ता तिर किट धी ना गी ना तिर किट धी ना गी ना
TaKa Taa TiRa KiTa Dhee Naa Gee Naa TiRa KiTa Dhee Naa Gee Naa

Dhaa TiRa KiTa Dhaa Ti Dhaa - pg 134

धा तिर किट धा ति धा तिर किट धा ते – धा तिर किट
Dhaa TiRa KiTa Dhaa Ti Dhaa TiRa KiTa Dhaa Te - Dhaa TiRa KiTa

Dhaa TiRa KiTa Dhaa Ti Ta Ti Ta - pg 140

धा तिर किट धा ति ट ति ट धा – क्र धा ति ट
Dhaa TiRa KiTa Dhaa Ti Ta Ti Ta Dhaa - Kra Dhaa Ti Ta

ति ट धा तिर किट धा ति ट घि न ती ना क ता
Ti Ta Dhaa TiRa KiTa Dhaa Ti Ta Ghin Na Tee Naa Ka Taa

Dhaa - TiTa Ghi Ra Na Ga - pg 136

धा - ति ट घि ड़ न ग ती - ना - कि ड़ न ग धा - ति ट घि ड़ न ग ति र कि ट
Dhaa - Ti Ta Ghi Ra Na Ga Tee - Naa - Ki Ra Na Ga Dhaa - Ti Ta Ghi Ra Na Ga Ti Ra Ti Ra

Dhi Naa - Dhaa TiRa KiTa Dhaa Ge - pg 132

धी ना - धा तिर किट धा गे तिर किट तक तिर किट तक
Dhee Naa - Dhaa TiRa KiTa Dhaa Ge TiRa KiTa TaKa TiRa KiTa TaKa

Tisra Jati (triple-time, Sextuple etc.)

Dhaa - Dhaa - Dhaa - Ghin - pg 130

धा - धा - धा - घि न धा - घि न धा - घि द न ग दि न दि
Dhaa - Dhaa - Dhaa - Ghi Na Dhaa - Ghi Na Dhaa - Ghi Da Na Ga Di Na Di

न गि न धा गे ति र कि ट धा गे ति ट धा गे त्र क ति न कि न
Na Gi Na Dhaa Ge Ti Ra Ki Ta Dhaa Ge Ti Ta Dhaa Ge Tra Ka Ti Na Ki Na

GROUP #5

This *kaida* works with *tals* that have 9 or 18 *matras*. *Matta tal* is a common example.

Chatusra Jati (double-time, quadruple time etc.)

Dhaa Te Te Dhaa Te Te Te Te - pg 145

धा ते टे धा ते टे टे धा धा ते टे धा गे ती ना गी ना
Dhaa Te Te Dhaa Te Te Te Te Dhaa Dhaa Te Te Dhaa Ge Tee Naa Gee Naa

Focus on the Kaidas of Tabla

GROUP #6
These *kaidas* work well with any *tal* that has 11, or 22 *matras*. *Char tal ki swari* and *rudra* are two examples.

Chatusra Jati (double-time, quadruple time etc.)

Dhaa TiRa KiTa Dhaa Ge Na - pg 175

धा तिर किट धा गे न धा गे ति ना - धा गे न धा गे धि न गि न धा तिर
Dhaa TiRa KiTa Dhaa Ge Na Dhaa Ge Ti Naa - Dhaa Ge Na Dhaa Ge Dhi Na Gi Na Dhaa TiRa

किट धा गे न धा गे धि न गि न धा तिर किट धा गे न धा गे ति न कि न
KiTa Dhaa Ge Na Dhaa Ge Dhi Na Gi Na Dhaa TiRa KiTa Dhaa Ge Na Dhaa Ge Ti Na Ki Na

Dhaa TiRa KiTa Dhaa Te Te - pg 177

धा तिर किट धा ते टे घे ना धा ती घे ना धा - धा ती धा गे ती ना गी ना
Dhaa TiRa KiTa Dhaa Te Te Ghe Naa Dhaa Tee Ghe Naa Dhaa - Dhaa Tee Dhaa Ge Tee Naa Gee Naa

GROUP #7
This *kaida* works with any *tal* of 13 *matras*. *Chandrachautal* is an example.

Chatusra Jati (double-time, quadruple time etc.)

Dhaa TiRa KiTa Dhaa Ge Naa - pg 211

धा तिर किट धा गे ना तिर किट धी ना तिर किट धी
Dhaa TiRa KiTa Dhaa Ge Naa TiRa KiTa Dhee Naa TiRa KiTa Dhee

ना गी ना तिर किट तक ता तिर किट ती ना गी ना
Naa Gee Naa TiRa KiTa TaKa Taa TiRa KiTa Tee Naa Gee Naa

GROUP #8
This *kaida* works with any *tal* of 15 *matras*. *Pancham Savari* is an example.

Chatusra Jati (double-time, quadruple time etc.)

Dhaa Ge Te Te Dhaa Ge TiRa KiTa - pg 217

धा गे ते टे धा गे तिर किट धी ना गी ना धा - धा
Dhaa Ge Te Te Dhaa Ge TiRa KiTa Dhee Naa Gee Naa Dhaa - Dhaa

गे न धा गे न ते टे धा गे तिर किट ती ना गी ना
Ge Na Dhaa Ge Na Te Te Dhaa Ge TiRa KiTa Tee Naa Gee Naa

Dhaa Ge Ti Ta Dhaa Ge Tra Ka - pg 221

Dhaa	Ge	Ti	Ta	Dhaa	Ge	Tra	Ka	Dhi	Na	Gi	Na	Dhaa	Ge	Ti	Ta
Dhaa	Ge	Ti	Ta	Dhaa	Ge	Tra	Ka	Dhi	Na	Gi	Na	Dhaa	Ge		
Ti	Ta	Dhaa	Ge	Tra	Ka	Dhi	Na	Gi	Na	Dhaa	Ge	Ti	Ta	Dhaa	Ge	Na
Dhaa	Tra	Ka	Dhi	Ta	Dhaa	Ge	Tra	Ka	Ti	Na	Ki	Na			

Dhaa TiRa KiTa Dhi Na Ka Dhaa TiRa KiTa Dhi Na Ka - pg 152

Dhaa	TiRa	KiTa	Dhi	Na	Ka	Dhaa	TiRa	KiTa	Dhi	Na	Ka	Dhee	Ka	Dhee
Na	Gi	Na	Dhaa	TiRa	KiTa	Dhi	Na	Ka	Dhee	Ka	Dhi	Na	Gi	Na

GROUP #9

This *kaida* works with any *tal* of 17 *matras*. *Bhagavan tal* is an example.

Chatusra Jati (double-time, quadruple time etc.)

Dhaa Ge Te Te Dhaa Ge TiRa KiTa - pg 277

Dhaa	Ge	Te	Te	Dhaa	Ge	TiRa	KiTa	Dhee	Naa	Gee	Naa	Dhaa	-	Dhee	Naa	Gee
Naa	Dhaa	Ge	Na	Dhaa	Ge	Na	Te	Te	Dhaa	Ge	TiRa	KiTa	Tee	Naa	Gee	Naa

Focus on the Kaidas of Tabla

GROUP #10

This *kaida* works with any *tal* of 21 *matras*. *Dakshaman tal* is an example.

Chatusra Jati (double-time, quadruple time etc.)

Dhaa - Dhaa - Dhaa - Ghin - pg 130

धा - धा - धा - घि न धा - घि न धा - घि ड न ग दि न दि
Dhaa - Dhaa - Dhaa - Ghi Na Dhaa - Ghi Na Dhaa - Ghi Da Na Ga Di Na Di

न गि न धा गे ति र कि ट धा गे ति ट धा गे त्र क ति न कि न
Na Gi Na Dhaa Ge Ti Ra Ki Ta Dhaa Ge Ti Ta Dhaa Ge Tra Ka Ti Na Ki Na

Focus on the Kaidas of Tabla

INDEX

ada chautal - 119
ada pech, 145
adapana tal 217
age of kaida- 2-3
ajrada - 75
ajrada gharana - 61, 75-84
anima tal 211
ank tal- 145
apprenticeship 1
arabic (language) - 2
authorship and ownership of kaidas - 27
baaj - see baj
baj - 24
bant - 3, 101
basanth shikir tal 211
benares - 99-100
benares gharana - 2, 61
bhari - 13-15, 31, 35, 79
bol - 1-2, 13-17, 23, 31
chalan - 6
chandrachautal 211
chandrakriya tal- 145
chandrawal tal- 145
chartal ki savari - 175
chatusra jati -283
chautal 181
dadra - 181,
dadra tal - 2
delhi 67-68
delhi gharana - 1-3, 61, 67-73
dilli - see delhi
dipchandi - 119
education - see pedagogy
ektal 181
farukhabad gharana - 2, 61, 93-98
function of compositions - 23
garugi panchak 217
gat 2, 13, 53, 87
gat-kaida - 54-57
gharana 1, 26, 59-65, see also farukhabad gharana, delhi gharana, etc.
gottlieb, robert - 63
guild, 59
guru-dakshana - 61
inheritance model - 18-19,23,36,54
introduction for kaida- 8, 9-12,
introduction to kaida 1-28

introduction to theme-and-variation 7
jagajhampa 217
jhaptal - 149
kaherava - 2, 225
kaida definition - 2
kaida-peshkar - see peshkar-kaida
kaida-rela - 29-37
khali - 13-15, 31, 35, 79, 83
khan, alla rakha - 111
khuli - see bhari
kippen, james - 3
laggi definition - 2, 47
laggi kaida - 23, 47-51
limerick - 13
lipi-bandh-kayada - 3
lucknow 85-87
lucknow gharana - 2, 61, 85-91
main body of kaida - 12
mativetsky, shawn - 16
matta tal -145
microtheme for kaida- 15-16, 18, 31
mistry, aban e. - 3
mixed kaidas - see peshkar-kaida,kaida-rela, etc
mukhada - 25
mundi - see khali
music schools - 63
nathu khan - 3
notation 1
notes (musical) - see notation
ownership of kaida, - see authorship and ownership
pancham sawari 217
parampara - 60
pedagogy - 24, 61
peshkar-definition - 2, 22-23, 39-40,
peshkar kaida - 23, 41-45
poem - 13 (see also rhyming patterns)
punjab gharana - 61, 112-114
punjab, 111
qanun-mausiqi - 3
rela -2, 13, 29-37
rela kaida - see kaida-rela
resolution of kaidas - see also tihai, chakradar
rhyming patterns13-14, 17-18, 21
royal patronage, 60
rudra tal - 175
rules of kaida - 6
rupak tal - 119
saraswati tal - 145

sexual abuse - 62
solo (tabla) - 6, 26
sooltal - 149
stewart, rebecca marie - 3
structure of kaida - 13-23, 83, 105
structure of rela - 29-37
swatantra rela - 29-31
syllables -see bol
tabla - 1
tal - 15
technique for compositions - 23, 24, 64, 71, 87, 94, 100, 113
see also baj
theka - 6-7
thirakwa, ahmed jan - 94
tisra jati 283
tintal 225
tivra tal - 119
udaybham tal 211
uprising of 1857, 86-87
uses of kaida - 23
variations for kaida- 17-22
vedic period - 1
visham tal- 145
vowels - 16
bhagavan tal - 277
chudmani tal - 277
rupam - 277

OTHER BOOKS

Fundamentals of Tabla - This is a book about the South Asian pair of hand drums known as tabla. This is the first volume of the series, "The Complete Reference for Tabla". It covers basic technique, exercises, and notation. There is a special emphasis on the compositional forms known as Theka and Prakar.

Advanced Theory of Tabla - This is the second book in this series. It covers topics of compositional theory, timbre, psychoacoustics, microphone placement, the physics behind the tabla, recording, and various aspects of stagecraft.

Manufacture and Repair of Tabla - This is the third volume of this series.

This book has several functions. The primary function is to document the traditional approaches to the manufacture and repair of tabla. This will also deal with the materials science involved. This book covers such additional topics as metal, rawhide, and wood. There is also a special emphasis on issues that effect non-Indian repair personnel. These including labour saving techniques and health concerns.

Learning the Sitar - This is an audio / book instruction set for the Indian sitar. It was originally with a CD, but this has been replaced by an audio download. It may be used by schools and private teachers as course materials to aid in their instruction. It may also be used as a self instruction set.

Learning the Tabla - 1 - This was the first audio CD / book instruction set for the tabla in the US. Today, the CD has been replaced by an audio download. It is the first of a two volume set, the second of which is "Learning the Tabla -2". These may be used by schools and private teachers as course materials to aid in their instruction. They may also be used as a self instruction sets.

Learning the Tabla - 2 - This is a follow-up for the very successful "Learning the Tabla". This was originally a book / CD set. However, the CD has been replaced with an online download (instructions for downloading are in the beginning of the book). This continues where the first volume left off. It may be used by schools and private teachers as course materials to aid in their instruction. It may also be used as a self instruction set.

Other Books

Elementary North Indian Vocal Vol 1 - The 6th edition has swelled to 2 volumes. (A third is in the works.) This is the first volume. There are free links to the supplemental audio material for all of the material in this book.

Elementary North Indian Vocal Vol 2 - The 6th edition has swelled to 2 volumes. (A third is in the works.) This book continues where Volume 1 left off. As with the first volume, there are free links to supplemental audio tracks for all of the material in this book.

An American in Hyderabad: Life in India in the 1970s - What was India like before globalisation, call centres, and Bollywood? The author moved to India in 1976 and lived there for a number of years. This book describes what it was like to live, study, and marry there.

The Music of South Asia - This is an edited version of Elementary North Indian Vocal. Hindustani Sangeet is the name of the classical system of music which covers the majority of South Asia. It covers a region which includes North India, Pakistan, Nepal, Bangladesh, and well into Afghanistan. This book is for teachers in public schools who wish to introduce this music into the curriculum, but run across obstacles. Sometimes the religious nature of the musical texts conflict with the mandate for a secular curriculum. Sometimes long standing geopolitical frictions are stirred up. This book is tailored to help you introduce the subject, but avoid these pitfalls.

History of Valhalla - Being a Study of the Rice Graduate Student Lounge From its Humblest Beginnings in the Year of our Lord One-Thousand-Nine-Hundred-and Seventy to the Present and all the Other Wah-Dah-Doo-Dah - The Rice Graduate student lounge, known as Valhalla, has been in existence for more than half a century. Through its doors have passed individuals who have risen to great heights in industry, politics, academia, aerospace, and number of fields. The clientele is known, not just for intellectual or academic abilities, but also for being extremely quirky and colourful. This book goes into great detail concerning Valalla's history in a humorous, yet fact-filled fashion.

www.ingramcontent.com/pod-product-compliance
Lightning Source LLC
Chambersburg PA
CBHW080923300426
44115CB00018B/2925